KB165132

네트워크 가상화의
모든 것

SDN을 만난 NFV

네트워크 가상화의 모든 것

SDN을 만난 NFV

라젠드라 차야파티 · 시에드 파룩 하산 · 파레시 샤 지음
최성남 옮김

iǃi
에이콘

지은이 소개

라젠드라 차야파티Rajendra Chayapathi

시스코Cisco 프로페셔널/컨설팅 서비스 조직의 선임 솔루션 아키텍트다. 최근 NFV, SDN, 프로그래머빌리티, 네트워크 오케스트레이션 및 도입과 같은 신규 기술에 관한 실적을 올렸다. 네트워킹 기술, 고객 응대, 네트워크 제품 등 20년이 넘는 경력을 갖고 있다. 네트워크 설계 및 아키텍처가 주요 관심사다. 과거 시스코 엔지니어링 팀에서 다양한 네트워크 운영체제와 제품 개발에 관여했다. 시스코 입사 전에는 AT&T 및 금융 기관을 대상으로 IP 코어 네트워크 기술을 설계, 배포하는 컨설팅 업무를 했다. 시스코 라이브Cisco Live, 시스코 커넥트Cisco Connect 및 NANOG 등과 같은 여러 기술 콘퍼런스 정규 발표자다. CCIE R&S(#4991)를 보유하고 있다. 인도 마이소르대학University of Mysore의 전자 및 커뮤니케이션 학사, 미국 피닉스대학University of Phoenix의 기술 경영에 초점을 둔 경영학 석사 학위를 갖고 있다.

시에드 파룩 하산Syed Farrukh Hassan

15년의 네트워크 업계 경력을 보유했다. 현재 시스코 프로페셔널/컨설팅 서비스 조직 선임 솔루션 아키텍트다. 다양한 인터넷 서비스 및 클라우드 서비스 사업자와 일했다. 혁신적인 네트워크 기술을 도입하거나 신규 아키텍처를 설계하고 배포할 때 지원했다. SDN, NFV를 도입, 가이드 제공, 미래 전략, 계획 수립 등이 현재 업무다. 서비스 사업자와 기업, 데이터 센터 고객을 상대한다. 그 전에는 시스코 엔지니어링 팀 소속으로 네트워크 제품과 솔루션 설계와 혁신에 적극적으로 공헌했다. 대중적인 포럼과 콘퍼런스 정규 발표자이며 시스코 라이브의 특별 연사로 선정됐다. CCIE SP, CCIE DC(#21617)와 VCP-NV(VMware Certified Network Virtualization Professional)를 보유하고 있다. 파키스탄 NED대학 엔지니어링 학사, 미국 게네스빌에 있는 플로리다대학University of Florida 엔지니어링 석사 학위를 갖고 있다.

파레시 샤Paresh Shah

네트워크 업계에 20년 넘게 재직 중이며 현재 시스코 프로페셔널/컨설팅 서비스 조직 디렉터를 맡고 있다. 최첨단 기술에 기반한 파괴적인 신규 서비스를 시장에 소개하는 책임을 맡았다. 고객의 네트워크에 솔루션을 성공적으로 배포하는 역할을 도맡는다. 서비스 사업자 시장에서 고객 응대 그룹과 다양한 글로벌 엔지니어링을 이끌어 왔다. 하이엔드 라우팅, 서비스 사업자, 기업, 클라우드 영역의 베테랑이다. 1996년 업계 최초로 고속 다중 서비스 라우터를 구축하는 것으로 엔지니어 생활을 시작했다. MPLS, BGP, L2/L3 VPN과 같은 신규 기술 도입을 담당했고 IOS-XR과 같은 신규 운영체제도 맡았다. NFV, SDN 도입을 이끌고 있으며 세그먼트 라우팅 컨설팅도 담당하고 있다. 클라우드 사업자와 전통 서비스 사업자, 기업이 신기술을 수용하는 데 솔루션을 제시한다. 시스코 라이브, NANOG 및 SANOG와 같은 업계 콘퍼런스 정규 발표자다. 인도 푠대학University of Pune 전기공학 학사, 미국 캔자스 주 미주리대학University of Missouri 네트워킹 및 통신 분야 석사 학위를 갖고 있다.

기술 감수자 소개

니콜라스 페브리어 Nicolas Fevrier

시스코 SPService Provider 팀의 기술 리더다. 네트워킹 베테랑으로 시스코에 12년째 재직 중이며 기술 검증, 컨설팅 서비스 등을 담당, 최근 기술 마케팅을 맡았다. 전 세계를 여행하며 다양한 IOS-XR 라우팅 플랫폼에 대한 배포와 지원, 활용을 도왔다. 현재 관심사는 IOS-XR 제품에 초점을 맞춰 최첨단 기술을 도입하도록 이끌어주는 것이다. 네트워크 서비스 가이드를 제공하는 데도 깊이 관여하고 있다. 관련된 주요 네트워크 서비스는 네트워크 보안 강화 서비스, DDoSDistributed Denial of Service(분산 서비스 거부 공격) 완화 방안, 사업자급 NAT를 활용한 네트워크 전환 서비스 등이다. NFV, SDN 영역에 관심이 많으며 시스코 서비스 사업자 비즈니스에서 기술 마케팅 팀에도 있었다. CCIE R&S(#8966)를 보유하고 있다.

알렉산더 오렐 Alexander Orel

네트워킹 분야에서 15년 넘는 경력을 갖고 있다. 다양한 인터넷 서비스 사업자와 네트워크 컨설팅 회사에 재직하며 멀티 벤더 환경에서 경험을 쌓았다. 현재 시스코 프로페셔널/컨설팅 서비스 팀의 솔루션 아키텍트로 일하고 있다. 글로벌 서비스 사업자, 기업 고객을 담당한다. 요구 사항을 파악하는 것과 계획 수립, 차세대 네트워크 장비 및 기술의 적용 지원 등을 담당한다. 전문 분야는 IOS-XR 기반의 플랫폼과 NFV 기술이다. 모스크바 물리학 및 기술 연구소Moscow Institute of Physics and Technology에서 응용물리 석사 과정을 졸업했다. CCIE #10391을 R&S와 DC 부문에서 획득했다. 다양한 기술 콘퍼런스 발표자로 자주 나오며 시스코 라이브, 시스코 커넥트 등에서 발표한다. 현재 캐나다 오타와에 살고 있다.

감사의 글

기술 감수자인 니콜라스 페브리어와 알렉산더 오렐에게 특별히 감사의 말을 전한다. 내용을 감수하고 기술적 오류를 정정하는 어려운 일을 맡았다. 도움이 되는 권고 사항을 알려주고 전문가들의 식견을 공유했다. 두 사람의 전문적 경험과 제안, 가이드는 이 책을 올바른 방향으로 서술하는 데 지침이 됐다. 또한 적정하게 내용의 깊이를 유지하는 데도 도움이 됐다.

애디슨 웨슬리 프로페셔널Addison-Wesley Professional의 브렛Brett과 마리앤 바토우Marianne Bartow에게도 감사의 인사를 드리고 싶다. 이 책을 엮는 전체 일정 동안 기다리며 각 단계마다 우리를 이끌었다. 마지막으로 우리의 지식을 나눌 수 있도록 영감과 격려를 아끼지 않은 동료 여러분에게도 고마움을 전한다.

옮긴이 소개

최성남(sungnam.choe@nokia.com)

NFV와 SDN에 관심이 많으며 시스코의 다양한 SDN 솔루션인 ACI^Application-Centric Infrastructure, NSO^Network Service Orchestrator, VTS^Virtual Topology System 등을 담당했다. 삼성 SDS, Valtech Consulting, 시스코 등에 재직했으며 현재 노키아^Nokia에서 SDN 제품 Nuage VSP/VNS의 특별 판매를 담당하고 있다. 서울대학교 수학과, 헬싱키경제대학^Helsinki School of Economics EMBA를 졸업하고 정보통신기술사, PMP^Project Management Professional 등의 자격증을 보유하고 있다. 공동 번역한 책으로 『데브옵스 시대의 클라우드 네트워킹』(에이콘, 2017)이 있다.

옮긴이의 말

서버 가상화와 클라우드의 물결이 네트워크 분야에도 물밀듯 밀려와 전 분야로 확산되고 있다. 이로 인해 응용프로그램, 운영체제, 네트워크 간의 경계가 허물어지고 소프트웨어 블록의 계층 구조와 연동 관계의 아키텍처에 대한 이해가 IT 종사자 모두에게 기본 요건이 됐다. NFV^{Network Function Virtualization}(네트워크 기능 가상화)의 개념과 관련된 주변 기술, 동작 원리는 네트워크 관련 종사자뿐만 아니라 서버 가상화와 클라우드 담당자도 필수로 알아야 하는 내용이 됐다. 먼저 이 책은 NFV의 기본 개념과 관련 표준에 대한 이해를 바탕으로 어떠한 활용 사례가 있는지 소개한다. NFV를 가상화에 따른 운영 효율화 측면에서 그치지 않고 SDN을 이용해 NFV의 이점을 극대화하는 방안까지 살펴본다. 서버, 네트워크, 클라우드 인프라스트럭처 담당자뿐만 아니라 클라우드 기획자, IT 서비스 기획자, 응용프로그램 아키텍트 등의 기획 및 설계 업무 담당자도 이 책을 일독하길 권한다. 클라우드 구성에서 빠질 수 없지만 흔히 간과하는 부분이 바로 NFV와 SDN이기 때문이다. 현재 유무선 통신 분야뿐만 아니라 클라우드, 5G, IoT, AI 등의 확산에 따라 NFV, SDN의 활용도는 더 높아질 것이다. 이 책이 NFV에 관한 기초를 쌓는 데 도움이 되길 바란다.

차례

2장 가상화 개념   69

6장   전체 이어 붙이기   371

들어가며

NFV^{Network Functions Virtualization}(네트워크 기능 가상화)가 네트워킹 세계에 엄청난 영향을 끼치면서 네트워크의 설계와 배포, 관리 방식을 바꾸고 있다.

NFV로 네트워크 서비스 사업자는 네트워킹 소프트웨어와 하드웨어를 분리해 선택할 수 있는 자유를 얻었다. 이로 인해 다양한 혜택을 볼 수 있다. 네트워크 배포와 운영 비용을 절감할 수 있으며 새로운 네트워크 기능을 필요로 할 때 즉각적으로 배포할 수도 있다. 효율을 증대할 수 있으며 네트워크의 재빠른 확장성도 키워준다. 이러한 장점으로 새로운 비즈니스 기회에 대한 문이 열렸다. 또한 신규 서비스를 시장에 더 빨리 출시할 수 있다. 클라우드 서비스 사업자와 인터넷 서비스 사업자, 이동 통신 사업자 등 기업 시장에서 엄청난 관심을 받는 중이다.

이 책의 대상 독자

네트워크 엔지니어, 아키텍트, 계획 입안자와 운영자를 대상으로 한다. NFV의 세계로 들어갈 준비만 돼 있으면 네트워킹 기술 경험치가 없어도 이 책을 볼 수 있다. 기본적인 네트워킹 지식만 있다고 가정한다면 NFV 아키텍처, 배포, 관리 및 유관 기술에 관해 이해하는 것은 문제 없다.

목표 및 방법-이 책의 구성

다른 혁신 기술과 마찬가지로 NFV를 이해할 때는 이를 효율적으로 이용하는 것뿐만 아니라 그 혜택을 극대화할 수 있는지 아는 것이 중요하다. 이를 위해서는 NFV 관련 새로운 개념과 기술 이해가 필수다. 엔지니어와 아키텍트, 계획 입안자, 디자이너, 운영자, 현재 네트워크 관리자마다 러닝 커브^{Learning Curve}가 존재한다. 이 책을 쓰게 된 동기는 NFV 기술을 배우는 데 도움을 주려는 열망에서 왔다.

이 책의 목표는 독자가 NFV 기술과 그 구성 요소를 확실하게 이해하도록 돕는 것이다. NFV로 전환이 일어나면 네트워킹 업계에서 업무 영역이 많이 진화할 것이다. 이 책을 통해 독자도 NFV 시대로 들어갈 준비가 될 것이다. NFV의 설계, 배포, 수익화 등에 대한 지식으로 무장시켜 주며 NFV 솔루션을 네트워크에 도입할 때 의견 결정을 할 수 있도록 해준다.

이 책에서는 각 개념에 상향식 접근법으로 다가섰다. 기본적인 NFV 개념에서부터 장점과 설계 원칙에 관해 응용 사례별로 깊이 있게 논의한다. NFV 오케스트레이션, 관리 및 사용 예시에 익숙해지도록 돕는다. 그리고 SDN^{Software-Defined Networking}(소프트웨어 정의 네트워킹)에 대해 논의한 후, 고급 NFV 주제로 마무리한다. 모든 것을 연결해 NFV 캔버스를 완성한다. 총 여섯 개의 장으로 구성되며 각각 다음 목표를 갖고 있다.

1장, NFV 시대로의 여정 NFV의 이점과 도입을 촉진하는 시장 동인을 이해한다. 지난 수십 년 동안의 네트워크 진화를 분석하는 것으로 NFV로의 여정을 시작한다. NFV의 아키텍처 프레임워크와 구성 요소를 소개하면서 NFV의 기초 지식을 다진다.

2장, 가상화 개념 NFV를 가능하게 하는 핵심 기술인 가상화를 알아본다. 이 장을 통해 가상화 기술에 익숙해지고 그것이 NFV와 어떻게 관련이 있는지 이해할 수 있다.

3장, 네트워크 기능의 가상화 NFV 기반의 네트워크를 설계하고 배포하는 데 고려할 사항을 자세히 알아본다. 또한 현재 네트워크에 NFV를 도입할 때 예상되는 기술적으로 어려운 사항을 살펴본다. NFV와 연계하거나 NFV로 수용 가능한 네트워크 기능과 서비스에 대해 논의한다.

처음 세 장을 읽고 나면 독자는 NFV 배포 계획 수립, 어려움과 설계 이슈 예측 등에 익숙해진다. 전환 후 가져올 이점을 평가하는 것과 이러한 이점을 어떻게 극대화할 것인지도 익숙해질 것이다.

4장, 클라우드에서의 NFV 배포 기초적인 내용과 설계상 과제에 대해서는 앞서 세 장에서 논의했다. 여기서는 그러한 개념을 NFV 네트워크와 서비스를 오케스트레이션, 구축, 배포하는 데 적용한다. 현재 가용한 관리와 오케스트레이션 솔루션도 살펴본다. 장비 업체에서 만든 것뿐만 아니라 오픈 소스 커뮤니티에서 만든 것들도 포함한다.

4장 후반부에서 독자는 NFV 네트워크를 배포하고 관리하는 데 사용할 수 있는 도구와 기술을 완벽하게 이해하게 된다.

5장, 소프트웨어 정의 네트워킹 SDN의 개념을 알아본다. SDN의 기초를 다루고 NFV와의 상관성에 대해 알아본다.

6장, 전체 이어 붙이기 앞에서 익힌 지식을 모두 통합한다. 보안, 프로그래머빌리티, 성능, 기능 체이닝 등과 같이 NFV 네트워크상의 주요 고려 사항을 다룬다. 이 기술의 미래를 결정할 진화하는 NFV 개념도 살펴본다.

고객 지원

이 책을 informit.com에 등록하면 업데이트 및 정오표 내용을 볼 수 있다. 등록 절차는 informit.com/register 페이지로 가서 로그인 또는 계정을 생성해, 원서의 ISBN 9780134463056을 입력하고 제출하면 된다. 절차를 완료하면 'Registered Products' 메뉴에서 이용 가능한 보너스 콘텐츠를 볼 수 있다.

한국어판의 정오표는 에이콘출판사 도서정보 페이지 http://www.acornpub.co.kr/book/nfv-touch-sdn에서 찾아볼 수 있다.

한국어판에 대해 문의할 점이 있다면 에이콘출판사 편집 팀(edit@acornpub.co.kr)으로 연락 주길 바란다.

1

NFV 시대로의 여정

NFV, 즉 네트워크 기능 가상화는 급속하게 부상하는 기술 영역으로 네트워킹 세계에 엄청난 영향을 끼치고 있다. 네트워크를 설계하고 배포, 운영하는 방식을 바꾸고 있다. 네트워킹 산업계를 가상화 방식으로 변혁시키며 자체적인 하드웨어에 소프트웨어를 내장하는 방식을 버리도록 변화시키고 있다.

1장에서는 NFV의 여정과 그 뒤에 있는 시장 동인^{Market Drivers}으로 독자를 인도할 것이다. NFV 개념들에 익숙하도록 하고 표준화를 향해 진행 중인 사항을 확인해볼 것이다. 네트워킹 산업계가 NFV로 변천하는 것을 이해하는 데 필요한 기초는 표준화를 통해 쌓는다. 업계가 하드웨어 중심 접근법에서 가상화 및 소프트웨어 접근법으로 어떻게 진화했는지에 대해서도 다룬다. 개방적이고 확장성이 뛰어나며 탄력적이고 신속한 네트워크를 필요로 하는 클라우드 기반 서비스에 대한 필요성과 요구 사항을 충족하려는 노력의 일환임을 설명한다.

1장에서 다루는 주요 주제는 다음과 같다.

- 전통적인 네트워크 아키텍처에서 NFV로의 진화
- NFV 표준화 진행과 NFV 아키텍처 프레임워크 개요
- NFV의 이점과 그 이면의 시장 동인

네트워크 아키텍처의 진화

네트워킹 업계에서 NFV를 신속하게 수용하는 동기와 필요에 대해 이해하려면 네트워킹의 역사와 현재 네트워킹의 당면 과제들을 살펴보는 것이 도움이 된다. 데이터 통신 네트워크와 장비들은 오랫동안 진보하고 개선됐다. 네트워크가 더 빨라지고 더 튼튼하고 대용량화 됐지만 빠르게 변화하는 시장의 요구 사항에 대응하는 데는 여전히 허덕이고 있다. 네트워킹 업계는 새로운 당면 과제에 접해 있다. 클라우드 기반 서비스에서 요구하는 것들이다. 인프라스트럭처가 클라우드 서비스와 요구 사항을 더 효율적으로 동작하도록 지원해야 하는 것이다. 메가스케일의 데이터 센터는 컴퓨팅과 스토리지를 가져가고 데이터를 생성하는 장치들이 팩토리얼식 증가를 하며 IoT^Internet of Things 응용프로그램들도 쏟아진다. 이러한 것들은 현재의 네트워크에 더 높은 총 처리량과 개선된 지연 시간을 요구한다.

여기서는 전통적인 네트워크와 네트워킹 장비들을 살펴보고 그것들로 신규 요구 사항을 대응하기 어려운 이유를 확인한다. 또한 NFV 관점의 신선한 시각을 살펴보고 시장에서 촉발한 요구 사항에 대한 다른 해결 방안도 살펴본다.

전통적인 네트워크 아키텍처

전통적인 전화 네트워크는 가장 초기 데이터 전송 네트워크의 예이다. 어쩌면 아마도 전보용 네트워크일 수도 있다. 초기부터 네트워크를 평가하는 기준이었던 설계 요소와 품질 지표는 지연, 가용성, 총 처리량 등과 최소 손실로 데이터를 전송하는 용량이었다.

이러한 요소들은 데이터(이 경우에는 문자와 음성)를 전송하는 하드웨어와 장비 개발과 요건에 직접적으로 영향을 주었다. 또한 아주 특정한 용도를 위해 필요한 기능을 구현하는 방향으로 하드웨어 시스템을 만들었다. 그 위에 밀결합된 자체적 운영체제를 올리고 특정한 기능만 수행하도록 구성했다. 데이터 전송 네트워크가 출현했음에도 네트워크의 설계와 장비의 효율에 영향을 미치는 요건과 기준은 변하지 않았다(예를 들면 더 장거리 구간에 대해 최소의 손실로 최소 지연과 지터^Jitter를 만족하면서 최고의 총 처리량을 달성하는 것이 네트워크 설계의 목표였다).

전통적인 네트워크 장비를 만들 때 모두 다 특정 기능을 목표로 했다. 데이터 네트워크를 구성할 때는 상기의 효율성 기준을 만족하도록 경우에 따라 짜깁기하고 맞춤 설계했다. 이렇게 맞춤식으로 설계된 하드웨어 시스템상에서 구동되는 소프트웨어나 코드는 하드웨어와 밀접하게 결합됐다. 그 코드들은 실리콘 기반의 프로그래밍 가능한 주문형 고집적 회로와 밀접하게 통합됐다. 장비의 특정한 기능을 수행하는 것에 전적으로 초점을 맞췄다.

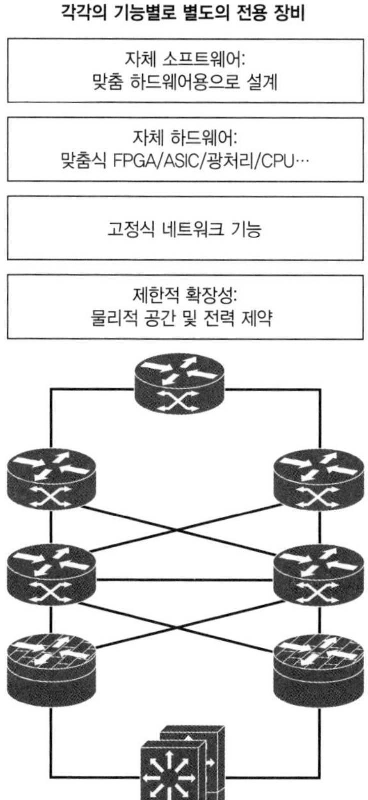

그림 1-1 전통적인 네트워크 장비

비디오, 모바일, IoT 응용프로그램으로 인해 대역폭 요구량이 기하급수적으로 증가하고 있다. 이에 따라 서비스 사업자들은 비용을 크게 늘리지 않으면서 네트워크 서비스를 확장하고 대규모화하는 방법을 꾸준히 찾고 있다. 전통적인 장비들의 특성으로는 이러한 요구 사항을 수용할 때 병목 현상이 발생한다. 확장성, 구축 비용, 네트워크 운영 효율 등을 제한하는 제약 사항을 만들 뿐이다. 이러한 상황에서 사업자들은 그 제약 사항을 없앨 수 있는 대안을 고려할 수밖에 없다. 이러한 제약 사항 몇 가지를 살펴보자.

유연성 제약

장비 제조사들이 장비를 설계, 개발할 때는 기본적인 요구 사항을 기반으로 한다. 특정한 하드웨어와 소프트웨어의 조합으로 기능적인 측면을 제공한다. 하드웨어와 소프트웨어는 통으로 만들어지고 장비 제조사의 구현 범위를 벗어나지 못한다. 이로 인해 기능을 선택적으로 조합하는 것이 어렵고 구축할 하드웨어 용량에도 제약이 발생한다. 빠르게 변하는 요구 사항을 충족하려면 자원을 비효율적으로 사용할 수밖에 없다. 유연성과 맞춤식 제공이 부족하기 때문이다.

확장성 제약

물리적 네트워크 장비는 하드웨어와 소프트웨어 측면 모두 확장성에 제약이 있다. 하드웨어는 전력과 공간을 필요로 한다. 이는 고밀도로 배치해야 하는 지역에서는 제약 사항이 된다. 자원이 부족한 경우 구축할 수 있는 하드웨어가 제한적일 수 있다. 소프트웨어 측면에서 보면 이러한 전통 장비들은 데이터 네트워크에서 변화의 규모를 따라가지 못한다. 경로나 레이블 개수의 변화 규모 같은 것 말이다. 각각의 장비는 정해진 개수의 다중 처리를 할 수 있도록 설계됐다. 일단 최대치를 다 채우게 되면 사업자는 장비를 업그레이드하는 것 외에는 선택의 여지가 거의 없다.

시장 출시 기간 과제

시간이 지남에 따라 요구 사항은 증가하고 변한다. 장비들은 이러한 변화에 즉각적으로 대응하기 쉽지 않다. 완전히 변화된 시장의 요구 사항을 충족하는 신규 서비스 출시는 종종 늦다. 신규 서비스를 제공하려면 네트워크 장비를 업그레이드해야 한다. 이를 달성하려면 적절한 업그레이드 방안을 선택하는 복잡한 의사 결정이 필요하다. 그 과정에는 신규 장비의 재평가, 네트워크 재설계 등을 포함할 수도 있다. 어쩌면 신규 필요 요소를 더 잘 충족하는 장비 제조사를 새로이 검토해야 할 수도 있다. 이러한 것들로 비용이 증가하고 고객에게 신규 서비스를 제공하는 데 더 많은 시간이 들어간다. 결과적으로 사업 기회와 매출을 잃게 된다.

관리 가능 여부 문제

네트워크에서 사용하는 관제 도구는 SNMP^{Simple Network Management Protocol}, 넷플로우^{NetFlow}, 시스로그^{syslog}와 같은 표준화된 관제 프로토콜을 지원한다. 장비의 상태와 정보를 수집하는 유사한 시스템과의 연동을 지원하기도 한다. 하지만 장비 제조사의 특정 항목들을 관제하려는 경우 표준 프로토콜만으로는 충분하지 않다. 예를 들어 장비 제조사에서 비표준 MIB이나 자체 정의한 시스로그 메시지를 사용할 수도 있다. 그러한 세부적인 수준으로 관제와 제어를 하려면 장비 제조사의 구현 방식에 맞춰 관제 도구를 아주 구체적으로 구현하고 짜깁기해야 한다. 이 관리 도구들을 직접 만들든지 장비 제조사에서 제공했든지간에 다른 장비 제조사의 장비에 이를 적용하기란 쉽지 않다.

높은 운영 비용

네트워크에 배포한 각각의 장비 제조사 시스템에 대해 고도로 훈련받은 조직을 갖춰야 하므로 운영 비용은 높을 수밖에 없다. 이는 또한 사업자가 특정 장비 제조사에 종속되는 결과를 낳는다. 다른 장비 제조사로 변경하려면 운영 인력을 재교육하고 운영 도구를 개조하는 데 추가 비용이 들기 때문이다.

이전 시 고려 사항

일정 시간이 지나면 장비와 네트워크는 업그레이드 혹은 최적화 작업이 필요하다. 이를 위해 물리적으로 접근 가능한 현장 상주 인력이 필요하다. 신규 하드웨어를 설치하고 물리적 연결을 재설정하고 현장 설비를 업그레이드해야 한다. 이는 네트워크 업그레이드 비용의 장벽이 돼 신규 서비스 제공 속도를 늦춘다.

용량의 과배포

단기적이든 장기적이든 네트워크 용량 수요를 예측하기란 쉽지 않다. 결과적으로 네트워크 구축 시 필요 용량보다 더 많게 구성하지만 상당수가 50% 이하만 사용한다. 네트워크 활용률이 낮고 과도하게 용량을 배포함$^{Over\text{-}Provisioning}$에 따라 투자 수익률$^{ROI, \, Return \, On \, investment}$이 떨어진다.

상호 운영성

시장 출시 기간과 배포 시간이 짧아짐에 따라 신규 네트워크 기능이 완전히 표준화되기도 전에 장비 제조사들이 그 기능들을 구현하는 경우도 있다. 이러한 구현은 자체적인 방식으로 이루어지고 상호 운영성에 문제를 야기하게 된다. 상용 환경에 배포하기 전에 서비스 사업자들이 상호 운영성을 검증할 수밖에 없다.

NFV 소개

데이터 센터에서 서버 가상화 방식은 이미 검증된 기술이다. 독립적인 서버 하드웨어 시스템의 더미가 가상 서버로 대부분 대체됐다. 이들은 공유된 하드웨어상에서 실행된다.

NFV는 바로 이 서버 가상화의 개념에서 출발한다. 서버를 넘어서 네트워크 장비를 포함하는 범위로 이 개념을 확장한 것이다. 또한 그 에코시스템$^{Eco\text{-}system}$으로 가상화된 네트워크 항목들을 관리, 배포, 관제, 구축하는 것도 가능하다.

전반적인 에코시스템을 지칭하는 포괄적인 용어로 NFV를 사용하기도 한다. 가상 네트워크 장비와 관리 도구, 인프라스트럭처로 구성된다. 인프라스트럭처는 소프트웨어와 하드웨어를 통합하는 역할을 한다. 하지만 NFV를 명확히 정의하자면 물리적인 네트워크 장비를 대체하는 방법 또는 기술로서 동일한 네트워크 기능을 실행하는 것이다. 이는 통상적인 컴퓨터 하드웨어에서 하나 또는 그 이상의 소프트웨어 프로그램으로 특정 기능을 수행하는 것이다. 일례가 물리적인 방화벽 전용 장비를 소프트웨어 기반의 가상 머신으로 대체하는 것이다. 이 가상 머신은 방화벽 기능을 제공하고 동일한 운영체제를 구동하며 동일한 UI와 동작 방식을 지원한다. 하지만 전용이 아닌 공유된 일반적인 하드웨어상에서 구동된다.

NFV 덕분에 어떤 일반적인 하드웨어에서든지 네트워크 기능을 구축할 수 있게 됐다. 처리, 저장, 데이터 전송 등에 대한 기본적인 자원이 있는 하드웨어면 족하다. 가상화 기술이 성숙해 이제는 물리적인 장비를 드러나지 않게 할 수도 있다. NFV의 인프라스트럭처용으로 상용 기성품 하드웨어를 사용하는 것이 가능하다.

상용 기성품

COTS(Commercial off the shelf)라고도 한다. 상용으로 개발되고 시장에서 판매되는 제품이나 서비스를 통칭한다. 상용 기성품 하드웨어는 범용 컴퓨팅, 스토리지, 네트워크 장비로서 이러한 자원이 필요한 곳이라면 어디든지 구축되고 판매되는 장비를 말한다. 자체 하드웨어나 소프트웨어를 사용할 필요가 없다.

그림 1-2는 전통적인 네트워크 장비에서 NFV로의 변이를 보여준다.

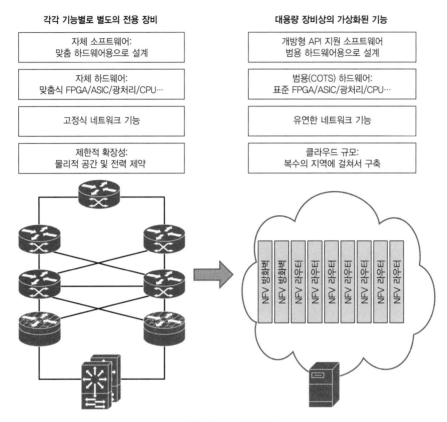

각각 기능별로 별도의 전용 장비

자체 소프트웨어: 맞춤 하드웨어용으로 설계
자체 하드웨어: 맞춤식 FPGA/ASIC/광처리/CPU…
고정식 네트워크 기능
제한적 확장성: 물리적 공간 및 전력 제약

대용량 장비상의 가상화된 기능

개방형 API 지원 소프트웨어 범용 하드웨어용으로 설계
범용(COTS) 하드웨어: 표준 FPGA/ASIC/광처리/CPU…
유연한 네트워크 기능
클라우드 규모: 복수의 지역에 걸쳐서 구축

그림 1-2 NFV로의 변이

전통적인 네트워크 아키텍처에서 장비 제조사들은 자신들의 코드를 실행하는 하드웨어에 대해 전혀 걱정하지 않았다. 특정 네트워크 기능을 위해 전용 장비로 그 하드웨어를 개발해 맞춤 구성, 구축했기 때문이다. 장비에서 실행하는 소프트웨어와 하드웨어 모두에 대해 완벽하게 제어할 수 있었다. 장비 제조사들은 네트워크에서 각 장비가 수행할 역할에 따라 하드웨어와 그 성능 요소들을 설계하는 데 유연성을 갖고 있었다. 예를 들어 네트워크 코어용 장비라면 사업자 수준의 장애 회복성Resiliency을 자체적으로 갖고 있어야 한다. 반면 네트워크 엣지용 장비라면 단순한 구조로 고가용성을 제공하지 않는 방식으로 비용을 낮추도록 한다. 이러한 맥락에서 보면 이 장비의 많은 기능은 하드웨어와 소프트웨어를 밀접하게 통합하는 방식으로 이뤄진다. 이것이 NFV로 인해 바뀌게 된다.

가상화된 네트워크 기능의 경우 하드웨어에서 제공해야만 하는 기능에 대한 가정을 하는 것이 불가능하고 또한 순수 하드웨어와 밀접하게 통합하는 것도 불가능하다. NFV는 소프트웨어를 하드웨어에서 떼어 내 분리한다. 상용으로 가용한 하드웨어 중 어떤 것을 사용하든지 특정 네트워크 기능을 가상화된 방식으로 구현 가능하다.

네트워크의 가상화로 네트워크 배포 및 운영 방식에 새로운 가능성이 열렸다. 유연성, 신속성, 투자 비용과 운영 비용 절감, 확장성 등이 NFV로 열린 새로운 혁신이며 설계의 패러다임이다. 새로운 네트워크 아키텍처가 가능하게 됐다.

NFV 아키텍처 프레임워크

전통적인 네트워크 장비에서는 하드웨어와 소프트웨어가 밀결합돼 있었으므로 그 아키텍처가 아주 단순했다. 반면 NFV 환경에서는 장비 제조사가 개발한 소프트웨어를 범용의 공유 하드웨어에서 실행할 수 있다. 이 경우 다양한 연결 지점이 발생하며 이들을 관리하는 것이 필요하다.

NFV 아키텍처 프레임워크의 개발 목적은 이러한 연결 지점을 표준화하고 여러 장비 제조사들 간에 호환이 가능하도록 하기 위함이다. 여기서는 프레임워크와 이면에 숨은 주요 기준에 대해 전반적으로 살펴볼 것이다. 독자들이 프레임워크를 이해하고 나면 NFV가 제공하는 유연성과 선택의 자유에 대해 알게 될 것이다.

프레임워크의 필요성

NFV 세계에서는 네트워크 기능을 가상으로 구현한 것을 VNF^{Virtualized Network Function}(가상 네트워크 기능)라고 부른다. VNF는 라우터, 스위치, 방화벽, 부하분산기 등과 같은 특정 네트워크 기능을 수행한다. 네트워크 일부분을 완전히 가상화로 구현하려면 이러한 VNF를 여러 개 조합하는 것이 필요하다.

VNF

VNF는 장비 제조사에 특화된 하드웨어를 동일한 기능을 수행하는 시스템으로 대체한다. 단지 범용 하드웨어에서 실행할 뿐이다.

여러 장비 제조사에서 이러한 VNF를 제공하며 서비스 사업자는 가장 적합한 장비 제조사와 기능의 조합을 고른다. 자유롭게 선택할 수 있으려면 이 VNF들 간 통신에 대한 표준 방안이 필요하다. 가상 환경에서 관리할 방법에 대한 표준도 필요하다. NFV의 관리에 대해서는 다음 고려 사항을 감안해야 한다.

- 여러 장비 제조사들의 VNF 구현
- 기능의 라이프 사이클 및 상호 동작 관리
- 하드웨어 자원 할당 관리
- 사용률 관제
- VNF 설정
- 서비스 구현을 위한 가상 기능 상호 연결
- 과금 및 운영 지원 시스템 연동

이러한 관리 기능을 구현하면서 시스템을 개방적이면서도 장비 제조사에 종속적이지 않도록 하려면 표준화 기반의 프레임워크를 정의해야 한다. 이 표준 프레임워크에서는 VNF가 특정 하드웨어에 종속되지 않고 특정 환경을 위해 별도로 변경 제작을 할 필요가 없도록 보장해야 한다. 장비 제조사들에게는 참조 아키텍처^{Reference Architecture}로 제공돼 어떤 VNF든지 구현을 위한 배포 시 일관되고 동일한 방법론으로 할 수 있어야 한다. 또한 VNF와 구동하는 하드웨어에 대한 관리가 특정 장비 제조사에 종속되지 않도록 보장해야 한다. 이렇게 이기종으로 구성된 생태계에서 네트워크 기능을 구현할 때 별도의 추가 작업이 필요하면 안 된다. 한마디로 이 프레임워크는 잘 정의된 범위 내에서 VNF, 하드웨어, 관리 시스템 등이 원활하게 동작할 수 있는 아키텍처 관점의 기반을 제공해야 한다.

ETSI NFV 프레임워크

2012년에 개최된 SDN 오픈플로우 월드 콩그레스^{SDN OpenFlow World Congress}에서 처음 NFV가 소개됐다. 거기서 네트워크 사업자들이 직면한 주요 과제를 언급했다. 특히 고객에게 혁신적인 서비스를 제공하려면 새로운 하드웨어를 도입해야만 하는 의존성에 대해 언급했다. 다음 개념과 관련된 도전 과제를 강조했다.

- 신규 장비 도입에 따른 설계 변경
- 배포 비용 및 물리적 제약 사항
- 신규 도입된 전용 하드웨어와 소프트웨어를 관리, 운영하기 위한 전문성 필요
- 신규 전용 장비의 하드웨어 복잡성에 대한 처리
- 장비의 폐기를 재촉하는 짧아진 라이프 사이클
- 자산 비용과 투자에 대한 회수가 실현되기 전 신규 사이클을 다시 시작하는 것

그 컨소시엄에서는 이러한 도전 과제들을 제시하고 효율성을 증대하는 방안으로 NFV를 제안했다. 효율성 증대는 "표준화된 IT 가상화 기술을 활용해 수많은 네트워크 장비 유형을 산업계 표준의 대규모 서버, 스위치와 스토리지 등에 통합하는 것이다. 이들을 데이터 센터나 네트워크 노드 또는 최종 사용자의 공간 등에 두는 것이다."[3]

이 목표를 달성하고 규격 세트를 정의하기 위해 선도적인 일곱 통신 사업자들이 ISG^{Internet Specification Group}(인터넷 규격 그룹)를 결성했다. 이 규격 세트로 인해 전통적인 장비 제조사들과 네트워크 중심의 접근법이 NFV 기반의 네트워크로 이동하는 것이 가능할 것이다. ISG는 ETSI^{European Telecommunications Standards Institute}(유럽 전기통신 표준 기구)라고 부르는 독립적인 표준화 기관에 속했다[1].

ISG는 2013년 초에 공식적으로 시작했다. 장비 제조사의 자체적인 하드웨어 장비에서 동작하는 네트워크 기능을 가상화로 구현하는 것이 목적이다. 이를 지원하기 위한 요구 사항과 아키텍처 프레임워크를 정의하는 것이 주 업무다.

이 그룹에서는 세 가지의 핵심 기준을 권고 사항 작성 시 적용했다.

- **분리**Decoupling : 하드웨어와 소프트웨어의 완벽한 분리
- **유연성**Flexibility : 네트워크 기능의 자동화되고 확장성 있는 배포
- **동적 운영**Dynamic Operations : 네트워크 상태에 대한 세밀한 관제와 제어를 통해 네트워크 기능에 대한 운영 파라미터를 제어

이러한 기준을 기반으로 상위 수준의 아키텍처 프레임워크를 수립했다. 개별적인 관심 영역을 그림 1-3과 같이 정의했다.

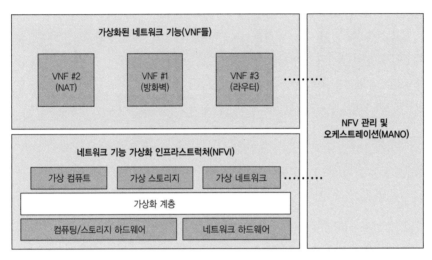

그림 1-3 상위 수준 ETSI NFV 프레임워크

이 아키텍처 프레임워크는 표준화 및 개발 작업의 기반이며 통상적으로 ETSI NFV 프레임워크라고 부른다. 상위 수준에서 보면 프레임워크가 포함하는 것은 VNF들의 관리, 관계와 상호의존성, VNF들 간의 데이터 흐름, 자원 할당 등이다. ETSI ISG는 이러한 권한을 세 개의 상위 수준 블록으로 분류했다. 즉 인프라스트럭처 블록, 가상화 기능 블록, 관리 블록이다. ETSI 정의에서 이 블록들의 공식 명칭은 다음과 같이 정의돼 있다.

- **NFVI**Network Functions Virtualization Infrastructure **(네트워크 기능 가상화 인프라스트럭처) 블록** : 전체 아키텍처의 기반이 된다. 가상 머신을 담을 하드웨어, 가상화를 구현하는 소프트웨어 및 가상화된 자원이 이 블록에 포함된다.

- **VNF**^{Virtualized Network Function}**(가상화 네트워크 기능) 블록**: VNF 블록은 NFVI에서 제공하는 가상 머신을 사용한다. 그 위에 가상화된 네트워크 기능을 구현하는 소프트웨어를 추가해 NFVI 위에 구성한다.

- **MANO**^{Management and Orchestration} **블록**: 아키텍처에서 별도의 블록으로 정의된다. NFVI 및 VNF 블록과 동시에 상호작용한다. 프레임워크에서 인프라스트럭처 계층의 모든 자원에 대한 관리를 MANO 계층에서 수행한다. 뿐만 아니라 자원의 생성, 삭제도 이 계층에서 담당하고 VNF들의 할당 관리도 이 계층에서 수행한다.

ETSI 프레임워크 이해하기

ETSI 프레임워크에 대한 이해나 그 상위 수준의 블록 뒤에 숨은 고찰 절차를 더 잘 이해하려면 이 프레임워크를 도출하기 위해 진행한 구축 절차를 들여다보는 것이 좋다. 네트워크 장비의 기능을 가상화하는 것 같은 기본적인 NFV 개념부터 시작하자. 이는 VNF들을 통해 달성할 수 있다.

네트워크 서비스를 구현하려면 VNF들은 단독 객체로 배포하거나 여러 개 조합으로 배포해야 한다. VNF 안에서 가상화되는 기능과 연관된 프로토콜은 가상화 방식 구현과는 전혀 상관이 없다. 그림 1-4에서는 VNF로 방화벽 서비스, NAT 장비, 라우터를 구현, 상호 통신하도록 한다. 이 VNF들은 물리적으로 연결되지 않았고 전용의 물리적 장비에서 실행하는 것이 아님에도 상관없이 동작한다.

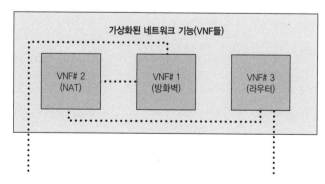

그림 1-4 VNF로 함께 동작하는 네트워크 기능

이러한 VNF를 실행하기 위한 전용 장비나 맞춤 장비가 없기 때문에 범용의 하드웨어 장비를 사용해 VNF를 실행할 수 있다. 범용 장비는 CPU, 스토리지, 메모리, 네트워크 인터페이스 등과 같은 일반적인 하드웨어 자원으로 구성된다. 이것이 COTS 하드웨어를 사용해 가능하다. 단 하나의 COTS 장비일 필요는 없다. VNF들을 실행하는 데 필요한 하드웨어 자원을 임의로 조합한 통합 하드웨어 솔루션을 쓸 수도 있다. 가상화 기술을 사용하면 하드웨어를 여러 개의 VNF들 간에 공유할 수도 있다. 이러한 기술은 하이퍼바이저 기반 가상화 또는 컨테이너 기반의 가상화로 데이터 센터에서는 이미 상당 기간 사용 중이다. 기술적으로 상당히 성숙돼 있다. 이에 대한 자세한 내용은 2장, '가상화 개념'에서 다룬다.

가상화된 하드웨어는 VNF를 실행할 인프라스트럭처가 된다. 이 NFV 인프라스트럭처(NFVI)는 COTS 하드웨어를 사용해 자원들의 공용 풀을 구성하면 된다. 이 자원 가운데 일부를 잘라내 가상화된 컴퓨트, 스토리지, 네트워크 풀로 생성해 VNF에서 필요한 만큼 할당할 수 있다. 이를 그림 1-5에서 보여준다.

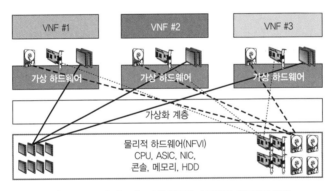

그림 1-5 VNF에 제공되는 가상 컴퓨팅, 스토리지, 네트워킹 자원

VNF 장비 제조사들은 VNF 구현에 필요한 최소 자원 요구 사항을 권장한다. 하지만 장비 제조사에서 이러한 하드웨어 파라미터를 제어하거나 최적화할 수는 없다. 이를테면 장비 제조사에서 코드를 실행하는 데 필요한 CPU 코어 수나 VNF에서 필요로 하는 스토리지 공간이나 메모리를 권장할 수 있다. 하지만 그 구체적인 요구 사항과 관련하여 하드웨어를 설계할 방법은 없다. 물리적 하드웨어를 사용하는 가상화 계층에서는 VNF의 자원 요구를 처

리한다. VNF 입장에서는 이러한 절차를 볼 수 없을 뿐 아니라 다른 VNF가 있는 것도 인지할 수 없다. 동일한 물리적 하드웨어를 공유하고 있음에도 말이다.

이 가상화된 네트워크 아키텍처에서는 관리하고 운영할 자원이 다양한 수준에서 복수로 존재한다. 이와 반대로 현재의 네트워크 아키텍처 관리는 장비 제조사에 종속적이며 장비 제조사에서 제공하는 제한된 방식과 데이터 접점을 활용한다. 관리적 기능에 대해 신규 기능이나 개선을 하려면 장비 제조사의 지원이 있어야만 가능하다. NFV에서는 각 객체들을 더세밀하고 각 개체별 수준으로 관리하는 것이 가능하다. 따라서 NFV 아키텍처는 이러한 관리 방법론을 정의해야만 완전하게 된다. 관리 방법론은 관리뿐 아니라 자동화, 조정, 계층/기능 블록 간의 상호 연결 등을 신속하고 확장성 있으면서도 자동화된 방식으로 수행하는것이다.

이 요구 사항으로 프레임워크에 또 다른 기능 블록을 추가하게 된다. VNF 블록, NFVI 블록 모두와 통신하며 그 둘을 관리하는 기능 블록이다. 그림 1-6에서 보여준다. 이 블록은 VNF들을 COTS 하드웨어상에 배포하고 상호 연결하는 것을 관리한다. 또한 하드웨어 자원들을 이들 VNF들에 할당하는 역할도 수행한다.

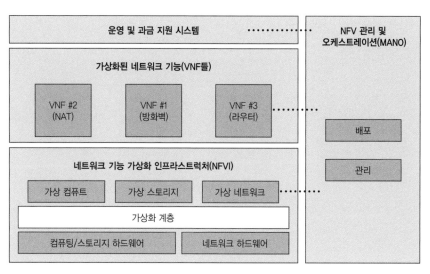

그림 1-6 NFV 관리 및 오케스트레이션 블록

MANO 블록의 목적은 구성 요소에 대한 완전한 가시성을 확보하는 것이며 이 블록은 그 요소를 관리하는 책임을 진다. 따라서 사용률, 운영 상태, 사용 통계 정보 등을 완벽하게 파악해야 한다. 이러한 이유로 MANO에서는 사용률 데이터를 집계할 목적으로 운영 및 과금 지원 시스템과 최적의 연동이 필요하다.

지금까지 세 가지 상위 수준의 블록-NFVI, VNF, MANO-에 대해 단계별로 이해했다. 블록에 대한 정의 및 ETSI 프레임워크 내에서의 자리매김 이면에 있는 추론 과정도 파악했다.

ETSI NFV 프레임워크 더 자세히 들여다보기

앞에서는 ETSI NFV 아키텍처 프레임워크를 상위 수준 관점에서 살펴보고 기본적인 구성 블록에 대해 기술했다. ETSI에서 정의한 프레임워크는 각각의 블록별로 더 깊이 들어가 개별적인 기능 블록마다 특정 역할과 책임을 정의한다. 따라서 상위 수준의 블록은 여러 개의 기능 블록으로 구성된다. 예를 들어 관리 블록(MANO)은 세 개의 기능 블록으로 정의한다. VIM^Virtualized Infrastructure Manager(가상 인프라스트럭처 관리자)와 VNFM^Virtualized Network Function Manager(가상 네트워크 기능 관리자), NFVO^NFV Orchestrator(NFV 오케스트레이터)이다.

아키텍처에서는 기능 블록 간에 상호작용, 통신 및 상호 간 동작하기 위한 참조점^Reference Point을 정의한다. 그림 1-7에서는 ETSI에서 정의한 프레임워크의 상세한 모습을 보여준다.

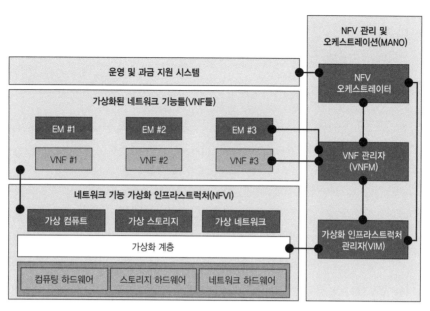

그림 1-7 ETSI NFV 프레임워크의 하위 수준 보기

이 부분에서는 이 프레임워크를 더 깊이 들여다본다. 제안된 기능, 기능 블록 간의 상호 동작, 참조점을 통한 상호 연결 등을 리뷰한다.

이해의 편의를 위해 이러한 기능 블록들을 계층으로 묶는다. 각 계층은 NFV 구현 시 특정 기능으로 동작한다.

인프라스트럭처 계층

VNF는 가상 하드웨어의 가용성에 의존적이다. 가상 하드웨어는 물리적인 하드웨어상에서 구동되는 소프트웨어 자원을 통해 에뮬레이션된다. ETSI NFV 프레임워크에서는 인프라스트럭처 블록(NFVI)이 가상 하드웨어에 해당한다. 인프라스트럭처 블록은 물리적 하드웨어 자원, 가상화 계층, 가상화 자원 등으로 구성된다. 그림 1-8에 나타나 있다.

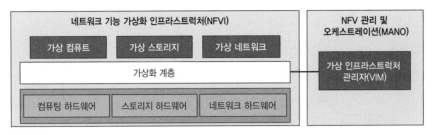

그림 1-8 ETSI NFV 프레임워크의 인프라스트럭처 계층

ETSI 프레임워크는 하드웨어 자원을 세 가지로 크게 분류한다. 컴퓨팅, 스토리지, 네트워크다. 컴퓨팅 하드웨어는 CPU, 메모리 등을 포함하며 이들은 클러스터-컴퓨팅 기술을 이용해 호스트 간에 풀로 구성할 수 있다. 스토리지는 직접 연결할 수도 있고 분산 방식으로 구성할 수도 있다. NAS^{Network Attached Storage}(네트워크 스토리지) 방식이나 SAN 기술로 연결된 장비를 사용할 수도 있다. 네트워킹 하드웨어는 네트워크 카드와 포트의 풀로 구성되며 VNF에서 사용하게 된다. 이들 중 어느 하나도 특정 네트워크 기능을 위해 의도적으로 만들지 않았다. 반대로 모든 품목들은 범용의 하드웨어 장치들로 어디서나 살 수 있는 상용 제품(COTS)이다. 이러한 기능 블록은 여러 개의 장비 간에 구성될 수도 있고 대규모로 구성할 수도 있다. 지역 간 상호 연동도 가능하다. 단일한 물리적 호스트나 지역, 또는 POP^{Point of Presence}에 국한되지 않는다.

유념할 것은 네트워킹 하드웨어도 NFVI의 일부라는 것이다. 네트워킹 하드웨어는 물리적 지역에서 스토리지와 컴퓨트 장비를 상호 연결하거나 여러 지역 간 상호 연결하는 장비들이다(스위치, 라우터, 광 트랜스폰더, 무선 통신 장비 등). 하지만 이러한 네트워크 장치는 VNF에 할당 가능한 가상 자원 풀이 아니다.

가상화 계층은 NFVI의 일부로 또 다른 기능 블록이다. 하드웨어 장치의 풀과 직접 상호작용하며 그 자원이 가상 머신 형태로 VNF에 제공된다. 가상 머신은 가상화된 컴퓨팅, 스토리지, 네트워킹 자원을 제공한다. 가상 머신이 수용하는 소프트웨어(이 경우는 VNF)에 이 자원들을 제공한다. 이를 VNF에 제공할 때 마치 전용으로 할당된 물리적 하드웨어 장치인 것처럼 제공한다.

VM

가상 머신 또는 VM은 널리 사용하는 용어로 가상화된 자원 풀을 의미한다. 하드웨어 자원은 공유하지만 상호 간에는 완전히 격리돼 독립적으로 동작한다.

요약하면 가상화 계층은 네트워크 기능(즉 VNF)을 위한 소프트웨어를 하드웨어에서 분리하는 것이다. 동시에 다른 VNF들로부터 격리되도록 하고 물리적 하드웨어에 대한 인터페이스로 동작한다.

추상화

하드웨어 자원에 접근하는 데 필요한 공통의 독립적 소프트웨어 인터페이스를 제공해 하드웨어 계층과 소프트웨어 계층을 분리하는 기법을 하드웨어 추상화(Hardware Abstraction) 또는 간략하게 추상화라고 한다.

NFVI를 관리하기 위해 ETSI에서는 VIM^{Virtualized Infrastructure Manager}(가상화 인프라스트럭처 관리자)이라는 관리 기능 블록을 정의한다. VIM은 MANO의 일부로 프레임워크에서 컴퓨팅, 스토리지, 네트워킹 하드웨어에 대한 관리 책임을 부여한다. 가상화 계층을 이루는 소프트웨어와 가상화된 하드웨어에 대한 관리도 책임진다. VIM은 하드웨어 자원을 직접적으로 관리하므로 이러한 자원들의 전체 현황을 갖고 있다. 또한 그들을 운영할 때 필요한 속성값(전력 관리, 가동 상태, 가용성 등)에 대한 가시성도 갖고 있다. 성능 관련 속성값(사용률 통계 정보 등) 관제 기능도 당연히 갖고 있다.

VIM은 또한 가상화 계층을 관리한다. 가상화 계층에서 하드웨어를 어떻게 사용할지 제어하고 그 방식에 영향을 준다. 따라서 VIM은 NFVI 자원 제어를 담당하면서 다른 관리 기능 블록과 함께 동작한다. 요구 사항을 결정하고 그것을 달성하기 위해 필요한 인프라스트럭처 자원을 관리한다. VIM의 관리 범위는 NFVI-POP과 동일하다. 인프라스트럭처가 펼쳐져 있는 전체 도메인을 관장한다.

VIM 인스턴스는 단일 NFVI 계층에만 국한되지는 않는다. 하나의 VIM을 구성해 여러 개의 NFVI 블록들을 제어할 수 있다. 반대로 또한 여러 개의 VIM을 동시에 구동하는 것도 가능하고 여러 개의 분리된 하드웨어 장치를 제어하는 것도 가능하도록 프레임워크에서는 허용한다. 이러한 VIM은 동일한 위치에 있을 수도 있고 물리적으로 다른 위치에 있을 수도 있다.

VNF 계층

VNF 계층은 네트워크 기능을 가상화로 구현하는 부분으로 VNF 블록과 그것을 관리하는 기능 블록인 VNFM(VNF 관리자)으로 이뤄진다. VNF 블록은 그림 1-9와 같이 VNF와 EM^Element Management(단위 요소 관리) 블록의 조합이다.

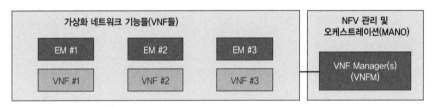

그림 1-9 ETSI 프레임워크의 VNF 계층

네트워크 기능을 가상화로 구현하면 어떤 하드웨어에서든지 실행할 수 있어야 한다. 단지 그 하드웨어는 충분한 컴퓨팅 자원과 저장 공간, 네트워크 인터페이스를 갖고 있어야 한다. 가상 환경의 세부 사항이 VNF에는 투명해야 한다. 즉 가상 머신은 자신이 실행되는 범용 하드웨어에 대해 알 필요가 없어야 한다. VNF의 작동 방식과 외부적 인터페이스는 물리적으로 구현된 네트워크 기능 및 가상화하는 그 장비와 완전히 동일해야 한다.

네트워크 서비스를 가상화하면 단일 VNF로 구현할 수도 있고 여러 개의 VNF가 필요할 수도 있다. 여러 개의 VNF로 네트워크 서비스를 구현하는 경우 일부 기능은 상호 간 의존성이 있을 수도 있다. 이 경우 VNF에서는 데이터를 특정 순서에 따라 처리해야 한다. VNF 그룹이 상호 의존성이 없는 경우는 이 그룹을 VNF 세트라고 한다. 일례가 모바일

vEPC^{virtual Evolved Packet Core}(가상 EPC)다. vEPC에서는 MME^{Mobile Management Entity}가 사용자 인증과 SGW^{Service Gateway} 선정을 담당한다. SGW는 MME 기능과 독립적으로 실행되면서 사용자의 데이터 패킷을 포워딩한다. 이 VNF들은 집합적으로 동작하면서 vEPC 기능 일부를 제공하지만 각각의 기능 구현은 독립적으로 동작한다.

하지만 네트워크 서비스에서 데이터를 특정한 순서로 처리해야 한다면 VNF 간의 연결을 정의해야 하고 그에 맞게 배포해야 한다. 이것을 VNF-FG^{VNF Forwarding Graph}(VNF 포워딩 그래프) 또는 서비스 체이닝^{Service Chaining}이라고 한다. 앞의 예시, vEPC에서 PGW^{Packet Data Network Gateway} 기능을 제공하는 또 다른 VNF를 추가하는 경우를 살펴보자. 이 PGW VNF는 SGW를 통과한 데이터만 처리해야 한다. 그림 1-10에서와 같이 SGW, MME, PGW 간의 상호 연결은 패킷 플로우에서 특정한 순서를 가지며 이것이 VNF-FG다. 이 서비스체이닝 개념은 NFV 세계에서 중요하고 더 자세한 논의가 필요하다. 이 주제는 6장, '전체 이어 붙이기'에서 깊이 있게 다룬다.

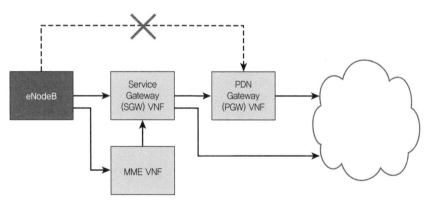

그림 1-10 VNF-FG를 사용한 vEPC

ETSI 프레임워크에서 VNF를 구동하고 그 VNF들의 규모를 관리하는 것은 VNFM이 담당한다. VNFM이 신규로 VNF 인스턴스를 만들어야 하거나 VNF가 사용하는 자원(CPU, 메모리 등)을 추가 또는 수정해야 하는 경우 그 요구 사항을 VIM에 전달한다. 그러면 VNF를 구동하고 있는 VM에 할당된 자원을 수정하도록 VIM이 가상화 계층으로 요청한다. VIM은 인벤토리를 알고 있으므로 현재의 하드웨어에서 이러한 추가적인 요구 사항을 수용할 수 있는지도 판단할 수 있다. 그림 1-11에서 이러한 이벤트의 흐름을 볼 수 있다.

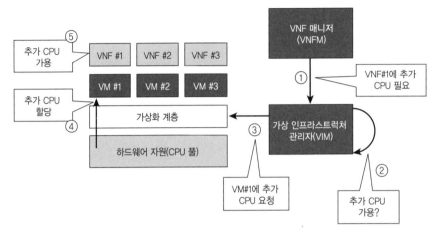

그림 1-11 VNFM에서 VNFM의 자원을 늘리는 경우

VNFM은 또한 VNF들의 FCAPS도 담당한다. VNF들과 직접 통신해 관리하거나 EM^{Element Management} 기능 블록을 사용한다.

FCAPS

FCAPS(Fault, Configuration, Accounting, Performance, Security)는 ISO에서 제정한 통신 네트워크 관리 규격으로 장애, 구성, 사용 이력 관리, 성능, 보안 등 다섯 가지 관리 요소의 약자다.

EM은 ETSI 프레임워크에서 정의한 기능 블록으로 한 개 이상의 VNF들에 대한 관리 기능을 구현하는 것을 지원한다. EM의 관리 범위는 기존의 EMS^{Element Management System}(장비 관리 시스템)와 유사하다. 기존 EMS는 네트워크 기능을 수행하는 장비와 NMS^{Network Management System} 간의 계층으로서 역할을 했다. EM은 VNF와 VNFM 사이에서 동작한다. VNF와는 개별적인 방식으로 통신하고 VNFM과는 개방형 표준 방식으로 통신한다. 그림 1-12에서와 같이 VNF의 운영 및 관리 측면에서 VNFM의 프록시^{Proxy} 역할을 한다. FCAPS는 여전히 VNFM이 담당하지만 이러한 관리 측면에서 VNF와 상호 동작할 때 EM의 지원을 받을 수도 있는 것이다.

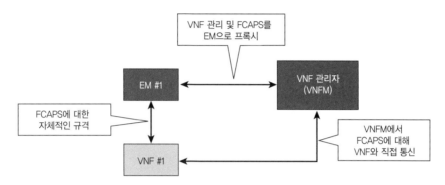

그림 1-12 VNFM에서 VNF를 직접 또는 EM을 통해 관리하는 경우

전체 VNF들을 관리할 때 단일 VNFM으로만 할 필요는 없다. 프레임워크에서는 이것을 제한하지 않는다. VNF의 제조업체에서 그 VNF를 관리할 자체 VNFM을 요구하는 것도 가능하다. 따라서 복수의 VNFM이 여러 VNF들을 관리하도록 NFV를 구성할 수도 있고 단일 VNFM이 단일 VNF를 관리하도록 구성할 수도 있다. 그림 1-13과 그림 1-14에서 각 예시를 볼 수 있다.

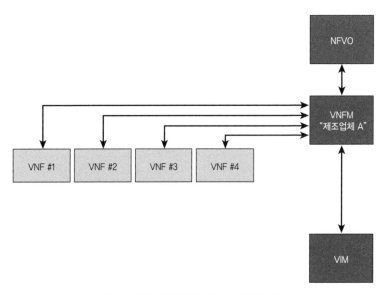

그림 1-13 단일 VNFM으로 복수의 VNF들을 관리

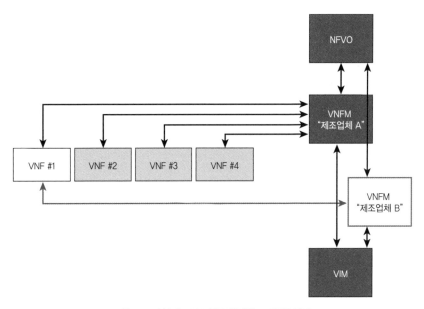

그림 1-14 복수의 VNFM들로 분리된 VNF들을 관리

운영 및 오케스트레이션 계층

물리 장비에서 가상 장비로 이전할 때 네트워크 사업자들은 관리 도구와 응용프로그램을 개조하는 것을 바라지 않는다. 대표적인 응용프로그램이 OSS/BSS^{Operation and Business Support System}(운영/업무 지원 시스템)이다. 프레임워크에 따르면 NFV로 전환하더라도 이러한 도구를 변경할 필요가 없다. 네트워크의 운영적, 사업적 업무를 끊김 없이 이어갈 수 있도록 프레임워크에서는 허용하고 있다. 장비들이 VNF로 대체됐지만 장비 관리도 동일하게 할 수 있다. 이것이 이상적인 것의 중간에 녹아들지만 기존 시스템을 사용하면 단점이 있다. NFV의 장점을 100% 활용하지 못하고 NFV의 관리 기능 블록(VNFM, VIM)과 통신할 수 없기 때문이다. 사업자는 기존 도구와 시스템을 고도화해 NFV 관리 기능 블록을 사용하고 NFV의 장점(탄력성, 신속성 등)을 활용하도록 할 수 있다. 일부 사업자에게는 이 방안이 적절할 수 있으나 나머지 사업자에게는 그렇지 않을 수도 있다. 기존 시스템을 내부 인력으로 자체 구축해 NFV와 같은 개방형 플랫폼과 연동하는 것이 어려울 수 있기 때문이다.

ETSI 프레임워크에서 제시하는 방안은 다른 기능 블록, NFVO^{NFV Orchestrator}를 사용하는 것이다. NFVO를 통하면 현재의 OSS/BSS를 확장해 운영적 측면에 대한 관리를 할 수 있고 NFVI 및 VNF를 구축한 것을 관리할 수 있다. 그림 1-15에서 프레임워크 내에서 오케스트레이션 계층의 두 구성 요소를 보여준다.

그림 1-15 ETSI NFV 프레임워크에서 운영 및 오케스트레이션 계층

NFVO의 역할은 명확하지 않아 보이고 마치 기존 운영 도구들과 VIM, VNFM 사이에서 완충 역할을 하는 추가 블록처럼 보인다. 하지만 NFVO는 프레임워크 내에서 중요한 역할을 맡고 있다. 종단간^{End-to-end} 서비스 배포를 감시하고 큰 그림에서 서비스 가상화를 관리한다. 또한 그 서비스 구현에 필요한 부분들을 VIM, VNFM과 통신한다.

NFVO는 또한 VIM(들)과 통신해 관리하는 전체 자원에 대해 파악하고 있다. 앞서 기술했듯이 VIM은 여러 개가 있을 수 있고 각각의 VIM은 자신이 관리하는 NFVI 자원만 알고 있다. NFVO는 이 VIM으로부터 정보를 통합하므로 VIM 간에 자원 할당을 조정할 수 있다.

자원 오케스트레이션

자원 오케스트레이션(Resource Orchestration)은 NFVI 자원을 VM들에 할당하거나 할당 해제, 관리하는 절차를 말한다.

유사하게 VNFM은 VNF들을 개별적으로 관리하며 VNF들 간의 서비스 관점의 연결 정보는 알지 못한다. 서비스 경로의 종단점을 구성하기 위해 VNF들이 어떻게 엮이는지도 알지 못한다. 이 정보들은 NFVO에서 갖고 있다. 이것이 바로 NFVO의 역할이다. NFVO가 VNFM과 상호 동작해 VNF들 간에 종단간 서비스를 생성하는 것이다. 따라서 NFVO는 서비스 인스턴스를 위해 만들어진 네트워크 토폴로지에 대해 알고 있다.

서비스 오케스트레이션

VNF들을 사용해 서비스를 정의하는 것으로 그 서비스를 구성하는 토폴로지상에서 이 VNF들이 어떻게 상호 연결돼야 하는지 정의하는 것이다.

기존의 OSS/BSS를 NFV 전환 범위에 포함하지 않더라도 관리 관점에서 가치가 있고 전체 프레임워크에서 역할을 하게 됐다. 프레임워크에서는 기존 OSS/BSS와 NFVO 간의 참조점을 정의한다. 또한 구축한 NFV를 관리하기 위한 OSS/BSS의 확장판으로서 NFVO를 정의한다. 이 경우 현재의 네트워크에서 OSS/BSS의 역할은 전혀 바꿀 필요가 없다.

NFV 참조점

ETSI 프레임워크는 기능 블록 간에 일어나는 통신을 구분하기 위해 참조점을 정의한다. 이들을 구분하고 정의하는 것은 중요하다. 그에 따라 기능 블록을 개별 제조업체가 구현하더라도 그들 간에 정보의 흐름이 일관성을 유지할 수 있기 때문이다. 이는 또한 기능 블록 간에 정보를 교환하기 위한 개방적이고 공통적인 길을 열어준다. 그림 1-16에서는 ETSI NFV 프레임워크에서 정의한 참조점을 보여준다.

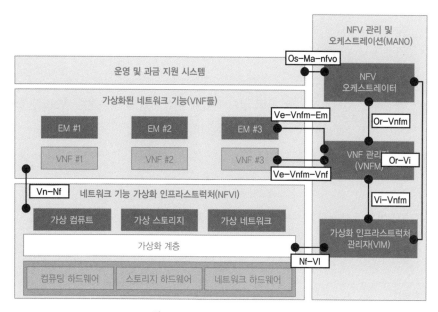

그림 1-16 ETSI NFV 프레임워크 참조점

다음 목록에서 이 참조점을 더 자세히 설명한다.

- **Os-Ma-nfvo**: 처음엔 Os-Ma라고 했으며 OSS/BSS와 NFVO 간의 통신을 정의할 목적이었다. OSS/BSS와 연결된 단 하나의 참조점으로 NFV 관리 블록인 NFV MANO와 연결된다.

- **Ve-Vnfm-vnf**: VNFM과 VNF 간의 통신을 정의한다. VNFM에서 VNF의 라이프 사이클 관리 시 사용하며 VNF와 설정 정보, 상태 정보를 교환할 때도 사용한다.

- **Ve-Vnfm-em**: 처음엔 Vn-Vnfm-vnf와 함께 정의됐다가(Ve-Vnfm으로 명명) 분리돼 VNFM과 EM 기능 블록 간의 통신을 정의한다. VNF 라이프 사이클 관리, 장애 관리, 구성 관리 및 기타 기능을 지원한다. EM이 가상화를 지원하는 경우에만 사용할 수 있다.

- **Nf-Vi**: VIM과 NFVI 기능 블록 간에 정보 교환을 정의한다. VIM에서 이를 사용해 NFVI 자원을 할당, 관리, 제어에 사용한다.
- **Or-Vnfm**: NFVO와 VNFM 간의 통신이 이 참조점을 통해 이뤄진다. VNF 인스턴스 생성, VNF 라이프 사이클 관련 정보의 흐름 등을 포함한다.
- **Or-Vi**: NFVO에서 VIM과 직접 통신해 인프라스트럭처 자원 관리에 관여하는 길이다. VM에 필요한 자원을 예약하는 것이나 VNF 소프트웨어를 추가하는 것 등을 포함한다.
- **Vi-Vnfm**: VIM과 VNFM 간의 정보 교환에 대한 표준을 정의한다. VNF를 실행하고 있는 VM에 대한 자원 갱신 요청 등을 처리한다.
- **Vn-Nf**: 관리 기능 블록과 연결되지 않은 유일한 참조점이다. VNF의 성능 및 이동성 필요를 인프라스트럭처 블록에 전달하는 것이 목적이다.

표 1-1에서 이들 참조점의 정의를 요약해 보여준다.

표 1-1 ETSI NFV 프레임워크 참조점

참조점	연결 구간	프레임워크에서 정의한 용도
Os-Ma-nfvo	OSS/BSS ↔ NFVO	• 서비스 기술(Service Description) 및 VNF 패키지 관리 • 네트워크 서비스 라이프 사이클 관리(인스턴스 생성, 질의, 갱신, 규모 관리 및 종료 처리) • VNF 라이프 사이클 관리 • 네트워크 서비스 인스턴스에 대한 정책 관리(접근, 권한 부여 등) • OSS/BSS에서 네트워크 서비스, VNF 인스턴스로의 질의 처리. 네트워크 서비스 인스턴스에서 발생하는 이벤트, 사용량, 성능 정보를 OSS/BSS로 전달
Ve-Vnfm-vnf	VNFM ↔ VNF	• VM에 대한 인스턴스 생성, 질의, 갱신, 상하향 규모 관리 및 종료 처리 • VNF에 대한 설정 및 이벤트 관리(VNFM → VNF 방향) • VNF에서 VNFM 방향으로 설정 및 이벤트 관리

참조점	연결 구간	프레임워크에서 정의한 용도
Ve–Vnfm–em	VNFM ↔ EM	• VM에 대한 인스턴스 생성, 질의, 갱신, 상하향 규모 관리 및 종료 처리 • VNF에 대한 설정 및 이벤트 관리(VNFM → EM 방향) • EM에서 VNFM 방향으로 설정 및 이벤트 관리
Nf–Vi	NFVI ↔ VIM	• VM에 대한 할당, 갱신, 이동, 종료 처리 • VM 간의 상호 연결에 대한 생성, 설정, 제거 • NFVI 자원(물리/가상 자원, 소프트웨어)을 위한 장애 이벤트, 사용량 기록, 설정 정보 등을 VIM으로 전송
Or–Vnfm	NFVO ↔ VNFM	• VNF에 대한 인스턴스 생성, 상태 질의, 갱신, 규모 관리, 종료 처리 및 패키지 질의 • VNF 이벤트 및 상태 정보 전달
Or–Vi	NFVO ↔ VIM	• NFVI 자원 예약, 해제 및 갱신 • VNF 소프트웨어 이미지의 할당, 할당 해제 및 갱신 • NFVI의 설정, 사용량, 이벤트 및 결과를 NFVO로 전달
Vi–Vnfm	VIM ↔ VNFM	• NFVI 자원 예약, 할당 및 해제 정보 • VNF에서 사용한 NFVI 자원에 대한 이벤트, 사용량, 측정 결과 등의 정보
Vn–Nf	NFVI ↔ VNF	• VNF에 대한 라이프 사이클, 성능 및 이동성 요건

전체를 하나로 합치기

간단한 네트워크 서비스를 예로 들어 이 모델이 종단 간에 어떻게 동작하는지 한번 살펴보자. ETSI 프레임워크에서 집합적으로 정의한 기능 블록이 서비스를 구현하기 위해 어떻게 상호 동작하는지도 살펴보자. 그림 1–17은 관련 단계를 간략히 보여준다.

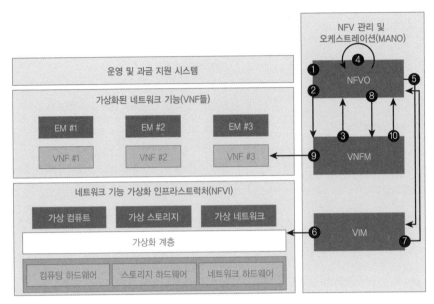

그림 1-17 ETSI NFV 프레임워크에서 종단 간 흐름

다음은 이 절차를 설명하는 단계다.

1단계: 종단 간 토폴로지에 대한 전체 뷰를 NFVO에서 파악한다.

2단계: NFVO에서 필요한 VNF 인스턴스를 생성한다. 이것은 VNFM과 통신한다.

3단계: VNFM에서 필요한 VM의 개수와 각각의 VM이 필요로 하는 자원을 결정한다. VNF 생성에 필요한 요건을 NFVO로 다시 전달한다.

4단계: NFVO는 하드웨어 자원에 대한 정보를 갖고 있으므로 생성할 VM에 필요한 가용 자원이 충분한지 검토한다. 이제 NFVO에서 VM에 대한 생성 요청을 시작한다.

5단계: NFVO에서 VIM으로 요청을 보낸다. 요청은 VM 생성 및 필요 자원 할당을 포함한다.

6단계: VIM에서는 가상화 계층에 VM의 생성을 요청한다.

7단계: VM이 성공적으로 생성되면 VIM은 NFVO로 처리 결과를 알려준다.

8단계: VNF를 가동할 VM이 이제 사용 준비가 됐다는 것을 NFVO에서 VNFM에게 알려준다.

9단계: 이제 VNFM에서 VNF들을 특정한 설정값으로 설정한다.

10단계: VNF들의 설정이 성공적으로 완료되면 VNF들이 준비, 설정돼 사용 가능한 상태임을 VNFM에서 NFVO로 알려준다.

그림 1-17과 위 단계별 목록에서 간단한 흐름을 기술하고 있으며 프레임워크를 이해하는데 도움을 준다. 절차에 대해서는 더 자세히 들어가지 않는다. 다른 다양한 사례도 있지만 생략한다. 이 책에서 다루지 않지만 좀 더 상세한 내용이나 시나리오를 원하는 독자는 ETSI 문서(섹션 5 [2])를 참조하면 된다.

NFV 프레임워크 요약

프레임워크, 더 세부적으로 개별 기능 블록 및 참조점을 정의하는 목적은 상호 동작의 위험을 제거하고 (더 현실적으로는 최소화하고) 구현 방식을 표준화하는 것이다. 각각 블록의 목적과 범위는 프레임워크 내에서 잘 정의하고 있다. 또한 참조점을 통해 상호 의존성과 통신 경로를 정의해 개방적이고 표준화된 방법으로 연동하도록 한다.

장비 제조업체들은 이러한 기능을 개별적으로 개발하고 배포해 다른 장비 제조업체에서 만든 기능 블록과 특별한 어려움 없이 동작하도록 할 수 있다. 그 구현 결과가 프레임워크에서 정의한 범위와 역할만 준수하고 다른 블록과의 통신에서는 개방형 표준 방법인 참조점만 준수하면 된다. 그러면 네트워크에서 이기종으로 구성된 NFV를 만들 수 있다. 이는 서비스 사업자들이 장비 제조업체를 선택할 때 완전한 유연성을 갖고 기능 블록별로 다른 업체를 선택할 수 있다는 뜻이다. 이것은 기존의 네트워크를 구축하던 방식과는 대비를 이룬다. 기존에는 서비스 사업자가 장비 제조업체의 하드웨어(그리고 제약 사항까지), 소프트웨어(그리고 운영 필요에 따른 변경 과제까지)에 종속적이었고 장비 업체가 혼용된 네트워크에서는 상호 운용성에 대한 우려까지 짊어져야 했다. NFV로 인해 서비스 사업자들은 이러한 제약을 뛰어넘을 수 있게 됐고 확장 가능하고 신속한 네트워크를 구축할 수 있다. 이때 사용하는 것은 하드웨어와 NFV 기능 블록뿐이다. NFV 기능 블록은 어떤 장비 제조업체를 조합해도 상관없다.

다른 장비 제조업체의 VNF들로 구성한 경우 발생할 수 있는 상위 수준의 프로토콜 상호 운용성 문제는 여전히 남는다. 예를 들어 어떤 VNF의 장비 제조업체에서 구현한 BGP는 다른 장비 제조업체에서 개발한 제3의 VNF와 연동할 때 문제가 있을 수 있다. 이러한 유형의 상호 운용성 문제는 표준화 작업이 이미 이뤄지고 있으며 그 역할을 계속할 것이다. 또한 VNF 설정을 관리, 관제하는 것에 대해 NFV는 개방형 표준을 강제하지 않는다. NFV 프레임워크의 EM이 그것을 보완한다. 하지만 이상적으로 구현하려면 OSS에서 VNF와 표준 방식으로 동작할 수 있어야 한다. 이것이 바로 SDN(소프트웨어 정의 네트워크)으로 향한 기술 이동이다. NFV와 SDN은 상호 의존적이지 않지만 함께하는 경우 상호 장점과 효과를 보완한다. 이 책에서는 NFV에 우선 초점을 맞춘다. SDN에 대한 논의가 없이 이것만으로는 완전하지 못하므로 이 둘 간에 어떻게 상호 보완적인지도 살펴볼 것이다.

NFV 프레임워크는 잘 만들어졌지만 NFV의 세부 블록 표준화는 아직 진행 중이다.

NFV로 인한 혜택

1장 초반부에서 전통적인 네트워크 장비를 사용할 때의 제약 사항을 나열했다. 네트워크 기능을 가상화하면 이러한 제약 사항 대부분을 바로 해결하고 추가적으로 많은 혜택을 가져온다. NFV는 네트워크를 설계하고 구축, 관리, 운영하는 방식을 완전히 바꿀 수 있는 프레임워크를 제공한다. 또한 이 모든 것을 개선하고 효율화할 수 있는 많은 계층을 제공한다. 그림 1-18은 NFV로 인한 혜택 일부를 보여준다. 나중에 세부적으로 논의할 것이다.

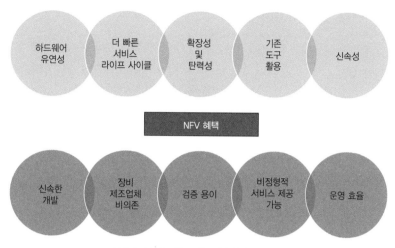

그림 1-18 네트워크 기능 가상화에 따른 혜택

하드웨어 유연성

NFV는 일반적인 COTS 하드웨어를 사용하므로 네트워크 사업자는 하드웨어를 선택하고 구축하는 데 자유를 얻었다. 자신의 필요와 요구 사항에 가장 잘 맞는 방법으로 하면 된다.

기존 네트워크 장비 제조업체가 제공한 하드웨어는 컴퓨팅, 메모리, 스토리지 및 네트워킹 용량 측면의 선택의 폭이 아주 제한적이었다. 변경해야 하는 경우에는 하드웨어 업그레이드를 해야 했고 사업자는 시간과 자본을 써야 했다. NFV로 인해 사업자는 이제 수많은 다른 장비 제조업체 가운데 선택할 수 있게 됐다. 자신들의 네트워크 아키텍처와 계획에 최적인 하드웨어 용량을 선택할 수 있는 유연성을 갖게 됐다. 사용 중인 인터넷 게이트웨이가 전체 인터넷 표를 수용하기에는 용량이 부족하게 돼 메모리 증설이 필요하다고 하자. 현재 구조에서는 이것을 해결하기 위해 컨트롤러나 전체 장비 증설을 해야 한다. NFV 환경에서는 VNF를 실행하는 VM에 메모리만 추가로 더 할당하면 된다.

더 빠른 서비스 라이프 사이클

이제 신규 네트워크 서비스나 기능을 더 신속하게 배포할 수 있다. 수요 기반On-demand이나 필요 기반On-need으로 할 수 있으며 이는 최종 사용자뿐만 아니라 네트워크 사업자에게도 이롭다.

물리적인 하드웨어와는 대비적으로 VNF는 눈 깜짝할 사이에 생성 또는 제거할 수 있다. VNF의 라이프 사이클은 물리적인 장비에 비해 훨씬 더 짧고 역동적이다. 이러한 기능은 필요할 때 추가하고 자동화된 소프트웨어 도구를 통해 쉽게 배포할 수 있다. 현장에서 직접 해야 하는 일이 없다. 필요한 것이 끝나면 바로 그 자원들을 해제할 수도 있다. 기존 네트워크에 신규 기능을 추가할 때 필요한 소요 자원과는 대조적이다. 기존 네트워크에서는 시간이 많이 걸리고 비용도 많이 들어도 현장에서 물리적으로 설치해야 한다. 신규 네트워크 기능을 신속하게 추가할 수 있는 능력(배포 신속성)은 NFV의 가장 큰 장점 가운데 하나다. 이제 배달 트럭도 없이, 몇 주 걸리던 구축 시간을 몇 분으로 엄청나게 단축하면서 버튼 한 번 누르는 것으로 서비스를 개시 또는 종료할 수 있다.

신속성

VNF에 대한 배포, 종료 처리, 재설정, 토폴로지 변경 등을 신속하게 할 수 있는 능력을 배포 신속성(Deployment Agility)이라고 한다.

확장성과 탄력성

최근 신규 서비스나 고대역폭의 응용프로그램과 급속하게 증가하는 소비자의 요구 사항을 만족하려면 네트워크 사업자, 특히 클라우드 사업자는 전력을 다해야 한다. 전통적인 네트워크 장비 용량으로는 시간이 필요하고 계획도 세워야 하고 자금도 필요하기 때문에 서비스 사업자들은 항상 이러한 요구 사항을 충족하지 못했다. 이 문제를 NFV로 풀 수 있다. NFV를 이용하면 VNF에서 사용하는 자원을 늘리거나 줄이는 방법으로 용량을 변경할 수 있다. 예를 들어 어떤 VNF에서 CPU나 저장 공간 또는 대역폭이 추가로 필요하면 VIM에 요청해 하드웨어 풀에서 그 VNF에 할당할 수 있다. 전통적인 네트워크 장치에서는 전체 장비를 교체하거나 요건을 충족하도록 하드웨어 업그레이드를 해야 한다. VNF는 특정 물리적 하드웨어 제약을 받지 않으므로 이러한 탄력성Elasticity을 제공할 수 있다. 따라서 용량 요건이 변경되는 것을 대처하기 위해 과도하게 네트워크 용량을 미리 구성해둘 필요가 없다.

NFV의 탄력성을 구현하는 다른 방법으로 VNF 워크로드 오프로딩이 있다. 동일한 네트워크 기능의 신규 인스턴스를 생성해 처리할 부하를 현재의 VNF와 분담하는 것이다. 이것 또한 전통적인 네트워크 장비로는 불가능한 것이다.

탄력성

NFV 관련해 아주 많이 사용하는 단어로 요구 사항에 따라 VNF의 자원을 확장하거나 그 규모를 줄일 수 있는 기능을 뜻한다. 또한 현재의 VNF에서 처리하는 워크로드를 분담하기 위해 추가 VNF를 생성하고 제거하는 시나리오를 뜻하기도 한다.

기존 도구 활용

NFV는 데이터 센터와 동일한 인프라스트럭처를 사용하므로 데이터 센터에서 기존 사용 중인 배포와 관리 도구를 활용할 수 있다. 가상 네트워크와 가상 서버를 관리하는 데 중앙 집중화된 단일 관리창Single pane of glass을 사용하므로 신규 도입에 따른 적용을 더 빠르게 할 수 있다. 신규로 도구를 개발할 필요도 없고 신규 도구에 대한 배포, 학습도 필요 없다.

신속한 개발과 장비 제조업체 비의존

고비용 구조인 현재 장비 제조업체의 배포와 달리 NFV에서는 여러 장비 제조업체의 솔루션을 손쉽게 배포할 수 있는 수단을 제공한다. NFV 덕분에 네트워크 사업자는 특정 장비 제조업체에 종속되는 것에서 자유롭게 된다. 사업자는 장비 제조업체와 기능을 원하는 대로 선택하고 조합할 수 있다. 기능별 가용 여부, 소프트웨어 라이선스 비용, 배포 후 지원 모델, 로드맵 등을 고려해 선택할 수 있다.

신규 솔루션과 기능을 서비스 환경에 신속하게 도입할 수 있다. 현재 사용 중인 장비 제조 업체에서 개발하고 그 기능들을 지원하도록 기다릴 필요가 없다. 이렇게 신속하게 배포 할 수 있는 것은 NFV에서 오픈 소스 도구와 소프트웨어를 밀접하게 지원하므로 가능한 것 이다.

신규 솔루션 검증

서비스 사업자는 신규 솔루션, 서비스, 기능을 서비스 네트워크에 도입하기 전에 테스트 환 경에서 먼저 검증한다. 일반적으로 서비스 환경의 일부를 복제해 자체 테스트용으로 구성 했다. 이로 인해 운영 비용이 더 들었다. NFV에서는 그러한 테스트 환경을 구성하고 운영 하는 것이 훨씬 더 비용면에서 효율적이다. NFV 기반으로 테스트 환경을 구성하는 것은 동 적으로 가능하다. 따라서 테스트 및 검증 시나리오에 따라 규모와 구성 변경이 용이하다.

비정형적 서비스 제공

NFV 기반에서 배포는 일회적 설계 및 배포에 국한되지 않는다. 시장의 특정 요구 사항에 적용 가능하며 변화하는 요구 사항에 적합한 서비스를 묶음으로 제공할 수 있다. 탄력성 과 배포 신속성을 조합하면 네트워크 기능의 위치와 용량을 짧은 시간에 이동, 변경할 수 있다. 워크로드의 이동성Workload mobility이 가능한 것이다. 예를 들어 사업자는 "해를 따라가 는 네트워크Follow the sun network"를 구현할 수 있다. 가상 머신을 하루 중 시간에 따라 계속 옮 겨 가도록 하는 것이다. 최고 사용량과 보통 때 사용량에 따라서 서비스에 대한 네트워크 요건을 충족하도록 VNF를 신규로 생성하거나 확장할 수도 있다. 특정 이벤트가 어떤 지역 에서 발생하는 경우에도 동일하게 대응할 수 있다.

운영 효율성과 신속성

여러 VNF를 공통의 하드웨어에서 구동하게 되면 인벤토리 관리, 도입 프로세스 등과 같은 업무를 중앙 집중식으로 구현할 수 있다. 다양한 네트워크 서비스를 여러 종류의 하드웨어 장비로 구현해 분리된 방식으로 배포하는 경우와 비교하면 운영 오버헤드가 줄어든다.

NFV는 자체적으로 자동화가 용이한 구조이므로 M2M^{Machine to Machine} 도구를 사용할 때 그 혜택을 배가시킬 수 있다. 이를테면 네트워크 기능에서 메모리가 추가로 더 필요한지에 대한 판단을 장비를 관제하는 자동화 도구에서 할 수도 있다. NFV 환경에서는 그 도구가 판단하고 메모리 할당 요청을 보낼 수 있다. 사람의 개입이 없이 가능한 것이다.

네트워크 유지 보수 관련 작업도 NFV로 서비스 중단 시간을 짧게 할 수 있어 많은 혜택을 볼 수 있다. NFV 환경에서는 신규로 VNF를 생성해 임시로 워크로드를 그 VNF로 옮겨 두는 방식으로 현재의 VNF를 비워 유지 보수 작업 준비를 할 수 있다. 이런 방식으로 ISSU^{In-Service-Software-Upgrade}(서비스 무중단 소프트웨어 업그레이드), 24/7 자동 복구 네트워크를 구현할 수 있고 네트워크 중단에 따른 운영 매출 손실을 최소화할 수 있다.

참고

신규 기능 도입, 규모 변경, 버그 수정 등으로 인한 신규 소프트웨어로 업그레이드하는 것은 높은 서비스 가동 시간을 유지해야 하는 네트워크 서비스 사업자에게 오랜 과제이자 어려운 장벽이었다. 네트워크 엣지 장비는 더 심각한 문제다. 대개 물리적으로 이중화 구성을 하지 않기 때문이다. ISSU는 네트워크 업그레이드 절차를 더 고도화하기 위해 네트워크 장비 제조업체에서 제공하는 방안 중 하나를 일컫는 용어다. 장비 기능의 단절 없이 업그레이드할 수 있도록 업그레이드 절차를 고도화하는 것이다. 실제 ISSU가 구현된 것을 수행하면 단절이 전혀 없는 것은 아니다. 잠재적으로 아주 작으나마 트래픽 손실이 발생한다. 하지만 이렇게 작은 트래픽 손실은 경우에 따라 수용 가능하다. 또한 ISSU가 지원되지 않는 장비의 업그레이드로 서비스 차원의 문제가 생기는 것보단 낫다.

NFV 시장 동인

NFV는 기술적인 측면의 변혁, 그 이상을 포함한다. 대규모 변화와 새로운 장점을 가져오는 다른 새로운 기술처럼 NFV도 시장에서 받아들이고 적응하는 과정을 거쳐야 했다. NFV에 대한 시장 동인은 아주 의미심장하고 명확했으며 전망이 밝다. 이로 인해 NFV가 연구소 환경에서의 태생기에서 현장의 주류로 성장하는 데는 아주 짧은 시간이 걸렸다.

인터넷 접속과 전 세계적인 디지털 서비스 물결로 네트워크 서비스 사업자들에게는 큰 시장이 열리고 있다. 규모와 대역폭에 대한 수요는 이미 기존 네트워크 인프라스트럭처를 압박하고 있다. 이 전통적인 네트워크 인프라스트럭처를 업그레이드하려면 사업자는 엄청난 시간과 비용, 자원이 필요하다. 이에 네트워크 아키텍처를 재검토할 수밖에 없게 됐다. 새로운 클라우드와 디지털화된 세계에 발맞추려면 새로운 혁신을 도입할 수밖에 없게 됐다. 주요 동인 가운데 하나가 클라우드 기술의 큰 흐름이다. 이는 가상화 및 COTS 하드웨어와 같은 성숙한 기술을 활용하는 것이다. 네트워크 사업자들은 이제 컴퓨터(서버), 스토리지 장치 등과 동일한 클라우드 인프라스트럭처를 사용한다. 시장의 신규 요구 사항에 맞는 서비스를 제공하기 위해 이러한 장치에 네트워크 기능을 추가하는 것이다. 이 전략을 사용할 때 가장 큰 장점은 눈에 띄는 비용 절감이다. 또한 신규 서비스를 시장에 더 빨리 출시할 수 있다. 시장 상황이 어떻게 변하더라도 네트워크 용량을 신속히 대응, 조절할 수 있다.

NFV 시장 동인으로 신규 사업 기회가 창출되기 때문에 네트워크 사업자들은 NFV로 넘어가기를 열망한다. 그림 1-19는 이러한 시장 동인을 보여준다. 이어지는 부분에서 항목별로 설명한다.

그림 1-19 NFV 시장 동인

클라우드로 이동

신규 스마트 기기와 대량 대역폭을 사용하는 응용프로그램, 새로운 형태의 연결된 장치, IoT 기술 등이 출현함에 따라 네트워크 사용량에 대한 요구 사항이 기하급수적으로 늘어나고 있다. 최근의 이러한 변화로 서비스에 대한 시장의 요구 사항은 언제 어디서든지, 어느 장치에서든지 가능해야 하는 것으로 변했다. 이러한 시장의 이동을 충족하기 위해 사업자들은 클라우드 기반 서비스를 구축, 제공하려고 한다.

리서치 출판물들의 예상에 의하면 2015년에서 2020년 사이에 NFV 시장이 연평균 성장률 CAGR, Compound Annual Growth Rate 83.1%[4]를 기록하며 90조 달러를 넘어설 예정이다. 기존 사업자들에게는 절대로 놓칠 수 없는 대규모 시장이며 수많은 신규 사업자들도 이제 이 시장에 뛰어들고 있다. 신규 사업자들은 클라우드 사업자, 서비스 사업자, 기업, 스타트업 등이다.

신규 비즈니스 서비스

사용량Consumption을 기반으로 네트워크 자원을 증설하므로 실제 수요와 밀접히 연계돼 늘어나게 된다. 전통적인 네트워크 장비를 사용하면 네트워크 증설은 계단식으로 일어난다. 네트워크 용량이 초기에는 과도하게 구성되고 나중에는 모자라게 된다. 그림 1-20에서 이 상황을 보여준다. 또한 NFV를 사용하면 기존 네트워크 용량을 재구성하고 줄이느라 낭비한 시간과 자원을 절약할 수 있다.

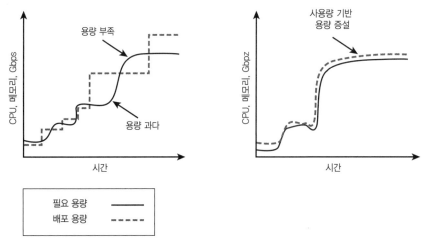

그림 1-20 사용량 기반 용량 증설

NFV로 열린 신규 사업 기회 가운데 하나가 대규모 서버 구성을 활용해 네트워크와 IT 서비스 호스팅을 제공하는 것이다. 이런 서비스 상품은 시대의 변화에 보조를 맞추는 것으로 높은 매출을 올리는 사례가 나타나고 있다.

많은 기업들도 이제는 네트워크 및 데이터 인프라스트럭처에 투자하기보다는 클라우드 사업자에게서 서비스로 임대해 사용하려고 한다. 이것을 이르는 용어가 IaaS^{Infrastructure as a Service}다.

NFV를 이용하면 사업자는 네트워크 서비스를 수요에 맞춰 실시간으로 제공할 수 있다. 소비자는 셀프 서비스 포털에서 서비스나 장치를 마음대로 추가, 삭제하면서 마치 쇼핑 카트를 이용하는 듯한 경험을 누릴 수 있다. 이 서비스들은 NFV를 이용해 구성되므로 신규 서비스를 자동으로 구성하고 눈 깜짝할 사이에 사용 가능하게 준비한다. 이 경우 고객이 신규로 방화벽을 특정 지점에 추가하려 할 때 포털에서 몇 번만 클릭하면 이 서비스를 구매할 수 있다. 그러면 사업자는 뒷단에서 신규 가상 머신을 생성하고 그 위에 방화벽 VNF를 배포한다. 그리고 이 VNF를 해당 지점 사무실의 기존 장비와 연결한다.

이것은 단지 NFV의 가능성을 보여주는 몇 가지 예일 뿐이다. 아주 짧은 시간에 수요에 맞게 실시간으로 구성하고 서비스 가능한 상태로 준비되는 새로운 비즈니스 서비스를 제공할 수 있는 것이다. NFV로 창출되는 새로운 유형의 서비스는 이미 많은 인기를 얻고 있으며 시장에서 열광적인 지지를 받고 있다. 사업자는 또한 새로운 사업 모델을 제공하고 있다. 사용량 기반의 성장, 수요 기반 실시간 배포, 성장 연동 지불 방식pay-as-you-grow 서비스, 사용 연동 지불 방식pay-as-you-use 서비스, 네트워크 자원의 더 효율적 수익화 등의 이점을 제공한다.

투자 비용 절감

전통적인 네트워크 하드웨어에서 하드웨어 혁신은 고비용 구조였다. 장비 제조업체들이 개발하고 생산했기 때문이다. 당시는 시장이 작았고 따라서 팔리는 양도 작았다. 이 두 가지 요소가 원가에 반영됐다. 네트워크 사업자들은 선택의 폭이 제한적이었으므로 전통 네트워크 장비 제조사들은 높은 이익을 가져갈 수 있었다. NFV가 이 상황을 뒤집어버렸다. 서버, 스위치, 스토리지와 같은 대량의 표준 하드웨어를 사용한 것이다.

COTS 하드웨어 장비는 이미 데이터 센터 용도로 대량으로 적정 가격에 생산, 판매되고 있었다. 일부 구성 요소는 다른 제조사의 제품을 활용하는 방식 덕분에 개발 원가가 낮고 시장 경쟁력이 있었다. 낮은 제조 단가, 규모의 경제, 효율성의 결합으로 장비 가격이 특정 용도로 제작한 하드웨어보다 아주 더 저렴하게 됐다.

운영 비용 절감

NFV에 대한 표준화 프레임워크가 갖춰짐에 따라 현존하는 네트워크의 장비 제조사 특성에 따른 하드웨어와 소프트웨어 조합에 대한 필요성이 완전히 없어졌거나 최소화됐다. NFV에서 추구하는 방향은 기능 블록 내에서 개방형 표준을 사용하도록 하는 것과 기존 관리 도구와 상호 연동하는 것이다. 이로 인해 서버 및 데이터 센터에서 사용하는 도구, 즉 장비 제조사들과 독립적인 기존의 많은 도구를 사용하면서 신규 투자 없이도 NFV를 활용해 네트워크를 구성하고 운영할 수 있게 됐다.

네트워크를 가상화하면 네트워크 기능 간뿐만 아니라 네트워크, 데이터 센터, 서버 팜에서 구동되는 응용프로그램 간에도 인프라스트럭처를 공유할 수 있다. 이에 따라 인프라스트럭처에서 사용하는 전력과 공간도 공유할 수 있고 더 효율적으로 사용할 수 있다.

진입 장벽

전통적인 네트워크 장비 덕분에 신규 장비 제조업체나 신규 서비스 사업자는 시장에 진입하기 어려웠다. 제조업체 입장에서는 높은 개발 비용이, 서비스 사업자 입장에서는 인프라스트럭처 비용이 장벽으로 작용하는 뚫기 어려운 과제였다. NFV에서는 다양한 네트워크 기능을 구현하는 데 개방형 소프트웨어를 사용하고 하드웨어 비용이 낮아졌으므로 이 장벽이 없어졌다. 따라서 신규 장비 제조업체와 신규 사업자들이 시장에 들어오는 문이 활짝 열린 것이다. 혁신이 일어나는 것이다. 더 고도의 기능을 구현하면서도 더 낮은 가격으로 네트워크 기능을 제공해 현재의 장비 제조업체들에게 도전한다.

요약

1장의 목표는 독자가 NFV 개념, 표준과 장점을 알도록 하는 것이다. NFV가 네트워크 업계를 어떻게 변혁시키는지 확인했다. 초기의 데이터 통신 시절에서부터 음성, 데이터, 비디오 트래픽을 전달하는 현재의 복잡다단한 네트워크에 이르기까지 네트워크가 어떻게 진화했는지도 기술했다. 전통적인 네트워크 아키텍처의 단점과 도전 과제에 대해 살펴보고 이 문제들을 NFV에서 어떻게 해결해줄 수 있는지도 논의했다. 1장에서는 NFV를 소개하고 현재의 네트워크와 비교해 설명했다. NFV의 표준화 절차를 이해하는 것이 중요함을 중점적으로 기술했다. 또한 ETSI의 NFV 프레임워크에 대해 상세하게 살펴봤다. NFV의 주요 장점과 그 뒤에 따르는 시장 동인 또한 여기서 다뤘다.

참고

다음 추가 사항을 참고하기 바란다.

[1] http://www.etsi.org/index.php/news-events/news/644-2013-01-isg-nfv-created

[2] http://www.etsi.org/deliver/etsi_gs/NFV-MAN/001_099/001/01.01.01_60/gs_nfv-man001v010101p.pdf

[3] https://portal.etsi.org/NFV/NFV_White_Paper.pdf

[4] http://www.researchandmarkets.com/research/l3cw7s/network_functions

복습 질문

다음 질문들을 활용해 1장에서 알게 된 내용을 복습하라. 정답은 부록 A, "복습 질문 정답"에 있다.

1. NFV 프레임워크를 주도하는 기관은 어디인가?

    A. ETSI^{European Telecommunications Standards Institute}

    B. IETF^{Internet Engineering Task Force}

    C. ITU^{International Telecommunication Union}

    D. ONC^{Open Network Consortium}

2. NFV 아키텍처의 주요 세 개 블록은 무엇인가?

    A. VIM, NFVO, VNFM

    B. ETSI, MANO, VNF

    C. NF, NFVI, MANO

    D. OSS, BSS, VNF

3. VNFM의 역할은 무엇인가?

   A. 하드웨어 인프라스트럭처를 관리하고 VNF에 그것을 할당하는 것을 제어

   B. VNF의 라이프 사이클 관리(인스턴스 생성, 규모 확대/축소, 종료)와 VNF의 FCAPS 관리

   C. NFV 아키텍처에서 종단 간 서비스 배포

   D. ETSI 프레임워크 상위 계층에서 자원을 적절히 관리할 수 있도록 VIM에서 물리적 하드웨어의 FCAPS 정보 수집 및 NFVO로 전달

4. 동일한 하드웨어에서 복수의 가상 머신과 VNF들을 구동할 수 있도록 지원하는 관리용 기능 블록은?

   A. VNFM^{Virtualized Network Function Manager}

   B. VIM^{Virtualization Infrastructure Manager}

   C. EM^{Element Manager}

   D. NFVO^{Network Function Virtualization Orchestrator}

5. ETSI 아키텍처에서 VIM에서 VNFM으로 또는 VNFM에서 NFVO로 다른 기능 블록 간에 통신하는 것을 무엇이라 하는가?

   A. 통신 종단점

   B. 개방형 네트워크 상호 연결

   C. FCPAS 데이터 포인트

   D. 참조점^{Reference points}

6. 전통적인 네트워크 상비와 비교해 NFV의 3가지 장점을 골라라.

   A. 배포의 신속성

   B. 하드웨어 중심

   C. 탄력성

   D. 장비 제조업체 독립성

7. COTS는 무엇의 약어인가?

    A. Custom Option To Service

    B. Commodity−Oriented Technical Solution

    C. Commercial Off The Shelf

    D. Commercially Offered Technical Solution

2

가상화 개념

1장, 'NFV 시대로의 여정'에서 NFV의 기초를 다루고 그 기능 블록들을 살펴봤다. NFV가 주는 장점도 알아봤다. 2장에서는 NFV의 근간을 이루는 핵심 기술 가운데 하나를 살펴본다. NFV를 가능하게 하는 기술, '가상화'다.

가상화 기술은 NFV 인프라스트럭처에서 기본적인 구성 요소다. NFV의 배포와 구성에 대해 깊이 있게 이해하려면 가상화에 대해 잘 아는 것이 아주 중요하다.

2장에서는 가상화의 이면에 숨은 개념을 소개한다. NFV와 밀접하게 관련 있는 부분으로 초점을 맞출 것이다. 다루는 주요 주제는 다음과 같다.

- 가상화의 역사와 유형, 기법
- 가상 머신 개념
- 리눅스 컨테이너와 도커 같은 가상 환경
- 가상화된 환경에서 멀티테넌시^{Multitenancy} 고려

가상화의 역사와 배경

가상화^{Virtualization}는 새로운 개념이 아니다. 그 시기는 1960년대로 거슬러 올라간다. 시간과 메모리를 사용자들과 응용프로그램 간에 공유하기 위해 CP-40 운영체제를 IBM에서 개발했다. CP-40과 그 후속 버전인 CP-67이 그다지 큰 인기를 얻지는 못했지만 오늘날 가상화 개념에 대한 기초를 쌓았다.

가상화

단일의 물리적 인프라스트럭처상에서 여러 운영체제나 응용프로그램을 실행할 때 사용하는 기술이다. 이때 각 운영체제나 응용프로그램에는 추상화된 하드웨어가 개별적으로 연결된다. 가상화 덕분에 이들 응용프로그램이나 운영체제가 동일한 하드웨어 자원을 공유하면서도 격리된 채로 실행 가능하다.

1960년대에 처음 나타났고 그 후 10년 동안 몇몇 초기 버전이 개발됐지만 가상화 아이디어는 그리 큰 흥미를 끌지 못했다. 1970년대 후반까지 메인프레임 시스템이 가용한 컴퓨팅 자원으로는 독점적이었다. 메인프레임은 컴퓨팅 동력을 복수의 사용자들과 응용프로그램 간에 공유하는 데 좋은 예를 보여줬다. 가상화가 제공할 수 있는 것에 대한 전망인 셈이다. 하지만 상대적으로 저렴한 PC$^{\text{Personal Computer}}$(개인용 컴퓨터)의 출현으로 각 조직에서는 자체 컴퓨팅 인프라스트럭처를 구성하고 관리할 수 있게 됐다. 그 기술은 매우 혁신적이어서 신속하게 퍼져 나갔다. 효율성과 이점이 명확했다. PC 이전 시대와 비교해 하드웨어 도입이 훨씬 더 용이했고 소유 비용도 저렴했으며 운영체제도 훨씬 더 간단했다. 하지만 이 PC상의 초기 응용프로그램과 운영체제는 단일 사용자 환경이었다. 다중 작업을 효율적으로 실행하거나 여러 응용프로그램을 동시 실행하기에는 하드웨어 그 자체의 컴퓨팅 자원이 충분치 않았다. 이에 따라 "서버당 하나의 응용프로그램"– 또는 단일 테넌트 서버– 문화가 생겼다. 추가적으로 조직 내 부서와 팀 내 조직 간에 격리를 해야만 했다(예를 들어 영업 팀과 마케팅 팀은 데이터를 엔지니어링 팀과 공유하고 싶어하지 않는다). 데이터를 격리해야 함에 따라 팀마다 컴퓨터 시스템도 격리하고 별도로 구성해 응용프로그램을 개별적으로 실행했다. 컴퓨팅 자원을 도입하고 사용하는 방식이 크게 바뀜에 따라 가상화가 주류 개념이 되는 것이 늦어졌다.

그 다음 1990년대에는 인터넷 혁명으로 다양한 응용프로그램과 데이터베이스를 구동하는 서버 팜Server Farm에 대한 수요가 폭발적으로 증가했다. 이 서버 팜은 웹브라우징, 이메일, 파일 호스팅과 같은 인터넷 기반의 서비스를 제공하는 데 필요한 다양한 기능을 수행했다.

 서버 팜

많은 서버 모음을 뜻한다. 개별 서버의 용량을 훨씬 넘어서는 컴퓨팅 기능이나 서비스를 제공하기 위해 구축, 운영한다.

그와 동시에 하드웨어의 혁신으로 훨씬 더 효율적이고 강력한 CPU, 더 빠른 메모리 접속, 더 낮은 가격, 대용량 스토리지, 향상된 총 처리량을 제공하는 고속 네트워크 등이 나타났다. 이러한 하드웨어에서의 진보와 응용프로그램별 전용 서버 사용, 응용프로그램에 대한 수요 증가 등으로 인해 서버 팜이 나타났다. 하나의 응용프로그램을 위해 여러 개의 독립된 서버를 사용하는 것이다. 하지만 이 서버들은 사용률이 아주 낮았다. 이 서버 팜은 보통 아주 많은 양의 전력과 물리적인 공간을 차지했다. 보통 수백 또는 수천 서버를 구성하기도 했다. 결과적으로 공간과 전력 낭비, 관리 오버헤드, 서버 유지 보수 등을 위해 운영, 도입 비용은 높아만 갔다.

다시 한 번 이 응용프로그램을 공용 서버로 통합하는 것은 지극히 순리적인 것이었다. 하드웨어 사용률을 높이고 전력 사용량을 줄이면서 공간과 케이블 소요량을 절약할 수 있었다. 가상화가 동면에서 깨어났다. 응용프로그램을 다시 작성하거나 최종 사용자의 사용 습관을 전혀 바꾸지 않고도 이러한 비용 절감의 모든 요구 사항을 해결할 수 있었다. 이 즈음에는 추가적인 요구도 나타났다. 응용프로그램 간의 더 엄밀한 격리 및 분리, 트래픽에 따른 부하 분산, 견고한 아키텍처, 응용프로그램의 고가용성 등이 그것이다. 가상화 기술이 성숙해져 이러한 이슈를 해결하는 데는 그리 오래 걸리지 않았다.

상용 제품으로 x86 플랫폼상에서 가상화를 지원한 것은 VMWare에서 1999년 출시한 VMWare 워크스테이션VMWare Workstation이다. 2001년에는 서버 시장을 겨냥해 VMWare ESX를 바로 출시했다. 하이퍼-V(마이크로소프트), 버추얼박스(오라클) 등의 상용 제품과 젠Xen, KVM 등과 같은 오픈 소스 가상화 솔루션도 뒤를 이어 출시됐다. 2005년에는 인텔과 AMD에서 하드웨어 지원 가상화에 대한 CPU 지원을 제공하는 프로세스 기능을 발표했다. 인텔 VT-x와 AMD의 AMD-V로 가상화의 확산은 새로운 전기를 맞았다. 그림 2-1은 컴퓨팅 자원에 대한 수요 및 가용성 맥락에서 가상화 기술이 재부상한 그 이면의 역사를 요약해 보여준다.

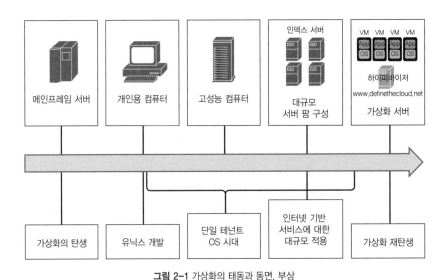

그림 2-1 가상화의 태동과 동면, 부상

오늘날 가상화는 모든 서버 팜과 데이터 센터의 핵심으로 앞의 모든 장점을 제공하면서 새로운 이점을 계속 제공하고 있다.

가상화의 혜택과 목적

가상화의 목적은 운영체제나 하드웨어 자원 풀을 공유하면서도 상호 의존성 없이, 타 응용프로그램의 존재를 알 필요도 없이 여러 응용프로그램을 실행할 수 있는 메커니즘을 제공하는 것이다. 각 응용프로그램은 자신만의 하드웨어 자원을 갖고 있는 것처럼 된다. 이 하드웨어가 더 큰 하드웨어 풀에서 추상화된 일부인 것을 굳이 알지 않아도 된다. 응용프로그램은 프로세스, 디스크, 파일시스템 사용, 사용자 관리, 네트워킹 관점에서 분리된 환경을 갖는다.

가상화 덕분에 데이터 센터나 서버 팜의 서버 숫자는 엄청나게 줄었다. 더 작은 숫자의 서버로 동일한 작업을 수행하고 여러 응용프로그램을 동시에 처리할 수 있다. 그에 따르는 혜택은 명확하다. 전력, 공간, 운영 비용을 절감할 수 있고 총소유 비용^{TCO, Total Cost of Ownership}을 낮출 수 있다. 사업적인 견고함도 얻을 수 있다. 그림 2-2에서 도식으로 보여준다.

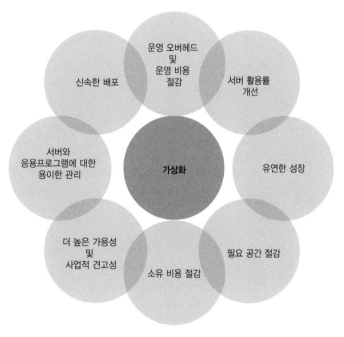

그림 2-2 가상화의 혜택

서버 가상화와 네트워크 가상화, NFV

지금까지 이야기한 가상화는 대부분 서버 가상화다. 하지만 네트워크, 스토리지 장치 등과 같이 서버 외의 부분에서도 가상화 개념이 나타났다. 그 맥락과 용례에 따라 다른 의미를 지닌다. 이 부분에서는 가상화에 대한 세 가지의 더 넓은 영역을 다룬다.

- 서버 가상화
- 네트워크 가상화
- 네트워크 기능 가상화^{NFV}

서버 가상화

서버 가상화는 2장 앞부분에서 상세하게 다뤘다. 그림 2-3에서 보는 바와 같이 이메일, 데이터베이스, 운영, 웹 서비스를 제공하는 여러 물리 서버를 훨씬 더 적은 수의 물리 서버로 가상화할 수 있다. 물리적 측면의 이중화는 여전히 고려해야 한다. 즉, 주 데이터베이스 서버와 백업 데이터베이스 서버를 동일한 물리적 하드웨어상에 가상화해 배포하는 것은 좋은 설계가 아니다.

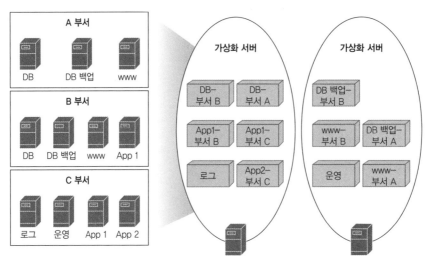

그림 2-3 서버 가상화

서버 가상화는 이제 아주 성숙한 기술이다. 자원을 통합하고 관리하는 데 성공적이고 효율적인 길인 것이 드러났다. 이와 관련된 많은 소프트웨어 도구도 개발됐다. 가상화된 서버를 더 빨리 용이하게 배포하는 도구도 있고 관리자가 성능 관리/관제 및 사용률 최적화를 쉽게 할 수 있는 도구도 있다.

네트워크 가상화

네트워크 가상화는 종종 NFV와 혼동하는 개념이다. 실제로는 네트워크 가상화가 NFV보다 먼저 나온 개념이지만 상호 관련성은 거의 없다. 2장에서 지금까지 이야기한 가상화 개념과는 관계가 없다. 여기서 '가상'이라는 단어는 서버 가상화와는 다른 맥락으로 사용됐다. 네트워크 가상화는 단일의 물리적인 네트워크를 논리적으로 분리해 여러 개의 논리적인 네트워크로 만드는 방식을 말한다. 이들 네트워크는 하부 인프라스트럭처를 공유한다. 하지만 최종 사용자 입장에서는 이 공유가 보이지 않는다. 이 가상 네트워크를 지원하는 프로토콜과 기술은 완전히 독립적이다. 전용 인프라스트럭처상에서 분리된 네트워크를 운영할 수 있다. 논리적인 네트워크(또는 일반적 통칭의 가상 네트워크)는 격리, 정보 보호, 네트워크단의 네트워크 간 분리 등의 기능을 제공한다.

네트워크 가상화의 첫 번째 사례는 아마 VLAN^{Virtual LAN}(가상 랜)일 것이다. 그림 2-4에서 보는 바와 같이 VLAN을 사용하면 캠퍼스나 사무실 네트워크를 가상의 단위로 나눠 스위칭과 데이터 경로를 공유할 수 있다.

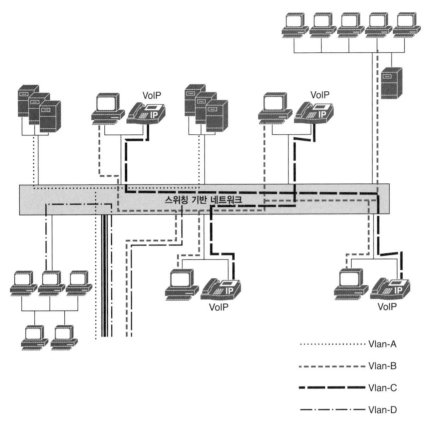

················ Vlan-A

---------- Vlan-B

━━━ ━━ ━━ Vlan-C

━·━·━·━ Vlan-D

그림 2-4 VLAN을 이용한 네트워크 가상화

가상 네트워킹 기술의 또 다른 예는 L3VPN^{IP Layer 3 Virtual Private Network}(3계층 가상 사설망)과 VXLAN^{Virtual Extensible LAN}(가상 확장 랜), ATM 스위치, PVC^{Permanent Virtual Circuits}(영구 가상 회선) 등이 있다. 각각의 기술에 가상이라는 단어가 들어가 있다. 모두 다 물리적인 네트워크상에서 가상 네트워크를 구성하는 방법을 제공하기 때문이다.

ISP^{Internet Service Providers}(인터넷 서비스 사업자)는 공유된 인프라스트럭처상에서 복수의 네트워크를 구성할 수 있으므로 별도의 물리적인 네트워크를 구성하지 않고도 많은 다양한 서비스를 제공할 수 있다. 네트워크 가상화 기법 덕분에 동일한 물리적 네트워크상에서 논리적으로 분리된 네트워크를 사용하듯이 광대역 인터넷, 비디오 스트리밍, VoIP 등과 같은 서비스를 실행할 수 있게 됐다. 주요 혜택은 상당한 인프라스트럭처의 배포, 운영, 유지 보수에 소요되는 비용 절감이다.

사업적 관점에서 네트워크 가상화를 이용해 비용 효율적으로 인트라넷 세그먼트, 소규모 사무실, 원격 근무자를 상호 연결할 수 있게 됐다. 인터넷을 이용하거나 ISP를 통해 제공받는 VPN 서비스를 이용하는 것이다.

요즘의 전형적인 ISP는 수많은 분리된 네트워크를 네트워크 인프라스트럭처상에 구성한다. 그림 2-5에서 이를 보여준다.

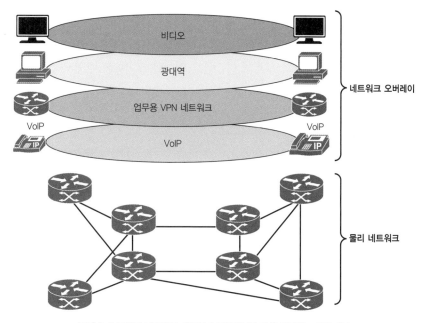

그림 2-5 공유된 네트워크 인프라스트럭처상의 가상 네트워크 오버레이

이러한 복수의 가상 네트워크상의 트래픽(대부분 데이터 트래픽)을 전달하기 위해 물리적 네트워크 인프라스트럭처는 충분한 대역폭을 갖고 있어야 하며 혼잡 상황이나 장애 상황에서 각 서비스별로 우선순위에 따른 처리가 가능해야 한다. 이에 따라 QoS$^{Quality\ of\ Service}$(서비스 품질), 라우팅 프로토콜, 트래픽 엔지니어링 등의 구현 방식에 대한 다양한 개발 결과가 나

오게 됐다. 자세한 사항은 이 책의 범위를 벗어나지만 네트워크 가상화와 NFV를 구별하는 것은 중요하다. 네트워크 가상화는 네트워크 프로토콜과 네트워크 성장에 아주 큰 영향을 끼쳤다. NFV도 네트워크 프로토콜과 성장에 영향을 미쳤지만 다른 방식으로 그러했다.

NFV

NFV 즉, 네트워크 기능 가상화는 서버 가상화의 아이디어를 네트워크 장비까지 확장해 네트워크에서 특정 기능을 수행하도록 한다. 서버 가상화가 성공적으로 흥행하면서 네트워크 사업자들이 NFV를 들여다보게 됐고 장비 제조업체와 제조사가 "단일 장비, 자체 하드웨어에 단일 기능"이라는 공식을 깨뜨리도록 영향력을 끼쳤다. 네트워크 사업자들은 자신들의 네트워크 운영체제를 가상화된 환경에서 운영하기 시작했다. NFV 관련 초기 백서에서는 서버 가상화의 성공 사례를 직접적으로 언급했고 네트워크 기능에 대해서도 동일하게 해 유사한 혜택을 달성하도록 제안했다.

네트워크 장비 소프트웨어는 역사적으로 장비 제조사별로 각자 제작했다. 하드웨어 구성은 중저 성능의 처리 엔진과 디스크 스토리지, 데이터 입출력을 위한 대량의 물리적 인터페이스 등이다. 네트워크 트래픽을 처리하고 포워딩할 때는 전용 CPU를 사용한다. 주소 검색 시에는 TCAM^{Ternary Content-Addressable} 메모리와 같은 특별한 메모리를 사용한다. 이러한 패킷 처리용 CPU에서 포워딩, 분류, 큐 처리, 접근 제어 등의 네트워크 기능을 자체적인 방식으로 구현했다. 일반적으로 전통적인 네트워크 장비에서 ASIC^{Application Specific Integrated Circuit}으로 구현한다.

COTS 하드웨어는 이러한 전용의 패킷 처리 기능이 부족하다. 대용량 처리를 위해서는 포워딩 CPU가 필요하고 고속 주소 검색을 위해서는 전용 메모리가 필요하다. 거기에 추가로 네트워크 기능 구현을 위해 특수한 소프트웨어나 운영체제가 필요할 수도 있다. NFV에서는 운영체제를 가상화하여 COTS 서버에서 실행한다. 이런 운영체제의 인스턴스 여러 개를 실행하는 데 필요한 컴퓨팅, 스토리지, 인터페이스 소요량은 단일 서버에서도 충분히 감당할 수 있다. 포워딩 CPU, 고속 캐시 메모리, 특수 소프트웨어 기법 등이 부족한 부분도 범용 CPU상에서 충분히 고성능을 발휘할 수 있도록 기술이 발전했다. 이러한 기법 가운데 하나인 인텔의 DPDK^{Distributed Packet Development Kit}(분산 패킷 개발 키트), 시스코의 VPP^{Vector Packet} ^{Processing}(벡터 패킷 처리)을 2장 후반부에서 다룰 예정이다.

가상화된 서버로 구성된 대규모 서버 팜 출현에 따른 결과로 장애에 대비하는 새로운 아키텍처 디자인이 나타났다. 서버는 상대적으로 저렴하고 거기서 실행되는 응용프로그램은 24시간 가용성이 필요하다. 이에 따라 소프트웨어 기반의 관리와 배포 도구를 사용해 가상 서버를 동적으로 배포, 분리, 이동한다. 결과적으로 아키텍처상에서 장애를 예측하고 관리하면서 장애를 (장애 영향을 받는 서버를 재배포, 이동, 재연결하는 방식으로) 우회한다. 이와 대조적으로 전통적인 네트워크에서는 물리적인 네트워크 장비를 사용해 고가용성 구조로 설계한다. 가동 시간 보장을 위해 물리적으로 이중화를 하고 필요 용량보다 더 많은 자원을 투입하고 추가적인 데이터 회선을 구성한다. NFV에서는 네트워크 설계와 아키텍처를 IT 가상화와 동일한 방식으로 하면 된다.

네트워크 기능 가상화는 상대적으로 성숙한 서버 가상화의 뒤를 따르는 것이기 때문에 서버 가상화를 위해 개발된 수많은 도구를 활용할 수 있다. NFV 배포에서 사용할 수 있는 서버 가상화 도구의 예로 오픈스택^{OpenStack}, VMWare의 vSphere와 쿠버네티스^{Kubernetes} 등이 있다.

가상화 기법

가상화가 시작되던 초기에는 가상화에 대한 지원은 주로 소프트웨어 쪽이었다. 동시에 여러 운영체제를 실행하려면(각각이 하나의 응용프로그램 기능이거나 독립된 시스템에서 실행하던 한 세트의 응용프로그램이었다) 하드웨어 공유를 위해 그 운영체제 간에 공조하거나 또는 중간 계층(가상화 계층)을 도입해야 했다. 그러지 않으면 응용프로그램을 실행하는 운영체제가 하드웨어를 동시에 접근하게 돼 엉망이 되곤 했다. 가상화 기술이 이 문제에 대한 해결책을 제시했다. 하드웨어와 운영체제 간에 분리하고 가상화 계층을 추가하면서 그 둘 간에 연결층 역할을 했다. 이를 구현하는 데는 여러 기법과 방법론이 활용됐다. 그 중 몇 가지를 여기서 기술한다.

이 방법을 이해하기에 앞서 전통적인 x86 아키텍처를 상위 수준에서 살펴보자. 이 아키텍처에는 하드웨어(CPU와 메모리)와 상호작용하는 데 네 가지의 권한 수준^{Privilege Level}이 정해져 있다. 권한 수준이 낮을수록 더 높은 우선순위를 갖고 하드웨어에 더 가깝게 실행된다. 전통적인 독자적 사용^{Standalone Usage} 모드에서는 응용프로그램이 권한 수준 3에서 실행된다. 이 모드에서는 장치 드라이버^{Device Driver} 권한 수준이 1 또는 2다. 운영체제는 권한 수준이 0이어야 한다. 운영체제는 그림 2-6에서 보는 것처럼 하드웨어와 직접 상호 동작한다.

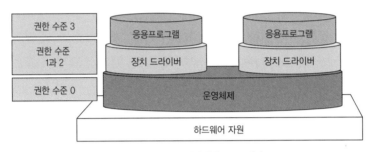

그림 2-6 x86 하드웨어상의 응용프로그램과 OS

전가상화

전가상화^{Full Virtualization} 기법에서는 운영체제를 상위 계층으로 옮긴다. 가상화 계층이 권한 수준 0을 차지하고 그림 2-7에서 보는 것과 같이 하드웨어와 상호작용하는 역할을 한다. 운영체제에서 하드웨어로 전달하는 명령어는 이제 가상화 계층에서 변환해 실제 하드웨어로 보낸다. 이 방법을 사용하면 게스트 운영체제^{Guest Operating System}(가상화 계층 위에서 구동되는 운영체제) 쪽에서는 코드를 전혀 바꿀 필요가 없다. 현재의 모든 응용프로그램과 게스트 운영체제를 전혀 수정 없이 이 가상화 계층에서 실행할 수 있다. 즉 전가상화는 하드웨어와 운영체제를 떨어뜨려 놓는다. 가상화에서 이 기법의 예로는 VMWare의 ESXi, 리눅스 KVM/Qemu 등이 있다.

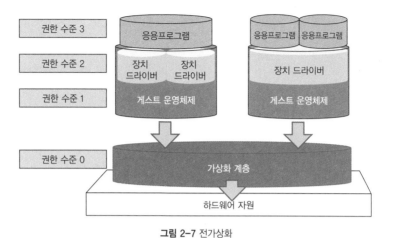

그림 2-7 전가상화

 게스트 운영체제

운영체제는 일반적으로 전용 서버상에서 실행된다. 가상화된 환경에서는 가상화 계층이 하드웨어를 추상화하고 그 하드웨어를 고립된 채로 실행되는 여러 운영체제 간에 공유할 수 있도록 한다. 가상화 계층에서 제공하는 추상화된 하드웨어상에서 실행되는 운영체제 인스턴스를 게스트 운영체제라고 부른다.

반가상화

전가상화는 독립성을 보장하지만 운영체제에서 가상화 계층으로, 또 하드웨어로 데이터를 전달하며 변환하는 데 값을 치른다. 응용프로그램에 따라서는 이러한 지연이 심각해 아주 비효율적으로 동작할 수도 있다. 다른 예로는 어떤 응용프로그램에서는 하드웨어를 직접 제어해야 할 수도 있다. 이러한 특수한 상황을 처리하기 위해 대부분은 가상화 계층을 통해 처리하지만 하드웨어의 일부 기능에 대한 호출은 게스트 운영체제에서 직접 연동할 수 있도록 할 수도 있다. 직접 연동은 하이퍼콜Hypercall 기법을 사용한다. 이 가상화 기법을 반가상화Paravirtualization라고 한다.

반가상화의 'Para'는 '옆beside'이라는 뜻의 그리스어다. 이 기법에서 가상화 계층은 그림 2-8에서 보는 바와 같이 게스트 운영체제와 함께 권한 수준 0인 계층에서 동시에 동작한다. 게스트 운영체제에서는 시간에 민감한 함수를 실행할 때 하드웨어를 직접 접근한다.

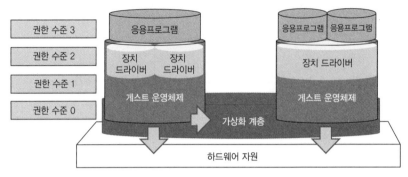

그림 2-8 반가상화

반가상화 환경에서는 하드웨어상에서 실행되고 있는 모든 게스트 운영체제가 상호 간의 자원 공유를 알고 있어야 한다. 이렇게 게스트 운영체제 상호 간뿐만 아니라 가상화 계층과도 상호작용해야 하기 때문에 게스트 운영체제가 이 환경에서 동작하려면 개발이 필요하다. 이 가상화 기법의 예가 바로 젠서버Xenserver이다.

하드웨어 지원 가상화

앞에서 언급한 바와 같이 x86 하드웨어는 가상화 기능을 수용하는 추세에 있으며 가상화를 하드웨어 자체에서 지원하고 있다. 가상화된 환경에서도 높은 성능과 처리량을 제공할 수 있게 됐다. 하드웨어 지원 가상화Hardware-assisted Virtualization는 이러한 하드웨어 자체의 지원 기능을 활용하는 기법이다. 그림 2-9에서와 같이 운영체제와 가상화 계층에서는 하드웨어에서 지원하는 함수 호출을 활용해 가상화를 구현한다.

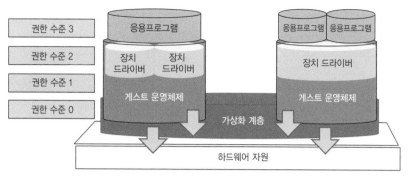

그림 2-9 하드웨어 지원 가상화

더 나은 성능과 기능을 제공하기 위해 많은 운영체제 및 가상화 업체들이 이 방법을 활용하고 있다. 운영체제가 하드웨어를 직접 접근할 수 없었던 전가상화의 단점을 하드웨어 지원 가상화에서 이제 해결했다. 따라서 하드웨어 지원 가상화와 전가상화의 조합은 실제 구성에서 많이 선호하는 방법이다.

운영체제 수준 가상화

운영체제 수준 가상화^{OS-Level Virtualization}는 약간 다른 접근 방식이다. 앞서 서술한 가상화 기법에서는 동일한 하드웨어상에서 응용프로그램을 실행하기 위해 각각의 분리된 게스트 운영체제를 실행했다. 운영체제 수준의 가상화에서는 대신 이 응용프로그램을 단일의 공통 운영체제에서 직접 실행한다. 이 기법에서는 응용프로그램에게 자체적인 작업 공간과 자원을 할당하기 위해 운영체제를 수정한다. 이를 통해 응용프로그램의 자원 사용에 대한 독립성을 보장한다. 응용프로그램 입장에서는 여전히 독립적인 자체 서버 환경에서 실행되는 것처럼 보인다. 그림 2-10에서 운영체제 수준 가상화의 의미를 보여준다. 이 가상화 기법의 예로는 리눅스 컨테이너^{Container}와 도커^{Docker}가 있다. 이에 대해서는 2장 후반부에서 다시 기술한다.

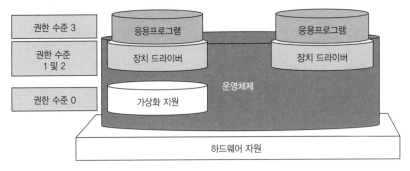

그림 2-10 운영체제 수준 가상화

가상화와 에뮬레이션

에뮬레이션Emulation과 가상화는 종종 혼용해 사용된다. 하지만 이 둘 사이에는 중요하고도 미묘한 차이가 있다.

에뮬레이션에서는 특수 소프트웨어(에뮬레이터)가 그 위에서 실행되는 모든 응용프로그램에 대해 변환 역할을 수행한다. 동시에 응용프로그램에게 하드웨어가 존재하는 것처럼 가장한다. 에뮬레이터에서 흉내 낼 수 있는 하드웨어(CPU, 메모리, 디스크, I/O)는 에뮬레이터 하부의 운영체제에서 할당한 자원에 국한되지 않는다. 에뮬레이터를 사용하는 일반적인 경우는 특정 운영체제(또는 CPU)형으로 제작된 응용프로그램을 다른 유형의 운영체제(또는 CPU)에서 실행하려는 경우다. 에뮬레이터상에서 에뮬레이션된 운영체제를 실행할 필요는 없다. 응용프로그램에서 발생하는 함수 호출을 에뮬레이터가 실행되는 운영체제에서 지원하는 호출로 변환할 뿐이다. 양방향으로 변환함에 따라 성능에 영향을 줄 수 있다. 또한 에뮬레이터의 코드에서 정의한 명령어 세트 내에서만 지원된다. 에뮬레이터는 그 하부의 운영체제상에서 응용프로그램으로 실행되기 때문에 운영체제의 자원 공유 및 할당 기능에 의존적이다. 에뮬레이터에서는 저장 장치나 I/O와 같은 자원에 대한 가용성, 독립성을 보장하는 메커니즘이 전혀 없다.

이와 대조적으로 가상화는 기본적으로 격리와 분리를 지원한다. 가상화를 위해 사용하는 기법과 상관없이 응용프로그램이나 게스트 운영체제는 상호 영향을 주지 않고 독립적으로 동작하면서 하드웨어를 공유할 수 있다.

특정 운영체제나 플랫폼 환경에서 개발한 응용프로그램을 신규 운영체제나 다른 운영체제, 플랫폼상에서 실행하려고 할 때 종종 에뮬레이션을 사용한다. 예를 들어 MS-DOS에서 컴파일한 예전 응용프로그램을 리눅스 운영체제상에서 실행할 때 에뮬레이터를 사용할 수 있다. 가상화는 그 목적이 완전히 다르다. 그림 2-11에서는 이 두 가지를 나란히 비교하며 그 차이를 보여준다.

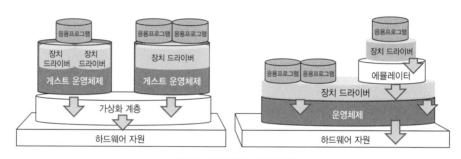

그림 2-11 가상화와 에뮬레이션

가상 머신

앞서 설명했듯이 가상화는 운영체제나 그 위에서 실행되는 응용프로그램에게 독립된 가상의 하드웨어 환경을 제공한다. 그 결과로 만들어지는 환경을 보통 가상 머신^{Virtual Machine}이라고 한다. 경우에 따라서는 이해하기 쉽게 가상 컨테이너^{Virtual Container}이나 가상 환경^{Virtual Environment} 또는 그냥 컨테이너^{Container}(격리실, 자체적으로 격리된 환경을 지원하므로)라고도 부른다. 이러한 용어들을 좀 더 엄격하게 구분하면 가상 머신과 컨테이너는 미묘한 차이가 있다. 둘 다 가상화된 환경을 제공한다. 하지만 구현 방식에 차이가 있고 격리 및 지원 성능의 수준이 다르다.

가상 머신의 구성 요소

가상 머신은 세 가지 주요 구성 요소를 갖고 있다.

- 호스트 운영체제
- 가상 머신 관리자 (또는 하이퍼바이저)
- 게스트 운영체제

호스트 운영체제

호스트 운영체제^{Host Operating System}는 하드웨어상에서 직접 실행되는 운영체제다. 호스트 운영체제는 가상화를 지원해야 하고 설치할 응용프로그램을 모두 지원해야 한다.

호스트 운영체제는 가상 머신에 할당할 수 있는 하드웨어 자원 전체에 대해 접근할 수 있어야 한다. 가상 머신의 기능은 호스트 운영체제의 기능(접근 가능한 메모리 범위나 지원하는 I/O 장치)에 의존적이다. 가상 머신은 호스트 운영체제 안에서 만들어지기 때문이다.

하이퍼바이저

원래 가상 머신 관리자^{VMM, Virtual Machine Manager}는 기능을 나타내는 단어였다. 1970년대 초반 IBM 엔지니어들이 하이퍼바이저^{Hypervisor}라는 단어를 만들었다. 운영체제상에서 실행되는 이 소프트웨어를 IBM의 명명법에 따라 '감독자'라는 뜻으로 지은 것이다. 하이퍼바이저의 핵심 기능은 NFV 아키텍처에서 가상화 계층 역할과 동일하다. 하이퍼바이저로 가상 머신을 생성할 수 있고 자원들을 가상 머신에 할당할 수 있다. 가상 머신의 인자를 수정할 수도 있고 가상 머신을 삭제할 수도 있다.

하이퍼바이저는 두 가지 유형으로 나눌 수 있다. 유형 이름은 그 차이의 의미를 담지 않고 있다. 그냥 유형-1과 유형-2다.

유형-2 하이퍼바이저

이 유형의 하이퍼바이저는 호스트 운영체제상에서 일반적인 응용프로그램 소프트웨어로 실행된다. 호스트 운영체제는 가상화를 지원하는 기존의 모든 운영체제가 가능하다. 하이퍼바이저는 이 운영체제상에서 다른 응용프로그램 및 프로세스와 함께 실행되고 자신에게 할당된 개별적인 하드웨어 자원을 가진다.

유형-2의 가상 환경에서는 호스트의 역할이 거의 없고 단지 하이퍼바이저가 실행될 플랫폼을 제공할 따름이다. 추가로 호스트는 장치, 메모리, 디스크 및 기타 주변장치와 통신하는 접점 역할을 한다. 일반적으로 호스트 운영체제에서 자원을 많이 사용하는 응용프로그램은 수행하지 않는다. 호스트 운영체제는 아주 얇은 경량의 계층이어야 한다. 기본적인 기능만 수행하면서 대부분의 자원을 게스트(가상 머신)이 사용할 수 있도록 남겨둬야 한다.

유형-1 하이퍼바이저

이 유형의 하이퍼바이저는 호스트가 초경량의 기본적인 역할만 수행하는 것을 십분 활용한다. 유형-1 하이퍼바이저는 이러한 호스트 운영체제의 역할을 하이퍼바이저 코드의 일부로 포함한다. 하이퍼바이저가 하드웨어상에서 직접 실행돼 하부의 운영체제가 필요 없다. 이 유형의 하이퍼바이저는 확장된 역할을 수행한다. 물리적인 장치와 통신하고 그에 대한 관리도 한다. 필요한 장치 드라이버도 하이퍼바이저의 코드에 녹여 낸다. 결과적으로 하이퍼바이저의 코드 복잡성이 높아지고 따라서 개발 기간이 길어진다. 그럼에도 불구하고 유형-2 하이퍼바이저에 존재하던 통신 오버헤드Communication Overhead를 줄이기 때문에 그 가치가 있다.

하드웨어상에서 직접 실행되므로 이를 베어메탈Bare-metal 구현이라고 한다.

유형-1 하이퍼바이저와 유형-2 하이퍼바이저 비교

그림 2-12에서 이 두 가지 하이퍼바이저를 나란히 보여주고 각 유형별로 가용한 상용 하이퍼바이저 예시를 보여주고 있다. 유형-1 하이퍼바이저는 하드웨어와 직접 통신하므로 자체적으로 모든 기능들을 포함하고 있다. 유연성이 더 뛰어나며 보안성도 더 나은 것으로 알려졌다. 추가적으로 하이퍼바이저 기능만을 위해 개발됐으므로 코드가 더 효율적일 수도 있다. 이 유형의 하이퍼바이저 성능은 보통 유형-2 하이퍼바이저보다 더 뛰어나다. 하드웨

어와 통신하는 데 호스트 운영체제를 통했기 때문에 발생하던 오버헤드와 의존성이 사라졌기 때문이다.

반면 유형-2 하이퍼바이저는 개발하기 더 쉽고 신속하며 유연하다. 특정 하드웨어를 감안해 개발하고 테스트할 필요가 없기 때문이다. 이와 같은 이유로 유형-2 하이퍼바이저가 x86 아키텍처에서 가용한 최초의 하이퍼바이저가 됐다. 그에 반해 유형-1 하이퍼바이저-메인프레임에서 처음으로 태어났다-는 개발하는 데 시간이 더 걸리고 x86 기반 플랫폼 시장에도 나중에 나왔다. 유형-2 하이퍼바이저는 더 폭넓은 하드웨어를 지원할 수 있다. 하드웨어 의존성이 없기 때문이다. 하드웨어 장치에 대한 모든 처리는 호스트 운영체제 담당이다. 호스트 운영체제가 하이퍼바이저 코드와 호환되고 상호 동작이 검증만 되면 하부의 하드웨어나 그 하드웨어와 동작하는 드라이버는 전혀 문제가 되지 않는다.

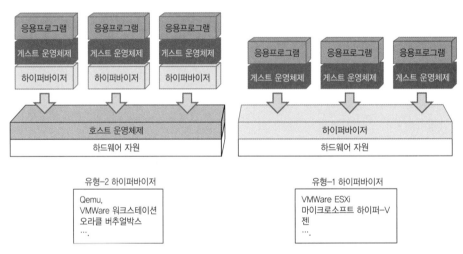

그림 2-12 유형-1 하이퍼바이저와 유형-2 하이퍼바이저

게스트 운영체제

하이퍼바이저상에서 가상 머신을 실행하는 경우 가상 머신은 호스트 운영체제의 소프트웨어 구성 요소는 하나도 사용하지 않는다. 만들어진 기본적인 가상 머신은 일반적인 서버와

아주 흡사하다. 다른 서버와 마찬가지로 부팅하고 장치를 관리하고 응용프로그램을 실행할 운영체제가 필요하다.

가상 서버에서 실행되는 운영체제를 게스트 운영체제라고 한다. 이 운영체제는 어떤 것이든 가능하다. 단 하이퍼바이저에서 제공하는 하드웨어 자원과 호환돼야 한다. 예를 들어 CISC^{Complex Instruction Set Computer} CPU 자원을 사용하는 인텔 x86 아키텍처를 제공하는 하이퍼바이저상에서는 RISC^{Reduced Instruction Set Computer} 아키텍처 기반의 운영체제를 그대로 실행할 수는 없다.

게스트 운영체제를 가상 머신에서 실행하기 전에 수정할 필요는 전혀 없다. 실제 하드웨어 시스템에서 실행하는 것으로 가상 머신을 인식하기 때문이다. 따라서 게스트 운영체제는 실제 하드웨어 자원에 대해 전혀 알 수가 없다. 또한 동일 하이퍼바이저상에 별도의 인스턴스로 다른 가상 머신이 존재하더라도 알 수가 없다.

게스트 운영체제 사용자는 그 운영체제에서 지원하는 한 무제한으로 응용프로그램을 실행할 수 있다. 응용프로그램(또는 게스트 운영체제 그 자체)에서 디스크, 메모리, CPU 자원 등을 접근하려고 하면 하이퍼바이저에서 중간 역할을 해 그 요청을 호스트 운영체제에서 관리하는 자원으로 연결한다. 이 요청에 대한 응답은 호스트 운영체제가 하이퍼바이저로 전달하고 다시 그 응답은 요청한 게스트 운영체제로 전달된다. 게스트 운영체제 입장에서는 하드웨어와 직접 통신하는 것처럼 느껴진다.

가상 머신에 대한 자원 할당

가상화를 사용하는 목적은 메모리, CPU, 인터페이스, 디스크 공간과 같은 하드웨어 자원을 최적으로 공유하는 것이다. 하이퍼바이저를 만든 이유가 바로 이러한 영향과 불이익을 최소화하면서 이러한 자원을 공유하려는 것이다. 공유 메커니즘은 최근 몇 년 동안 비약적으로 발전했다. 이어지는 내용에서 호스트의 자원을 공유하는 데 사용하는 기법 일부를 살펴본다.

CPU와 메모리 할당

가상 머신을 생성하면 하이퍼바이저는 정해진 양만큼 메모리와 CPU를 할당한다. 가상 머신에 할당된 CPU는 게스트 운영체제 입장에서는 전용으로 할당된 물리적인 CPU로 인식된다. 게스트 운영체제에 따라서 지원 가능한 CPU 소켓의 개수에 제약이 있다. 이를 위해 최신 버전의 하이퍼바이저에서는 CPU 소켓 수나 소켓당 코어의 개수를 세밀하게 설정해 CPU 자원을 할당할 수 있다. 할당 가능한 CPU 출력량은 호스트 운영체제 수준에서 가용한 CPU 자원에 의존적이다. 예를 들어 호스트 서버에서 소켓당 10코어이며 이중 멀티스레딩을 지원하는 인텔의 제온 E5-2680v2 CPU를 사용한다면 하이퍼바이저에서는 가상 머신에 가상 CPU를 20개까지 할당할 수 있다. 이렇게 할당하더라도 실제 CPU(또는 CPU 코어)를 가상 머신에 전용으로 배정하는 것은 아니다. CPU 사이클의 비율적인 양을 하이퍼바이저에서 가상 머신에 허용하는 것이다. 가상 머신에서 CPU에 대한 요청이 오면 하이퍼바이저에서 그 요청을 가로챈 후 가용한 CPU 코어에 스케줄링한다. 그리고 해당하는 응답이 오면 게스트 운영체제로 다시 넘긴다. 2장 앞부분에서 언급한 하드웨어 지원 가상화 기법은 가상 머신 간에 CPU 자원을 공유할 때 핵심적인 역할을 한다.

가상 머신에 메모리를 할당할 때도 공유 기법을 사용한다. 이러한 기법을 사용해 하이퍼바이저에서 할당한 메모리는 게스트 운영체제 입장에서는 물리적인 메모리로 인식된다. 메모리 페이징 및 디스크 스왑 공간 같은 기법으로 게스트 운영체제에 메모리가 제공되지만 게스트 운영체제 입장에서 완전히 단독으로 사용하도록 할당된 메모리로 인식된다.

입출력 장치 할당

시리얼 입출력 장치와 기타 입출력 장치도 가상 머신 간에 공유할 수 있다. 한 번에 하나의 가상 머신에 할당하는 방식으로 이뤄진다. 특정 요청에 따라 하이퍼바이저에서 할당을 변경하게 된다. ESXi의 예를 들어 보자. 키보드가 가상 머신의 콘솔 인터페이스에 할당돼 있다. 특정 키의 조합(Ctrl+Alt)이 발생하면 ESXi에서 가로채고 키보드를 그 콘솔에서 할당 해제해 다른 가상 머신에서 사용할 수 있는 상태로 변경한다.

디스크 공간 할당

가상 머신이 처음에 생성되면 하이퍼바이저는 디스크 공간을 게스트 운영체제에 할당한다. 사용하는 기법에 따라 호스트 운영체제에 파일이 한 개 또는 여러 개가 만들어진다. 디스크 공간을 지원하는 방법은 씩 프로비저닝과 씬 프로비저닝이 있다.

씩 프로비저닝

가상 머신의 디스크 공간을 씩 프로비저닝Thick Provisioning으로 구성하는 경우 게스트 운영체제에 할당된 디스크 공간 전체 양을 호스트 운영체제에 사전 할당하고 남겨둔다. 동일한 크기의 파일 하나를 생성하는 것이다(또는 여러 개의 연결된 파일을 만들어 필요한 양을 맞추기도 한다). 이 방법의 단점은 게스트 운영체제에서 할당된 디스크 공간을 다 쓰지 않는 경우, 호스트 운영체제 입장에서는 그 공간이 할당됐지만 다른 용도로 사용할 수 없다는 것이다. 장점은 당연히 게스트 운영체제 입장에서 할당받은 분량만큼의 디스크 공간을 항상 갖고 있다는 것이다.

씩 프로비저닝을 사용하는 경우 가상 머신에 디스크 공간을 할당할 때 기존에 그 공간에 존재하던 데이터를 처리하는 방식이 두 가지가 있다. 사전 할당할 때 기존에 존재하던 데이터를 완전히 지울 수도 있고(즉시 0으로 채우는 씩 프로비저닝Eager-zeroed Thick Provisioning) 게스트 운영체제가 실제로 어떤 데이터를 저장하기 위해 필요할 때까지 기존 데이터를 남겨둘 수도 있다(천천히 0으로 채우는 씩 프로비저닝Lazy-zeroed Thick Provisioning). 즉시 0으로 채우는 씩 프로비저닝은 가상 머신에 최초 공간 할당 시 시간이 더 걸릴 수 있다. 할당한 공간 전체에 대해 기존 데이터를 삭제해야 하기 때문이다. 반면 천천히 0으로 채우는 씩 프로비저닝은 의도치 않은 장점이 있다. 기존 데이터를 복구해야 하는 상황이 발생했을 때 가능하다는 것이다.

씬 프로비저닝

씬 프로비저닝Thin Provisioning을 사용하면 게스트 운영체제에서 실제로 필요한 양만큼만 디스크 공간을 할당하기 때문에 디스크 공간을 절약하고 낭비하지 않는다. 호스트 운영체제에서 생성하고 할당하는 실제 파일의 크기가 훨씬 작지만 게스트 운영체제 입장에서는 전체

용량을 할당받은 것처럼 위장하는 것이다. 게스트 운영체제에서 사전 할당된 공간을 다 채우게 되면 하이퍼바이저에서는 호스트 운영체제의 할당 공간을 늘려서 실제로 할당된 크기를 키운다.

이 방법이 디스크 공간을 더 효율적으로 사용하지만 약간의 위험을 내포하고 있다. 게스트 운영체제에 할당한 디스크 공간이 과도하게 할당된 경우 모든 게스트 운영체제에서 동시에 필요한 공간을 늘리게 되면 호스트 운영체제에서는 이 상황을 감당하지 못하고 디스크 공간이 바닥날 수 있다.

가상 머신에 공간을 할당해 생성되는 파일들은 몇 가지 지원 형식으로 구성되고 그 내부에는 게스트 운영체제의 파일시스템 전체를 담고 있다. 게스트 운영체제는 이러한 디스크 가상화를 인식하지 못하며 전용의 독립된 디스크를 사용하는 것으로 인식한다. 가상 머신의 디스크 공간을 지원하기 위해 가장 일반적으로 사용하는 파일 형식은 다음과 같다.

- **VMDK**^{Virtual Machine Disk}: 가상 머신 디스크 공간을 지원하는 데 가장 많이 사용하는 파일 형식 중 하나다. 처음 VMWare에서 개발했고 지금은 공개된 형식이다.
- **VDI**^{Virtual Disk Image}: 오라클 버추얼박스^{VirtualBox} 하이퍼바이저에서 주로 사용하는 파일 형식이다.
- **VHD**^{Virtual Hard Disk}: 하이퍼-V에서 사용하기 위해 처음 마이크로소프트에서 개발했다(오히려 그 뒤에 나온 커네틱스 버추얼-PC^{Connectix Virtual-PC} 대상). 하지만 이 파일 형식도 공개돼 제조사에서 원하면 이 형식을 사용할 수 있다.
- **QCOW2**^{QEMU Copy-On-Write Version 2}: 원래 QEMU/KVM 하이퍼바이저에서 지원하고 사용했던 것이다. 오픈 소스 디스크 이미지 형식이다. QCOW2는 COW^{Copy-On-Write}(복제 후 수정) 방식을 사용한다. COW 방식은 전체 데이터의 일부가 변경된 경우 원본을 수정하지 않고 변경할 일부분만 별도 공간에 복제 후 수정하는 방식이다.

네트워크 통신

가상 머신은 격리된 환경이므로 데이터를 외부(가상 머신이 있는 물리 서버의 바깥)로 전송하거나 동일한 물리 서버에 있는 가상 머신 간에 데이터 통신을 하기 위해서는 네트워크 연결이 필요하다.

물리 서버의 NIC^{Network Interface Card}(네트워크 카드)를 이용해 이를 해결할 수 있다. 가상 머신에서 CPU, 메모리 등과 같은 다른 자원을 공유하는 것처럼 물리 NIC도 공유를 통해 가장 효율적으로 사용할 수 있다. NIC 공유를 위해 다양한 기법을 사용한다. 그 가운데 하나가 하이퍼바이저에서 가상 NIC^{vNIC} 인스턴스를 만들고 게스트 운영체제에 NIC로 제공하는 것이다. 하지만 이 경우에는 하이퍼바이저나(유형 1인 경우) 호스트 운영체제에서(유형 2인 경우) 복수의 vNIC를 하나 또는 여러 개의 물리 NIC에 연동해야 한다. 이것은 데이터 네트워크에서 하드웨어 스위칭 장비의 역할과 동일하다. 가상화 세계에서는 가상 스위치^{vSwitch}를 사용해 vNIC와 물리 NIC 간의 연결을 구성한다.

리눅스 기반의 하이퍼바이저에서 가상 머신이 동일한 호스트 운영체제상에 있고 가상 머신 간 연결에 이중화가 필요하지 않은 경우 리눅스 브리지^{Linux Bridge} 응용프로그램으로 이 기능을 구성할 수 있다. 브리지 각각에 대해 vNIC와 물리 NIC 간에 가상 브리지^{vBridge}를 정의할 수 있다. 예시 2-1에서는 각각 VM1, VM2에 속한 vlan100, vlan200에서 상호 간 및 외부로 (eth2 경유) 데이터를 보낼 수 있는 설정에 대한 리눅스 명령어 확인 결과를 보여준다. 그 구성은 그림 2-13에서 보는 것처럼 가상 브리지 이름을 sample_bridge라고 하고 모든 구성원의 브리지에 연결하면 된다.

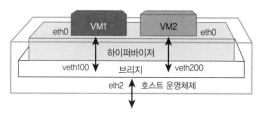

그림 2-13 리눅스 가상 브리지

```
linux-host:~$ brctl show sample_bridge
bridge name bridge id               STP enabled      interfaces
sample_bridge    8000.72466e3815f3        no                   eth2
                                                          veth100
                                                          veth200

linux-host:~$
```

유형-1 하이퍼바이저인 ESXi에서도 유사한 구조로 가상 스위치가 내장돼 있다. 가상 머신에 가상으로 생성한 NIC들을 외부로 연결된 물리 포트와 연결할 때 비슷한 방법으로 할 수 있다. 그림 2-14에서 이를 보여준다.

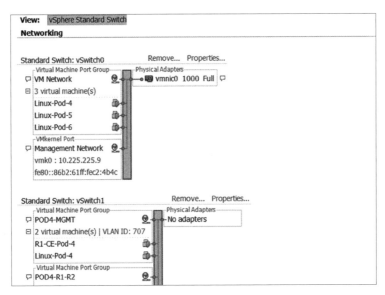

그림 2-14 ESXi 가상 스위치

vNIC와 물리 NIC 간의 연결쌍별로 각각 가상 브리지나 vSwitch를 정의할 수 있다.

단일 호스트에서 소수의 가상 머신을 구성하는 경우에는 기본적인 리눅스 브리지를 사용해도 된다. (일반적인 경우) 물리 서버가 여러 개이거나 가상 머신의 이중화가 필요한 경우에는 리눅스 브리지로 부족하다. 부하 분산, 이중화, 물리적 거리 등의 사유로 가상 머신을 다른 물리 서버로 또는 동일 물리 서버 내의 다른 호스트 운영체제로 옮기는 경우를 가정해보자. 기존의 가상 포트$^{Virtual Port}$에 설정된 VLAN이나 QoS, 기타 기능을 복제하기 위해서는 신규로 가상 포트와 가상 스위치를 생성해야 한다. 추가적으로 운영 관리의 일관성과 편의를 고려한다면 다중 서버 환경에서 중앙 집중화된 컨트롤러로 스위치의 정책과 설정을 관리하는 것이 필수적이다. 이러한 필요에 따라 리눅스 환경을 위한 OVS$^{Open vSwitch}$(개방형 가상 스위치) 개발이 일어났다. OVS는 오픈 소스 스위치로 개발됐고 많은 기능을 제공한다. 호스트 운영체제 간의 가상 머신 이동, SDN 컨트롤러 기반의 중앙 집중형 관리 지원, 최적화된 스위칭 성능 등이다.

ESXi 기반의 하이퍼바이저는 DVS$^{Distributed vSwitch}$라고 불리는 ESXi 표준 가상 스위치의 일종으로 이러한 기능을 지원한다. 그림 2-15에서 보는 것과 같이 분산된 물리 서버에 배포된 가상 머신 전체에 대해 중앙 집중형으로 설정 관리, 장애 처리, 관제 등의 기능을 제공한다.

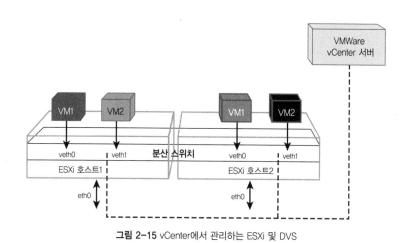

그림 2-15 vCenter에서 관리하는 ESXi 및 DVS

기타 네트워크 장비제조사들도 여러 하이퍼바이저를 지원하는 가상 스위치 제품을 개발했다. 누아지네트웍스^{Nuagenetworks}의 누아지 VCS$^{Nuage Virtualized Cloud Services}$, 시스코^{Cisco} 넥서스 1000v$^{Nexus 1000v}$, HP 5900v, NEC PF1000 등이다. 표 2-1에 많이 사용하는 하이퍼바이저가 지원하는 가상 스위치를 정리했다. 전체를 포괄하는 완전한 목록은 아니지만 선택 가능한 제품을 참고할 수 있다. 가상 스위치에 대한 더 자세한 목록은 참고[1]에서 찾아볼 수 있다.

표 2-1 대표적인 하이퍼바이저에서 사용 가능한 가상 스위치

하이퍼바이저	기본 가상 스위치	외부 업체 가상 스위치 옵션
리눅스 KVM (Kernel-based Virtual Machine)	리눅스 브리지	누아지네트웍스 누아지 VCS 시스코 넥서스 1000v OVS
VMware ESXi vSphere	표준 가상 스위치 분산 가상 스위치	누아지네트웍스 누아지 VCS 시스코 넥서스 1000v 시스코 AVS(Application-Centric Virtual Switch) IBM DVS 5000v HP Virtual Switch 5900v
마이크로소프트 하이퍼-v	기본 하이퍼-v 스위치	누아지네트웍스 누아지 VCS 시스코 넥서스 1000v NEC PF1000
젠(Xen)	OVS	누아지네트웍스 누아지 VCS OVS

더 완전한 것이 필요한 경우 물리적 인터페이스를 가상 머신에 전용으로 할당할 수도 있다. 이 경우 가상 스위치에서는 일대일 연결로 처리를 한다. 일부 하이퍼바이저(KVM 등)에서는 물리적인 스위치를 직접 가상 머신으로 연결할 수도 있다. 이를 이더넷 패스스루Ethernet pass-through라고 한다. 그림 2-16에서는 이 구성이 공유된 가상 스위치 환경과 어떤 차이가 있는지 보여준다. 패스스루를 사용하면 공유가 불가능하므로 물리적인 자원을 최적으로 사용할 수 없다. 하지만 전용으로 대역폭 보장이 필요하거나 총 처리량 성능이 아주 중요한 경우(예를 들면 인터페이스가 데이터 경로상의 트래픽을 경우) 이 방법을 사용할 수도 있다.

이더넷 패스스루

물리 서버의 물리적인 인터페이스를 물리 서버에서 실행되는 가상 머신에 직접 연결하고 전용
으로 할당하는 경우를 말한다. 가상 머신은 네트워크 인터페이스를 배타적으로 직접 사용할 수
있게 된다. 이를 이더넷 패스스루라고 한다.

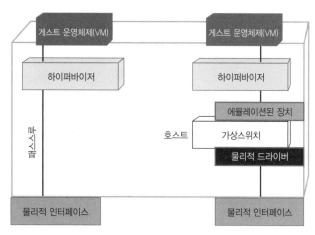

그림 2-16 패스스루 방식 및 가상 스위치 방식의 네트워크 연결

가상 머신 패키징

앞에서 나온 디스크 이미지 파일 형식은 가상 머신에서 파일을 배포할 때 필요한 디스크 공
간을 호스트 시스템에서 구성하기 위한 것이다. 하지만 가상 머신을 호스트 간에 이동할 목
적으로 패키지화할 때도 이를 종종 사용한다. 이 파일이 게스트 운영체제의 전체 파일시스
템과 거기서 실행하는 모든 응용프로그램을 담고 있기 때문이다. 가상 머신 디스크 파일의
파일 형식을 변환하는 도구가 많이 나와 있다. 신규 호스트가 다른 하이퍼바이저를 지원하
는 경우 그 하이퍼바이저에서 지원하는 파일 형식으로 변환할 수 있다.

가상 머신을 배포할 때 좋은 대안 가운데 하나는 가상 머신의 원 이미지를 ISO[International
Organization for Standardization] 파일 형식으로 패키징하는 것이다. ISO 파일 시스템 형식은 오랫

동안 사용됐고 원래는 광학 디스크를 위해 만들어졌다. ISO 파일은 전체 광학 디스크의 이미지를 포함한다. ISO 파일을 가상 디스크로 마운트하거나 실제 광학 디스크가 있는 것처럼 에뮬레이션하는 등의 기능을 지원하는 도구들이 대부분의 운영체제에서 지원된다. 이 아이디어를 동일하게 가상 머신을 패키징하고 이동할 때도 적용할 수 있다. 이 경우 ISO 이미지는 운영체제 전체(게스트 운영체제)를 담고 있으며 부팅 가능한 미디어로 만들어야 한다. 그림 2-17에서와 같이 ISO 파일의 내용을 보면 기본 부팅 정보와 파일 구조가 나타난다. 이는 이 디스크가 담고 있는 이미지의 정보를 나타낸다. 단일 파일이므로 호스트 간에 옮기고 마운팅하는 것이 용이하다. 가장 많이 사용하는 방법으로는 비어 있는 VM 디스크를 만들고(예를 들어 VMDK 파일로 생성) ISO 이미지로 부팅해 이를 부팅 가능한 설치 드라이브로 사용하는 것이다. 그리고 가상 머신의 디스크 이미지(VMDK 파일)에 필요한 파일 구조를 생성한다. ISO 파일은 포팅 메커니즘만 제공하고 가상의 이미지 파일로 향후의 모든 목적에 사용하는 것이다.

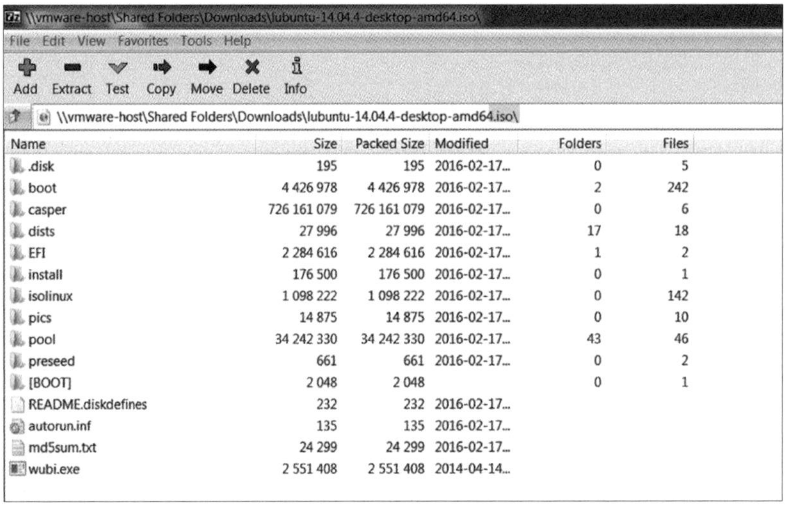

그림 2-17 ISO 파일 내용

이 파일 형식이 이러한 이미지를 호스트 간에 이동하는 데는 유용하지만 가상 머신을 옮기는 가장 적합한 방법은 아니다. 가상 머신을 신규 장소에 구성할 때 필요한 자원 유형에 대한 정보를 그 파일 형식이 담고 있지 않기 때문이다. VMDK와 같은 파일 형식으로 게스트 운영체제를 복제, 공유, 전송하는 데 사용하는 경우를 살펴보자. 가상 머신에서 필요로 하고 사전에 구성해야 하는 자원에 대한 정보는 별도의 방식으로 전달해야 한다. ISO 형식도 동일한 단점을 갖고 있다. 따라서 ISO 파일 형식으로 가상 머신의 소스 파일을 패키징하는 경우 가상 머신을 구동하는 데 필요한 자원에 대한 정보는 그 파일에 들어 있지 않다. 그 정보는 다른 수단으로 전달해야 한다.

가상 머신을 전달하고 공유하려면 가상 머신 이미지와 함께 전체 환경 및 자원 요건에 대한 상세 사항을 함께 패키징하는 것이 더 적합한 방법이다. 이 방법도 앞에서 서술한 방법을 여전히 사용하지만 추가적인 정보를 포함해 모든 콘텐츠를 다시 패키징한다. 그 가운데 많이 사용하는 방식을 여기서 살펴보자.

OVF

OVF^{Open Virtualization Format}는 가상 머신 이미지 패키징을 지원하기 위한 개방형 파일 형식으로 특정 하이퍼바이저에 종속되지 않는다. OVF는 VMDK, VDH, QCOW2와 같은 런타임 파일 형식의 단점을 보완한다. OVF는 가상 머신에서 필요로 하는 자원 내역에 대한 정보를 포함하고 보통 여러 개의 파일로 구성된다. 배포를 위한 정보는 .OVF 파일이 담고 있으며 이미지 파일은 별도로 존재한다. 또한 모든 파일들에 대한 MD5 키를 갖고 있는 매니페스트 파일(.MF)을 포함한다. OVF 파일을 (tar 파일로) 하나로 패키징하면 OVA^{Open Virtualization Appliance}라고 부른다. 예시 2-2에서 리눅스의 tar 명령어를 이용해 OVA 파일의 내용을 보는 단순한 방법을 보여준다.

예시 2-2 OVA 파일 내용 보기

```
linux-host:~$ tar -tvf ubuntu32.ova
-rw------- someone/someone 13532 2014-11-12 09:54
Ubuntu-32bit-VM01.ovf
-rw------- someone/someone 1687790080 2014-11-12 10:01
Ubuntu-32bit-VM01-disk1.vmdk
```

```
-rw------- someone/someone 45909504 2014-11-12 10:05
Ubuntu-32bit-VM01-disk2.vmdk
-rw------- someone/someone 227 2014-11-12 10:05
Ubuntu-32bit-VM01.mf
```

베이그런트

표준 템플릿 기반으로 가상 머신에 대한 환경을 설정하고 포팅하는 최근 방법 가운데 하나가 베이그런트^{Vagrant}다. 베이그런트는 베이그런트 박스^{Vagrant Box}를 사용한다. 베이그런트 박스는 VMDK 파일 형식의 가상 머신과 그 가상 머신 설정에 필요한 설정 파일을 담고 있다. 베이그런트 래퍼^{Vagrant Wrapper}에서 박스 파일과 그 내용을 이용해 다른 환경에서 즉각 가상 머신을 생성하고 필요한 설정을 수행한다. 베이그런트 박스를 사용하면 호스트 간의 포팅을 손쉽게 할 수 있고 신규로 베이그런트 환경을 추가, 삭제, 실행하는 것을 몇 가지 명령어로 간단하게 할 수 있다.

많이 사용하는 하이퍼바이저

하이퍼바이저에 대한 상세한 논의나 비교는 가상화에 관련된 책에서 하는 것이 더 낫고 이 책의 범위를 벗어난다. 하지만 많이 사용하는 하이퍼바이저에 대한 간략한 리뷰 정도는 가상 머신 및 VNF 배포에 도움이 된다. 여기서는 요즘 많이 사용하는 하이퍼바이저 일부에 대해 기초적인 내용만 언급한다.

KVM/Qemu

KVM과 Qemu는 일반적으로 리눅스 환경에서 사용하며 리눅스 환경에서 가장 많이 사용하는 하이퍼바이저다. 오픈 소스이고 무료이므로 리눅스 기반의 호스트에서 가상 머신을 도입하게 되면 보통 1순위 하이퍼바이저 후보다. Qemu는 Quick Emulator의 줄임말로 오픈 소스 기반의 장비 에뮬레이터가 그 지향점이다. 그 자체를 하이퍼바이저로도 쓸 수 있고 KVM^{Kernel-based Virtual Machine}과 함께 사용할 수도 있다. Qemu에서 하드웨어 지원 가상화 기법을 사용할 수 있도록 지원하는 리눅스 커널로의 가상화 확장 모듈이 KVM에 포함돼 있다. KVM/Qemu를 사용하면 게스트 운영체제에서는 가상화된 하드웨어에 직접 접근할 수 있게 된다. 게스트 운영체제가 물리 서버에 직접 설치돼 구동하는 것과 거의 동일한 성능을 발휘한다[2][3].

ESXi

ESXi(Elastic Sky X-integrated의 약어라는 소문이 있다)는 VMware의 간판 하이퍼바이저다. 유형-1 하이퍼바이저로 순수 하드웨어상에서 직접 구동된다. 이 책을 쓰는 시점에 ESXi는 시장을 선점하고 있는 가장 널리 사용되는 하이퍼바이저다. ESXi는 상용 제품으로 VMware에서는 ESXi 아키텍처 전반에 걸쳐 많은 지원 도구와 유틸리티 도구를 만들었다. VMotion, vCenter 등이 있으며 그 덕분에 ESXi가 성공해 인기를 얻게 됐다.

ESXi는 가상 머신을 관리하고 하드웨어와의 상호 동작을 지원하기 위해 vmkernel이라는 스몰 커널^{Small Kernel}을 사용한다. vSpere, vCenter와 같은 VMware의 관리 도구를 사용해 ESXi상의 가상 머신을 배포, 관제, 운영한다.

하이퍼-V

하이퍼-V는 마이크로소프트에서 윈도우 서버를 이용해 제공하는 가상화 솔루션이다. 격리된 환경을 지원하는 방식으로 가상 머신 대신 파티션^{Partition}을 사용한다. 다른 파티션(자식 파티션)을 관리하기 위해 부모 파티션^{Parent Partition}, 루트 파티션^{Root Partition}을 사용한다. 하이퍼-V가 윈도우 서버에서 설치 가능한 구성 요소이지만 하이퍼바이저 그 자체는 순수 하드웨어상에서 직접 구동된다. 따라서 유형-1 하이퍼바이저로 분류된다. 그림 2-18에서 하이퍼-V의 아키텍처를 보여준다.

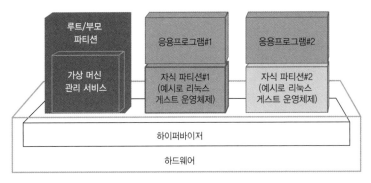

그림 2-18 하이퍼-V 아키텍처

젠

젠^{Xen}은 오픈 소스 가상화 소프트웨어로 유형-1 하이퍼바이저다. 젠은 하이퍼-V의 부모 파티션과 유사한 개념을 사용한다. 젠의 경우 도메인-0^{Dom0}이라는 가상 머신을 사용해 시스템상의 다른 가상 머신을 관리하는 특별한 역할을 수행한다. 다른 가상 머신은 도메인-U^{DomU}라고 부른다.

젠은 반가상화 기법을 사용한다. 게스트 가상 머신에서 하드웨어 자원이 필요한 경우 필요에 따라 Dom0로 요청을 보낸다. Dom0와 통신하기 위한 이 추가적인 요건을 충족하기 위해 게스트 운영체제에서는 특수한 장치 드라이버가 필요하다.

젠에서는 Dom0가 하드웨어에 대한 직접 접근이 가능하고 하드웨어상의 장치 드라이버를 관리한다. 또 가상화되 응용프로그램을 실행하는 것도 담당한다. 그림 2-19에서 젠 아키텍처를 보여준다.

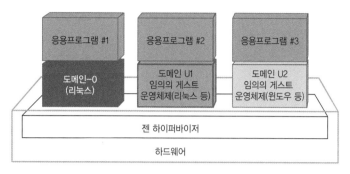

그림 2-19 젠 아키텍처

리눅스 컨테이너와 도커

앞에서 서술한 가상 머신은 아주 격리도가 높고 자체적으로 완비된 환경을 제공한다. 하드웨어 지원 가상화와 전가상화 기법을 사용하면 가상 머신 구성에 아주 효율적이다. 하지만 가상의 하드웨어를 에뮬레이션하는 데 필요한 오버헤드로 인해 여전히 성능과 자원에 대한 부담이 있다. 하지만 어떤 경우에는 가상 머신 수준의 격리가 실제로 필요하지 않다. 하이퍼바이저 기반의 가상화로 인한 성능 저하를 조금 더 가벼운 수준의 격리로 회복할 수 있다면 환영받을 것이다. 이를 컨테이너 기반 가상화라고 하는 한층 더 단순한 가상화 기법을 사용해 구현할 수 있다.

이 유형의 가상화는 운영체제 수준의 가상화 기법을 사용한다. 운영체제 내에서 응용프로그램을 대상으로 폐쇄되고 제한돼 있는 분리된 환경을 제공하는 것이다. 이 환경을 컨테이너^{Container}라고 부르며 응용프로그램을 그 안에서 독립적으로 실행할 수 있다.

 컨테이너화

컨테이너 기반 가상화를 가상 머신 기반 가상화와 구별하기 위해 때로 가상화 대신 컨테이너화(Containerization)라는 용어를 사용한다.

컨테이너를 이용해 구현한 가상화는 가상 머신 기반과 몇 가지 차이점이 있다. 가상 머신 기반과 다르게 컨테이너에서는 독립된 응용프로그램을 별도의 게스트 운영체제 없이 실행할 수 있다. 두 접근 방식에 대한 비교는 이 글 후반부에 있다.

컨테이너 기반 가상화의 뿌리는 유닉스/리눅스 커널의 진화에 있다. 가상화를 지원하는 기능은 응용프로그램 간의 격리를 커널 수준에서 지원하기 위한 노력에서 나온 직접적인 결과물이다. 이러한 밀접한 연관성으로 종종 컨테이너를 리눅스 컨테이너라고도 부른다. 하지만 모든 컨테이너가 LXC는 아니다.

LXC

리눅스 컨테이너(Linux Container)의 줄임말로 응용프로그램과 연동하기 위한 함수 및 프로토콜의 모음이다(보통 API 또는 Application Programmable Interfaces라고도 칭한다). LXC API는 리눅스 커널에서 제공하는 컨테이너 기능에 대한 연동을 제공한다. 이 약어는 종종 그 원래의 의미를 넘어 사용돼 리눅스상에서 돌아가는 모든 컨테이너를 뜻하기도 한다. 어떤 경우에는 가상 머신 기반의 가상화와 구분하기 위해 (LXC 대비 가상 머신) 개념적인 관점에서 컨테이너 기반의 가상화를 나타내기도 한다.

컨테이너라는 단어의 사전적 의미 그대로 LXC 컨테이너는 격리된 환경을 제공한다. 하지만 컨테이너라는 단어의 또 다른 이면인 이동성^{Portability}을 충족하기에는 부족하다. 이를 위해 도커가 나타났다. 간단히 말해 도커는 컨테이너의 이동성과 패키징을 지원하기 위해 개발된 기술이다. 도커는 이 글 후반부에서 상세하게 논의할 예정이다. 도커를 보기 전에 컨테이너 기반의 가상화를 먼저 이해하자. 그 뒤에 있는 기술과 어떻게 가상 머신 기반의 가상화와 다른지도 살펴보자.

컨테이너의 이해

컨테이너는 운영체제의 가상화 기법을 이용해 경량의 가상화를 제공한다. 이를 위해 리눅스 커널에 내장된 chroot, apparmor 및 기타 기능을 이용한다. 이 기능 중에서 특히 두 가지, 네임스페이스^{Namespace} 격리와 컨트롤 그룹^{Control-group}이 다른 기능에 비해 중요한 역할을 한다. 어떤 이들은 컨테이너와 LXC를 이 두 커널 기능의 조합으로 보기도 한다.

네임스페이스 격리

네임스페이스 격리^{Namespace Isolation} 또는 짧게 네임스페이스는 프로세스에서 사용하는 특정 자원에 대한 가시성을 제한하기 위해 리눅스 커널에 구현한 기능이다. 별도의 네임스페이스를 사용하는 프로세스 간에는 서로의 자원을 볼 수 없도록 하는 것이다. 예를 들어 어떤 응용프로그램이-리눅스 커널에서는 하나의 프로세스로 실행될 것이다-자체적인 프로세스 네임스페이스를 사용해 그 네임스페이스 안에 여러 개의 프로세스를 실행할 수 있다. 다른 프로세스 네임스페이스를 사용하는 응용프로그램에서는 이 프로세스와 프로세스 ID가 보이지 않는다. 유사하게 네트워크 네임스페이스(보통 netns로 부름)도 만들어서 응용프로그램에 할당할 수 있다. 그러면 그 프로세스는 자체적인 버전의 라우팅 및 네트워크 스택을 가질 수 있게 된다. 특정 네트워크 네임스페이스를 이용해 그 응용프로그램 내에서 생성한 경로나 인터페이스는 동일한 호스트상에 있는 다른 응용프로그램에서는 보이지 않을 수도 있다. 그 응용프로그램이 그 네트워크 네임스페이스를 공유하지 않는다면 보이지 않는다.

네임스페이스 격리로 구현된 것은 일부 커널 자원뿐이다. 수많은 유형의 네임스페이스 격리가 제안됐지만 현재 리눅스 커널에서 구현된 것은 여섯 가지다.

이들 네임스페이스에 대한 아주 간략한 내용이 표 2-2에 있다. 유닉스/리눅스 세계에 익숙하지 않은 독자에게는 이 내용이 외계어처럼 들릴 수도 있다. 하지만 이를 설명하는 이유는 네임스페이스 기능을 통해 분리하는 방식에 대한 대략의 관점을 제공하기 위한 것이다. NFV를 구성하는 데 이들에 대한 더 자세한 내용이 필요하진 않다.

표 2-2 리눅스 네임스페이스

네임스페이스 유형	목적
유저 네임스페이스 (User Namespace)	특정 프로세스를 위해 별도의 사용자 및 그룹 ID를 생성할 수 있는 방법을 제공한다.
UTS 네임스페이스 (UNIX Time-Sharing Namespace)	응용프로그램 입장에서 호스트명(hostname)과 도메인명(domain name)에 대한 분리된 가시성을 제공한다. 응용프로그램에서 독립된 UTS 네임스페이스를 이용해 변경하더라도 다른 프로세스에는 반영되지 않는다.
IPC 네임스페이스	파이프 및 메시지큐 같은 IPC(Inter-process Communications)는 프로세스가 상호 간 통신하는 데 사용된다. 프로세스는 독립된 IPC 네임스페이스를 이용해 IPC를 위한 자체적인 네임스페이스를 생성할 수 있다(보통 통신을 제한하고자 하는 다른 프로세스와 함께 공유한다).
마운트 네임스페이스 (Mount Namespace)	프로세스에서 마운트된 파일시스템에 대한 가시성을 위해 자신만의 마운트 네임스페이스를 사용할 수 있다. 마운트 네임스페이스는 기존에 존재하던 모든 마운트 지점을 상속받는다(네임스페이스가 생성된 시점 기준). 이 네임스페이스 내에서 마운트 또는 마운트 해제하는 것은 동일한 호스트에서 구동하는 다른 응용프로그램에서는 보이지 않는다(따라서 그 네임스페이스를 갖고 있는 프로세스 자체적인 것으로 유지할 수 있다).
PID 네임스페이스	PID(Process ID)는 PID 네임스페이스를 이용해 호스트상의 다른 응용프로그램으로부터 격리할 수 있다. 예를 들어 분리된 PID 네임스페이스를 사용하는 어떤 응용프로그램에서 자식 프로세스를 실행하는 경우를 생각해보자. 그 자식 프로세스는 호스트상에 이미 존재하는 PID 중 하나와 동일한 PID를 사용할 수도 있다. 하지만 네임스페이스로 격리돼 있기 때문에 충돌이 발생하지 않는다. 다른 PID 네임스페이스를 사용하는 다른 프로세스에서는 이 PID 자체를 볼 수 없다.
네트워크 네임스페이스	앞에서 나온 다른 네임스페이스 분류와 같이 네트워크 인터페이스, 라우팅 표 등에 대한 분리된 가시성을 제공하는 방법을 제공한다. 그 네임스페이스를 사용하는 프로세스에게만 보이는 것이다.

컨트롤 그룹

네임스페이스를 사용하는 아이디어는 시스템 자원에 대해 프로세스마다 다른 가시성을 제공하는 것이다. 이를 통해 어느 정도의 격리—가상화의 선결 요건 중 하나—는 제공하지만 그 자원들을 사용하는 것을 막진 않는다. 예를 들어 마운트 네임스페이스에서는 프로세스에서 사용할 수 있는 디스크 공간의 최대 용량을 제한할 수 없다. 컨트롤 그룹 기능은 이러한 부분 또는 자원의 할당을 담당한다. 컨트롤 그룹^{Cgroup}은 리눅스 커널에서 자원 관리 및 사용량 집계를 위한 방법을 제공하는 목적으로 2006년에 시작한 프로젝트다. Cgroup 기능은 CPU, 메모리, 디스크 I/O 등과 같은 자원을 제어한다. 자원의 우선순위를 조정할 수 있고 자원의 사용을 제한할 수도 있다. 특정 프로세스에 대해 더 높은 수준의 CPU를 할당할 수도 있다(또는 CPU 사용량을 제한할 수도 있다). 프로세스 하나에서 사용 가능한 시스템 메모리의 양을 제한할 수도 있다. 추가로 cgroup은 특정 프로세스가 사용하는 자원의 양을 측정할 수도 있다.

Cgroup과 네임스페이스

Cgroup의 기능과 네임스페이스는 상호 보완적이다. 그 역할을 캠핑에 비유할 수 있다. 모든 캠퍼들은 자신의 텐트 색깔을 선택하고 캠프파이어를 원하는 대로 만들 수 있고 (또는 않을 수도 있고) 주변을 바꿀 수도 있는 자유가 있다. 캠퍼는 캠핑장을 공유하지만 캠퍼의 주위에 있는 영역에서는 자연에 대한 자기만의 시점을 갖는다. 하지만 캠퍼들이 공동 샤워장에서 물을 얼만큼 쓰든지, 캠프파이어를 얼마나 크게 하든지에 대한 제약은 전혀 없다. 이런 제한 사항이 없기 때문에 한 캠퍼가 정도를 넘어 다른 캠퍼에게 피해를 끼칠 수도 있다. 전체 캠핑장에 영향을 줄 수도 있다. 해결책은 제한을 두는 것이다. 캠핑장 자원 사용을 제재해 한도를 정하는 것이다. 그렇게 하면 자원을 상호 협조적으로 사용하게 된다. 이제 모든 캠퍼가 자원을 공유하지만 그 제약 안에서 자연에 대한 각각의 개인적인 시점에 대한 자유를 여전히 누릴 수 있다. 이것이 바로 리눅스 커널에서 cgroup이 하는 역할이다. 즉 cgroup은 프로세스가 사용하는 자원의 양을 통제한다. 반면 네임스페이스는 프로세스 입장에서 시스템 자원에 대한 독립적이고 분리된 자체의 가시성을 갖도록 지원한다. LXC는 가상화를 구현할 때 이 두 가지를 조합해 사용한다(물론 다른 기능도 함께).

컨테이너와 가상 머신

컨테이너를 사용한 가상화는 가상 머신을 사용한 것과는 다르다. 컨테이너화^{Containerization}는 호스트 운영체제 내에 실제 하드웨어를 에뮬레이션하는 가상 머신을 신규로 만들지 않는다. 대신 컨테이너는 시스템 자원들의 사용을 분리하고 그 사용량을 제한할 수 있는 방법을 제공한다. 이런 사유로 컨테이너를 가상 머신과 구별하기 위해 종종 가상 환경이라고도 부른다.

주의할 것은 가상 환경, 가상 머신, 컨테이너 등의 용어들이 종종 혼용되지만 가상화의 수준 관점에서 그 정확한 의미를 파악해야 한다는 것이다.

두 방법론의 중요한 차이점 중 일부는 다음과 같다.

- 커널 공유 대비 하이퍼바이저 사용
- 가상 머신보다 컨테이너에서 자원 사용 절감
- 가상 머신보다 응용프로그램에 대한 일부 제약 사항
- 컨테이너의 더 높은 성능
- 가상 머신 대비 낮은 보안

커널 공유 대비 하이퍼바이저 사용

컨테이너의 경우 모든 컨테이너가 호스트 운영체제의 커널을 공유하며 앞서 언급한 커널 기능(네임스페이스, cgroup)을 사용해 프로세스 수준에서 가상화가 구현된다. 하이퍼바이저는 필요 없으며 그 대신 LXC 같이 필요한 커널 기능에 접근하기 위한 API가 필요하다. 이 API 계층을 컨테이너식의 하이퍼바이저라고 볼 수도 있다. 하지만 가상 머신의 하이퍼바이저와 다르게 API는 경량으로 커널에 대한 직접 연동 기능을 제공한다.

가상 머신보다 컨테이너에서 자원 사용 절감

컨테이너는 호스트 운영체제를 사용하기 때문에 그 내부에 새로운 운영체제를 실행할 필요가 없다. 컨테이너는 그 안에서 바로 응용프로그램을 실행할 수 있다. 이와 대조적으로 가상 머신의 경우 응용프로그램을 실행하려면 운영체제가 필요하다. 컨테이너 구조에서는 가상화된 응용프로그램이 호스트 운영체제의 동일한 커널과 바이너리, 라이브러리를 사용하기 때문에 자원을 절약할 수 있다.

가상 머신보다 좁은 응용프로그램에 대한 선택의 폭

호스트 운영체제의 커널, 바이너리, 라이브러리를 공유하므로 자원은 절감할 수 있지만 가상 머신 방식과 비교해 단점도 있다. 다른 종류의 운영체제에서 실행되는 응용프로그램은 이 호스트의 컨테이너에 넣을 수 없다. 대조적으로 가상 머신은 실행 가능한 응용프로그램 측면에서는 훨씬 더 유연하다. 가상 머신은 어떤 유형의 응용프로그램이든지 실행할 수 있고 동일한 하드웨어 아키텍처만 지원한다면 어떤 게스트 운영체제라도 구동할 수 있다. 또한 컨테이너 간에 커널을 공유하기 때문에 한 컨테이너의 동작이 다른 컨테이너들에게 영향을 줄 수 있는 취약성이 있을 수도 있다.

컨테이너의 더 높은 성능

하이퍼바이저(이것도 하나의 응용프로그램)를 사용하면 성능에 영향이 있다. 응용프로그램(또는 게스트 운영체제)과 호스트의 가상화 기능 또는 가상 머신의 하드웨어 사이의 연동 때문이다. 컨테이너로 구현한 경량의 가상 환경에서는 가상 머신 같은 오버헤드가 없다. 하이퍼바이저를 사용하지 않기 때문이다. 따라서 가상 머신에 비교해 컨테이너는 읽기/쓰기 작업에 대해 더 높은 총 처리량을 제공하고 더 나은 CPU 사용률을 보여준다[4]. 대부분 컨테이너는 호스트 시스템의 100%에 가까운 성능을 보여준다.

가상 머신보다 낮은 보안

커널과 라이브러리를 공유하기 때문에 격리 수준은 낮아진다. 따라서 컨테이너는 가상 머신 대비 상대적으로 보안 수준이 낮은 가상화를 제공한다. 또한 호스트 운영체제와 컨테이너의 응용프로그램 간의 격리가 그리 완벽하지 않다. 예를 들어 호스트 운영체제에서는 컨테이너에서 실행되는 프로세스를 볼 수 있다.

보안과 격리를 제공하기 위한 통제 기능(cgroup으로 구현된 기능들)이 있다. 이를테면 하나의 컨테이너가 전체 호스트의 CPU 자원을 독점할 수 없다. 하지만 한 컨테이너의 동작이 다른 컨테이너에게 영향을 줄 가능성은 여전히 있다. 예를 들어 한 컨테이너의 응용프로그램이 커널을 멈춰버리면 이는 이 호스트에서 실행되는 다른 컨테이너들에게 영향을 준다.

표 2-3에서는 가상 머신 기반 가상화와 컨테이너 기반 가상화를 나란히 비교해 차이점을 보여주고 있다. 아키텍처 관점의 비교는 그림 2-20에서 보여주고 있다.

표 2-3 가상 머신과 컨테이너 비교

가상 머신	컨테이너
가상 머신 생성 시 하드웨어 자원을 연속 단위로 할당한다.	프로세스 수준의 가상화는 하드웨어를 할당하지 않고 사용량을 제한하며 하드웨어에 대한 격리된 가시성을 제공한다.
가상 머신 내에 운영체제가 필요하다.	독립적인 응용프로그램을 실행할 수도 있고(호스트 운영체제를 운영체제로 사용해) 또는 다른 운영체제를 실행할 수도 있다(게스트 운영체제).
한 운영체제(호스트 운영체제) 위에서 아무 운영체제(게스트 운영체제)든지 실행할 수 있다.	게스트 운영체제나 응용프로그램은 호스트 운영체제가 지원하는 동일한 커널상에서 실행 가능해야 한다.
고수준의 격리와 보안을 제공한다. 가상 머신 내의 한 응용프로그램이 다른 가상 머신들이나 호스트에 영향을 줄 가능성은 매우 낮다.	(커널 자체도 포함해) 많은 구성 요소들을 공유하기 때문에 완전한 격리는 제공하지 않는다. 한 컨테이너의 응용프로그램이 전체 호스트나 다른 컨테이너들에게 영향을 줄 수도 있다.
성능 영향 있음 – 보통 더 느려진다. 하이퍼바이저를 통한 하드웨어 에뮬레이션을 하기 때문이다.	중간 계층(가상화 계층 또는 하이퍼바이저)이 없기 때문에 거의 순수 성능을 발휘한다.
자원 오버헤드 있음 – 게스트 운영체제에서 호스트 운영체제와 동일한 커널을 실행한다면 게스트 운영체제에서 사용하는 자원들(디스크 공간, 메모리 등)은 낭비되는 것이다.	커널에 내장된 기능을 사용하므로 자원 오버헤드가 없다.

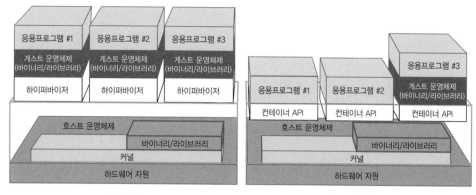

그림 2-20 가상 머신 대비 리눅스 컨테이너

응용프로그램 컨테이너와 OS 컨테이너

컨테이너에서 실행할 응용프로그램은 하나의 응용프로그램일 수도 있고 게스트 운영체제로 실행되는 다른 운영체제일 수도 있다. 응용프로그램에 따라 컨테이너를 두 종류로 구분할 수 있다.

- OS 컨테이너
- 응용프로그램 컨테이너

OS 컨테이너

컨테이너의 응용프로그램이 운영체제인 경우 그 컨테이너를 OS 컨테이너라고 한다. 가상 머신과 흡사하게 가상화된 공간에서 실행되는 운영체제를 게스트 운영체제라고 한다. 이 게스트 운영체제는 그 안에서 응용프로그램을 실행할 수 있다.

컨테이너 내에서 응용프로그램을 직접 실행하지 않고 게스트 운영체제를 실행하는 이유는 무엇일까? 컨테이너에서 실행되는 응용프로그램은 호스트 운영체제의 커널, 바이너리, 라이브러리를 사용하는 데 특정 응용프로그램이 더 독립적인 환경 즉 동일 커널이지만 다른 라이브러리나 시스템 바이너리를 필요로 하는 경우가 있기 때문이다. OS 컨테이너에서 응용프로그램은 게스트 운영체제 내에서 실행되며 게스트 운영체제의 시스템 바이너리와 라이브러리를 사용한다. 이 경우 호스트 운영체제의 라이브러리와 바이너리에 대한 의존성이 없어진다. 하지만 게스트 운영체제와 호스트 운영체제 간에 커널은 여전히 공유한다. OS 컨테이너를 사용하는 다른 이유는 컨테이너화된 응용프로그램에게 더 고수준의 격리, 보안, 독립성을 제공하기 위함이다.

OS 컨테이너들은 가상 머신과 일면 유사해 보인다. 하지만 하이퍼바이저 대신 컨테이너 API들을 사용하는 것이 다르다. 이 유형의 컨테이너는 성능과 자원 사용에 대해 약간의 오버헤드를 가진다. 추가적인 운영체제(게스트 운영체제)와 그 라이브러리들/바이너리들 때문이다. 또한 호스트 운영체제와 게스트 운영체제 간에 커널을 공유하기 때문에 게스트 운영체제는 호스트의 커널과 호환돼야 한다. 예를 들어 윈도우 운영체제를 리눅스 커널에서 실행할 수는 없다.

응용프로그램 컨테이너

응용프로그램 컨테이너(앱 컨테이너[App Container])는 응용프로그램을 직접 실행하는 일반적인 컨테이너다. 응용프로그램은 호스트 운영체제의 시스템 바이너리와 라이브러리, 동일한 커널을 사용한다. 하지만 네트워킹과 디스크 마운트 지점에 대한 자체적인 네임스페이스를 가진다. 응용프로그램 컨테이너는 한 번에 하나의 서비스를 실행하도록 설계됐다.

컨테이너들은 아주 경량이므로 응용프로그램 컨테이너들을 사용하면 호스트에서 실행하는 다양한 서비스를 격리할 수 있다. 따라서 단위 서비스를 제공하는 응용프로그램 컨테이너들로 구성된 그룹을 만들어 그들 모두를 컨테이너화할 수 있다. 이러한 소프트웨어 아키텍처 접근 방식이 최근에 많은 인기를 얻고 있는데 이를 마이크로서비스[Microservices]라고 부른다.

더 간단한 리눅스 배포 방식으로는 이러한 서비스를 호스트에서 프로세스로 실행하고 (예를 들어 아파치 데몬, 보안 쉘 또는 ssh 데몬이나 데이터베이스 서버) CPU, 메모리, 네임스페이스를 상호 공유하는 것도 가능하다. 이들을 컨테이너화된 마이크로서비스에 배치하면 동일한 업무를 수행하는 응용프로그램에서 사용하는 자원들을 제어할 수 있다. 각자의 네임스페이스를 사용하면 각각 상호 간 격리도 가능하다.

그림 2-21에서는 이 두 가지 유형의 컨테이너를 나란히 비교한다.

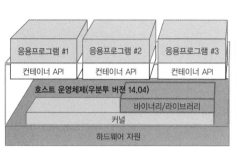

응용프로그램들은 동일 호스트 운영체제상에서 구동

응용프로그램들은 운영체제의 다양한 분화 버전상에서 구동

그림 2-21 OS 컨테이너와 앱 컨테이너

 마이크로서비스

응용프로그램이 제공하는 서비스를 기반으로 격리돼 실행되는 아키텍처를 말한다. 개별 서비스는 독립적으로 실행되면서 개별적으로 규모를 키울 수도 있고 각자의 자원을 폐기할 수도 있다. 다른 서비스에 영향을 주지 않으면서 변경, 업그레이드하는 것도 가능하다. 그러면서 여전히 API를 이용해 상호 간 통신할 수도 있다. 이는 단일 아키텍처(Monolithic Architecture)에 비해 한층 더 모듈화된 접근 방식이다. 단일 아키텍처상에서는 서비스들이 하나의 단일 소프트웨어로 묶인다. 마이크로서비스에서는 격리, 확장성, 장애 탄력성 등이 더 좋아진다. 경량 컨테이너 기술을 사용하면 쉽게 마이크로서비스 아키텍처를 구현할 수 있다.

도커 입문

컨테이너를 사용하면 응용프로그램에 가상 환경을 제공할 뿐만 아니라 호스트 운영체제와 파일을 공유할 수도 있다. 하지만 컨테이너를 한 호스트에서 다른 호스트로 복제하거나 이동하려면 각별한 고려가 필요하다. 컨테이너는 다음과 같은 요소로 이루어져 있다.

- 환경을 정의하는 설정 파일
- 마운트 네임스페이스를 나타내는 디스크상의 파일
- 응용프로그램에 속한 실행 파일과 라이브러리

추가적으로 컨테이너는 몇몇 호스트 시스템 라이브러리와 바이너리가 있다고 가정한다. 따라서 컨테이너를 이동하는 것은 단지 설정 파일과 응용프로그램 바이너리를 옮기는 것처럼 간단하지 않다. LXC는 컨테이너 파일과 환경을 동시에 하나로 패키지하는 방법을 제공하지 않는다.

이런 이유로 도커가 나타났다. 도커는 2013년 초 닷클라우드^{dot-cloud}라는 이름으로 시작했다. 목적은 컨테이너를 이동, 복제, 버전 관리 등을 위해 패키지하는 방법을 제공하기 위해서였다. 도커 엔진^{Docker Engine}이라고 하는 단일 프로세스로 실행되며 도커 이미지 파일들을 처리한다. 그림 2-22에서 보는 바와 같이 도커 이미지 파일은 응용프로그램과 그에 필요한 모든 바이너리, 그들 간의 상관관계 등을 모두 함께 패키징한다. 이 모든 것을 하나의 이미지로 만들어 쉽게 이동하고 복제할 수 있도록 지원한다.

도커

컨테이너 기능을 제공하는 응용프로그램으로 운영체제와 직접 통신한다. 컨테이너에 대해 패키징, 복제, 이동, 백업 등의 작업을 할 수 있는 방법을 제공한다. 도커 커뮤니티의 명언을 소개한다. "도커는 분산 응용프로그램을 구축, 선적, 실행할 수 있는 플랫폼이다."[5]

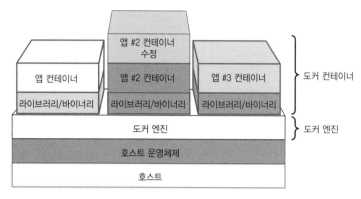

그림 2-22 도커 아키텍처와 이미지 파일

도커 이미지

도커 로고는 컨테이너 여러 개를 고래가 옮기는 모양이다. 하나의 커다란 컨테이너에서 수정이 발생한 경우 컨테이너들 간에 변경된 부분만 모아 전달하는 도커의 기능을 문자적으로 표현한 것이다. 도커 클라이언트에서 컨테이너를 생성하면 그 컨테이너는 도커 허브Docker Hub라고 하는 도커 저장소Docker Repository에 퍼블리시할 수 있다[6]. 다른 호스트에서 실행되고 있는 아무 도커 클라이언트에서라도 그 저장소로부터 컨테이너를 다운로드해 사용할 수 있다. 도커는 응용프로그램 자신뿐만 아니라 상호의존성, 환경, 라이브러리, 바이너리 등도 같이 패키징하기 때문이다. 이어서 접속하는 도커 클라이언트에서 도커 컨테이너를 변경한다면 이 변경 사항들을 저장소로 밀어넣을 수 있다. 도커는 COWCopy-On-Write(Qemu에서 QCOW를 사용하는 것과 마찬가지로)를 사용해 변경 사항을 관리한다. 변경 사항 부분diffs만 저장소로 반영된다. 다른 클라이언트에서 발생하는 이어지는 모든 변경 사항들은 저장소에 신규 컨테이너로 저장되며 그 차이 부분을 유지하면서 선행하는 차이 부분과의 연결 고리를 가져간다. 어떤 클라이언트에서 최종적인 컨테이너 환경을 복제하려고 하는 경우 기저 컨테이너Base Container와 그에 딸린 모든 차이 부분에 대한 컨테이너들을 다운로드할 수 있다. 그림 2-23에서 이것이 동작하는 방식을 보여준다.

그림 2-23에서 보는 바와 같이 컨테이너를 수정된 아파치 서버로 만들 수 있다. 그 컨테이너를 모든 상호의존성과 함께 기저 컨테이너로 저장소에 저장할 수 있다. 다른 호스트에서 이 컨테이너를 다운로드하고 수정할 수 있다. 거기에 MySQL을 추가했다고 하자. 이 호스트(호스트#1)는 이러한 변경 사항의 차이 부분을 다시 밀어넣는다. 다른 호스트(호스트#2)에서는 파이썬 라이브러리들을 추가해 추가적인 변경을 하고 그 변경 사항들을 저장소로 퍼블리시한다. 다른 신규 호스트(호스트#3)에서 전체 내용을 다운로드해 이 컨테이너의 최종 버전의 복제본을 만들 수 있다. 또는 차이 부분의 일부(예를 들면 아파치+MySQL)만을 다운로드하고 그것을 수정하거나 그대로 사용할 수 있다.

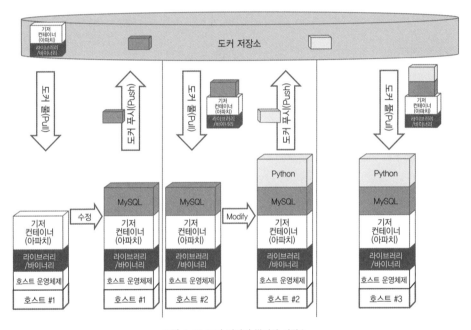

그림 2-23 도커 이미지 쌓기와 저장소

도커와 LXC 비교

도커 초기 버전은 LXC 기반으로 LXC API 호출을 사용하며 이동성과 패키징 기능을 추가만 한 것이었다. 하지만 후속 버전(버전 0.9 이후)부터 도커 팀은 LXC에 대한 의존성을 제거하고 커널 인터페이스 API를 재작성했다. 이 API들로 도커 컨테이너를 생성, 수정, 삭제하는 작업을 할 수 있다. 이들을 립컨테이너^{libcontainer}라고 부른다. LXC가 사용하는 립버트^{libvirt} 커널 툴킷 명칭을 따라 지은 것이다. 시간이 지나면서 립컨테이너는 현재 런씨^{runC}라고 바뀌었다.

LXC와 도커는 모두 가상화를 위해 컨테이너를 사용한다. 하지만 둘의 차이는 크기 때문에 종종 컨테이너의 유형을 명확하게 할 때 LXC나 도커라는 용어를 표기한다.

도커는 관련된 도구와 응용프로그램이 많이 개발돼 있다. 따라서 도커는 LXC 컨테이너를 대체하는 강력한 대안이다. 여기서 언급할 몇 가지 차이점은 다음과 같다.

- 이동성과 손쉬운 공유
- 앱 컨테이너화 목적성
- 버전 관리 기능
- 재사용성

이동성과 손쉬운 공유

도커 패키지에서 정의한 파일 형식은 필요한 모든 응용프로그램 파일, (네트워킹, 스토리지 같은) 설정, 연관 관계(리눅스 배포판, 라이브러리, 호스트 바이너리) 및 기타 정보를 단일 도커 패키지에 담는다. 이 패키지는 아주 쉽게 신규 호스트로 이동할 수 있고 도커 클라이언트를 사용해 그 호스트에서 실행할 수 있다.

컨테이너를 이동하는 데 필요한 모든 세부 사항을 추상화하는 이 기능은 처음에 도커가 태동한 주된 이유였다.

앱 컨테이너화 목적성

LXC 컨테이너는 OS 컨테이너와 유사하게 컨테이너에서 여러 개의 응용프로그램을 실행하는 데 초점이 맞춰져 있다. 반면 도커는 도커 컨테이너에서 단 하나의 응용프로그램만 실행하는 것을 기준으로 설계됐다.

LXC도 앱 컨테이너로 실행할 수 있고 도커 컨테이너도 게스트 운영체제를 가질 수 있기 때문에 이것은 제약 사항이 아니다. 하지만 도커는 라이브러리들과 호스트 바이너리들을 도커 컨테이너에 함께 패키징하기 때문에-이는 바로 컨테이너에서 게스트 운영체제를 실행하는 주된 동기였다-도커 컨테이너는 앱 컨테이너로 더 최적화돼 있다.

버전 관리 기능

COW를 사용하고 컨테이너의 버전별로 차이 부분의 이력을 관리하므로 도커 컨테이너에서는 버전 관리 기능이 자체적으로 녹아들어 있다. 기저 컨테이너에 추가된 변경 사항과 후속 컨테이너를 스택으로 쌓아 관리하므로 언제든지 현재 상태를 이 스택상의 과거 상태 중 하나로 되돌릴 수 있다. 추가로 도커는 두 버전 간 차이 비교를 할 수 있는 도구를 제공한다. 또한 컨테이너 히스토리를 추적할 수 있는 도구와 가장 최신 버전의 컨테이너를 갱신할 수 있는 도구들도 제공한다.

재사용성

재사용성은 이동성과 어떤 컨테이너든지 (원본 기저 컨테이너에서 수정된 버전들 중에서) 선택해 추가 수정을 위해 신규 기저 컨테이너로 그것을 사용할 수 있는 기능과 관련이 깊다. 그림 2-23에서 본 예시에서와 같이 아파치+MySQL+파이썬 도커 컨테이너를 신규 호스트에서 기저 컨테이너로 사용할 수 있다. 전체 스택을 재사용하면서 필요한 도구들을 추가할 수 있고 필요에 따라 고쳐 쓸 수 있다.

컨테이너 패키징-도커를 넘어서

도커는 요즘 컨테이너를 패키징하고 이동하는 데 가장 인기 있는 방법이다. 하지만 이 글을 쓰는 시점에는 여전히 초기 버전이긴 하지만 다른 표준이 몇 가지 부상하고 있다. 빠뜨리지 않고 여기서 간략하게 기술한다.

로킷

로킷^{Rocket}(보통 줄여서 Rkt라고 표현한다)은 리눅스에서 앱 컨테이너를 실행할 수 있는 메커니즘을 제공한다. 원래 코어OS^{CoreOS} 팀에서 진행했다. 하지만 도커 환경에서의 보안, 개방성, 모듈화 등에 대한 구현을 다르게 하면서 도커와는 다른 길을 가게 됐다. 코어OS는 컨테이너 패키징을 위한 개방형 규격을 제안했다. 이 규격은 앱 컨테이너라고 부르고 줄임말로 appc로 쓴다(응용프로그램을 실행하는 컨테이너 유형도 앱 컨테이너라고 부르므로 혼선이 없기를 바란다). Appc는 컨테이너를 패키징하는 이미지 형식을 정의한다. 그 형식을 ACI^{App-Container-Image}라고 부른다. ACI는 모든 파일과 정보를 패키징하기 위해 tar를 사용한다. 도커에서 이미지 형식을 위해 사용하는 것과 동일하다[7]. 로킷은 appc 규격을 지원한다.

OCI

OCI^{Open Container Initiative}는 공통 이미지 형식을 포함한 컨테이너 기술의 개방형 공개 표준을 만들기 위한 신생 포럼이다[8]. OCI는 도커와 코어OS 및 여러 단체에서 전폭적으로 지원하고 있다. 하지만 이 글을 쓰는 시점에는 아주 초기 단계에 있다. OCI 형식이 도커와 appc 형식을 모두 대체하고 모든 컨테이너 도구를 사용, 적용할 수 있는 단계까지 사용자들에게 널리 수용될지는 두고 볼 일이다.

단일 테넌트와 멀티테넌트 환경

서버를 공유하는 소유권 관점에서 가상화 기능 기반의 고객 배포 아키텍처는 두 가지 유형—단일 테넌트^{Single Tenant}와 멀티테넌트^{Multitenant} 아키텍처—이 있다. 가상화가 없는 단독 서버의 경우 단 하나의 테넌트에서 전체 서버에 대한 소유권과 제어권을 가져간다. 그 테넌트는 유일한 소유자이므로 하드웨어뿐만 아니라 이 서버에서 실행되는 소프트웨어까지 수정할 수 있는 권한이 있다. 이 테넌트에서 어떤 변경을 하더라도 다른 서버상에 있는 다른 사용자들에게 전혀 영향을 주지 않는다. 이를 일컬어 단독 테넌시^{Single Tenancy}라고 한다.

테넌트

사전적 의미로 '기반 시설(Infrastructure)을 한정된 기간 동안 사용하는 사람(소작농)'이라는 뜻이다. 서버 배포 아키텍처 관점에서 테넌트라는 용어는 서버상의 하드웨어/소프트웨어 자원을 사용하는 고객을 지칭한다.

가상화를 이용하면 하나의 서버를 여러 테넌트 간에 공유할 수 있다. 이들 테넌트는 서버상의 하드웨어 및 소프트웨어 자원을 공유한다. 이들 공유된 자원들에 한 테넌트에서 변경을 하면 다른 테넌트들에게 영향을 준다. 따라서 각각의 테넌트는 다른 테넌트들의 동의 없이 시스템을 수정할 수 있는 자유가 없다. 이를 일컬어 멀티테넌시^{Multitenancy}라고 한다.

단일 테넌트 시스템은 마치 단독 가정이 거주하는 집과 같다. 이 집의 행동은 이웃에 전혀 영향을 주지 않는다. 집을 어떻게 바꿔도 상관없다. 이와 다르게 멀티테넌트 환경은 여러 층으로 된 아파트에 많은 가구가 있는 것과 같다. 한 집에서 하는 행동이 아파트 시설과 자원을 공유하는 다른 가구에 영향을 줄 수 있다. 그림 2-24에서 이 두 가지 모델을 그림으로 비교해 보여준다.

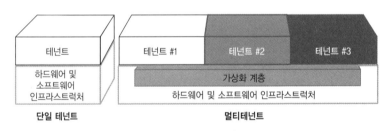

그림 2-24 단일 테넌트와 멀티테넌트 환경

멀티테넌시는 가상화의 이점을 그대로 누린다. 하지만 테넌트들 간의 격리 수준은 낮아지고 보안 수준도 떨어지게 된다. 단일 테넌트 아키텍처와 비교해 보안 취약성이 증가한다. 바로 이 장점 대비 단점에 대한 의사 결정이 가상화 도입 여부의 중요한 요소다. 업계의 추세는 멀티테넌시와 가상화로 아주 많은 덕을 보고 있다. 그 주요 골자는 앞에서 언급했다. (보통 규제 요건으로 인해) 가끔은 단점이 아주 중요한 부분이 되기도 한다. 단점이 단일 테넌트와 멀티테넌트 구성에 대한 의사 결정의 핵심 요소가 되는 것이다. 이러한 단점을 줄이고 제거하는 방향으로 가상화는 꾸준히 개선되고 있다.

가상화와 NFV

NFV는 서버 가상화를 네트워킹에 접목한 결과다. 가상화는 NFV 아키텍처의 핵심을 이루므로 가상화의 기초를 파악하기 위해 2장에서 아주 많은 부분을 할애했다. ETSI 아키텍처로 돌아가보면 NFVI 블록은 가상화 계층을 갖고 있다. 그 계층은 하이퍼바이저(가상 머신 형태의 VNF를 사용하는 경우) 또는 LXC/도커(컨테이너 형태의 VNF를 사용하는 경우) 방식으로 구현된다. 2장에서 배운 개념은 NFVI 블록의 가상화 계층에 적용할 수 있다.

서버 가상화의 진화는 VNF가 배포되고 구현되는 방식에 직접적으로 영향을 미친다. 예를 들어 컨테이너 기반의 마이크로서비스로 NFV 배포의 효율성을 높이는 방법으로 검토할 수도 있다. 컨테이너는 재실행, 삭제에 소요되는 시간이 훨씬 더 짧기 때문이다. 결국에는 가상 머신보다 컨테이너를 사용하는 것이 NFV의 추세가 될 것이다.

유사하게 NFV 사용에 따라 발생하는 개선 사항도 가상화에 영향을 준다. 예를 들어 가상 머신이나 컨테이너를 상호 연결할 때 가상화에서 사용하는 도구들을 VNF 간 상호 연결을 할 때 동일하게 사용한다. 이로 인해 더 효율적인 가상 스위치와 커널 수준 또는 네트워크 카드[NIC]에서의 최적화된 패킷 처리 기법을 탄생시켰다. 인텔의 DPDK[Data Plane Development Kit]가 그 좋은 예다.

요약

2장은 거의 가상화 기술과 방법론에 초점을 맞췄다. 모두 NFV 구현 방식을 이해하는 데 중요하다. (예를 들어 OCI 같은) 일부 기술은 아직 초기 단계이지만 향후 발전하면 NFV 구현에도 큰 역할을 할 것이다.

가상화의 역사를 훑어보고 최근 몇 년 동안 가상화가 왜 서버 구성의 현장 표준이 됐는지 살펴봤다. 가상화의 기법과 장점을 살펴보고 비교했다. 가상화를 하는 두 가지 대표적인 방법인 가상 머신 기반 가상화와 컨테이너 기반 가상화에 대해 깊이 있게 살펴봤다. 각각의 장단점 및 다양한 도구도 살펴보고 비교했다.

가상화 주제는 그 자체로도 책 한 권이 된다. 2장의 목표는 NFV의 기초가 잘 닦일 수 있도록 가상화를 소개하는 것이다. 이어지는 장들에서는 NFV의 상위 계층 관련 개념을 다룰 것이다.

참고

추가 정보는 다음을 참고하기 바란다.

[1] https://www.sdxcentral.com/comprehensive-list-virtual-switching-routing/

[2] http://www.linux-kvm.org/page/Main_Page

[3] http://wiki.qemu.org/KVM

[4] http://domino.research.ibm.com/library/cyberdig.nsf/papers/0929052195DD819C85257D2300681E7B/$File/rc25482.pdf

[5] https://blog.docker.com/2015/06/runc/

[6] Docker repository/hub: https://hub.docker.com/

[7] https://github.com/coreos/rkt/blob/master/Documentation/app-container.md

[8] https://www.opencontainers.org/

복습 질문

다음 질문들을 활용해 2장에서 알게 된 내용을 복습하라. 정답은 부록 A, "복습 질문 정답"에 있다.

1. 서버 팜^{Server Farm}이란 무엇인가?

   A. 많은 서버들의 집합을 말한다. 그 서버들은 개별 서버의 한도를 넘어 특정 컴퓨팅 기능과 서비스를 제공하기 위해 회사나 조직에서 배포하고 운영하는 것들이다.

   B. 많은 서버들의 집합으로 농사를 짓기 위한 공간에 설치한 것들을 일컫는다.

   C. 여러 하드웨어의 집합으로 여러 기관에서 소유하지만 단일의 물리적 장소에 위치한 것을 말한다.

   D. 여러 데이터 센터의 묶음을 뜻하며 여러 스토리지 서버들에 분산돼 있는 사용자 정보를 관리한다.

2. 가상화의 장점으로 최소 네 가지를 선택하라.

   A. 하드웨어와 소프트웨어 통합

   B. 운영 비용 절감

   C. 디스크 공간 활용도 개선

   D. 신속한 배포

   E. 순수 하드웨어 수준의 총 처리량

   F. 높은 가용성

   G. 소요 공간 절감

3. 유형-1 하이퍼바이저와 유형-2 하이퍼바이저의 차이는 무엇인가?

   A. 유형-1 하이퍼바이저는 호스트 운영체제가 필요하며 호스트 운영체제상에서 응용 프로그램으로 실행된다. 유형-2 하이퍼바이저는 하이퍼바이저가 서버 하드웨어상에서 직접 실행되며 호스트 운영체제가 필요하지 않다.

   B. 유형-1 하이퍼바이저는 호스트 운영체제가 필요하지 않으며 서버 하드웨어상에서 직접 실행된다. 유형-2 하이퍼바이저는 서버 하드웨어상에서 실행되는 호스트 운

영체제를 사용하며 그 하이퍼바이저는 호스트 운영체제상에서 응용프로그램으로 실행된다.

C. 유형-1 하이퍼바이저는 가상화 대신 리눅스 컨테이너를 사용한다. 유형-2 하이퍼바이저는 가상화를 위해 호스트 운영체제 위에서 실행되는 KVM을 사용한다.

D. 유형-1 하이퍼바이저는 게스트 운영체제가 필요하지 않으며 복수의 서버 그룹상에서 실행된다. 유형-2 하이퍼바이저는 호스트 운영체제를 사용하며 그 호스트 운영체제는 서버 하드웨어상에서 실행되는 게스트 운영체제 역할을 하고, 하이퍼바이저는 호스트 운영체제상에서 응용프로그램으로 실행된다.

4. 가상 머신과 비교해 컨테이너 기반 가상화의 장점을 세 가지 선택하라.

A. 자원 절감

B. 높은 격리도

C. 리눅스상에서 윈도우 컨테이너 실행 지원

D. 고성능

E. 응용프로그램에 독립적

F. 장애 복구 신속성

5. 컨테이너와 비교해 가상 머신의 두 가지 장점을 선택하라.

A. 높은 격리도

B. 보안성 강화

C. 리눅스 운영체제상에서 윈도우 컨테이너 실행 지원

D. 장애 복구 신속성

E. 고성능

6. 컨테이너 이미지를 패키징하는 데 가장 많이 사용되는 도구는 무엇인가?

A. ISO

B. VMDK

C. 도커

D. LXC

7. 앱 컨테이너와 OS 컨테이너의 차이는 무엇인가?

    A. OS 컨테이너는 컨테이너상에서 직접 응용프로그램을 실행하고 호스트 운영체제의 바이너리, 라이브러리 등을 사용하므로 단일 서비스 용도에 적합하다. 앱 컨테이너는 여러 응용프로그램을 실행할 수 있는 게스트 운영체제를 실행하며 복수 서비스 용도나 호스트 운영체제 라이브러리를 사용할 수 없는 응용프로그램 실행 용도에 더 적합하다.

    B. 앱 컨테이너는 응용프로그램을 호스트의 바이너리를 사용하지 않고 하이퍼바이저상에서 게스트 운영체제를 실행한다. OS 컨테이너는 호스트 운영체제의 바이너리를 사용하는 하이퍼바이저상에서 게스트 운영체제를 실행한다.

    C. OS 컨테이너는 호스트의 바이너리를 사용하지 않고 하이퍼바이저상에서 응용프로그램을 직접 실행한다. 앱 컨테이너는 호스트 운영체제의 바이너리를 사용하는 하이퍼바이저상에서 게스트 운영체제를 실행한다.

    D. 앱 컨테이너는 컨테이너에서 응용프로그램을 직접 실행하고 호스트 운영체제의 바이너리, 라이브러리 등을 사용하므로 단일 서비스 용도에 적합하다. OS 컨테이너는 복수의 응용프로그램을 실행할 수 있는 게스트 운영체제를 실행하며 복수의 서비스 용도나 호스트 운영체제 라이브러리를 사용할 수 없는 응용프로그램 실행 용도에 더 적합하다.

8. ETSI 프레임워크에서 가상화 역할을 하는 기능 블록은 무엇인가?

    A. VIM 블록

    B. VNFM 블록

    C. NFVI 블록

    D. 하이퍼바이저와 컨테이너 블록

3

네트워크 기능의 가상화

1장, 'NFV 시대로의 여정'과 2장, '가상화 개념'에서는 두 가지 중요한 부분인 NFV의 기초와 가상화의 기본을 살펴봤다. 이 두 가지 주제는 ETSI 프레임워크의 단위 기능들과 가상화 구현 방법, 기반 블록들을 이해하는 핵심 요소다. 이 블록들은 VNF(가상화된 네트워크 기능)를 실행하는 기반 환경을 이룬다. 이 기반을 바탕으로 3장에서는 VNF에 초점을 맞춘다. 또한 이 VNF들을 이용해 네트워크를 설계, 배포할 때 고려할 사항도 중점적으로 살펴본다.

3장에서는 요즈음 가상화로 사용되는 네트워크 기능들의 유형에 대한 예시와 사용 사례를 기술한다. NFV의 장점을 다시 돌아보고 여러 네트워크 서비스별로 VNF를 이용해 달성할 수 있는 이점들을 살펴본다.

3장의 주요 주제는 다음과 같다.

- NFV 네트워크의 설계, 배포, 이행
- NFV 네트워크 구현 시 해결 과제 및 고려 사항
- 다양한 네트워크 기능의 가상화 예시 및 신규의 혁신적 네트워크 서비스 발생에 끼친 영향

NFV 네트워크 설계

IP 기반 네트워크의 태동은 데이터 트래픽을 전달하려는 목적이었다. 하지만 시간이 지남에 따라 많은 응용프로그램과 서비스, 예를 들어 음성, 비디오, 모바일 등이 이러한 네트워크를 활용하기 시작했다. 이들 서비스는 전통적으로 별도의 독립적인 네트워크를 사용하고 있었다. 하지만 최근 몇 년 동안 이 네트워크들이 단일 네트워크로 통합되고 있으며 그 트래픽은 공통 (IP 기반) 네트워크로 이동하고 있다.

이 통합의 주된 동기는 신규 서비스 제공에 대한 가능성과 배포 및 운영 비용을 절감할 수 있다는 것이었다. 하지만 이 목적을 위해 네트워크를 통합함에 따라 각각의 서비스 특성에 따라 네트워크 설계에 각종 제약 사항이 추가되면서 네트워크는 더욱 복잡해져 손을 댈 수 없게 됐다. 예를 들어 VoIP^{Voice over IP} 트래픽은 지터^{Jitter} 값 50ms 미만, 종단 간 지연은 150ms 미만을 요구한다. 이로써 IP 네트워크에는 새로운 QoS^{Quality of Service} 요건이 생겼다. 이는 웹 트래픽만 전달하던 네트워크에서는 전혀 존재하지 않던 요구 사항이다. 이러한 네트워크가 신규 요건 수용을 위해 수 년 동안 커지고 재구축되면서 파편적으로 개선됐다. 그 단기 성과로 인해 현재는 네트워크가 누더기가 됐다. 네트워크로 기대하던 운영의 단순성과 비용 절감을 달성할 수가 없다. 또한 이들 네트워크로는 확장성, 이전, 상호 운용성 이슈에 대처하기가 쉽지 않다. 이 엉망인 네트워크는 최적화된 비용 효율적인 네트워크와는 여전히 거리가 멀다. 또한 요즘의 빨리 변하는 시장 요구 사항에 필요한 신속성^{Agility}도 부족하다.

NFV는 이러한 해결 과제에 대한 새로운 접근법으로 알려졌다. 네트워크를 단순화, 최적화, 변혁해 비용 효율적이고 유연한 네트워크로 만들 수 있는 강력한 방안을 NFV에서 제공한다. NFV가 제공하는 방안을 100% 구현하고 그 장점과 이점을 이루기 위해 기존 하드웨어 기반의 네트워크 장비를 사용해 설계하던 방식에서 벗어나 네트워크 설계 방법론을 진화시키고 변경해야 한다. 네트워크를 NFV로 바꾸는 것은 물리적인 것에서 가상화된 것으로의 변이 그 이상을 포함한다. 네트워크를 만드는 방법에 대한 패러다임 이동^{Paradigm Shift}이 필요하다. 전통적인 네트워크 설계 원칙을 더 보강해 NFV에 대한 설계 원칙을 만들어야 한다. 일례로 VNF와 인프라스트럭처 설계 등을 추가해야 한다.

이어지는 내용에서는 NFV를 사용해 네트워크를 구성할 때 필요한 고려 사항과 설계 목표를 살펴본다. 설계 관련 내용 후에 이어지는 부분에서는 설계 원칙이 바뀜에 따라 발생하는 새로운 해결 과제들을 중점적으로 살펴본다.

NFV 설계 고려 사항

전통적인 네트워크 설계는 하드웨어 중심이었다. 요구 사항에 따라 설계 범위는 제한된 일부 장비 중심으로 한정됐다. 장비 제조사에서 가능한 하드웨어가 설계 요건을 충족하지 못하는 경우(기능, 확장성, 용량 미비 등) 설계 작업은 한정된 선택 방안에 맞춰 진행됐다. 네트워크 설계 결과는 하드웨어 장비 및 그 기능과 밀접하게 얽혔다. 이 네트워크는 유연하지 못해 향후 신규 서비스를 도입하는 데 필요한 변경 요건에 쉽게 대응하지 못한다. 또한 변경작업을 하는 경우 물리적으로 이동해 사람이 직접 작업해야 한다. NFV 기반으로 설계하면 이러한 제약 사항들이 없어진다. 네트워크 하드웨어에 종속되지 않고 유연한 대처가 가능하다. 추가적으로 NFV로 설계하면 탄력성Elasticity, 확장성Scalability 및 소프트웨어 중심 접근법 등을 채용하므로 변화하는 네트워크 요구 사항을 충족할 수 있다. NFV로는 빠른 변경이 가능하고 신속한 작업이 가능하므로 기존 네트워크에서 신규 서비스를 적용할 때 긴 소요시간으로 어려웠던 문제를 해결할 수 있다.

NFV의 기능을 최대한 활용하고 이점을 모두 누리려면 NFV 네트워크를 설계, 배포할 때 기존과 다른 접근법이 필요하다. 앞서 강조했듯이 네트워크 기능이 하드웨어와 분리됐기 때문에 VNF의 유형과 그 제조사를 선택하는 것은 물리적인 인프라스트럭처의 설계와 전혀 상관관계가 없다. 물리적인 인프라스트럭처를 설계하는 것도 그 위에서 실행할 VNF의 영향을 받지 않는다. 네트워크 기능을 관리하고 배포하는 것을 감안한 또 다른 설계 축이 필요하다. 이들 각각의 블록은 개별적으로 완전하게 설계할 수 있다. 각각 다른 요소들의 영향을 받고 검토 절차도 다르게 진행되기 때문이다. 그림 3-1은 NFV 설계에 있어 이 세 가지 축을 보여준다. 이어지는 부분에서는 이 설계에 대한 상세 사항을 기술한다.

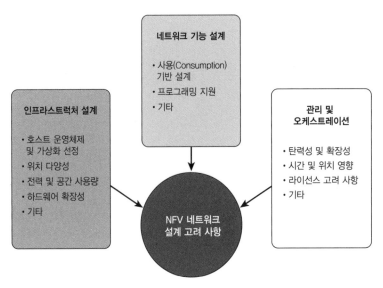

그림 3-1 NFV 네트워크 설계 고려 사항

NFV에서 여러 블록에 대한 설계가 독립적이지만 각각의 설계 이면에 있는 목적은 NFV 네트워크가 가질 기능과 성능을 공통 부분으로 갖는다. 어느 한 계층이라도 이 목적에서 비효율적이거나 벗어나게 되면 전체 네트워크의 병목이 돼 성능 저하를 가져올 수 있다. 유사하게 블록 중 하나가 더 높은 네트워크 성능 목표로 설계가 되더라도 그 성능이 네트워크 전체 성능으로 나타나진 않는다.

NFV 인프라스트럭처 설계하기

NFV 인프라스트럭처는 특정한 네트워크와 서비스에 대한 요구 사항을 만족시키려고 설계하지 않는다. 인프라스트럭처는 원래대로여야 하고 VNF들의 확장성과 탄력성을 지원할 수 있어야 한다. 또 이 인프라스트럭처를 서버나 데이터 센터 응용프로그램과 공유할 수도 있다. NFV 전용이 아니다. VNF들을 위한 유연하고 개방적인 플랫폼을 구현하기 위한 기준이 이어지는 내용에서 나온다.

확장성 있는 하드웨어 자원들

인프라스트럭처 하드웨어는 필요할 때 규모를 늘리거나 줄일 수 있는 유연함이 있어야 한다. 오버레이 네트워킹 계층과는 완전히 독립적으로 설계하기 때문에 하드웨어 자원에 대한 요구 사항이 어떻게 나올지는 예측하기 쉽지 않다. 이를 설계하기 위한 일차적인 접근법은 자원 배치를 가능하면 많이 하고 인프라스트럭처 전체에 걸쳐 공유할 수 있는 자원 풀을 만드는 것이다. 내장된 디스크를 사용하는 서버 대신 공유 디스크 풀을 사용해 디스크 공간의 낭비를 줄이는 셈이다.

사업자는 초기 배포 시점에 충분한 하드웨어 자원을 확보해 향후 변경으로 필요한 것을 대비하고자 한다. 하지만 배포된 하드웨어가 증가하는 필요량을 충족하지 못해 업그레이드가 필요할 수도 있다. 이러한 상황을 처리하기 위해 사업자는 하드웨어에서 구동하는 VNF들과 현재의 가상화된 응용프로그램에게 영향을 주지 않으면서도 쉽게 확장할 수 있는 하드웨어 장비를 선정해야 한다. 즉 네트워크 카드[NIC, Network Interface Card]와 메모리 같은 하드웨어 자원들을 확장할 수 있는 서버를 선정해야 한다.

하드웨어 비용과 투자비

하드웨어 비용은 항상 중요한 선정 기준이다. 주문 제작 하드웨어는 하드웨어에 대한 최적의 가격을 맞추는 최선의 방법으로 알려져 있다. 하지만 시스코, HP, IBM 및 델[Dell]과 같은 제조사들은 서버 제품들을 주문 제작품보다 더 저렴하게 내놓고 있다. 제조사에서 제작한 이 서버들은 구성 요소들 간의 호환성 테스트도 됐고 제조사에서 지원 계약도 되므로 사업자 입장에서는 이러한 상용 서버를 선정하는 경향이 있다. 이는 결국 개별 구성 요소를 구매해 PC를 조립하는 것과 델, 레노버[Lenevo], HP 등의 제조사에서 파는 상용 제품을 사는 것 가운데 개인이 선택하는 것과 차이가 없다. 설계 시점에서 주문 제작품을 고려해 개별적인 구성 요소를 각각 선정할 것인지 또는 제조사의 제품으로 갈 것인지 선택함에 따라 구축에 필요한 전체 투자 비용에 영향을 준다. 이 선택에 영향을 주는 또 다른 요소로는 네트워크의 안정성에 대한 기대 수준이 있다. 또한 발생하는 이슈를 해결할 때 필요한 지원의 가능 여부도 그 요소 가운데 하나다.

호스트 운영체제와 가상화 계층의 선정

호스트 운영체제와 하이퍼바이저는 구축하는 하드웨어와 호환돼야 하고 매끄럽게 연동돼야 한다. 둘이 함께 전체 구조의 나머지 부분을 지탱하는 안정적인 기초가 돼야 한다. 주문 제작품을 사용하든 상용 서버를 사용하든 호스트 운영체제와 하이퍼바이저뿐 아니라 오케스트레이션 도구에 대한 선택의 폭은 아주 넓다. 이 폭을 좁히는 데는 다음 고려 사항을 참고하면 된다.

- 소프트웨어에 대한 기술 지원 유형
- 라이선스 비용
- 도입 비용
- 향후 지원에 대한 로드맵
- 업그레이드에 대한 지원
- 안정성
- 오픈 소스 및 상용 도구들과의 연계 지원

이 모든 요소를 고려해 적당한 균형을 찾는 것이 설계에 대한 의사 결정이다. 어떤 사업자는 VMware, 레드햇, 캐노니컬^{Canonical}과 같은 회사들의 완전 일체형 소프트웨어 솔루션을 선호할 수도 있다. 어떤 사업자는 오픈 소스와 같은 다른 측면을 선택하는 것에 확신을 가질 수도 있다. 오픈 소스 솔루션으로는 우분투^{Ubuntu}나 센트OS^{CentOS} 같은 무료 운영체제와 그 위에서 실행되는 KVM^{Kernel-based Virtual Machine} 같은 오픈 소스 하이퍼바이저 등이 있다. 앞의 예는 사업자가 라이선스 비용이 들더라도 제품의 장점으로 반대급부를 확보하는 것이다. 제품의 검증된 구축 기록, 기술 지원 조직 등과 확실한 로드맵 및 업그레이드 경로를 제시해 미래에 대한 안정성을 확보하는 것이 그 반대급부이다. 두 번째 예는 라이선스 비용을 들이지 않는 대신 향후의 확장과 문제 해결을 자체적으로 하거나 제3의 업체 또는 커뮤니티 기반의 지원 구조로 하는 것이다.

전력 및 공간 사용의 효율성

인프라스트럭처 하드웨어가 사용하는 전력 및 공간 요건은 네트워크의 장기적 운영 비용에 반영된다. 부동산 취득이 어렵고 전력 비용이 높은 곳에서는 이 요소들이 아주 중요하다. 공간과 전력 효율성 문제가 얼마나 중요한지 감을 잡으려면 요즘 가상화된 서버를 수용하기 위해 짓는 데이터 센터의 구축 규모를 비교해보면 된다. 이 데이터 센터는 수 에이커 이상의 대지(또는 인구 밀집 지역에서는 여러 층의 고층 빌딩으로)에 펼쳐져 있고 수백 메가와트의 전력을 소모한다. 개별 서버들의 공간과 전력 소비량을 조금이라도 개선하면 NFV PoP[Point of Presence1] 차원에서는 운영 비용에 큰 영향을 준다. 여기서 반드시 짚고 넘어갈 중요한 사항은 전력 소비를 효율화하는 것이 네트워크 기능 가상화의 직접적인 결과가 아니라는 것이다. 오히려 수요에 따라 규모를 조절하는 VNF들의 탄력성을 활용한 결과라는 점이다.

공통부와 반복부

인프라스트럭처를 설계할 때 지역에 따른 차이를 최소화하도록 설계할 수 있다. NFV PoP마다 동일하게 구성할 수 있는 공통 하드웨어와 소프트웨어 부분을 설계하면 구축을 단순화할 수 있다. 이 단순화와 설계 복제를 실현하려면 전력 요건, 필요 공간, 설치 및 구축 전문가, 배포 도구, 방법론 등이 변하지 않고 유지돼야 한다. 공통의 하드웨어 인프라스트럭처를 사용하면 고장난 하드웨어의 교체를 대비한 여분의 하드웨어 양을 줄일 수 있다. 반면 반복적인 부분을 만들려면 설계 단계에서 계획에 더 많은 시간을 들이고 신경을 써야 한다.

위치 다양성

NFV 인프라스트럭처를 설계할 때 지역 선정도 고려할 중요한 요소다. 이상적으로 인프라스트럭처는 지리적으로 다양하게 구축해야 한다. 도심과 같이 트래픽의 중요도가 높을 수 있는 지역은 더 많이 구축해야 한다. 대도시 지역에서는 외곽 지역보다 네트워크 요구 사항이 더 많이 집중돼 있다.

다양한 위치 선정이 필요한 이유 가운데 하나는 국지적인 장애나 재해를 대비하기 위한 이중화다. 하지만 지역을 다양하게 하는 또 다른 중요한 이유는 자원의 제약에 갇히지 않고

---

1   서버나 네트워크 장비가 모여 있는 데이터 센터를 이르는 말 – 옮긴이

필요한 곳에서 필요한 시점에 VNF를 가동할 수 있도록 유연성을 확보하려는 것이다. 이어지는 부분에서 지리적인 위치를 기반으로 VNF를 배치할 필요성 뒤에 숨겨진 이유들을 다룬다. 또한 VNF를 유연하게 배포할 수 있도록 지원하는 인프라스트럭처의 중요성도 언급할 것이다. 고객 접점에 VNF가 더 가까이 있어야 할 때도 있다. 또는 특정 몇 시간이나 며칠 동안 특정 지역에서 VNF들에 대한 수요가 많이 필요할 수도 있다.

이중화와 고가용성

전통적인 네트워크에서 장애 대비 설계를 할 때 전제로 하는 기준에서는 단 하나의 구성 요소 장애로 인한 것이더라도 장비가 고장 나면 그 네트워크 기능이 통째로 손실된 것으로 본다. 이러한 전통 네트워크에서는 하나의 구성 요소 장애로 인한 것일 수도 있는 네트워크 장애에 대한 이중화를 장비단에서 보장하도록 설계한다. 예를 들어 라우터에 있는 하드 디스크가 장애가 나면 그 라우터의 전체 기능에 영향을 주고 네트워크 장애를 일으켜 트래픽에 문제가 발생한다. 이 장비의 중요도에 따라 이중화 장비나 백업 트래픽 경로를 사전에 구성해 필요한 경우 트래픽을 전달할 수 있도록 한다.

이와 대조적으로 NFV에서는 고가용성과 이중화를 구성 요소별로 구현한다. 따라서 단 하나의 구성 요소 장애로 인해 네트워크 기능 자체가 마비되는 경우는 거의 없다. 예를 들어 라우터를 VNF로 서버에 RAID^{Redundant Array of Independent Disks} 기술을 이용해 구성하는 경우 하나의 디스크에 문제가 발생하더라도 아무 영향을 주지 못한다. NFV 인프라스트럭처는 공유 자원으로 여러 VNF들이 동시에 활용하기 때문에 인프라스트럭처에서 이중화를 구성하는 것은 비용 측면에서 효율적이다.

서버 하드웨어 측면의 이중화에 더불어 인프라스트럭처 하드웨어 설계는 또한 가상 머신과 컨테이너 입장에서도 이중화 지원이 돼야 한다. 인프라스트럭처의 스위치 간에는 STP^{Spanning Tree Protocol}와 그 변종인 RSTP^{Rapid STP}, PVST^{Per-VLAN}, MSTP^{Multiple STP} 등을 오랫동안 사용했다. 그러한 이중화를 지원하는 최근의 프로토콜로는 TRILL^{Trasparent Interconnect of Lot of Links}[1]과 LACP^{Link Aggregation Control Protocol}[2], MC-LAG^{Multi-Chassis Link Aggregation}, EVPN^{Ethernet VPN} 등이 있다. 이들 및 기타 유사 프로토콜까지 아주 다양한 선택 폭과 방법

으로 NFV 인프라스트럭처 하드웨어에 대한 이중화 구성이 가능하다.

가상화 계층에서 제공하는 이중화 및 VM 이동성^{Mobility}에 대한 설계와 지원도 튼튼한 설계를 할 때 고려해야 한다. 이에 대한 예시가 VMware의 VMotion과 오픈스택의 라이브-마이그레이션^{Live-Migration}이다.

인프라스트럭처 수명 주기

인프라스트럭처를 구성하기 위해 사용하는 하드웨어 장비는 시간이 지나면 교체해야 한다. 그림 3-2에서 보는 것과 같이 수명 주기는 계획과 구축으로 시작한다. 각자의 적당한 수명이 끝나면 하드웨어는 폐기된다. 하드웨어 수명 주기에서 수명은 하드웨어 구성품이 장애 없이 가동 가능한 평균 시간을 기반으로 한다. 지원 계약의 유지 기간과 교체용 구성품의 가용성도 당연히 그 수명에 영향을 준다.

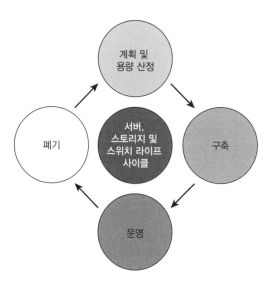

그림 3-2 NFV 인프라스트럭처 수명 주기

NFVI를 설계할 때 인프라스트럭처에서 사용할 서버, 스토리지, 스위치 등의 라이프 사이클을 고려해야 한다. 일반적인 데이터 센터에서 사용하는 서버 및 스토리지 장비는 통상적으로 3년에서 5년 정도로 유용한 수명 주기를 지원한다[3]. 스위치는 대략 6년 정도의 조금 더 긴 수명을 지원하는 것으로 알려져 있다. 이 시간 틀 안에서 각 장비들은 구축 당시 소요된 투자 비용 이상의 대가에 이르는 역할을 해야 한다. 장애 같은 이상 상황을 최소화하려면 수명이 다한 장비들은 신규 장비로 교체해야 한다. 동일한 시간 예상치와 교체 방식을 NFVI에도 적용할 수 있다. 추가적으로 호스트 운영체제, 하이퍼바이저, VNF도 각각의 수명 기간이 있다. 그 수명 주기가 지나면 기능 개선, 지원 계약 갱신 또는 버그 수정 등을 위해 업그레이드해야 한다.

따라서 설계 시점에는 이러한 여러 요소를 고려해 어려운 상황에 빠지지 않도록 대비해야 한다. 예를 들어 VNF에 대한 소프트웨어 지원과 배포 주기가 1년이고 하이퍼바이저의 권장 업그레이드 주기는 2년, 스위치 수명은 6년, 서버 수명은 3년일 수 있다. 이 예시의 수명 길이는 서로 일치시키기 쉽지 않다. 이들을 가장 최적의 방법으로 처리할 수 있도록 설계와 계획을 잘 하지 않으면 네트워크가 업그레이드의 소용돌이에 빠질 수 있다. 설계의 목표는 업그레이드로 인한 영향을 최소화하는 것뿐만 아니라 업그레이드 이후의 잠재적 문제에 대처하도록 계획하는 것도 포함한다. 상용 수준으로 통합 연계 테스트를 적정하게 하면 이러한 문제를 최소화할 수 있다.

네트워크 기능을 이용한 네트워크 설계

NFVI를 구축하고 나면 네트워크와 VNF 같은 그 기능 블록은 그림 3-3에서 보는 바와 같이 이 인프라스트럭처상의 오버레이^{overlay}로 볼 수 있다. 따라서 네트워크 설계는 물리적인 하드웨어의 제약에서는 독립적이고 유연하며 자유롭다. 네트워크를 설계할 때 순전히 서비스에만 집중할 수 있다. 그 서비스는 구축할 VNF와 필요한 컴퓨팅, 스토리지, 네트워킹 장비를 바탕으로 구현한다. 장비는 설계 요건을 만족해야 한다.

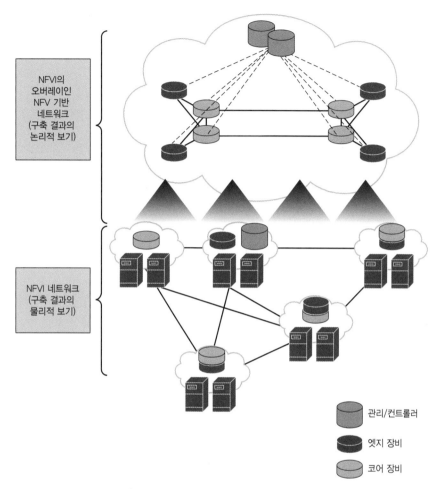

관리/컨트롤러	
엣지 장비	
코어 장비	

그림 3-3 물리적 인프라스트럭처상의 네트워크 오버레이

NFV의 중요한 차별화 요소 가운데 하나는 설계와 구축이 소프트웨어 중심으로 이뤄진다는 것이다. 네트워크의 핵심 기능들을 소프트웨어로 구현한다. 따라서 네트워크 기능들(VNF) 을 순수 소프트웨어로 추가, 규모 증설 및 축소, 제거, 재배치하는 것이 가능하다. VNF들 은 또한 오픈 API를 지원하므로 VNF들의 배치와 수명 주기 관리를 위해 타 제조사의 오케 스트레이션 도구와 관리 도구를 사용할 수 있다. 오케스트레이션 도구는 가상화 계층을 제 어하며 VNF를 원하는 순서대로 상호 연결되도록 한다. 데이터 트래픽이나 컨트롤 트래픽

경로상에 VNF들을 인스턴스화하고 추가하는 것을 순식간에 할 수 있다. 오픈 API를 통해 VNF를 프로그래밍할 수 있으므로 SDN을 구현할 수 있다. SDN에 대해서는 이 책 후반부에서 다룬다.

오픈 API

소프트웨어에서 오픈 API를 지원하면 그 규격에 대한 문서가 누구든지 사용할 수 있도록 개방돼 있다. 타 제조사의 소프트웨어에서 그 응용프로그램에 접근해 데이터를 가져올 수도 있고 프로그래밍 또는 설정값을 전달할 수도 있다. VNF들이 오픈 API를 지원한다는 의미는 설정과 관리를 할 때 자체적인 방법(일반적으로 문자 기반의 CLI(Command Line Interface) 사용) 외에도 API를 지원하고 문서를 제공한다는 뜻이다. 그 API는 설정, 관제, 운영에 필요한 다른 방법을 제공한다.

NFV 설계 항목에는 VNF들과 그들에 대한 운영도 포함하기 때문에 3장 이후 부분에서는 그들을 한 통으로 취급한다. 설계 기준 가운데 일부 공통 요소들은 자원 활용률 최적화와 투자비 및 운영비 절감이다.

자원 최적화를 통한 투자비 및 운영비 절감

요즘 네트워크의 효율성을 분석해보면 회선과 장비 자원을 적절히 활용하지 못하고 있다. 미래의 증가분 예측치나 일간, 주간, 월간 또는 연간 특정 시점의 수요 폭증에 기반한 용량 요건을 맞추기 위해 장비들과 대역폭을 과도하게 구성해두었다. 하드웨어 장비, 네트워크 연결 또는 네트워킹 소프트웨어의 장애에 대비하기 위해 추가 자원들도 중복으로 구성한다. 결과적으로 그 네트워크는 가동되는 전 기간 동안 대부분 사용률이 낮다. 이로 인해 네트워크 구축에 필요한 투자비와 운영 관리에 필요한 운영비가 높아지고 결과적으로 투자 회수에 심각한 악영향을 끼친다.

이와 대조적으로 NFV는 가상화의 혜택을 누린다. VNF를 필요에 따라 요청하고 필요한 만큼만 갖고 있다. 요건이 변경되면 그에 따라 자원을 더 할당하거나 불필요한 자원들을 해제하는 것을 동적으로 수행해 사용률을 극대화한다.

따라서 네트워크 디자이너는 VNF를 위한 컴퓨팅 파워, 메모리, 총 처리 용량과 기타 다른 자원들을 과도하게 배치할 필요가 없다. NFV 네트워크상에서는 이런 요소를 상황에 맞게 적용할 수 있기 때문이다. 이는 설계 시점에 유연성을 부여해 기능의 중복을 제거하거나 최소화할 수 있다. VNF들은 필요할 때 순식간에 다시 만들 수 있기 때문이다.

사용 기반 설계

NFV 기반 네트워크는 수요에 따라 규모를 늘리거나 확장할 수 있다. 따라서 진정한 사용량 기반, 수요 기반의 증설 모델을 채택하는 설계가 가능하다. 예를 들어 NFV를 사용하는 모바일 사업자가 (와이파이 기반의 음성 통화 기능과 같은) 새로운 유형의 서비스를 추가하려고 하거나 네트워크 기능에 대한 신규 제조사를 찾는 경우(예를 들면 새로운 유형의 미디어 캐싱 서버)를 보자. 그 사업자는 이를 시장의 특정한 일부에만 적용해 사용자의 경험, 피드백을 확인하고 예상되는 문제점을 조사할 수 있다. 그 결과를 바탕으로 잠재적인 이득과 비용 혜택을 분석할 수 있다. 이 시범 운영 피드백을 바탕으로 사업자는 신규 서비스를 구현하는 가상 장비나 VNF들에 대한 설계를 손쉽게 변경할 수도 있다. 서비스를 확대할 준비가 되고 안정적인 수준의 매출 가능성을 확인하기만 하면 사업자는 사업을 추진해 그 서비스를 점진적으로 시장의 나머지 영역이나 다른 지역으로 확대할 수 있다.

네트워크 설계자 입장에서 신규 유형 서비스를 도입하거나 기존 서비스의 변경을 추구하더라도 그 변경을 처음부터 설계에 반영하거나 대규모 구축을 가정해 일반화할 필요는 없다. 이 서비스를 만들기만 하고 초기에는 단순하게 파일럿 솔루션으로 시작해 대상 시장을 확인하는 용도로 사용하면 된다. 그리고 나서 규모가 커지거나 범위가 늘어나면 그에 따라서 세부적으로 설계하고 더 완전하게 만들어 가면 된다. 추가적으로 그 서비스에 대한 시장의 수요가 줄어든다면 VNF를 제거할 수 있다. 동일한 물리적 하드웨어를 신규 서비스 제공용으로 재설정할 수 있다. 이는 물리적 인프라스트럭처상에 다른 VNF를 실행하면 된다.

인프라스트럭처 이중화의 활용

기존 네트워크 설계에서 트래픽 경로와 대역폭 관점의 이중화를 구현할 때 장비와 회선을 요구 사항으로 반영했다. NFV의 경우에는 네트워크 기능에 대한 이중화는 사전에 미리 구현할 필요가 없다.

3장 앞부분에서 언급했듯이 하드웨어 장애에 대비하는 이중화는 이미 인프라스트럭처 계층의 설계에서 고려했다. 하드웨어 이중화는 구성품 수준에서 구현하기 때문에 하나의 구성품(CPU 또는 메모리 모듈)에 장애가 발생하더라도 VNF에 영향을 주지 않는다. VNF는 아무 영향 없이 계속 작동할 것이다. 하지만 하드웨어 전체에 걸쳐 장애가 일어나면, 예를 들어 여러 디스크의 동시 장애나 여러 ToR^{Top of Rack}(랙 상단 스위치) 연결의 동시 장애가 발생하면 오케스트레이션 계층에서조차도 이를 감당할 수 없다. 네트워크에 미치는 영향을 최소화하면서 신규 하드웨어에 그 영향 받은 VNF들을 인스턴스화하는 것을 하기 어렵다는 것이다.

이러한 문맥에서 NFV 설계 고려 사항으로 재해 복구^{Disaster Recovery}와 장애^{Failure} 대응책을 재정의해야 한다. 여러 계층에서 장애에 대한 대비 조치들을 제공하는 것을 그림 3-4에서 보여준다. 그림에서 보여주는 인프라스트럭처 아키텍처는 데이터 센터와 서버 가상화 구축 현장에서 장애에 강한 것으로 검증됐다. NFV를 위한 고가용성 인프라스트럭처를 구축하기 위해 NFVI를 설계할 때 오랫동안 검증된 이 아키텍처를 활용할 수 있다. 유사한 방식으로 VNF들을 처리하는 관리 및 오케스트레이션 기술에 대해서는 vMotion 같이 서버 가상화에서 사용한 방법과 도구를 그대로 사용할 수 있다. 이런 메커니즘을 적절하게 활용하면 VNF 설계를 단순하게 가져갈 수 있다. 네트워크 서비스의 고가용성을 구현하기 위해 추가적인 이중화 계층을 구현할 필요가 없는 것이다.

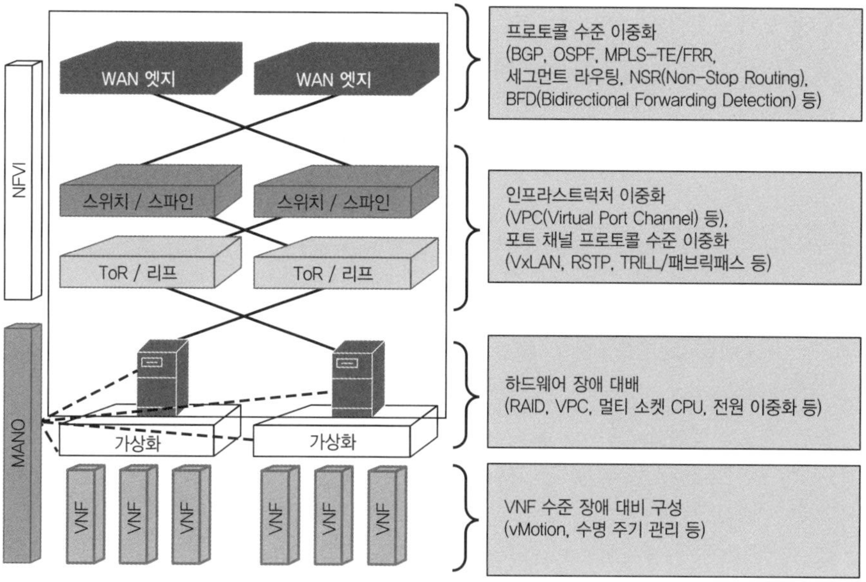
WAN 엣지
WAN 엣지
스위치 / 스파인
스위치 / 스파인
ToR / 리프
ToR / 리프
가상화
가상화
NFVI
MANO
VNF
VNF
VNF
VNF
VNF
VNF
프로토콜 수준 이중화
(BGP, OSPF, MPLS-TE/FRR,
세그먼트 라우팅, NSR(Non-Stop Routing),
BFD(Bidirectional Forwarding Detection) 등)
인프라스트럭처 이중화
(VPC(Virtual Port Channel) 등),
포트 채널 프로토콜 수준 이중화
(VxLAN, RSTP, TRILL/패브릭패스 등)
하드웨어 장애 대배
(RAID, VPC, 멀티 소켓 CPU, 전원 이중화 등)
VNF 수준 장애 대비 구성
(vMotion, 수명 주기 관리 등)

그림 3-4 NFV의 이중화 구성

모듈화를 통한 민첩성

NFV에서는 추가적인 비용이나 자원을 들이지 않고도 네트워크 기능을 별도의 VNF들로 (또는 VNF들의 그룹으로) 분산할 수 있다. 따라서 네트워크를 설계할 때는 장비가 아닌 기능 중심의 설계로 모듈화된 접근법을 취해야 한다.

그림 3-5에서 보는 바와 같이 기존의 라우터는 하나의 장비에 여러 가지 기능을 갖고 있다. 예를 들면 방화벽, NAT Network Address Translation, 라우팅 등의 기능들을 동시에 갖고 있다. 이 기능 중 하나라도 업그레이드가 필요하면 대부분 전체 소프트웨어 패키지를 변경해야 한다. 어떤 경우 심지어 하드웨어를 변경해야 한다. NFV에서는 모듈 기반의 설계로 유연성과 민첩성 Agility 을 가져갈 수 있다. 파일럿 네트워크와 서비스 네트워크에 대한 피드백으로 인한 설계 변경 사항을 손쉽게 설계에 반영할 수 있다. 이 변경 사항은 대대적인 것일 수도 있고 특정 기능과 관련이 아주 높을 수도 있다. 하지만 신규 기능을 재설계, 검증 및 구축하는 것은 짧은 시간에 손쉽게 할 수 있다. 유연함으로 인해 설계 측면에서는 특정 네트워크

기능에 대해 아주 다양한 구현 방식에 기반한 아주 넓은 선택폭이 있다. 여러 제조사에서 제공하는 VNF들을 혼용해 맞춤 솔루션을 만들 수 있다. NAT, 방화벽뿐만 아니라 라우팅 같은 나머지 네트워크 기능들에 대한 VNF들도 각각 상이한 제조사의 것을 쓸 수 있다. 개별적인 기능에 대한 사업자의 요구 사항에 가장 잘 맞는 것으로 선정하면 된다.

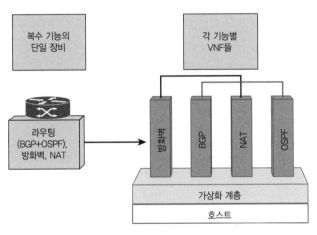

그림 3-5 모듈화된 설계

탄력성과 확장성

NFV 네트워크를 설계할 때 용량 계획은 전통적인 네트워크 설계와는 아주 다르게 진행한다. 소프트웨어 중심의 접근법과 자동화 지원을 바탕으로 네트워크에 영향을 주지 않고도 VNF 자원들을 순식간에 늘리거나 줄일 수 있다. 이 기능을 앞서 언급했듯이 탄력성이라고 한다. 또한 이 기능을 활용해 동일한 기능의 VNF 인스턴스를 신규로 생성해 처리 부하를 그 VNF들 간에 분산해 각 VNF에서 처리하는 부하를 경감하는 것이 가능하다. 이에 대한 예시로 한 VNF의 BGP 피어Peer 개수가 증가해 VNF에 할당된 CPU의 용량을 초과하는 경우를 살펴보자. VNF의 탄력성을 활용해 CPU를 추가로 할당할 수도 있고 신규로 VNF 인스턴스를 만들어 대체 BGP 피어링 노드로 동작하도록 할 수도 있다. 그림 3-6에서 이 내용을 보여준다.

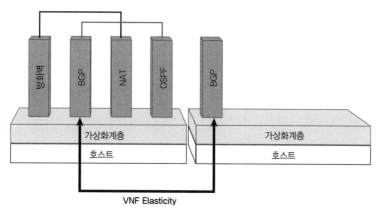

그림 3-6 VNF 탄력성

네트워크를 설계할 때는 당연히 비즈니스 요건도 고려해야 한다. 서비스 제공 내역이 특정 수준의 SLA$^{Service\ Level\ Agreement}$를 보장한다면 설계에서도 VNF 탄력성을 이용해 이를 보장해야 한다. 탄력성 관점에서 비즈니스 요건과 기술적인 요건을 모두 수용하려면 오케스트레이터 설계에 이들을 고려해야 한다. 오케스트레이터가 VNF 모니터링 데이터를 분석하도록 하고 고려할 제약 사항이나 한계를 결정해야 한다. 제약 사항이나 한계점에 대해서는 NFVI나 VNF 계층에서 적절한 방식으로 우회할 수 있는 방안도 마련해야 한다. 필요한 변경 사항을 결정하고 필요 시점을 정하는 기준과 규칙도 오케스트레이션 계층 설계에 반영해야 한다.

앞의 예시에서는 자원을 늘리는 필요를 처리하기 위해 설계 시 고려해야 하는 상황을 보여줬다. 하지만 또한 자원의 규모를 축소하는 기준과 규칙도 만들어둬야 하는 것을 명심해야 한다. 이 또한 NFV 설계에서 탄력성 부분의 일부다. 앞의 BGP VNF 예시에서 피어의 개수가 줄어들어 단 하나의 VNF로 처리할 수 있는 상황이 된 경우를 살펴보자. 오케스트레이션 계층에서 다른 VNF 하나를 내리고 NFVI 자원을 해제해 다른 용도로 사용할 수 있도록 할 수 있다.

구축 전 설계 검증

어떤 설계라도 적정한 수준의 검증이 필요하다. 검증 절차는 시간도 필요하고 적지 않은 양의 비용과 자원도 필요하다. 전통적인 ISP^{Internet Service Provider}에서 기존 장비를 사용해 구축하는 경우 테스트와 검증 절차는 몇 달에서 심지어는 1년이 걸리기도 한다. 따라서 검증 절차에 돌입하기 전 설계는 가능한 최대로 완벽해야 한다. 설계 오류로 모든 노력이 수포로 돌아갈 수도 있기 때문이다.

NFV 환경에서는 이러한 요건들이 다양한 방법으로 완화됐다. 시스템을 구성하는 데 필요한 시간을 단축해 검증 기간도 줄인다. 테스트 네트워크는 가상 기능들로 구성돼 있다. 이들은 탄력성이 있어 재배치, 재연결 등을 소프트웨어 문고리를 사용해 탄력적으로 할 수 있다. 테스트와 검증 사이클은 기본적인 파일럿 구축 시 사용한 것을 상용 네트워크에 적용할 수 있다. 초기 구성 시 얻은 경험으로 상용 환경에서 일어날 수 있는 문제들을 제거할 수 있다. 도출된 피드백으로 설계를 개선할 수 있다.

수요 기반의 신규 서비스에 대한 동적 설계

VNF들을 언제 어디서든지 인스턴스로 생성할 수 있기 때문에 기존의 네트워크에 끼워 넣고 연결해 신규 서비스를 제공하는 것이 가능하다. NFV 기반의 설계는 네트워크를 유체^{Fluid}처럼 동적인 것으로 취급한다. 최종 사용자나 고객에게 이러한 개선 사항과 선택 사항을 제공할 수 있다. 사업자는 이러한 사항을 고객이 가입한 서비스 패키지에 포함할 수 있다. 고객이 원할 때 아무 때든지 이러한 것들을 추가, 삭제, 변경할 수 있게 할 수 있다. 예시로 사업자가 클라우드 기반의 DVR^{Digital Video Recorder} 기능을 주택용 서비스로 제공하는 것을 살펴보자. 고객이 비디오 저장 공간을 눈 깜짝할 사이에 늘릴 수 있는 기능을 제공할 수 있다. 다른 예시로 기업용 서비스로 고객들이 부하 분산기나 방화벽을 고객의 사설 인터넷 서비스에 추가할 수 있도록 할 수도 있다. 또는 특정 서비스 사업자 쪽으로 보낼 수 있는 라우팅의 한도를 늘리게 할 수도 있다. 이러한 선택폭은 사업자 입장에서는 매출을 늘릴 수 있는 기회가 된다. 또한 고객 입장에서는 유연성과 다양한 선택을 경험할 수 있는 기회다.

이러한 가능한 서비스를 처음부터 구축할 필요는 없지만 네트워크 설계 시점에 미리 감안해야 한다. 따라서 네트워크 설계 담당자는 인프라스트럭처 계획 단계에서 고려 요소로 포함해야만 한다.

계획에 따른 다운타임 감소

계획되지 않은 장애Unplanned failure를 대비하는 방법으로 이중화와 재해 복구 설계에 대한 접근법을 앞에서 언급했다. 하지만 다운타임Downtime이 필요한 (업그레이드나 이전 등) 계획된 업무Planned events도 설계의 일부로 고려해야 한다. 설계에서 고려할 계획된 업그레이드는 세 가지다.

- VNF 업그레이드 또는 계획된 다운타임
- 하이퍼바이저 업그레이드
- 호스트 업그레이드

최근의 하이퍼바이저들은 실행 중인 VNF에 할당된 CPU나 메모리 같은 자원을 갱신할 수 있다. 이상적으로는 VNF에서는 이러한 변경 사항을 그 기능에 전혀 영향 없이 받아들일 수 있다. 하지만 사용 중인 VNF에서 이 기능(이 미비점이 설계 단계에서 VNF를 선택할 때의 검토 사항의 하나일 수도 있다)이 지원되지 않아 자원 변경이 VNF의 기능에 영향을 줄 수도 있다. 이러한 계획된 다운타임은 사전 주의 조치가 필요하다. 가능한 한 가지 방법은 필요한 기능을 수행하는 신규 VNF를 인스턴스로 만들어 그 기능을 넘기는 것이다. 그리고 원래의 것을 제거하는 것이다. 그림 3-7에서 이를 보여준다.

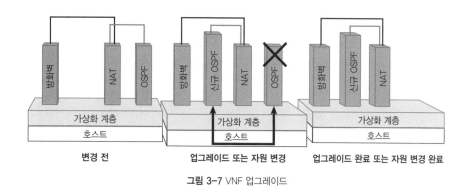

그림 3-7 VNF 업그레이드

VNF 구현을 완벽하고 정상적으로 하면 이러한 조치가 전혀 필요하지 않다는 것을 주지하라. 이 VNF들은 물리적 자원 변경에 대해 자동으로 서비스나 가동 시간에 전혀 영향을 주지 않고 수용할 수 있도록 설계됐기 때문이다. 제조사에 따라 예외적인 구현이나 이상적이지 않은 구현이 있을 수 있다. 종종 어떤 VNF는 이러한 유연성을 지원하지 않음에도 다른 좋은 특성으로 인해 여전히 사용한다.

하이퍼바이저나 호스트 운영체제, 하드웨어를 업그레이드하는 것도 설계 관점에서 검토해야 한다. 이러한 업그레이드는 잠재적으로 여러 VNF들에 영향을 줄 수 있다. 이 다운타임을 최소화하는 한 가지 방법은 하이퍼바이저나 호스트 운영체제 업그레이드를 하기 전에 계획을 세워 공유된 인프라스트럭처상의 다른 호스트로 VNF들을 옮기는 것이다.

어떤 기능 블록들의 이전이나 업그레이드 같은 계획된 작업으로 인한 잠재적인 VNF 다운타임을 해결할 수 있도록 모든 경우에 대해 설계 시점에 고려해야 한다.

위치 기반 배포와 시간 기반 배포

NFV의 네트워크 기능은 특정 하드웨어나 특정 지역에 얽매이지 않고 다양하면서도 짧은 수명 주기를 가질 수 있다. 따라서 이들로 구성된 네트워크를 설계할 때는 VNF의 위치나 활성 시간을 고려하는 것은 중요하다.

VNF가 위치에 독립적인 것을 잘 활용해 전략적으로 위치 선정을 하면 네트워크를 아주 단순하고 효율적으로 가져갈 수 있다. 예를 들어 모바일 패킷 코어^{Mobile Packet Core}를 설계할 때 기존에는 비용 최소화를 위해 PGW^{Packet Data Network Gateway}가 중앙부에 위치했다. 하지만 (단말 간의 트래픽을 포함) 모든 트래픽이 PGW로 포워딩돼야 하므로 정체^{Congestion} 증가, 지연 발생, 대역폭 낭비 등의 문제가 수반되면서 아주 비효율적이었다. PGW의 VNF들을 여러 개 만들어 eNodeB에 더 가까운 엣지 쪽으로 보내 PGW를 널리 퍼뜨리면 훨씬 더 효율적인 설계가 될 수 있다. 이것을 기존의 네트워크에서 구현하려면 수많은 PGW 장비 배포로 인한 비용으로 현실적이지 않았다. 하지만 NFV 기반 네트워크에서는 가능한 선택이다. 설계에서 이러한 방식을 도입할 수 있다. 유사한 예로 데이터 네트워킹에서 DDoS^{Distributed Denial-of-Service} 탐지 및 차단 엔진을 사용하는 것이 있다. 그림 3-8에서처럼 사업자 코어의 진입 부분들마다 엔진을 구성해야 한다. 전통적인 네트워크 구조에서는 비용 효율성 면에서 맞지 않는 것이지만 NFV에서는 큰 비용 추가나 설계 변경 없이도 가능하다.

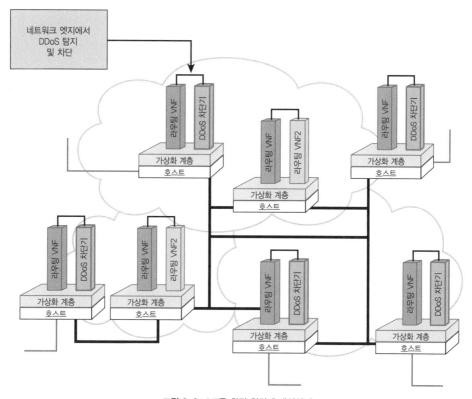

그림 3-8 VNF를 최적 위치에 배치하기

설계를 최적으로 하면 VNF들을 적당한 위치에 구성할 수 있고 네트워크가 사용하는 인프라스트럭처의 대역폭도 효율적인 사용률을 유지할 수 있다. 네트워크상에서 발생하는 지연과 지터도 감소하고 따라서 병목 현상 발생도 거의 없어진다.

기존 네트워크에서 트래픽은 보통 수요, 사용량과 비용 요소를 기반으로 특정 경로로 전달된다. MPLS-TE^{Multiprotocol Label Switching Traffic Engineering} 터널이 좋은 예시다. 사업자들은 특정 지점에서 네트워크에 대한 수요나 트래픽이 많이 발생하는 경우 이 터널들을 이용해 네트워크 전체 자원을 조화롭게 사용한다. 한쪽에 트래픽이 몰리는 경우 그 트래픽의 일부를 사용률이 낮은 네트워크 쪽으로 보내 분산하는 것이다. 이 경우 성능은 떨어지고-전송 지연과 처리 지연 시간이 추가됨-복잡도가 증가한다(이런 터널들이 얽히면 운영과 장애 처리가 어려워진다). 그럼에도 불구하고 이를 통해 얻을 수 있는 운영 및 구축 비용 절감이 크기 때문에 요즘의 네트워크에서는 이런 단점들도 큰 문제가 되지 않는다. NFV를 이용하면 시간과 수요, 사용률에 따라 네트워크에서 기능을 이동할 수 있다. 예를 들어 하루 중 특정 시간에 특정 지역에서만 트래픽이 항상 더 높다면 그 네트워크 기능을 수요에 맞춰 올리고 내릴 수 있다. 이 방법을 해 따라가기^{Following the Sun}라고 하며 그림 3-9에서 보여주고 있다. 이렇게 하면 기존의 고정된 네트워크에서 일어나는 단점을 피하면서도 네트워크를 아주 효율적으로 사용할 수 있다.

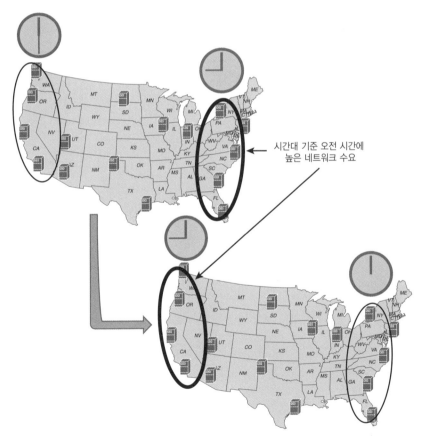

시간대 기준 오전 시간에
높은 네트워크 수요

그림 3-9 일중 수요 변화 시간에 따른 VNF 재배치

IoT 기반 데이터의 출현, 스마트 기기 사용, UHD^{Ultra-High-Definition} 비디오 스트리밍 등으로 네트워크 트래픽은 기하급수적으로 증가하고 있다. 이에 따라 위치 기반의 네트워크가 점점 더 중요한 의미를 갖게 됐다. IoT 노드들에서 발생하는 데이터는 무려 400제타바이트(1제타바이트는 10억테라바이트)에 이를 것으로 추정된다[4]. 이 데이터 중심의 경제에서 IoT 소스들에서 발생하는 데이터를 분석하는 것은 아주 긴 여정이다. 원격에 위치해 있는 클라우드 컴퓨팅이나 클라우드 네트워킹 기반의 컴퓨터 서비스를 사용하는 것은 이에 적절하지 않다. 이 데이터를 처리, 사용, 분석, 대응할 수 있는 가장 최적의 위치는 바로 데이터 소스에 가장 가까운 곳이다. 이에 따라 포그 컴퓨팅^{Fog Computing}과 포그 네트워킹^{Fog Networking 또는 Fogging}이 나타났다. 이는 위치적 근접성^{Location Proximity}을 가장 중요하게 생각한다. 데이터 소스와 네트워크 기능, 컴퓨팅 요소들이 데이터를 흡수할 수 있도록 구성하는 것이다. 대부분의 데이터는 스마트 기기, 스마트 자동차, 자동화된 기차 등과 같은 움직이는 데이터 소스로부터 나온다. 따라서 포그 네트워킹 자원들을 시간, 수요, 환경 등에 따라서 위치를 옮길 수 있어야만 한다. 결론적으로 NFV 설계 요소로 클라우드 네트워킹과 포그 네트워킹 관점에서 네트워크 배포 시점의 위치와 시간에 대한 것을 포함해야 한다.

부연 설명을 하면 클라우드 컴퓨팅이라는 용어는 데이터에 대한 저장, 관리, 처리, 접근 등을 위해 분산된 컴퓨팅 자원을 사용하는 것을 나타낸다. 이 컴퓨팅 자원들은 일반적으로 인터넷을 통해 연결되고 응용프로그램과 데이터베이스를 공유할 수 있다. 클라우드 컴퓨팅을 통해 데이터를 어디서든지 접근할 수 있고 그에 따라 자체적인 스토리지 서버가 필요 없게 됐다. 이는 또한 컴퓨트와 네트워킹 인프라스트럭처를 사설로 구축하는 수요를 줄이는 것으로 해석할 수도 있다. 그 대신 클라우드 기반의 자원으로 호스팅되는 인프라스트럭처와 네트워킹 서비스를 사용할 것이다. 자체적으로 필요한 것은 단지 인터넷을 통해 이들 자원에 접근하는 기능뿐이다. 구글 드라이브^{Google Drive}와 같은 소비자 기반의 서비스로 인해 사용자들은 사진을 저장하고 문서들을 협업해 작성할 수 있다. AWS^{Amazon Web Services}와 같은 서비스 덕분에 저장 장치뿐만 아니라 데이터 처리 및 네트워킹 자원들도 사용할 수 있다. 회사들은 전체 IT 인프라스트럭처를 경감할 수 있게 된 것이다. 클라우드 컴퓨팅으로 운영 비용은 절감하고 협업은 개선되고 가용성이 증가되는 것이 검증됐다.

클라우드 기반 컴퓨팅과 네트워킹의 단점은 처리 엔진과 저장 장치가 보통은 데이터 소스로부터 멀리 떨어져 있다는 것이다. 빅데이터의 경우 생성 및 수집된 데이터의 양이 엄청나게 크다. 이 대량의 데이터를 원격에 있는 클라우드 기반 서비스로 보내는 대신 데이터 소스나 클라이언트 가까이서 처리하는 것이 보통은 더 낫다. 이렇게 하면 실시간 분석에 필요한 대역폭도 절감하고 처리 지연도 줄일 수 있다. 클라우드 자원과 기술을 중앙의 클라우드에서 분리해 소스에 더 가까이 가져가는 아이디어에서 포그(Fog)라는 용어를 사용하게 됐고 포그 컴퓨팅, 포그 네트워킹이라는 용어도 나오게 됐다.

수명 주기 관리 및 라이선스 비용

VNF의 수명 주기를 검토하는 것은 다양한 이유로 중요하다. 수명 주기의 단계는 그림 3-10에서 보는 바와 같이 인스턴스화, 관제, 규모 조절, 업데이트 및 종료로 이뤄진다. VNF가 필요하지 않다면 (앞에서 언급한 것과 같이 위치나 시간 기반의 배포 등으로 인해) 아무 때든지 그 VNF에서 사용하던 하드웨어 자원들은 완전히 해제하거나 또는 규모를 축소할 수 있다. 그에 따라 그 자원들은 자원이 필요한 다른 VNF들에서 사용할 수 있다.

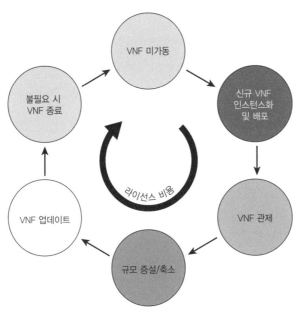

그림 3-10 VNF 수명 주기

적절한 수명 주기 관리를 설계에 반영해야 하는 또 다른 이유는 VNF 가동으로 발생하는 라이선스 비용이다. 전통적으로 네트워크 장비 제조사들은 매출 발생의 핵심 포인트로 하드웨어를 내세웠다. 하지만 NFV에서는 이 초점이 소프트웨어로 옮겨 갔다. 이에 따라 제조사에서는 라이선스와 사용량 기반 과금을 통해 매출을 가져간다. 이 과금 방식은 보통 기능, 인스턴스 개수, 용량 등에 따라 매겨진다.

네트워크를 설계할 때 실제 VNF들에서 필요로 하는 용량 및 기능뿐만 아니라 필요한 VNF 인스턴스의 적절한 개수도 고려해야 한다. 앞에서 언급한 해 따르기 네트워크 예시를 다시 살펴보면 양쪽 해안 전체에 걸쳐서 필요한 VNF 인스턴스의 개수는 똑같다. 오케스트레이터에서 수요가 낮은 시간대에서는 VNF를 종료하고 필요한 장소에서 생성하는 방식으로 설계하면 라이선스 비용을 낮게 가져갈 수 있다.

멀티테넌시

멀티테넌시^{Multi-Tenancy}는 서버 가상화에서 이미 아주 많이 사용하고 있다. NFV 설계에서는 이 기능의 혜택을 다시 누리는 것이다. 필요한 서비스가 유사한 일군의 고객에게 각각 서비스를 제공하는 것이다. 예를 들어 고객이 L2VPN^{Layer 2 Virtual Private Network}과 L3VPN^{Layer 3 VPN} 서비스를 요청하면 두 그룹의 테넌트로 나누면 된다. 유사하게 동일한 기능을 요구하는 다양한 고객들도 동일한 인프라스트럭처상에서 테넌트로 만들 수 있다.

멀티테넌시의 또 다른 측면으로는 SLA, 기능, 격리 등의 요건에 따라 고객별로 서비스를 다양한 수준으로 제공할 수 있다는 것이다. VNF 배치는 자원에 대한 기대 요건을 충족하는 기준에 따라 이뤄진다. 예를 들어 어떤 VNF는 필요한 성능을 맞추기 위해 CPU나 NIC을 전용으로 할당해야 할 수도 있다. 따라서 NFV 설계는 규모와 SLA 측면에서 테넌트별로 다양한 요건들을 만족하도록 여러 VNF들을 동시에 가동할 수 있도록 해야 한다. 이것이 또한 공유 인프라스트럭처를 활용하면서 이루어질 수 있도록 해야 한다.

자동화와 프로그래밍 지원

NFV를 구축할 때 자동화에 대한 지원을 내장하지 않으면 NFV의 장점 대부분은 불가능하다. 앞에서 언급한 많은 설계 관련 부분들을 구현하려면 자동화 도구와 스크립트는 별도로 언급하지는 않았지만 필수 요소다. 이들 자동화 엔진을 사용하려면 특정 기준에 따라 취할 조치 사항을 결정할 수 있는 업무 절차와 정책을 사전에 정의해야 한다. NFV 네트워크 설계에는 바로 이 정책 기반 네트워크에서 사용할 업무 처리 로직을 포함한다. 알려진 문제들을 자동으로 처리하는 기능, 다양한 수준의 장애 처리, 위치/시간 기반 서비스와 탄력성 같은 설계 목표 기준을 달성하는 유연한 메커니즘 등이 그 업무 처리 로직에 포함된다.

또한 자동화를 통해 VNF 내의 설정값을 변경하거나 재설정할 수 있어야 한다. 하지만 일반적인 NFV 환경은 여러 제조사에서 나온 VNF들로 이루어진 이종 혼합$^{Heterogeneous Mix}$ 구성이다. 이들 기능과 연동해 자동화를 구현하려면 VNF 쪽에서 공통된 프로그래밍 인터페이스를 제공해야 한다. 이것이 부족하면 NFV가 가져올 이점들이 사라질 수도 있다.

데브옵스 지원

데브옵스^{DevOps}는 제품 개발^{Development}과 운영^{Operation} 측면에서 한 팀으로 노력하고 협업하는 것을 뜻하는 약어다. 데브옵스 접근법은 개발과 운영 업무가 분리된 전통적인 방식을 탈피했다. 이 두 그룹이 상호 간에 개방적으로 의사소통하면서 업무를 개별적으로 하지 않고 함께 수행한다.

NFV 혁명은 소프트웨어 개발 분야의 대표적인 두 가지 게임 체인저$^{Game Changer}$와 함께 하며 지원을 받는다. 바로 데브옵스 접근법의 사용과 오픈 소프트웨어 개발 추세다. 이들은 혁신을 막고 있던 기존의 자체적인 소프트웨어 개발 접근법을 대체했다. NFV 설계는 데브옵스 및 오픈 소프트웨어 개발 모델을 잘 준수해야만 그 혜택을 볼 수 있다. 그들을 통해 새로운 변화에 적응할 수 있고 그 변화를 신속하게 설계와 배포 단계에 녹여 낼 수 있다.

NFV 네트워크 설계 요건 요약

앞부분에서는 네트워크를 계획하고 구축하는 데 중요한 설계 특징을 열거했다. 이것은 기존의 하드웨어 중심의 네트워크에서 변경하는 경우든지 신규로 NFV를 구축하는 것이든지 모두에 해당한다. NFV 설계 기준은 아주 유연하다. 하나로 퉁치는 방식이 아니라 비즈니스의 요건과 요구 사항에 맞춤으로 할 수 있는 것이다. 이들 설계 요소의 일부 또는 전부를 사용하면 그 네트워크로는 다음의 결과를 누릴 수 있다.

- 비용 절감과 효율 향상
- 최적화
- 새로운 차원의 서비스
- 더 빠른 혁신과 솔루션
- 향상된 고객 경험

NFV 변혁 과제

NFV는 장점도 많지만 과제도 많다. 제약 사항, 한계와 예상되는 함정을 검토해야만 설계에 대한 논의가 끝난다. 이러한 문제에 대한 우회 방안을 마련하고 그로 인한 영향을 완전히 없애거나 최소화하는 것이 중요하다. 이러한 과제는 전통적인 네트워크에서 나온 것과는 완전히 다르고 새롭다. 따라서 각각에 대해 세부적으로 살펴봐야 한다. 이어지는 부분에서 중요한 과제 일부를 살펴본다.

VNF 총 처리량과 처리 지연 성능

네트워크에서 데이터 총 처리량^{Throughput}과 기대 속도로 처리할 수 있는 VNF의 능력은 아주 중요하다. 전통적인 하드웨어에서는 높은 총 처리량을 달성하기 위해 ASIC$^{Application-Specific\ Integrated\ Circuits}$와 전용 패킷 프로세서를 사용했다. 전용 패킷 프로세서는 높은 PPS$^{Packet-per-second}$로 패킷을 처리할 수 있도록 맞춤 제작됐다. 또한 이들 주문형 ASIC는 물리적인 인터페이스들과 밀접하게 연결돼 데이터 패킷을 전송할 때 중간에 프로세서가 개입할 필요가 없었다. 이 플랫폼에서는 대부분의 데이터 패킷들을 ASIC의 코드에서 처리했고 소프트웨어에서는 처리하지 않았다. 이는 소프트웨어로 처리하는 방식이 하드웨어에서 패킷을 처리해 얻는 총 처리량에 비교해 더 느리기 때문이다. 하드웨어에서 처리할 수 없는 예외적인 경우에만 소프트웨어 기반 방식으로 처리했다. 이 경우 그 데이터 패킷들은 성능 저하라는 비용을 치르게 된다.

이와 대조적으로 NFV는 소프트웨어 중심이며 특화된 하드웨어 기반의 처리 엔진이 없으므로 따라서 상대적으로 단점이 있다. 데이터 패킷들은 소프트웨어적으로 처리된다. VNF에 구현된 데이터 패킷 처리 코드들은 서버 하드웨어상의 범용 CPU에서 실행된다. 특수 하드웨어 기반 처리가 부족한 것을 보완하기 위해 특별한 기법을 사용한다. VNF에 내장된 패킷 처리 알고리즘의 성능뿐만 아니라 VNF에서 사용하는 NIC 장치 드라이버를 개선하고 고도화하는 것이다. 그 차이는 이러한 기법으로 줄어들었다. 그럼에도 불구하고 소프트웨어 기반으로 달성할 수 있는 패킷 포워딩 성능은 여전히 하드웨어 기반 처리 기법에 미치지 못한다는 것은 기억해야 한다. 지터와 처리 지연^{Latency} 또한 데이터 처리 성능에서 중요한 요소다. 이들은 시간에 음성, 비디오 같은 민감한 트래픽과 모바일 패킷 코어의 SBC^{Session Border Controller}와 같은 시간에 민감한 응용프로그램에 아주 중요하다. 패킷 처리를 위해 VNF에 할당한 가상 CPU가 전용이 아니라면 패킷의 목적지 탐색, 데이터 경로 기능 적용 등의 알고리즘을 아무리 최적화한다고 하더라도 처리 지연은 여전히 예측 불가 상태일 수밖에 없다. 결과적으로 데이터 트래픽에 지터와 높은 처리 지연이 나타나게 된다. 6장, '전체 이어 붙이기'에서 이러한 상황을 경감할 수 있는 다양한 실마리를 살펴본다. 또한 소프트웨어 기반과 맞춤식 하드웨어 기반의 패킷 처리 성능의 차이를 줄일 수 있는 기법도 살펴볼 것이다.

가상화로 인해 추가적인 오버헤드 계층이 생기고 총 처리량 입장에서는 세금이 부과되는 셈이다. 공유된 자원을 사용하기 때문에 가상과 실제 하드웨어 사이에서 연동하는 역할로 인해 패킷 처리 성능을 떨어뜨리는 오버헤드가 추가되는 것이다. VNF들이 하이퍼바이저를 통해 통신하는 경우 물리적인 NIC들^{pNIC}을 사용하기 위해 드라이버가 필요하지는 않다. 대신 가상 인터페이스 드라이버를 사용한다. 이 가상 드라이버가 pNIC과 통신한다. 하지만 이 체계는 하이퍼바이저 통행료를 내야 한다. 한 가지 대안은 반가상화 기법을 사용해 pNIC 장치 드라이버를 VNF 내에 포함하는 것이다. 이 방법은 패스스루^{Passthrough}라고 하며 가상화 오버헤드를 줄일 수 있다. 하지만 VNF에서 물리적 인터페이스 장치를 지원해야 하는 조건이 붙는다.

그림 3-11은 전용 하드웨어와 비교해 VNF상에서의 이러한 성능 영향을 요약해 보여준다.

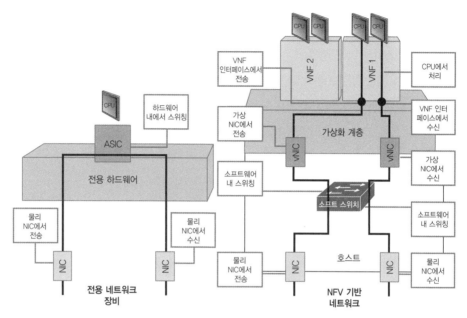

그림 3-11 전용(기존) 네트워크 장비 대비 VNF에서의 패킷 처리

VNF 인스턴스화 시간

VNF를 생성하는 시간은 보통 전용 장비를 부팅하는 시간보다 짧다. 하드웨어 부팅 관련 단계와 절차를 건너뛰고 소프트웨어 부분만 서비스로 가동하기 때문이다. 하지만 가상 머신이 완전히 올라오고 실행되기까지 걸리는 시간을 완전히 무시할 수는 없다. VNF 응용프로그램의 최초 부팅 시간이나 (가상 환경 내에서) 재부팅 시간은 다양한 요소에 따라 변동적이다. 상황에 따라 그 영향은 예측 가능할 때도 있다. 이를테면 가상화 유형, 컨테이너 또는 가상 머신에 따라 차이가 있다. 컨테이너는 경량이고 따라서 컨테이너를 부팅, 재부팅, 종료하는 시간은 가상 머신에 비해 더 짧다. 인스턴스화 및 삭제 시간에 영향을 주는 다른 요

소들은 사전에 알 수가 없다. 해당 호스트의 CPU 부하나 디스크 자원의 과도한 사용 등으로 VNF 인스턴스화 시간이나 삭제 시간이 늦어질 수 있다. 이 문제에 추가할 만한 다른 요소들로는 관리 및 오케스트레이션 시스템의 응답 시간이다. 이 시스템들도 동일한 자원 제약 상황에 처할 수 있으므로 VNF에 대한 설정 시작을 실시간으로 하는 것이 어려울 수도 있다.

이 모든 요소를 합해 VNF 생성, 설정, 삭제 등에 소요되는 시간이 결정되고 설계 단계에서 잠재 문제로서 충분히 검토해야 한다. 고가용성, 일중 배포 시간 등과 같은 많은 설계 원칙들은 거의 대부분 VNF를 순간적으로 생성 및 삭제하는 것이 필요하다. 추가로 수 초 내지 수 밀리초만 더 걸려도 설계에 큰 영향을 줄 수 있다.

인프라스트럭처의 안정성

다양한 제조사로 구성 가능할 수 있는 유연성은 가점 요소지만 이는 다시 하나의 과제를 안고 있다. 각 제조사는 자사의 구성품들만 갖고 자신들의 제품에 가장 잘 맞는 환경에서만 검증했을 것이다. 제품들을 다양한 계층으로 상호 연동하게 되면 그 결과물의 안정성은 개별 구성 요소의 제조사에서 한 것과 동일하지 않을 수도 있다. 안정성이 가장 약한 구성 요소가 전체 인프라스트럭처에 영향을 줄 수 있다. 인프라스트럭처의 설계 기준에 대해 앞에서 논의할 때 낮은 가격 중심으로 주문형 하드웨어를 제작하는 경우 유사한 안정성 문제가 있음을 지적했다. 안정성은 또한 인프라스트럭처의 소프트웨어를 선정할 때 설계 기준의 하나다. 하지만 안정적이고 튼튼한 소프트웨어와 안정적인 하드웨어 플랫폼이 있다고 그 둘의 조합으로 이루어진 인프라스트럭처가 안정적이라고 할 수는 없다. 그러한 안정성을 이룩하려면 그 인프라스트럭처에 대한 통합 테스트와 검증을 해야 한다. 다양한 제조사들에서 만든 구성 블록들을 이용해 인프라스트럭처를 만들었기 때문이다.

자체적으로 테스트하는 것 외에 이 위험을 줄일 수 있는 다른 가능한 방법은 제조사에서 사전 검증한 세트를 선정하는 것이다. 일부 제조사들은 전체 호스트 운영체제와 하이퍼바이저를 포함해 확장성 있는 하드웨어까지를 하나로 묶어서 패키지로 제공하기도 한다. 이 패키지는 호환성 문제에 대해 사전에 테스트를 마쳤기 때문에 장점이 있다. 또한 제조사에서 지원 계약을 하므로 백업도 되고 장기적인 로드맵을 제공하는 것도 이점이다. 제조사 입장에서는 이 방식이 거대한 NFVI 시장을 잡을 수 있는 기회이고 사업자 입장에서는 더 신속하게 NFV를 구축할 수 있는 방법이 될 수 있다. 이러한 예가 바로 노키아의 에어프레임[Nokia AirFrame], 델의 파워엣지 FX[Dell PowerEdge FX]와 시스코의 클라우드 서비스 플랫폼[Cisco CSP, Cisco Cloud Services Platform] 등이다.

한발 더 나아가 NFVI 관련된 네트워크 장비(ToR 스위치, PoP 간 상호 연결 장비, 집선용 라우터)를 들여다보면 동일한 안정성 문제가 또 있다. 해결책은 동일하다. 자체적인 검증을 하거나 제조사에서 사전 패키징하고 검증한 솔루션을 선택하는 것이다. 가상화 서버, 저장 장치, 네트워킹을 포함해 전체적으로 통합된 NFVI 시스템을 제공하는 제조사 솔루션으로는 넷앱의 플렉스포드[NetApp FlexPOD]와 VCE의 Vblock이 있다.

참고

Vblock과 플렉스포드는 둘 다 시스코의 UCS(Unified Computing System) 서버, 시스코 스위치, EMC나 넷앱의 스토리지 장치, VMware의 하이퍼바이저 등의 조합을 사용한다. 제조사에서는 이 통합 솔루션을 테스트하고 검증한 뒤 사업자와 고객에게 사전 테스트된 솔루션으로 광고한다.

고가용성과 안정성

전통적인 네트워크에서 하드웨어와 소프트웨어의 고가용성은 대부분 단 하나의 제조사에 국한됐다. 대부분의 장애 및 고가용성 시나리오 검증은 그 제조사에서 했다. NFV 네트워크에서는 이것이 바뀌었다. 지금은 여러 제조사가 있을 수 있고 각각은 고가용성 메커니즘이 다를 수 있기 때문이다. 서비스 사업자는 여전히 현재의 통신 사업자급 하드웨어에서 제공하는 파이브 나인(99.999%) 수준의 안정성 제공을 원한다. NFV를 이용하는 경우 이를 달성하기 위해 사업자는 소프트웨어의 장애 탄력성[Resilience]과 기존과 다른 아키텍처를 들여다봐야 한다.

참고

통신 사업자급 하드웨어와 서비스는 고가용성, 장애 내성, 장애 시 낮은 영향 등을 자랑한
다. 시스템을 이중화로 설계해 회복성이 뛰어나며 장애로 인한 영향이 없도록 트래픽 손실을
50ms 이내에서 가능한 것을 보장할 수 있도록 설계한다.

이 고가용성은 시스템이 가동돼 완전히 가용한 시간에 대한 백분율로 측정한다. 예를 들어
99.999%(파이브 나인)의 뜻은 시스템의 예상치 않은 다운타임이 1년 전체를 기준으로 5,256
분(8760시간 기준으로)을 넘지 않는다는 것이다. 포 나인(99.99%)이라면 1년 동안 누적된 다
운타임이 52분이라는 뜻이다.

NFV의 여러 계층으로 인해 사업자 입장에서는 또 다른 과제들이 나온다. 다양한 시스템에
서 데이터를 수집하고 그 모든 정보들을 상호 연관 처리해 시스템 문제를 파악해야 한다.
만일 하나의 구성품에서 변경이 발생하면, 예를 들어 하이퍼바이저나 호스트 운영체제에서
변경이 발생한 경우 이 상호 연결성을 갱신해 신규 제조사 변경을 반영해야 한다. NFV 시
스템의 안정성의 고려 사항에는 또한 서버 하드웨어, 하이퍼바이저, 호스트 운영체제, VNF
등의 더 많은 가변적인 구성 요소에서 발생하는 요소들도 포함해야 한다. NFV 시스템 안정
성은 VNF의 탄력성과 재배치 관련해서도 추가 과제를 가져온다. 이와 관련해 다른 시스템
을 사용하는 경우 이것 또한 검증해서 안정성 목표를 맞추는지 확인해야 한다.

라이선스 비용

앞서 약간 언급했듯이 네트워킹 분야에 NFV를 도입함에 따라 네트워크 장비 제조사들은
가격 체계를 바꾸어야 한다. 가격 체계가 라이선스 방식으로 소프트웨어 사용 권한에 따라
부과하는 방식으로 바뀌고 있다. VNF 라이선스뿐만 아니라 다른 소프트웨어 구성 요소들
은 자체적인 라이선스 요건들을 갖고 있다. 결과적으로 NFV 네트워크에는 다양한 라이선
스가 필요하다. 호스트 운영체제, 하이퍼바이저, VNF, 설정 관리 응용프로그램, 오케스트
레이션 시스템 등이 그 대상이다.

표 3-1에서 보는 바와 같이 라이선스는 보통 다계층, 다차원적이다. 라이선스를 선택할 수
있는 방법 또한 이 예시에서 보여준다. 각각의 분류에서는 비용 없는 옵션이 있다. 하지만

이는 지원 모델과 명확한 로드맵이 부족하기 때문에 선호할 방안은 아니다. 사업자가 보통 선택하는 방식은 굵은 글씨체로 표기했다. 표에서 보는 바와 같이 다양한 요소를 바탕으로 비용과 관련돼 있다. VNF 제조사들은 라이선스 비용을 부과할 때 여러 가지 옵션이 있다. VNF가 처리하는 총 처리량, 활성화한 기능, 사용 기간, VNF가 배포된 네트워크에서의 역할 등이다.

표 3-1 라이선스 비용

	가능한 라이선스 방안	CPU	메모리	총 처리량	사용 기간	기능
하드웨어	COTS(제조사 제품)	✓	✓		✓	
호스트 운영체제	FSL(Free Software License), 지원 모델 포함 FSL, 자체 소프트웨어					✓
하이퍼바이저	FSL, 지원 모델 포함 FSL, 제조사 제작	✓				✓
VNF	FSL, 제조사 제작			✓	✓	
오케스트레이터	FSL, 지원 모델 포함 FSL, 자체 제작, 제조사 제작				✓	✓

무료 소프트웨어 라이선스

사용자가 소프트웨어를 실행, 복제, 배포, 연구, 변경, 개선할 때 마음대로 해도 된다는 뜻이다. GNU의 GPL(General Public License)과 MIT(Massachusetts Institute of Technology) 라이선스 같은 오픈 소스 라이선스가 요즘 가용한 무료 소프트웨어 라이선스의 예시이다[5].

이 모든 라이선스와 하드웨어를 고려하면 총 소유 비용과 운영 비용이 전통적인 네트워크 장비나 단일 제조사 솔루션 기준의 비용보다 많을 수 있다. 이는 개별 구성 요소를 선정할 때 라이선스 비용은 아주 중요한 고려 사항이라는 뜻이다.

라이선스 관리의 다양한 관점

앞서 언급했듯이 NFV 네트워크에서 다양한 계층과 차원의 라이선스가 있다. 비용 요소는 차치하고 이 라이선스에 대한 관리는 또 다른 종류의 과제다. 이 라이선스들을 구현하고 적용하려면 제조사들은 자체적인 라이선스 모델들을 사용해야 할 수도 있다. 라이선스 관리가 소프트웨어 그 자체에 내장돼 있을 수도 있다. 또는 외부의 관리 서버가 필요할 수도 있다. 이 서버의 위치(인프라스트럭처의 관리 네트워크 내에 위치 또는 제조사에서 외부에 별도로 호스팅)는 또 하나의 복잡성을 더한다. 예를 들어 그림 3-12에서는 하이퍼바이저를 내부의 자체 라이선스 서버를 이용해 구축하고 VNF 제조사 중 하나는 해당 라이선스를 클라우드(제조사에서 호스팅)에 구현하며 나머지 VNF 제조사는 라이선스 서버가 인트라넷에 있도록 라이선스 방식을 설계했다. 라이선스 관리 방법론 관점에서 이러한 다양한 지원 및 구현 방식을 포함하도록 설계와 운영을 계획해야 한다.

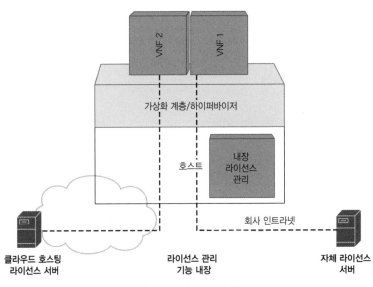

그림 3-12 라이선스 서버 방식

표준화의 진화

NFV 기능 블록 간의 연동에 대한 표준화는 계속 성숙돼 가고 있다. 관리 도구, VNF들 운영 시스템 간의 통신에 사용하는 프로토콜도 계속 진화를 거듭하고 있다. 오늘날 제조사에서 구현한 것들은 대부분 자체 환경에 맞춤식으로 돼 있다. 따라서 제조사를 혼용한 환경에서는 상호 호환성 문제가 있을 수 있고 ETSI NFV 프레임워크의 NFV MANO^Management and Orchestration 블록과도 호환성이 완전하지 않을 수 있다. 이러한 것들이 NFV에서 약속하는 자유의 범위와 선택의 다양성을 제한한다.

오늘날 NFV로 옮겨 가는 네트워크 사업자는 이 진화로 인한 변화에 계속적으로 적응해야 하는 과제에 직면한다. 현재 도구들의 표준은 임시적이고 시간이 지나면서 시장에서 채용해 선택된 다른 방안으로 교체해야 할 수도 있다. 그러한 변천의 예시 중 하나가 (CLI 기반 설정의 대체라고 보였던) 바로 XML^Extensible Markup Language 설정 모델이 잦아들고 이제 네트워크 기능 관리용으로 Netconf/YANG와 오픈컨피그^OpenConfig로 대체하는 추세다. 하단 통신^Southbound Communication(즉 관리 시스템에서 VNF로 통신하는 것)에 Netconf를 사용하고 상단 통신^Northbound Communication2에는 Restconf를 사용하는 것이다. 오픈 API를 사용하는 것이 대부분의 제조사가 지향하는 방향이기 때문이다.

YANG

Yet Another Next Generation을 나타내며 장비의 변수들과 설정을 모델링하는 표준화된 문법(Syntax)을 제공한다. Netconf는 VNF들, 오케스트레이션, 관리 도구들 간에 YANG 데이터를 전달할 때 일반적으로 사용하는 프로토콜이다.

---

2   관리 시스템에서 OSS/BSS와 통신하는 것 – 옮긴이

보안

NFV를 이용하면 네트워크 보안 구성을 고도화할 수 있다. 보안 구역^{Security Zone}을 세밀하게 만들고 방화벽, IDS^{Intrusion Detection Systems}, DDoS 차단기 등의 보안 VNF들을 관제나 차단이 필요한 트래픽의 소스 가까이에 배치하는 것이다. 하지만 예상되는 취약성에 대비해 다단계로 네트워크 보안을 보장하도록 NFV로 구현하는 것은 또 다른 과제를 가져온다. 운영 및 관리 요소가 하드웨어, 하이퍼바이저, 컨테이너, VNF들과 같이 여러 개의 독립된 계층으로 있기 때문에 보안을 위한 설정 변수도 그들 각각에 대해 검토해야 한다. 사용자에 대한 권한 부여 및 각 계층별 인증 정보에 대한 관리도 필수다. 어느 한 계층이라도 약점이 있으면 다른 모두에게 영향을 끼칠 수 있는 상황을 초래할 수 있다. 각 계층별로 보안이 유지돼야 하고 취약성이 없어야 한다. 사용자들에게 적절한 접근 권한을 주고 그에 따라 명령어를 실행할 수 있는 권한도 부여해야 한다.

NFV 네트워크를 침입에서 보호하고 인가되지 않은 접근과 트래픽을 막으려면 분리된 방화벽을 여러 단계로 구성해야 한다. 그 첫 번째 계층이 개별 VNF들에 대한 것으로 이들은 전통적인 장비처럼 보호돼야 한다. 가상 방화벽(아마도 별도의 VNF로 실행)을 이 용도로 사용할 수도 있다. 두 번째 계층은 방화벽을 하이퍼바이저에서 사용하는 것이다. 데이터가 각각의 VM에 이르는 경로를 보호하는 것이다. 내부 감사용 방화벽^{Introspective firewall}이라고 하는 이러한 유형의 방화벽은 호스트 내에 있는 가상 머신을 보호한다. 이는 가상 머신의 운영 상태와 상관없이 하이퍼바이저를 경유해 접근 가능한 개방 포트를 해킹해 이루지는 접근을 막는다. 세 번째 계층의 보호는 호스트 운영체제 그 자체를 보호하도록 방화벽을 구성하는 것이다. 인프라스트럭처 구성 요소를 보호하고 인가되지 않은 트래픽이 그들 간에 오가지 못하도록 막으려면 또 다른 계층의 방화벽이 필요할 수도 있다. 호스트 운영체제와 인프라스트럭처를 보호하는 방화벽은 NFVI 자체의 일부일 수도 있다. 이 방화벽은 내부 감사용 방화벽이나 VNF 방화벽과는 독립적으로 동작하도록 구성하고 관리해야 할 것이다.

그림 3-13은 NFV에서 보안을 적용하고 구현할 때의 고려 사항에 대한 다양한 측면을 보여준다.

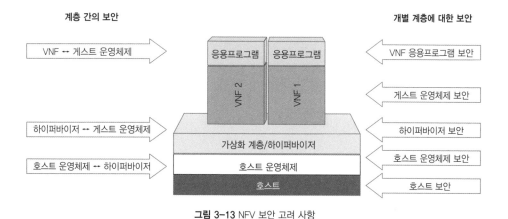

계층 간의 보안

개별 계층에 대한 보안

VNF ↔ 게스트 운영체제

VNF 응용프로그램 보안

하이퍼바이저 ↔ 게스트 운영체제

게스트 운영체제 보안

호스트 운영체제 ↔ 하이퍼바이저

하이퍼바이저 보안

호스트 운영체제 보안

호스트 보안

응용프로그램

응용프로그램

VNF 2

VNF 1

가상화 계층/하이퍼바이저

호스트 운영체제

호스트

그림 3-13 NFV 보안 고려 사항

고려할 몇 가지 보안 침입 지점들은 다음과 같다.

- 개별 계층에 구성 요소 단위 보안에 대한 개별적이고 직접적인 공격. 이들 개별 계층에 대한 위협에서 보호하고 인증, 명령어 권한 부여, 로깅과 관제 등을 관리하는 것은 만만치 않다.
- 구성 요소 간에 정보나 패킷이 오가는 것에 대해 보안 관점에서 우려가 있을 수 있다. 예를 들어 VNF 응용프로그램이 게스트 운영체제를 접근할 수 있는지 여부, 하이퍼바이저에서 한 VNF가 다른 VNF와 통신하면서 그 둘을 완벽하게 격리할 수 있는지 여부에 대해서 말이다.
- VNF들 간의 격리 수준에 따라 NFVI를 공유하는 다른 VNF들 입장에서는 인접하는 VNF들의 보안 탈취가 우려된다.
- 서비스 체이닝Service Chaining 관련 이슈를 해결해야 하는 보안 측면의 과제가 있다. VNF 포워딩 그래프에서 악성 또는 인가되지 않은 블록이 경로상에 있지 않다는 것을 확실히 해야 한다.

NFV 보안 구성과 관련해 언급할 또 다른 과제는 NFV 네트워크 특히 VNF들에서 다중 제조사 소프트웨어를 사용하는 데 있다. 다른 계층과 마찬가지로 VNF도 많은 다른 제조사에서 구현한 것으로 구성된다. 그들 각각은 별도로 안전하고 보안적으로 튼튼한지 평가 검증해야 한다. VNF의 제조사를 바꾸게 되면 재평가가 필요하다. 이는 VNF 선정 절차에 추가 적인 오버헤드를 만들게 된다.

이전 과제들

NFV 변이는 혁신적이거나 진화적이다. 어느 경우든지 간에 이전^{Migration} 관련 과제에 직면한다–기술 관점이 아니라 운영 절차의 변화 및 비즈니스 모델의 변화와 관련된 과제들이다. 진화적 이전^{Evolutionary Migration}에서는 NFV로의 변이가 단계별로 일어나며 당분간은 기존의 기술과 NFV가 함께 공존한다. 이 공존이 기술적으로는 도전적인 상황이다. 신규 설계 기준에 더불어 설계에서는 기존 장비로 제공하는 현재의 서비스를 수용하고 구현해야 한다. 물론 신규의 NFV 기반 서비스에는 장애물이 생기면 안 된다. 이 진화는 계획에 따라 구축, 관리, 운영해 단계별 이전을 하는 동안 NFV의 장점을 흐리지 않도록 해야 한다.

NFV가 현재의 네트워킹 코드를 가상화해 오늘날의 하드웨어상에서 실행하는 것 그 이상임을 앞서 이미 주지했다. 따라서 현재의 하드웨어 장비 하나를 대체하는 경우 여러 제조사에서 만든 여러 개의 모듈화된 VNF들을 여러 위치에 구성해야 할 수도 있다. 운영 관점에서 응용프로그램을 관리, 관제하는 것도 VNF들을 운영할 수 있도록 바꾸어야만 한다. 이러한 변경에 따라 현재의 도구들과 함께 사용할 도구를 신규로 추가해야 할 수도 있다. 또는 기존의 도구들을 고도화해 기존 시스템뿐만 아니라 NFV 구성도 동시에 함께 관리하도록 할 수도 있다. 운영팀 또한 기존 장비뿐만 아니라 신규 제품에서 발생하는 이슈를 처리할 수 있어야 한다. 이는 필요로 하는 스킬 셋^{Skill Set}과 전문성 측면에서 쉽지 않은 것이다. 가장 중요한 것은 NFV 이전 중인 중간 단계 네트워크에서의 상호 운영성 문제를 일상 운영 관점에서 반드시 고려해야 한다는 것이다. 고려할 부분은 네트워크 기능과 서비스의 기존 구성(물리적)과 신규 구성(가상화와 물리적 구성의 혼합) 간의 상호 운영성이다.

NFV 이전에 대한 다른 접근법은 현재의 것을 전환하는 것이 아니라 네트워크를 대체하는 것이다. 이 혁신적 이전^{Revolutionary Migration}은 NFV 구축이 신규 구축이라는 의미를 담고 있다. 따라서 대체할 기존의 네트워크에서 파생되는 제약 조건들이 하나도 없다. 이 경우

NFV를 통해 네트워크에서 가능한 신규 설계와 구축을 가장 잘 활용하는 서비스를 개발하는 새로운 접근법이 비즈니스 개발 및 계획 관점에서는 적당하다. 이렇게 기존 네트워크와 겹치는 시기가 전혀 없이 NFV로 바로 넘어가도록 신속하게 이전한다는 것은 신규 도구들, 운영 기법 및 문제 해결 능력 등도 동일한 속도로 적용한다는 뜻이다. 또한 VNF 제조사에서 가능한 지원이 부족해 어떤 요구 사항은 아직 구현이 어려울 가능성도 있다.

관리 시스템의 과제들

NFV 네트워크 관리는 기존 네트워크와는 매우 다르다. 관리 시스템에서는 다양한 계층과 여러 제조사를 다뤄야 한다. 호스트, 가상화 엔진, VNF들 및 하드웨어. 네트워크에서 NFV로의 변환이 바로 이루어지는 것이 아닌 경우 관리 시스템은 또한 기존 장비들도 처리해야 한다. 그런 네트워크에서는 상호 운영성 문제가 중요하다. 현재의 관리 시스템에 NFV가 가져오는 또 다른 과제는 민첩하고 동적인 네트워크 관리에 대한 필요성이다. 관리 시스템에서는 네트워크를 실시간으로 관제해야 하고 문제를 처리하는 데 필요한 조치를 취해야 한다. 프로그래밍 지원과 자동화도 이러한 시스템들의 전체적인 부분을 이루는 일부다. NFV 기능들과 설계의 장점들을 효과적으로 구현할 수 있도록 관리 도구들도 고도화돼야 한다. 탄력성, 하드웨어에 대한 실시간적 할당/할당 해제, 네트워크 연결성(VNF 간)의 재설정, 신규 서비스의 수요 기반 배포 등을 관리 도구들도 처리할 수 있어야 한다. 사실상 관제 및 관리와 밀접하게 관련된 오케스트레이션은 네트워크 세계에서는 아주 새로운 개념이다.

NFV 네트워크가 커지고 규모를 늘리면서 이동, 진화, 갱신하는 단계를 과거에는 불가능했던 속도로 지나게 된다. 이 경우 그 이력을 관리하면서 네트워크가 관리가 불가능한 상태로 되지 않도록 하는 것은 또 다른 해결 과제다. 이 상황을 피하려면 서비스들에 대한 설계 템플릿과 연결에 대한 상세 사항을 기존보다도 더 엄격히 적용해야 한다. 시스템 기반의 잘 계획된 접근법이 모자라면 처음 NFV를 구축해 얻은 효율성 이득을 완전히 무효화하는 엉망인 상태로 돌아갈 것이다. 오늘날 제조사에서 제공하는 관리 응용프로그램은 아직도 이 모든 과제들을 담당하기에는 부족하다. 대부분의 도구들은 아직도 상당 부분 제조사의 자체 NFV 솔루션에 맞춤식으로 돼 있다. 또한 여전히 NFV 기반 네트워크를 관리 및 관제하는 완벽한 방법을 찾으려고 진화 중이다. 사업자 입장에서는 기존에 자체적인 관리 도구들을 사용해왔고 이 새로운 방식의 관리로 변화하는 것이 아주 큰 문제로 다가온다. 관리의 변화에 적응해야 하는 것은 도구와 소프트웨어에만 한정되는 것이 아니다. 그와 동시에 네트워크 운영 팀도 진화해야 한다. NFV 네트워크를 관리할 기법을 사용할 수 있도록 교육도 받아야 한다.

NFV 시스템의 운영에는 다양한 수준의 관리와 관제를 포함한다. 인프라스트럭처는 하이퍼바이저, 호스트 운영체제나 VNF를 담당하는 것과는 다른 도구들과 팀이 필요하다. 이 것이 바로 ETSI 프레임워크에서 MANO 기능 블록에 여러 개의 하위 블록들을 정의한 이 유다. 그 예시가 VNFM^{Virtualized Network Functions Manager}과 NFVO^{NFV Orchestrator}, VIM^{Virtualized Infrastructure Manager}다. 그림 3-14에서 보는 바와 같이 관리 영역의 이 여러 계층들은 상호 간에 독립적으로 동작한다. 그러면서도 전체 NFV 구성에 대한 관리를 이루도록 상호 간에 조율하고 통신해야 한다.

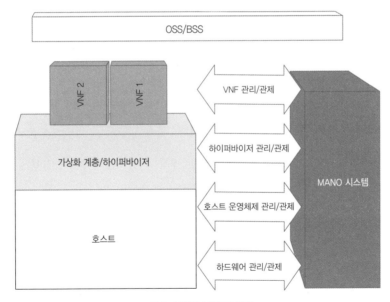

그림 3-14 NFV 관리와 관제

자원 제약

가상화에서는 공유와 격리 기능을 제공하지만 그 경계에서는 여전히 특정한 경우 부족한 상황이 발생할 수도 있다. 하나의 VM이 오작동해 자원을 과도하게 점유하고 그 호스트상의 다른 이웃 VM 모두에게 영향을 줄 수도 있다. 이 상황을 일컬어 시끄러운 이웃 효과Noisy Neighbor Effect[6]라고 하며 기존의 하드웨어 기반 방식에 대비해 대표적인 단점으로 꼽는다. 가상 환경으로 컨테이너를 사용하는 경우 격리가 가상 머신에 비해 상대적으로 떨어진다. 이것도 문제가 될 수 있다. 이것은 자원들의 격리 수준을 높이고 공유를 효율적으로 하도록 하면서 가상화 계층의 고가용성 메커니즘을 활용하도록 해 해결할 수 있다.

장애 처리 관련 과제들

NFV 세계에서 장애 탐지와 장애 처리는 사전에 계획하지 않으면 무척 힘들 수 있다. 장애 처리를 하려면 다양한 수준의 디버깅이 필요할 수도 있다. 특정 수준의 문제가 다른 수준으로 번질 수도 있다. 호스트 CPU의 부하가 높거나 시스템이 시끄러운 이웃 증상을 겪고 있다면 그 호스트상의 VNF들은 성능상의 영향을 받을 것이다. VNF만 디버깅해서는 문제의 근본 원인을 찾는 데 충분하지 않을 것이다. 유사하게 장애나 문제가 하위 수준에서 발생하면 그 상위 수준에서는 여러 개의 장애가 발생할 것이다. 일례로 하이퍼바이저가 다운되면 관제 시스템에서는 모든 VNF들에 대한 장애도 함께 보게 된다. 전체 그림을 보지 않고 VNF의 장애 원인을 검사하고 문제 해결을 시도하는 것은 아무 결과가 없을 것이다. 이 모든 장애에 대한 실제 근본 원인은 하이퍼바이저가 다운된 것을 확인해야만 찾을 수 있을 것이다.

NFV에서는 하드웨어와 소프트웨어가 분리됐기 때문에 하드웨어에 대한 관제 및 문제 해결은 대부분 호스트 운영체제를 통해 이뤄져야 한다. 이는 기존 네트워크에서의 하드웨어 장애 처리와는 완전히 다르다. 기존 네트워크에서는 이 기능들이 운영체제에 통합된 기능으로 제공됐다. 그 운영체제들의 네트워크 기능들이 VNF로 옮겨가고 하드웨어 문제 해결 기능들은 호스트 운영체제로 넘어갔다. 이는 호스트 운영체제가 하드웨어에 가장 가까이서 구동되기 때문이다. 가상 CPU와 메모리 관제와 같은 기능은 여전히 VNF의 일부일 수도 있지만 그런 기능들은 하드웨어 문제 해결엔 제한된 도움만 줄 뿐이다. 호스트 운영체제가 가장 가시성이 좋다.

VNF의 동적인 특성과 다중 제조사 수용에 따라 네트워크 기능에 대한 소프트웨어 문제 해결은 더 복잡하게 됐다. 네트워크 업계에서는 VNF 관리를 위한 API 공통 모음과 모델들을 만들어 가고 있다. 하지만 대부분의 VNF들이 이들에 대한 지원이 아직 완벽하지 않다. 이들 API를 이용해 추출할 수 있는 정보는 기초적인 문제 해결 연습용 수준이다. 하지만 네트워크를 관리하는 표준화된 방법을 갖게 된다고 해서 공통 API로 디버깅이 가능하단 뜻은 아니다. 예를 들어 문제 해결의 기본 수준은 특정 경로가 전파됐는지 또는 라우팅 프로토콜이 활성화됐는지 등을 확인하는 것이다. 하지만 라우팅이 활성화되지 않은 이유를 찾아 해결하려면 VNF 수준의 디버깅 문장을 사용해야 한다. 이들 디버깅 문장들은 보통 제조사의 구현 방식으로 돼 있다. 특정 제조사의 VNF에서 다른 제조사의 VNF로 신속하고도 동적으로 옮겨 갈 수 있는 기능과 제조사에 대한 독립성이 NFV의 장점이다. 하지만 운영 팀이 해당 제품에 대한 디버깅 능력을 보유하고 있지 않다면 문제 해결, 장애 처리는 어려움에 봉착하게 된다. 오늘날의 관제 시스템 대부분은 장비 문제를 탐지할 때 장비에서 생성하는 알람과 시스로그Syslog 알림을 사용한다. 이들 로그와 알람은 그 형식이 다양하며 내용은 제조사에서 구현한 것에 기반을 두고 있다. 다시 한 번 VNF가 동적일 수 있고 다중 제조사라는 사실의 의미는 운영 도구가 각 종류 장비의 메시지를 이해하고 해석해야 한다는 뜻이다. 그의미에는 장비의 수명 주기 상태를 파악하는 것도 포함한다. SNMP와 같은 표준 기반의 관제 기법을 사용하면 이 상황을 약간 풀 수 있지만 그 범위와 활용도는 아주 제한적이다.

네트워크 인프라스트럭처와 서비스 가상화

제조사들이 구현한 VNF들의 첫 번째 파도는 제조사들의 현재 네트워크 소프트웨어들을 가상화된 환경에서 실행할 수 있도록 하는 데 초점을 맞췄다. VNF들은 전통적인 장비의 기능을 복제하는 데 그쳤고 NFV의 이점을 활용할 수 있도록 설계되진 않았다. 그 구현이 성숙

함에 따라 요즈음 제공되는 VNF들은 가상화하려는 기능에 더 집중해 가상화된 배포와 관리에 최적화돼 있다. 즉 NFV의 맥락과 요건을 염두에 두고 VNF들이 개발됐다. 여기서는 그러한 VNF들의 활용을 다루고 요즘 구현된 관련 사용 예시를 설명한다. 이 예시적 사례 연구는 세 가지 주요 네트워크 기술 트랙에 초점을 맞출 것이다. 그리고 NFV 도입에 따른 이들 영역에서의 변화와 그 뒤에 숨은 동기를 살펴볼 예정이다.

라우팅 인프라스트럭처에 대한 NFV

라우팅의 가상화를 논의할 때 종종 띄우는 그림은 VNF를 실행하는 서버들이 모든 장비 기능을 대체할 것이라는 내용이다. 하지만 현실에서는 대용량의 패킷 스위칭이 주 기능인 네트워크 장비에 대해서는 NFV가 가져오는 혜택이 없다. 그림 3-15에서 보는 바와 같이 라우팅과 네트워킹 기능 가운데 CPU 사용률이나 메모리 사용량이 필요한 것들이 바로 인프라스트럭처의 NFV 변환의 최적 후보이다. 하부의 인프라스트럭처-ToR 스위치, 스파인 스위치, 사업자 간의 피어링 라우터, NFV PoP를 상호 연결하는 장비-가 바로 주 기능이 패킷 포워딩과 집선인 라우팅 및 스위칭 장비의 예시이다. 이들은 초기 단계에서의 NFV 후보들이 아니다. 반면 BGP RR[Route Reflector], 사업자 및 고객의 엣지 라우터, 음성 및 비디오 게이트웨이 등과 같은 장비가 위치 유연성으로 이점을 얻을 수 있는 장비이다. 또한 연산 능력과 메모리 사용 등을 통해 최적화도 가능한 부분이다. 이어지는 부분에서는 이러한 유형의 장비와 기능의 예를 설명하고 NFV를 통해 이점을 보는 원리를 설명할 것이다.

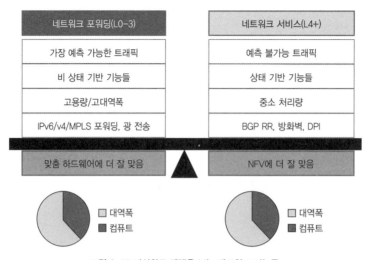

그림 3-15 가상화로 혜택을 보는 네트워크 기능들

BGP 라우팅 평면 가상화

BGP 네트워크에서 RR^{Route Reflector}은 중심에 위치를 잡고 엣지 장비들에게 부하를 주지 않으면서 대규모의 라우팅을 관리할 수 있도록 지원한다. 예를 들어 북미 전체에 걸친 네트워크처럼 지리적으로 넓게 펼쳐진 네트워크에서는 여러 개의 RR을 사용해 (동부, 서부, 북부, 남부, 중부 PoP 등과 같이) 엣지 라우터들이 더 가까운 RR들을 활용할 수 있도록 한다. RR은 위치에 따라 지역별 루트를 갖고 있다. 네트워크 서비스가 L3VPN, L2VPN, IPv6 피어링 등으로 커 가면 하나의 BGP 장비로 각각의 서비스들에 대한 BGP RR 기능을 수행하고 그 모든 루트들을 저장하는 것은 비효율적일 수 있다. 따라서 서비스별 BGP RR를 구축하게 된다. 추가적으로 네트워크에서 RR의 역할이 아주 중요하므로 항상 이중화된 BGP RR을 사용하는 것이 좋은 설계다. 하지만 그러려면 BGP RR 장비의 개수가 두 배가 된다. 메모리나 CPU와 같은 자원이 성능상의 병목이 되는 경우 유일한 방안은 그 네트워크 장비를 교체하는 것이다.

추가적으로 BGP RR은 제어 평면의 기능으로 자원 사용률은 CPU와 메모리 중심이다. 따라서 BGP RR은 NFV 기반 구현에 좋은 대상이다. 사업자 입장에서 이것을 구현하기가 더 쉬운 이유는 바로 RR의 역할이 순수하게 제어 평면에만 있고 또한 저장하는 라우팅 표의 규모를 늘리려면 메모리를 사용하기 때문이다. 각 서비스에 사용하는 RR을 가상화해 vRR^{Virtual Route Reflector}을 생성하면 VNF는 이제 다음의 혜택을 볼 수 있다.

- 하나 또는 여러 호스트에 배포할 수 있다.
- 지원하는 엣지 장비들의 그룹에 더 가까운 지역으로 동적 또는 영구적으로 재배치할 수 있다.
- 여전히 이중화 사본을 가질 수 있다(아마도 물리적으로, 지리적으로 분리된 호스트상에)

그림 3-16에서는 이 관점을 그림으로 보여준다. NFV를 이용해 BGP RR 기능을 수행하면서 더 단순하고 깔끔한 솔루션을 제공한다. 성능 저하 없이 RR 간의 동작에 독립성과 고가용성을 유지하면서 유연성과 확장성도 얻는다. 규모 확대가 필요하면 언제든지 VNF 탄력성으로 대응할 수 있다(기존 네트워크 장비를 사용하는 경우의 예시인 하드웨어나 플랫폼 교체와 대비). 새로운 서비스들로 신규 BGP RR들을 설치해야 하면 어렵지 않게 생성할 수 있다. 또다시 NFV 사용으로 인해 시간도 줄이고 트럭으로 옮길 필요 없이 서비스의 민첩성을 누리는 것이다. VNF 이중화 메커니즘을 이용해 업그레이드, 신규 코드로의 이전도 네트워크의 제어 트래픽이나 데이터 트래픽에 영향을 주지 않고 할 수 있다.

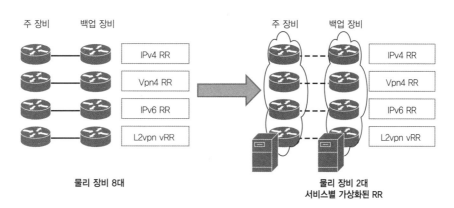

그림 3-16 VNF 기반 BGP RR

사업자 엣지 가상화

서비스 사업자의 엣지 장비[PE, Provider Edge]는 보통 다양한 서비스와 여러 기능을 올리고 많은 고객에게 서비스를 제공한다. 보통 멀티서비스 엣지[Multiservice Edge]라고 부르는 동일한 물리 장비에 모두 구성한다. 이렇게 구현하는 이유는 서비스별로 여러 라우터를 구성하는 것에 비해 운영 및 투자 비용을 절감하려는 것이다. 단점도 많이 있다. 장비의 확장성은 여러 차원으로 가능하지만 특정 기능이나 고객에 대해 용량을 확장하면 다른 기능의 규모를 줄여야 할 수도 있다. 동일한 이유로 신규 기능과 서비스를 추가하는 것도 쉽지 않다. 변경은 현재의 규모와 성능에 대한 영향을 의미하기 때문이다. 추가적으로 고가용성 입장에서 고객이 듀얼홈드[Dual-homed]가 아니라면 PE의 장애는 곧바로 고객과 서비스에 영향을 주게 된다.

이 모든 과제들은 NFV에서 이야기한 것들이다. NFV 모델에서는 PE가 고객 혹은 서비스 간에 공유될 필요가 없다. 개별적인 VNF들이 개별 서비스, 개별 고객 또는 그 둘의 조합을 지원할 수 있다. 그림 3-17에서 보는 바와 같이 L2VPN와 L3VPN, 인터넷(INET) 서비스를 세 고객에게 분리된 독립적인 VNF들로 구현할 수 있다. 이 VNF들은 독립적으로 규모 증설 및 관리가 가능하다. 또한 동일한 고객에게 제공되더라도 서비스에 따라 같은 장소에 둘 수도 있고 아닐 수도 있다. 고객 중 하나(예를 들어 고객 C)가 L2VPN을 신규 서비스로 추가하려고 하는 경우 해당 VNF들을 원하는 장소에 추가할 수 있다. 물론 그 장소에 있는 VNF들에 영향이나 제약을 전혀 주지 않으면서 가능하다. 레이블 탈부착 같은 PE의 기본 기능뿐만 아니라 이들 VNF 기반의 사업자 엣지 가상화[vPE] 서비스들은 개별적으로 규모 증설, 고도화, 튜닝, 관리, 업그레이드가 가능하다.

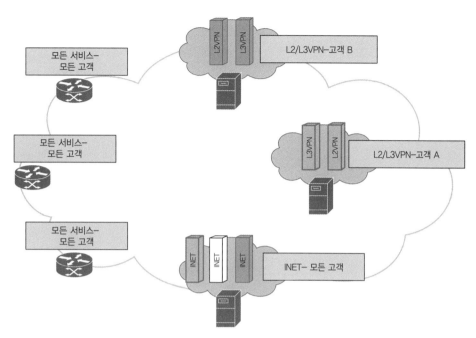

그림 3-17 VNF 기반 사업자 엣지

vRR-단지 제어 평면 기능뿐인-과는 달리 vPE의 경우 데이터 및 제어 트래픽을 모두 처리해야 하므로 패킷 처리 성능, 처리 지연, 지터가 중요하다는 것을 주목해야 한다. 따라서 VNF 제조사에서 지원하는 QoS 기능, 라우팅 기능, PE 기능 외에도 이러한 측면을 고려해 vPE를 선정해야 한다.

SPoF^Single Point of Failure(장애 단일점)로 여러 서비스와 고객에게 영향을 주는 문제 또한 NFV로 많이 해결된다. 하나의 VNF 장애는 거기서 실행되는 서비스와 고객에게만 해당되므로 아주 투명하다. 가상화에서 그 장애에 대한 격리를 담당한다. 서비스 복구를 위해 신규로 VNF 인스턴스를 만들어 신속한 상황 복구도 가능하다.

CPE 가상화

오늘날 전통적인 기업 네트워크에서는 모든 통신을 위해 지점 사무실이 본사 사무실로 연결한다. 지점 간 연결은 본사 사무실을 경유해 이뤄진다. 지점과 본사의 CPE^Customer Premises

Equipment(고객사 내 장비)는 물리적인 장비로 연결에 필요한 모든 기능들을 수행한다. 라우팅, NAT, QoS 등의 기능이 그 예시다. 이들 CPE 장비들은 그림 3-18에서 보는 바와 같이 서비스 사업자가 관리하기도 하며 이를 관리형 CPE^{Managed CPE}라고 한다. 고객이 방화벽을 추가하려고 하거나 서비스 사업자가 비디오 콘퍼런스 같은 신규 서비스를 CPE에 추가하려고 하는 경우를 살펴보자. 대부분 서비스 사업자는 모든 장소에 있는 현재의 장비를 교체하거나 업그레이드해야 한다. 따라서 신규 서비스 도입 비용이 높고 구현에 많은 시간이 소요된다. 시간과 매출을 잃게 되는 것이다.

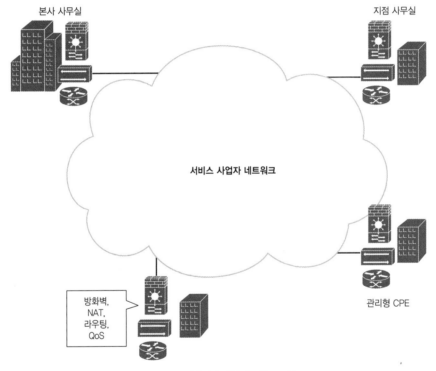

그림 3-18 전통적인 기업 네트워크 구성

물리적인 장비 대신 vCPE 장비를 사용하면 라우팅과 다른 기능의 고도화를 이제는 서비스 사업자의 네트워크로 분산해 구성할 수 있다. 지점에는 그림 3-19에서 보는 바와 같이 단순한 L2 또는 L3 장비만 구성하면 된다.

174

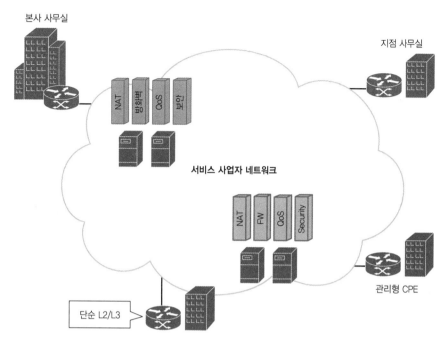

그림 3-19 기업 네트워크에서 가상 CPE

이들 기능은 이제 서비스 사업자의 데이터 센터에 있고 사업자는 더 높은 유연성과 통제를 가진다. 사업자 입장에서는 기능의 추가, 삭제, 변경을 더 민첩하게 할 수 있다. 이제 방화벽과 같은 신규 서비스 추가는 쉽다. CPE는 이제 VNF이고 거기에 신규 서비스를 추가하는 것은 눈 깜짝할 사이에 이뤄진다. NFV 기반의 vCPE를 사용하면 최종 사용자까지 비즈니스 연속성Business Continuity이 가능하고 사업자는 이제 비용 효율적이면서 더 빠른 방법으로 신규 서비스를 배포, 활성화할 수 있다. 이를 통해 고객의 경험은 더 좋아지고 사업자는 추가적인 매출을 기대할 수 있다.

가상 부하 분산기

웹사이트나 데이터 소스를 호스팅하는 응용프로그램이 클라이언트 요청 처리를 단독 서버에서 하게 되면 클라이언트 증가나 질의 횟수 증가에 따른 요청 숫자에 압도 당하게 된다. 서버 자체의 자원(CPU/메모리)이 부족한 것뿐만 아니라 상향 연결에서 가용한 대역폭이 부족해 트래픽을 막게 된다. 결과적으로 클라이언트 쪽 응답이 느리게 되거나 무응답 상태가 된다. 이러한 문제들을 극복하고 SPoF(서버와 그 연결 부분의 SPoF)를 방지하려는 목적으로 보통 부하 분산기로 연결된 여러 서버(또는 가상화된 서버)를 통해 그러한 서비스를 제공한다. 이렇게 클라이언트-서버 간의 데이터를 교환하는 구조에서는 부하 분산기로 트래픽 부하를 관리, 분산하는 것이 중요하다. 부하 분산기를 활용하면 응용프로그램으로 향하는 트래픽을 여러 서버로 분산할 수 있다. 단독 서버/응용프로그램 입장에서는 부하가 줄어들게 되고 응답 성능이 개선되며 그림 3-20에서 보는 바와 같이 SPoF에도 대응이 된다. 서버에서 실행 중인 응용프로그램과 서버의 자원 사용률 데이터를 기반으로 부하 분산기를 더 튜닝할 수도 있다.

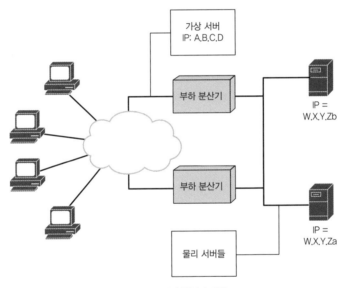

그림 3-20 부하 분산기 사용

서버 가상화 환경에서 서버는 보통 가상 머신 기반이다. 이 경우 수요의 부하가 오르거나 내리는 것에 대응할 때 탄력성을 활용한다. 하지만 부하 분산기를 사용하지 않으면 물리적 서버 경계를 벗어나지 못하고 서버 풀을 사용할 수 없다. 부하 분산기도 VNF로 구성할 수 있고 따라서 수요에 따라 추가하고 설정을 구성할 수 있다. 이렇게 하는 경우 구축한 서버

176

중에서 가상 서버의 활용률을 100%로 올릴 수 있다. 가상화된 부하 분산기 덕분에 이제 응용프로그램의 가상 머신의 복제본을 어느 서버에든지 만들 수 있다. VNF를 구성할 수 있으면서 트래픽을 보낼 수 있는 곳이면 아무 곳이나 가능한 것이다. 이들 부하 분산기는 물리적 서버 가까이에 있을 필요는 없다. 부하 분산기를 사용하면 사용자의 수요에 기반해 응용프로그램에 대한 트래픽의 흐름을 적극적인 방식으로 관리할 수 있다. 그림 3-21에서는 가상화된 부하 분산기를 사용하는 경우의 네트워크 구성을 보여준다.

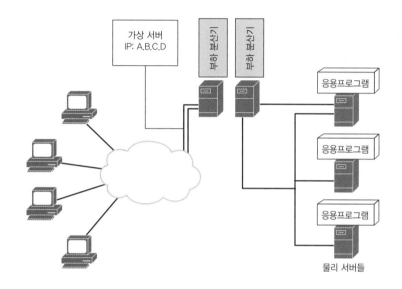

그림 3-21 가상화된 부하 분산기

삼중 서비스 가상화

주택 가입자들에게 제공하는 서비스 예를 들면 삼중 서비스^{Triple Play Services}3도 NFV 도입에 따른 혜택을 볼 수 있다. 이 구성에서 고객은 CPE 장비를 갖는다(또는 임대한다). 이 장비들은 인터넷 데이터에 대한 댁내 게이트웨이^{RGW, Residential Gateway} 역할뿐만 아니라 VoIP에 대

---

3 인터넷 접속, VoIP, 비디오를 함께 제공하는 서비스 - 옮긴이

한 게이트웨이 역할도 한다. 비디오 트래픽에 대한 기능도 제공해 기존의 셋톱박스[STB, Set-Top-Box]를 대체하기도 한다.

CPE 장비들은 그 용량과 기능에 제약이 있다. 다양한 신규 장비에서 하드웨어 고도화, 수정 및 제조사의 변경 등이 출시돼도 서비스 사업자는 가입자에게 그것을 제공하기 전에 검증해야 한다. 사업자가 신규 가입자들은 신규 하드웨어로 바꾼다 하더라도 여전히 기존 버전을 사용 중인 대규모 가입자 기반을 상대해야 한다. 이들 오래된 CPE를 대체하는 것은 적지 않은 오버헤드 비용이다. 하지만 기존 CPE를 계속 사용한다면 서비스 일관성을 유지하면서 동시에 기존 가입자들에게서 새로운 매출원을 확보하기란 쉽지 않다. 어떤 경우에는 기존 장비에서는 새로운 서비스를 위한 소프트웨어를 구동하는 용량이 부족할 수도 있다. 이런 여러 가지 이유가 사업자가 잠재적으로 제공 가능한 성장 측면을 가로막는다.

NFV를 사용하면 이러한 노상 장애물들을 제거할 수 있다. CPE는 기본적인 하드웨어이기만 하면 되고 기능 때문에 특정 제조사에 종속될 필요가 없다. CPE는 기본적인 고객 서비스를 제공하는 VNF만 호스팅할 수 있으면 된다. 그리고 나면 대부분의 서비스는 중앙 국사[Central Office] 위치에 있는 데이터 센터의 서버로 분산 구성할 수 있다. 그림 3-22에서 보는 바와 같이 중앙 국사 서버를 사용하면 현재의 서비스를 지원하는 것뿐만 아니라 서비스 사업자 입장에서 신규 서비스를 손쉽게 대규모로 제공할 수 있다. 소비자도 이 모델을 통해 혜택을 누리게 된다. 자신들의 홈 네트워크와 게이트웨이에 대한 접근과 관리를 클라우드를 통해 할 수 있는 것이다. 사업자 입장에서는 이것이 아주 빠른 속도로 마케팅하고 생성할 수 있는 수많은 신규 서비스로 가는 문을 여는 것이다(댁내 방화벽 관리, 개인 미디어 저장소, 클라우드 비디오 녹화 등과 같은 서비스들).

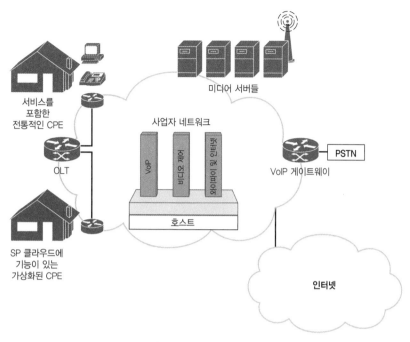

그림 3-22 가상화된 삼중 서비스

CDN 장비 가상화

대역폭을 많이 사용하는 비디오 콘텐트를 전달하는 것은 오늘날 대부분 네트워크의 가장 큰 고민거리 가운데 하나다. 태블릿, 스마트폰, 랩톱, TV 등과 같은 시청 장치의 숫자는 지난 몇 년 동안 비약적으로 증가했다. 콘텐트를 선택할 수 있고 시청 기능이 개선되면서(녹화, 일시 중지, 되감기, PIP^{Picture in picture} 등) 비디오 트래픽이 비약적으로 증가하게 됐다. 이 트래픽으로 인한 네트워크 부하는 몇 곱절로 늘었다. 그 뒤에는 고화질에 대한 수요-초기에는 HD 720p, 그 다음에는 UHD 4K, 그 이후 Beyond 4K Ultra HD-가 있다. 예를 들어 UHD^{Ultra-High-Definition}는 표준 해상도 비디오의 9배나 되는 대역폭을 사용한다. 네트워크 인프라스트럭처의 부하를 줄일 수 있는 가장 쉬운 방법 중 하나는 미디어 서버와 캐싱 장비를 가입자에게 더 가까운 위치에 두는 것이다. 아카마이^{Akamai}, 구글/유튜브, 넷플릭스^{Netflix} 등은 비디오 트래픽의 주요 발생지이다. 이들은 자체 캐싱 서버나 콘텐트 전달 서버를 사업자 네트워크 내의 전략적인 위치에 두려고 노력 중이다. 넷플릭스의 오픈커넥트^{OpenConnect}와 아카마이의 오라 프로젝트^{Aura Project}는 좋은 예다. 이렇게 하는 경우 서비스 사업자 측의 트래픽 양을 줄일 뿐만 아니라 이들 콘텐트 사업자들의 서버 부하도 줄여준다. 이들 캐싱 서버에 대한 전략적이고 가장 최적인 위치를 결정하는 것은 아주 복잡한 절차가 필요하다. 수요의 규모와 위치는 바뀔 수 있기 때문이다. 특히 모바일 비디오가 미디어 트래픽의 큰 부분이어서다. 따라서 사업자는 여러 다른 콘텐트 사업자의 다양한 캐싱 서버를 수용하게 된다. 그리고 이 캐싱 서버들은 최대 용량을 기준으로 설계한다. 그 결과 복잡성은 증가하고 자원은 낭비된다.

여기서 NFV가 도움이 될 수 있다. NFV를 이용하면 캐싱 서버는 유체와 같이 유연성과 탄력성을 지니게 된다. 이 서버를 사용자에게 가장 가까운 곳에 둘 수 있고 캐싱 내용과 용량을 다양하게 가져갈 수 있다. 이 서버를 특정 지역에 펼쳐서 대량으로 구축해야 하는 경우 그 수를 수십 배로 구성할 수도 있다. 라이브 이벤트나 특별할 일이 있는 경우 가상화된 캐싱 서버에 대한 자원을 늘릴 수도 있다. 최번 시(트래픽이 가장 많은 시간대)가 아닐 때는 그 자원들을 다른 곳에 활용할 수도 있다.

네트워크 보안의 가상화

방화벽, IDS, DDoS 탐지 및 차단기, DPI^{Deep Packet Inspection} 등과 같은 네트워크 보안 기능은 가상화하면 많은 장점이 있다. 이들 기능에 대한 VNF는 다양한 전략적인 지점에 배치할 수 있다. NFV의 혜택을 활용하면 이들 기능으로 기존에는 불가능했던 또 다른 차원의 유연성과 수요 기반의 확장성을 실현할 수 있다.

네트워크 인프라스트럭처 방어 가상화하기

네트워크 인프라스트럭처를 공격, 특히 DDoS 공격으로부터 방어하는 것은 네트워크 보안 및 가용성 측면에서 중요하다. DDoS 공격은 (대량 공격이라고 하는) 아주 많은 양을 보내거나 (응용프로그램 공격이라고 하는) 프로토콜 취약성을 악용해 이뤄진다. 이러한 공격을 탐지하고 의심되는 트래픽은 차단 센터로 보내 걸러내야 한다. DDoS 공격 유형에 따라 탐지와 차단은 가능한 한 네트워크 경계 가까이에서 이뤄져야 한다. 또는 보호하고자 하는 네트워크 자산, 서버, 응용프로그램 가까운 데서 이뤄져야 한다. 하지만 탐지하고 차단하는 네트워크 장비를 넓고 다양한 지점에 배치하려면 비용이 너무 많이 들기 때문에 설계자 입장에서는 배치를 선택적으로 할 수밖에 없다. 이들 기능들을 가상화하면 그러한 제약에서 벗어날 수 있고 DDoS 탐지 및 차단 VNF들을 네트워크 연동 지점과 길목, 네트워크 장비(방화벽, 라우터, 서버를 포함)에 둘 수 있다. 이러한 VNF들은 또한 쉽게 재배치할 수 있고 필요에 따라 기존 설계를 흔들지 않으면서 서비스 체이닝을 변경해 트래픽 경로에 추가할 수도 있다.

네트워크 방화벽의 가상화

기업이나 서비스 사업자 네트워크에 있는 전통적인 방화벽 장비는 내부 인프라스트럭처를 보호할 목적으로 네트워크 엣지에 구축한다. 방화벽 장비의 역할은 내부 인프라스트럭처에 대한 비인가 접근을 방어하는 것이다. 전통적인 방화벽은 보통 네트워크 경계에 배치한다. 장비 개수를 최소화하려는 것이다. 대신 모든 트래픽이 방화벽을 통과하고 방화벽이 병목이 될 수도 있다. NFV로 구현하는 경우 방화벽의 용량, 기능, 위치 관점에서 이점이 있다. 방화벽 기능을 가상화하면 방화벽을 호스트에 더 가까이 두거나 네트워크 엣지에 두는 것이 가능하다. 트래픽이 갑자기 치솟더라도 이 가상 방화벽의 용량 규모를 늘릴 수 있다. 사업자 입장에서도 다른 장비 기능들과 통합된 것이 아닌 독자적 VNF로 동작하는 방화벽을 아무 제조사의 것이든지 자유롭게 선택할 수 있다.

침입 방지의 가상화

IDS^Intrusion Detection Systems와 IPS^Intrusion Prevention Systems는 트래픽의 경로를 관제하거나 경로 내에 위치하면서 원치 않는 콘텐츠를 막는 데 필요하다. 또한 의심 가는 행위와 정책에 어긋나는 동작을 탐지하기도 한다. 이 장비들은 전열의 맨 앞에 위치해야 하고 방어를 잘할 수 있도록 업데이트해야 한다. 물리적인 네트워크에서의 과제는 아직도 빠르게 구성하는 방법을 찾는 중에 있다. 이러한 유형의 적용에는 NFV가 자연스러운 다음 단계다. NFV가 여러 모로 도움을 줄 수 있다. 예를 들어 IPS가 트래픽 경로상에 있기 때문에 특정 시점에는 더 큰 용량이 필요할 수도 있다. NFV에서는 탄력성을 통해 단순한 해법을 제시한다. 다른 예시는 네트워크에서 필요로 하는 속도로 업그레이드를 쉽게 할 수 있다. 그러한 업그레이드와 새로운 시그니처와 정책을 업데이트하는 것뿐만 아니라 전체 소프트웨어의 업그레이드도 더 자주 할 수 있다. 신규로 VNF를 만들고 네트워크에 연결하면 네트워크 트래픽을 단절시키지 않고도 할 수 있는 것이다. 이로써 항상 업데이트된 IPS가 가능하다. 네트워크 인프라스트럭처에 대한 더 향상된 보안이 가능한 것이다. 현재 출시된 제품으로는 시스코의 NGIPSv[Next Generation IPS]와 IBM의 씨큐리티 네트워크 IPS(VNF 유형의 XGS) 등이 있다.

이동 통신 네트워크의 가상화

모바일 기반 서비스의 수요가 기하급수적으로 늘어나면서 더 빠르고 더 나은 모바일 네트워크에 대한 요구 사항이 나타나고 있다. 이 요건들로 인해 모바일 기술이 진화하고 네트워크를 고도화해 신규 서비스를 지원할 수 있는 신규 표준으로 옮겨 가고 있다. 5G[5th Generation] 모바일 기술과 같이 네트워크 진화를 이끄는 혁신을 달성하려면 새로운 네트워크 아키텍처를 만들어야 하고 새로운 서비스를 만들어야 한다. 모바일 사업자들은 유연하면서도 대규모의 재투자와 업그레이드가 필요 없이 진화할 수 있는 네트워크와 인프라스트럭처를 구축하려고 애써 왔다. 이에 따라 이동 통신 네트워크에서 아마도 첫 번째로 NFV를 수용할 것으로 예상된다. NFV의 기능이 필요하기 때문이다. 그림 3-23에서는 LTE[Long-Term Evolution] 아키텍처를 상위 수준에서 보여준다. 모바일 네트워크에 관련된 기능 블록은 아주 많다. 모바일 네트워크의 주요 세 가지 아키텍처는 다음과 같으며 그 기능을 NFV 기반으로 구축하면 장점이 있다.

- EPC의 가상화
- IMS의 가상화
- C-RAN의 가상화

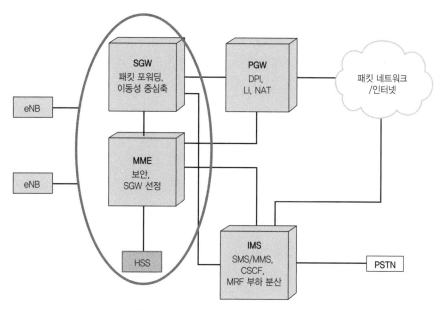

그림 3-23 LTE 네트워크 아키텍처 및 기능 블록들

EPC 가상화

EPC^Evolved Packet Core는 MME^Mobile Management Entity와 SGW^Serving Gateway, PGW 등과 같은 블록으로 구성돼 있다. 이 블록들은 여러 기능들로 구성돼 있다. 기존 구축 방식에서는 이들 기능 그룹을 하나의 장비에서 지원했다. 한 하드웨어 장비를 PGW로 구축하면 NAT, IP 할당, 합법적 감청, 방화벽, 패킷 검사 등의 기능을 모두 그 장비에서 처리했다.

이들 개별적인 기능과 서비스가 상호 연관돼야 할 필요는 없다. 그들 중 하나를 업그레이드해야 하는 경우 모바일 서비스 사업자는 단일 물리 장비에서 제공하는 전체 기능을 업그레이드해야 했다.

이 이유만으로도 NFV를 사용할 이유는 충분하다. SGW, PGW, MME를 구성하는 각각의 기능들은 개별적인 VNF로 구성할 수 있다. 그들은 각각 독립적으로 규모 변경, 업그레이드, 업데이트할 수 있다. 이로써 모바일 사업자는 어느 제조사에서 제공하는 것이든지 가장 적합한 버전을 선택할 수 있는 기회가 열리게 됐다. 또한 이들을 조합하면 기존 하드웨어 기반 네트워크에서는 단일 제조사 장비 기반이었던 것을 복수 제조사 기반으로 만들 수 있다. 이 블록들의 가상화 버전을 가상 EPC 또는 vEPC라고 한다. 그림 3-24에서 vEPC와 함께 LTE 아키텍처의 모습을 보여준다.

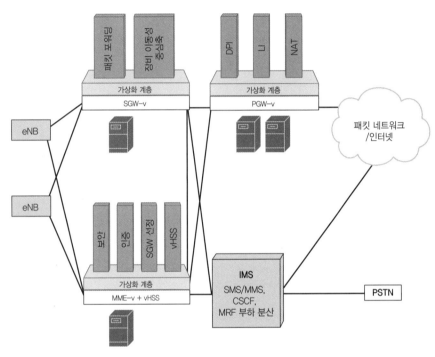

그림 3-24 가상 EPC

이제 vEPC가 NFV의 가치를 누릴 수 있도록 설계할 준비가 됐다. 특별히 고가용성, 탄력성, 모듈화 및 지역화 지원 등이다. PGW에서 데이터 평면 기능을 위해 단 하나의 중앙 집중화된 구성이라고 하자. 모든 트래픽이 그리로 전달돼 지나가야 한다. 심지어는 두 UE^User Equipment4 간의 트래픽도 그렇다. 또한 인터넷 경계에도 더 가까울수록 좋다. NFV는 이 역할을 비용 효율적으로 분리하는 방법을 제공한다. PGW 기능의 일부를 인터넷 경계에서 떼

---

4 사용자 단말 - 옮긴이

내어 가입자에게 더 가까운 곳으로 옮길 수 있다. 이렇게 하면 네트워크에 전해지는 불필요한 네트워크 부담을 줄일 수 있다. 사용자 간 트래픽의 전체적인 처리 지연도 줄일 수 있고 네트워크 자체를 단순하게 만든다. 기존 하드웨어 기반에서는 사업자가 그 기능 가운데 일부를 사용하지 않더라도 장비 기능 전체에 대해 비용을 지불해야 했다. 하지만 모듈화를 이용해 사업자는 사용하지 않는 기능을 빼고 선택할 수 있다. 물론 필요하면 언제든지 추가할 수 있다.

모바일 네트워크의 패킷 코어를 NFV 기반으로 변경하면 얻는 대표적인 장점으로는 투자비와 운영비를 절감하는 것과 아키텍처를 단순하게 가져갈 수 있다는 것이다. 이 변환은 단계적으로 진행할 수 있고 중간 단계에서는 이중으로 구현되는 기간도 존재한다. 예를 들어 물리적인 MME 장비가 있지만 그에 더불어서 모든 MME 하부 기능들을 포함한 MME-v를 신규로 추가할 수도 있다. 그리고 eNodeB를 점진적으로 이 MME-v로 옮겨 오는 것이다. 하나의 기능을 옮기는 것이 완료되면 다른 하부 기능을 지원하는 VNF를 이용해 후속 작업으로 최적화와 혜택을 계획할 수 있다.

IMS 가상화

회선 스위칭 영역^{Curcuit-switched domain}과의 상호 동작을 위해 EPC에 IMS가 추가됐다. IMS^{IP Multimedia Subsystem} 기능 블록은 많은 하부 기능을 모은 것이다. 예를 들어 IMS에서 SIP 서버, 프록시, MRF^{Media Resource Functions}를 사용해 CSCF^{Call Session and Control Functions} 기능을 수행하는 것을 살펴보자. 전화 벨소리를 재생하거나 콘퍼런스용으로 음성을 믹싱하는 등의 기능을 수행할 수 있다. 이 경우 과제는 EPC의 경우와 다를 바가 없다. IMS의 하부 기능 하나를 증설 또는 업그레이드해야 하는 경우에 사업자는 IMS 하드웨어 전체를 대체할 방안을 찾아야 하고 기존의 EPC 인프라스트럭처와 문제없이 연동할 수 있는 제조사를 찾아야 한다. 당연히 현재와 미래의 증설에 대한 요건도 충족해야 한다. NFV에서는 하드웨어와 소프트웨어를 분리하고 모듈화를 지원해 각각의 기능들을 여러 제조사에서 선택할 수 있기 때문에 모바일 사업자가 가상화된 IMS 기능(IMS-v)을 선택하는 아주 좋은 사례가 된다.

C-RAN 가상화

LTE에서는 무선 접속 계층을 E-UTRAN^{Evolved UMTS Terrestrial Radio Access Network}이라고 하며 그 노드들은 eNodeB 또는 eNB^{Evolved Node B}라고 한다. eNB는 여러 개의 RRH^{Remote Radio Head}를 가진다. RRH는 셀별로 무선 전파 처리 기능을 수행한다. 이 RRH는 BBU^{Baseband Unit}로 연결돼 그 신호들을 다루고 처리하며 EPC와도 연결될 수 있도록 한다. 3G 네트워크 이전에는 BBU와 RRH가 동일 장비에 있었다. 3G에서 BBU를 분리할 수 있도록 허용하면서 이제는 BBU에서 여러 무선 지역을 연동하면서 그 영역을 더 넓게 가져간다.

더 최근에 C-RAN^{Centralized-Remote Access Network}이 소개됐다. 이는 BBU를 중앙 국사로 이동하고 여러 개의 RRH를 다크 파이버^{Dark Fiber}나 다른 유사한 방식으로 연동하는 것이다. 모바일 네트워크 사업자 입장에서는 이것이 많은 장점을 가져온다. 사용자 입장에서 훨씬 더 많은 셀들로 구성된 동일한 BBU 도메인에 그대로 있을 수 있고 여러 가능성이 열리게 된다. 예를 들면 CoMP^{Co-Operative Multipoint}다. 이는 사용자가 여러 개의 RRH에 연결해 더 나은 방식으로 가용한 용량을 활용할 수 있도록 하는 것이다. 반면 이는 또한 BBU가 네트워크상에서 더 중요한 역할을 한다는 뜻이다. 더 큰 지역을 지원하고 더 많은 고객들을 처리하는 것이다. BBU 장비가 바로 NFV의 혜택을 보기에 안성맞춤이라는 뜻이다. NFV를 이용하면 BBU를 프로토콜 수준-각각의 프로토콜이 개별 VNF로 구현됐다는 가정하에-에서 장애 회복성^{Resiliency}을 갖도록 구성할 수 있다. 전체 BBU가 하나의 단일 VNF로 패키징됐다 하더라도 이는 여전히 비용 효율적이고 고가용성을 지원하는 방식으로 구축할 수 있다. BBU를 중복으로 구성할 필요 없이도 장애 회복성을 제공할 수 있는 것이다. NFV로 구축해 풀어야 할 또 다른 문제 중 하나는 RAN/C-RAN에서 요구하는 운영 비용이다. 모바일 네트워크에서 C-RAN은 운영 비용과 총소유 비용의 주요 원인 중 하나다[7]. 그 이유 중 하나는 바로 최대 수요치를 기준으로 이 시스템들의 용량을 과도하게 구성해두기 때문이다. 이는 BBU를 NFV 기반으로 구축하면 해결된다. 그 영역에 있는 고객의 숫자가 시간, 날짜, 이벤트 등에 따라 증가하거나 감소하면-여기서 모든 클라이언트는 모바일이다-가상화된 BBU는 탄력성을 이용해 수요 패턴에 따라갈 수 있다. 또한 하드웨어를 중앙 국사에서 집합 운영하는 여러 BBU들 간에 공유할 수 있다. 이는 각각 다른 RRH 그룹들을 지원하지만 NFVI 인프라스트럭처를 공유하기 때문에 가능하다. 추가적으로 하나 더 살펴보자. 차세대 모바일 장치와 통신하는 데 필요한 제어 프로토콜을 추가하거나 수정해야 하는 경우 이 가상화된 BBU를 교체할 필요가 없다. VNF에서 그 기능을 구현할 수 있고 그냥 업데이트만 하면 된다. 그림 3-25에서는 eNodeB의 구성을 BBU, RRH 기능과 함께 보여주고 있다. 그리고 또한 가상화된 BBU 방식과 물리적인 자체 방식의 BBU를 비교해 보여준다.

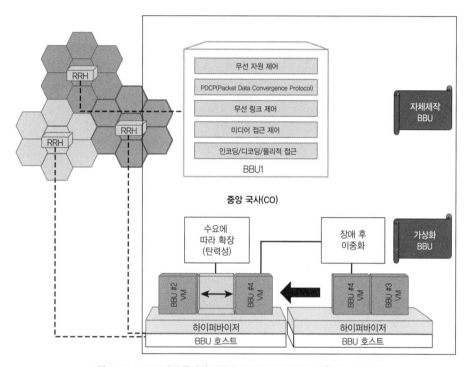

그림 3-25 C-RAN에서 물리적 방식과 NFV 방식의 BBU를 사용하는 eNodeB

요약

NFV의 뿌리는 서버 가상화에 있고 많은 것을 서버 가상화와 공유한다. 하지만 NFV에서는 그 목적과 대상에 대해 우선순위를 다르게 가져간다는 것을 명심해야 한다. 3장에서는 NFV

네트워크에서 초점을 맞춰야 하는 설계 기준과 목표를 살펴봤다. 서버 가상화와 공통의 뿌리를 지니는 것에 대해 이해하는 것도 도움이 됐지만 NFV와 비교해 그 목표가 미묘하게 차이가 있으며 이것이 중요하다. 서버 가상화는 업무 연속성[Business Continuity], 장애 내성[Fault Tolerance], 확장 측면의 민첩성[Agility of Growth] 등을 달성하려고 한다. 반면 NFV는 고가용성(식스 나인 수준으로), 서비스 배포의 민첩성[Agility of Service Deployment], NEBS[Network Equipment Building System] 준수, 통신 사업자급 서비스 등에 높은 우선순위를 둔다. 유사하게 NFV 네트워크를 설계할 때 전통적인 네트워크에 대한 설계 경험은 중요하다. 하지만 NFV의 혜택을 모두 활용하려면 새로운 규칙과 기준, 목표를 계획과 설계의 가장 전면에 두어야 한다.

NFV가 가져오는 엄청난 혜택에도 불구하고 NFV 관련 구축에는 많은 과제가 있다. 3장에서는 그 과제에 대해 살펴봤고 NFV 구축은 기존의 전통적인 네트워크 구축과 많이 다르다는 것을 기술했다. 사전에 그 과제를 살펴보고 그에 대한 대비책을 마련해 해결하는 것이 아주 중요하다.

3장에서는 또한 다양한 네트워킹 측면에서 NFV의 사용 예시를 살펴봤다. NFV의 혜택과 시장 수요를 결합한 설계 기준 및 과제를 기반으로 기존의 네트워크 기능을 구현하면서 NFV의 가치를 찾을 수 있었다.

참고

추가 정보는 아래를 참고하기 바란다.

[1] https://tools.ietf.org/html/rfc6325

[2] http://www.ieee802.org/3/ad/public/mar99/seaman_1_0399.pdf

[3] http://www.code42.com/crashplan/medialifespan/

[4] http://www.ciscoknowledgenetwork.com/files/477_11-11-2014-Cisco GCIDraftDeck2013-2018_CKN.pdf?PRIORITY_CODE=?TB_iframe=true

[5] http://www.gnu.org/philosophy/free-sw.html

[6] https://tools.ietf.org/html/draft-krishnan-nfvrg-real-time-analytics-orch-01

[7] http://www.cisco.com/c/en/us/solutions/collateral/service-provider/visual-networking-index-vni/VNI_Hyperconnectivity_WP.html

복습 질문

다음 질문들을 활용해 3장에서 알게 된 내용들을 복습하라. 정답은 부록 A, "복습 질문 정답"에 있다.

1. 데이터 센터에 있는 서버와 저장 장치의 일반적인 수명 주기는 얼마인가?

   A. 1년

   B. 10~15년

   C. 3~5년

   D. 사용자 수요에 달려 있다

2. 일반적으로 사용되는 라이선스 관리의 세 가지 유형은?

   A. 클라우드 기반

   B. 자체 제작

   C. 포그 기반

   D. 장비에 내장

   E. MANO 계층에서 관리

3. NFV 네트워크에서 이중화를 구현하는 네 가지 주요 수준은 무엇인가?

   A. VNF 수준의 이중화

   B. 호스트 운영체제 수준의 이중화

   C. 하드웨어 수준의 이중화

D. 인프라스트럭처 수준의 이중화

E. 하이퍼바이저 수준의 이중화

F. 프로토콜 수준의 이중화

4. 약어 YANG이 나타내는 것은 무엇인가?

A. Yocto Assisted Next Generation

B. Yet Another Next Generation

C. Yet Another New Generation

D. Yanked Assisted Network Generation

5. 내부 감사 방화벽Introspective Firewall은 무엇인가?

A. 하이퍼바이저에 있는 방화벽으로 각각의 VM으로 가는 데이터 경로를 보호한다.

B. 물리적인 방화벽을 말하며 가상 서버를 보호한다.

C. 물리적인 서버를 보호하는 가상 방화벽을 말한다.

D. 가상 방화벽으로 VIM 기능 블록을 보호한다.

6. eNodeB의 주요 두 구성 요소는 무엇인가?

A. PGW^Packet Gateway와 SGW^Servicing Gateway

B. EPC^Evolved Packet Core와 PGW^Packet Gateway

C. MMS^Mobile Media Server와 PGW^Packet Gateway

D. MMS^Mobile Media Server와 SGW^Servicing Gateway

7. 가상 머신과 컨테이너 중에서 하나가 다른 하나보다 더 우월한 장점 두 가지씩을 골라라.

A. 컨테이너: 빠른 부팅 시간과 경량, 가상 머신: 격리 및 이동성 우수

B. 컨테이너: 느린 부팅 시간과 경량, 가상 머신: 격리 및 이동성 약함

C. 컨테이너: 격리 및 이동성 우수, 가상 머신: 낮은 격리도와 신속한 부팅

D. 컨테이너: 격리 및 이동성 우수, 가상 머신: 빠른 부팅 시간과 경량

4

클라우드에 NFV 배포

클라우드 기반 서비스가 최근 몇 년 동안 증가했다. NFV를 이용하면 네트워크 기능을 필요한 때 어디서든지 구현할 수 있기 때문에 클라우드로의 이동으로 NFV는 혜택을 보고 있다. 클라우드에 NFV를 구축하는 것의 주요 부분은 네트워크 기능의 배포, 관리, 오케스트레이션이다. 이러한 배포는 보통 대규모로 이뤄진다. 고도로 자동화돼 있으며 다양한 제조사와 장비 유형을 이용한다.

4장의 주요 주제는 다음과 같다.

- 클라우드 기반 가상화 인프라스트럭처의 아키텍처와 배포
- NFV 프레임워크에서 관리 및 오케스트레이션
- NFV 인프라스트럭처의 오케스트레이션, 배포 및 관리
- NFV 인프라스트럭처와 네트워크 서비스를 오케스트레이션하고 배포하는 데 일반적으로 사용하는 도구들
- VNF들의 수명 주기 관리

클라우드는 무엇인가?

클라우드라는 용어는 서버, 네트워킹, 스토리지, 운영체제 및 관리 응용프로그램 등으로 구성된 전체 인프라스트럭처를 나타낼 때 종종 사용한다. 이 클라우드 인프라스트럭처는 응용프로그램과 VNF들을 배포하는 단일의 가상 플랫폼을 제공한다. 또한 특정 지역에 한정될 수도 있고 지리적으로 여러 다양한 지역에 걸쳐 있을 수도 있다. 이 인프라스트럭처는 한 회사에서 사설로 소유하면서 운영하고 자체적인 응용프로그램과 VNF들을 구동하는 데 사용한다. 또는 여러 회사들이 함께 운영하기도 한다. 공용의 일용품Commodity으로 제공되거나 공용과 사설이 혼재된 경우도 있다. 최종 사용자 입장에서는 그들의 자체 환경에서 기존 방식으로 실행하던 응용프로그램과 네트워크 기능을 이제는 이러한 호스팅 자원들로 옮겨야 하는 것이다. 이 환경은 거리상으로 가까울 수도 있고 물리적으로는 접근이 어려울 만큼 아주 먼 지역에 있을 수도 있다. 하지만 이런 거리와 가시성은 그리 중요하지 않다. 따라서 클라우드라고 한다.

서버 가상화를 통해 단일 서버의 자원들을 여러 응용프로그램 간에 공유해 효율성의 이득을 본 것처럼 클라우드 기반의 가상화는 그 다음 단계로 나아간다. 그 혜택을 더 크게 하는 것이다. 이는 모든 하드웨어 자원(자체 공간에 있든 원격에 있든)을 통합해 단일체로 관리하고 운영하기 때문에 가능하다. 그림 4-1에서는 이 변혁을 보여준다. 각각 회사별로 갖고 있던 서버 가상화를 어떻게 클라우드 기반 가상화로 옮길 수 있는지 보여준다. 미국 국립 표준 연구소NIST, National Institute of Standard and Technology에서 클라우드(또는 동일한 개념을 나타내는 다른 방식인 클라우드 컴퓨팅)에 대한 간결한 정의를 제공한다.

> 클라우드 컴퓨팅은 설정 가능한 컴퓨팅 자원들(예를 들어 서버, 네트워크, 저장 상치, 응용 프로그램 및 서비스)의 공유 풀에 대해 편리하게 필요할 때마다 네트워크 접근을 할 수 있도록 하는 모델이다. 이 컴퓨팅 자원들은 짧은 시간에 배포할 수 있고 관리 시간이나 서비스 사업자와의 업무 처리를 최소로 하면서도 사용 가능하게 내놓을 수 있다(http://www.nist.gov/itl/cloud/).

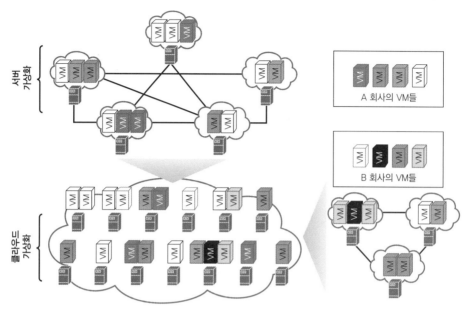

그림 4-1 서버 가상화와 클라우드 기반 가상화

클라우드의 특징

앞서 말한 클라우드 용어 정의에 따르면 사용자 입장에서 자기의 장소에 있지 않은 인프라 스트럭처라면 어느 것이든지 클라우드라고 할 수도 있다. 하지만 클라우드에 대한 더 간결 한 분류 방법은 인프라스트럭처와 서비스가 어떤 핵심적인 특징을 제공하면 되는 것을 그 조건으로 보는 것이다. NIST에서는 클라우드의 핵심적인 다섯 가지 특징을 정의한다[1].

- **필요 시 즉시 배포**On-demand Deployment: 사용자가 신규 클라우드 서비스를 배포할 때 서비스 사업자의 인적 개입이 전혀 없이 가능해야 한다. 예를 들어 사용자가 클라 우드 저장 장치의 용량을 늘리고자 할 때 이것을 사용자가 필요한 만큼 스스로 할 수 있어야 한다.

- **다양한 네트워크 접속**Broad Network Access: 클라우드 환경은 네트워크를 통해 접근할 수 있어야 하고 사용할 수도 있어야 한다. 이 접근은 공중 인터넷으로만 가능해서는

안 되며 인트라넷에서만 가능하도록 제한해야 할 수도 있다. 하지만 서비스를 클라우드로 옮기는 이유는 허가된 사용자들이 더 쉽게 접근하도록 하려는 것이므로 네트워크를 통한 접근이 항상 전제 사항이자 필수 사항이다. 클라이언트 쪽에서도 다양한 호스트를 사용할 수 있기 때문에 클라우드 서비스에서는 그 호스트들과 상호 동작할 수 있어야 한다. 또한 클라우드 서비스에서는 네트워크를 통해 아주 폭넓은 장비들과도 동작할 수 있는 환경을 제공해야 한다.

- **확장성 및 탄력성**Scalability and Elasticity: 클라우드 기반 서비스는 물리적인 장비의 한계에 갇히면 안 된다. 서비스에서 제공하는 자원의 양을 확장할 수 있어야 한다. 물론 이는 서비스가 이 요건을 충족하도록 하는 하부의 인프라스트럭처에 필수적인 사항이다. 하지만 클라우드 서비스의 사용자에게는 물리적인 인프라스트럭처의 제약은 보이지 않아야 하며 확장성과 탄력성이 어렵지 않게 가능해야 한다. 이의 좋은 사례 중 하나가 바로 랙스페이스Rackspace를 통한 저장 장치 서비스다. 서비스 사용자는 저장 용량을 필요한 만큼 확장할 수 있다. 저장 장치 서버들이 이미 구축돼 있고 그 요구 사항을 처리할 수 있다고 그냥 믿고 사용하면 된다.

- **자원 풀링**Pooling of resources: 클라우드 인프라스트럭처는 물리적인 경계를 넘어서 자원을 풀Pool로 만들 수 있어야 한다. 규제나 보안 정책으로 제재를 받지 않는다면 인프라스트럭처의 자원 풀은 지리적인 경계도 넘어서야 한다. 이 특징은 앞서 언급한 클라우드 서비스의 탄력성 요건을 충족하는 데 중요하다.

- **자원 관제**Resource Monitoring: 클라우드에 할당된 자원들은 탄력적이고 다양한 지역에 배치될 수 있으므로 이 자원들의 사용률과 사용량이 모호하고 관리가 비효율적일 수 있다. 따라서 클라우드 기반 서비스의 요건으로 구축된 클라우드 전체에 걸쳐 자원의 사용률을 관제하고 측정할 수 있는 기능이 필수다.

클라우드 기반 서비스

클라우드 서비스를 제공할 수 있는 인프라스트럭처를 만들 수 있게 됨에 따라 새로운 비즈니스 모델에 대한 수많은 가능성이 열리고 있다. 많은 회사에서 다양한 클라우드 기반 서비스를 시작했다. 보통 이들을 일컬어 CSP^{Cloud Service Provider} 즉 클라우드 서비스 사업자라고 한다. 회사 내에서 클라우드 방식의 환경을 격리된 형태로 구축할 수 있는 응용프로그램도 이미 많이 나와 있다.

일반적으로 얘기하면 응용프로그램에서 필요로 하는 자원들—예를 들면 컴퓨팅, 네트워킹, 스토리지 등—만 충분하다면 자체 컴퓨터나 데이터 센터의 서버에서 실행되는 대부분의 응용프로그램과 서비스는 클라우드 기반 모델로 옮겨 탈 수 있다.

CSP가 제공하는 다양한 클라우드 기반 서비스들은 여러 응용프로그램의 요건들과 비즈니스 요건들을 지원한다. 클라우드 서비스 분야에서 통상적으로 언급하는 일부를 살펴보자.

IaaS

응용프로그램을 호스팅할 수 있도록 기본적인 인프라스트럭처를 제공하는 클라우드 서비스를 IaaS^{Infrastructure as a Service}라고 한다. 이 인프라스트럭처를 사용할지에 대한 의사 결정은 사용자가 하는 것이다. 이 서비스는 자원의 용량을 유연하게 제공하기 때문에 사용자는 운영체제와 응용프로그램을 그 위에서 모두 실행할 수 있다. 랙스페이스, 아마존 웹 서비스^{AWS} 및 마이크로소프트 애저 등이 인기 있는 대표적인 IaaS다.

PaaS

PaaS^{Platform as a Service}는 고객이 하부의 인프라스트럭처나 소프트웨어를 관리하지 않고도 응용프로그램을 호스팅할 수 있는 기능이다. 그 응용프로그램을 실행하는 운영체제와 하드웨어를 관리할 필요가 없는 것이다. 고객은 이 서비스를 이용하면 인프라스트럭처에 대해 고민할 필요가 없고 그냥 블랙박스로 생각하면 된다. 그 플랫폼에 배포한 응용프로그램만 관리하면 된다.

SaaS

일반적으로 널리 사용하는 또 다른 서비스는 SaaS^{Software as a Service}다. 마이크로소프트나 구글, 세일즈포스^{Salesforce} 등 많은 업체들이 제공하고 있다. 이 서비스에서는 사전에 구축된 소프트웨어(예를 들면 오피스356에서는 MS 오피스 세트)를 클라우드에서 호스팅하는 환경하에서 사용할 수 있다. SaaS 사용자들은 네트워크로 연결된 그 소프트웨어를 쓸지 여부만 결정하면 된다. 소프트웨어/응용프로그램을 설치할 필요도 없고 자체 컴퓨터에서 관리할 필요도 없다. 소프트웨어의 업그레이드와 패치도 모두 클라우드상에서 사업자가 처리한다. 최종 사용자 입장에서는 사업자가 관리하는 소프트웨어로 구성된 응용프로그램을 단지 사용할 뿐이다.

그림 4-2는 클라우드 서비스의 이러한 세 가지 유형을 보여준다. 그림에서 보는 바와 같이 IaaS의 경우에는 사업자가 하부의 클라우드 인프라스트럭처를 관리한다. 반면 SaaS는 사용자가 쉽게 소프트웨어 환경을 누릴 수 있는 완벽한 솔루션을 제공한다. PaaS는 IaaS와 SaaS의 중간에 있으며 CSP에서 관리하는 플랫폼을 제공한다. 사용자는 이를 이용해 자체적인 환경을 구축할 수 있고 응용프로그램을 그 위에서 실행할 수 있다.

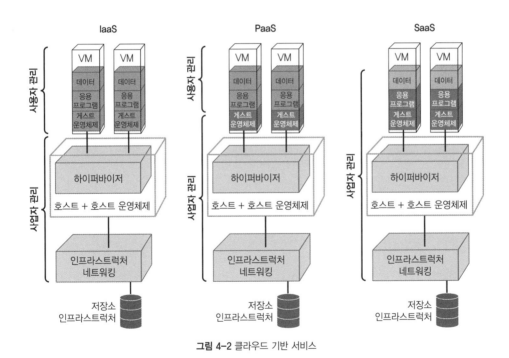

그림 4-2 클라우드 기반 서비스

이 세 가지 기본 분류는 클라우드 서비스 업계 전체에 걸쳐 정의된 것이고[1] 잘 통용되는 개념이다. 하지만 다른 부류들도 많이 나타났다. 클라우드 기반 서비스로 제공되는 다른 인기 있는 것들은 다음과 같다.

- StaaS^{Storage as a Service}: 구글 드라이브, 아이클라우드^{iCloud}, 박스^{Box}, 드롭박스^{Dropbox} 등이 이러한 서비스 가운데 굉장히 인기몰이 중인 예시다. 컴퓨팅이나 네트워킹 자원은 제공하지 않고 순수한 저장 공간 서비스만 제공한다. 사용자의 데이터를 저장하기만 한다.
- BaaS^{Backup as a Service}: AT&T, 아마존, EMC, 후지쯔 등과 같은 회사들은 저장소 서비스를 다른 방식으로 제공한다. 원격 연결, 암호화, 고가용성 및 안전한 백업 공간 등의 기능을 제공하는 BaaS다.

클라우드 구축 모델

클라우드 기반 서비스의 주요 장점은 필요한 자원의 풀을 갖고 있어서 공통의 공유 부분으로 사용할 수 있다는 것이다. 그 자원 풀은 규모 증설, 업그레이드, 접근 통제, 관리 등을 지리적이고 물리적인 한계에 묶지 않고 할 수 있다. 따라서 클라우드 기반 호스팅은 대규모 데이터 센터를 기반으로 구축돼 공개적으로 제공되는 서비스다. 어떤 경우는 소규모 서버를 기반으로 기본 서비스들만 제한된 그룹의 사용자에게 제공하기도 한다. 결과적으로 그러한 서비스를 구축하는 방식과 공유하는 모델은 여러 가지가 존재한다. 대상 사용자, 응용 프로그램 유형, 서비스 유형, 서비스에서 필요로 하는 접근 범위 등에 따라 나눌 수 있다. 클라우드 구성을 분류하는 일반적인 네 가지를 살펴보자.

퍼블릭 클라우드

많은 중소 업체들에게는 자체적인 클라우드를 가져가는 것이 비용 측면에서 바람직하지 않다. 공개적으로 가용한 자원을 통해 이 회사가 가상화를 이용할 수 있는 수단을 퍼블릭 클라우드^{Public Cloud}는 제공한다. CSP에서 제공하는 이 자원들로 응용프로그램, 저장 장치,

네트워크, 데이터베이스와 기타 유사 기능들을 호스팅할 수 있다. CSP가 관리, 운영, 유지 보수하는 클라우드 인프라스트럭처상에서 호스팅하는 것이다. CSP 기반의 퍼블릭 클라우드를 사용하는 것과 프라이빗 클라우드를 가져가는 것의 관계는 집을 임대하는 것과 사는 것의 관계와 아주 유사하다. 퍼블릭 클라우드를 사용하면 전체 하드웨어 인프라스트럭처(컴퓨팅, 네트워킹, 저장 장치 등으로 구성)를 유지로 인한 오버헤드, 관리에 필요한 도구들, 운영 비용 등이 온전히 사업자에게 돌아간다. 사용자는 CSP의 클라우드의 단순한 세입자로서 그 자원들을 다른 세입자들과 공유한다. 퍼블릭 클라우드에서 제공하는 다른 장점으로는 다양한 네트워크 접속(클라우드는 공중 인터넷을 통해 접속), 데이터 백업, 제조사에서 지원하는 서비스 보장 등이 있다.

모든 방법 중에서도 비용과 오버헤드를 가장 적게 가져가는 방법은 퍼블릭 클라우드다. 반면 퍼블릭 클라우드는 보안 절취나 해킹이 있을 수 있어 어느 정도 취약성이 있을 수 있다. 공용 호스팅 데이터(공개적으로 사용은 불가능하지만)가 도난 당해 보안 협상을 하게 되는 사고가 많이 발생했다.

퍼블릭 클라우드의 사례로는 아마존 웹 서비스, 구글 클라우드, 마이크로소프트 애저, 랙스페이스 및 기타 많은 사업자가 있다.

프라이빗 클라우드

프라이빗 클라우드Private Cloud는 한 조직의 응용프로그램과 네트워킹을 하나 또는 그 이상의 지역에 걸쳐서 가상화할 때 가장 적합한 방안이다. 회사 자체에서 그것을 관리, 운영하고 사용한다. 이렇게 하면 독립성, 격리, 기밀 보호 등을 완벽하게 할 수 있다. 하지만 가상화된 장비와 네트워크를 관리하는 것 외에도 클라우드 인프라스트럭처와 가상화 도구의 취득, 관리, 운영에 필요한 오버헤드를 수반한다.

클라우드의 장점이 오버헤드 비용을 훨씬 더 넘어서는 큰 조직에서는 적합할 수도 있다. 특히 금융이나 군사 정보를 다루는 기관에서는 더 높은 수준의 보안과 격리가 필요하다. 이들은 공용으로 접속 가능한 영역에 데이터나 컴퓨트를 두면 안 된다.

프라이빗 클라우드에서는 격리에 대해 더 높은 수준의 제어가 가능한 반면 인프라스트럭처에 대한 관리, 유지 보수, 업그레이드, 구축을 이관하는 비용 혜택은 없다.

오늘날 이용 가능한 몇 가지 플랫폼을 활용하면 사설로 클라우드를 구축하고 운영할 수 있다. 이 플랫폼을 선정하는 것은 라이선스 비용, 로드맵, 지원 가용성, 사용 편이성 등을 기준으로 이뤄진다. 프라이빗 클라우드를 구축하는 데 일반적으로 많이 사용하는 플랫폼으로는 VMware의 vSphere, 오픈스택^{OpenStack}(오픈 소스 기반)이 있다.

하이브리드 클라우드

하이브리드 클라우드^{Hybrid Cloud}는 퍼블릭 클라우드와 프라이빗 클라우드의 장점들만 모은 것이다. 하이브리드의 경우 클라우드는 CSP에서 클라우드 서비스로 제공하는 자원들을 사용하고 일부 민감한 응용프로그램은 자체적으로 운용하는 클라우드 서비스를 사용한다. 이 경우 하이브리드 클라우드는 확장성 측면에서 자체 운영 클라우드보다 훨씬 더 낫다. 물론 어느 정도의 관리와 제어를 위한 데이터와 응용프로그램 일부는 프라이빗 클라우드에 여전히 두어야 한다. 두 가지 클라우드의 조합인 하이브리드는 한 통으로 동작한다. 그 경계와 구분은 오로지 클라우드 관리자가 정의하고 관리할 뿐이다. 최종 사용자 입장에서 하이브리드 클라우드는 응용프로그램을 실행하고 데이터를 저장하고 네트워크를 구성하는 단일 클라우드로 보여진다. 대부분의 프라이빗 클라우드 관리 및 배포 도구들은 공개된 API를 이용해 퍼블릭 클라우드와 상호 연동할 수 있다. 이를 통해 하이브리드 클라우드 모델을 사용자에게 제공할 수 있다.

커뮤니티 클라우드

커뮤니티 클라우드^{Community Cloud}는 여러 프라이빗 클라우드들의 모음으로 소수의 사용자 그룹 내에서만 공유하는 것으로 정의할 수 있다. 그 클라우드의 운영, 관리, 유지 보수는 그 그룹 내에서 책임을 공동으로 가져가거나 일부 구성원이나 사업자에게 위임하기도 한다. 따라서 커뮤니티 클라우드는 퍼블릭과 프라이빗의 중간에 위치한다. 하나의 회사나 조직에 속하지도 않으면서 공용으로 사용할 수 있는 것도 아니다.

그림 4-3에서는 여기서 기술한 클라우드 구축 모델들을 비교해 보여준다. 각각의 클라우드는 퍼블릭이든 프라이빗이든 클라우드의 기본 정의에 부합한다. 이 클라우드들은 특정 지역이나 하나의 물리적 인프라스트럭처에 제약되지 않는다. 모든 클라우드는 여러 지역에 걸쳐서 구성할 수 있다. 예를 들어 프라이빗 클라우드를 구축하는 경우 여러 대륙 간에 걸쳐서 할 수 있다. 단, 관리는 단일 클라우드로 한다.

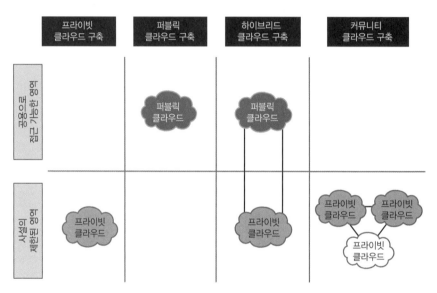

그림 4-3 클라우드 구축 모델

NFV와 클라우드

네트워크 기능의 가상화는 앞에서 언급한 모든 클라우드 구축 모델에서 사용 사례를 갖고 있다. 많은 서비스 사업자들은 고객에게 제공하는 서비스를 운영하기 위해 인프라스트럭처를 구축한다. 서비스 사업자들은 고객에게 서비스를 제공할 때 프라이빗 클라우드를 사용하기도 한다. 예를 들어 ISP^Internet Service Provider는 프라이빗 클라우드를 구축해 CGW^Customer Gateway, 방화벽 및 추가적인 콘텐츠 저장소, 원격 관리 등의 선택 사항을 포함하는 템플릿을 사전에 구성할 수 있다. 이렇게 네트워킹과 데이터 응용프로그램을 조합해 하나의 패키지로 인터넷 고객에게 제공할 수 있다. 그 고객들이 이 기능을 요청하기만 하면 언제라도 제공할 수 있는 것이다. 서비스 사업자의 프라이빗 클라우드는 고객의 요청에 따라 단지 신규 가상 머신을 생성할 뿐이다. 앞에서 다룬 NFV의 클라우드 기반 서비스의 예로는 vCPE^{Virtual Customer Premises Equipment}, vDDoS^{Virtual Distributed Denial-of-Service} 차단기, vBNG^{Virtual Broadband Network Gateway}, vPE^{Virtual Provider Edge} 라우터 등이 있다. 이 모두가 서비스 사업자들이 고객을 위한 서비스를 운영하기 위한 자체 구축 클라우드에 올릴 수 있는 후보들이다. NFV를 퍼블릭 클라우드에서 운영하는 경우 처리 지연과 총 처리량이 고려할 중요한 요소들이다. 시장에서의 시도나 개념 검증^{Proof of Concept} 차원에서는 퍼블릭 클라우드가 신규 제품의 기능을 보여주는 방안이 될 수 있다.

클라우드에서 응용프로그램을 배포하고 오케스트레이션하는 도구들과 소프트웨어는 초기에 독립적인 응용프로그램에 초점이 맞춰져 있었다. 하부의 가상화 인프라스트럭처는 오픈스택이나 VMware로 돼 있었기 때문이다. 이 응용프로그램은 보통 공통부의 (가상 또는 물리적인) LAN으로 단일 연결을 해 상호 간 또는 외부와 통신을 한다. 또한 이들 응용프로그램의 배포는 한 번만 하고 그들에 대한 변수의 재설정이나 변경은 필요한 경우 하게 된다. 하지만 NFV의 배포와 오케스트레이션은 약간 다르다. NFV 토폴로지를 구현하려면 VNF들 간에 여러 개의 연결이 필요할 수도 있기 때문이다. VNF는 자기가 속한 토폴로지의 일부인 다른 VNF들도 파악하고 있어야 하며 그 네트워크의 변경에 따라(예를 들어 트래픽 우선순위의 변동, 특정 트래픽 스트림의 차단, 추가적인 라우팅 네이버 추가 등) 재설정이 필요할 수도 있다.

NFV를 클라우드에 배포하려면 클라우드 오케스트레이션 및 배포 응용프로그램에서 이러한 추가 요건들이 반영돼 있어야 한다. 이들 응용프로그램에서는 VNF로 동작하는 가상 머신만 배포하면 되는 것이 아니라 서비스 오케스트레이션과 네트워크 배포 역할도 수행해야 한다. NFV 배포 도구들이 수행할 이러한 요건을 이해하기 위해 ETSI 프레임워크 정의에 있는 MANO 블록을 다시 살펴보고 이러한 조건들을 만족하는 소프트웨어와 도구를 분석해보자.

ETSI MANO 블록 재검토

1장, 'NFV로의 여정'에서 NFV에 대한 ETSI 프레임워크 아키텍처와 그 안에 정의된 블록들에 대해 기술했다. 그 아키텍처에는 배포, 오케스트레이션, 관리 등의 역할이 MANO 블록의 책임으로 돼 있다. 4장에서는 더 상세하게 들어가 NFV 배포에 대한 부분과 이들 기능 블록들을 구현하는 대중적인 도구와 방법에 대해 살펴본다.

이들에 대해 더 자세히 살펴보기 전에 신속하게 상기하는 차원에서 MANO 블록의 기능과 각각의 목적을 나열한다. 이 내용을 그림 4-4에서 보여준다.

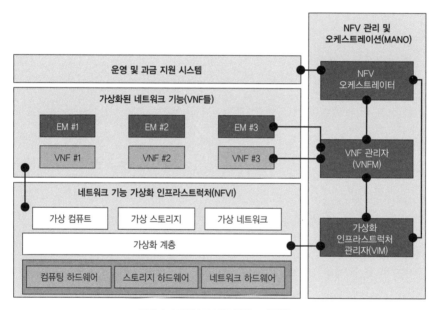

그림 4-4 ETSI NFV 아키텍처 프레임워크

MANO 블록의 구성 요소는 다음과 같다.

- VIM
- VNFM
- NFVO

VIM^{Virtualized Infrastructure Manager}은 NFVI 블록(물리적 장비, 호스트 운영체제, 가상화 계층)과 직접 연동하고 이들 NFVI 요소를 배포, 관리하는 역할을 한다. VIM 기능을 구현하는 소프트웨어는 물리적인 자원들의 내역을 유지할 뿐만 아니라 그 자원들의 사용률을 추적 관리하고 그 자원들이 가상화 풀에 할당된 내역 이력도 관리해야 한다. 여기서 강조할 것은 네트워킹 하드웨어와 가상화된 네트워킹 풀도 VIM이 관리하기 때문에 VIM의 역할 중 하나는 VNF들을 연결하는 가상 링크에 대한 오케스트레이션이라는 것이다.

VNFM^{Virtualized Network Function Manager}은 VNF 자원들의 생성, 삭제, 업데이트 등에 대한 역할을 한다. 또 중요한 역할은 VNF의 수명 주기를 관리하는 것이다.

NFVO^{Network Functions Virtualization Orchestrator}는 자원과 서비스에 대한 오케스트레이션을 담당한다. 이는 VIM과 직접 연동하거나 VNFM 블록과 함께 동작한다. 기억 상기 차원에서 기술하자면 서비스 오케스트레이션이 뜻하는 것은 NFVO에서 서비스 구성 요소의 배포(VNF, VNF들 간의 링크, 그들 간의 연결 정보)를 조율하고 전체 서비스 수명 주기를 관리하는 것을 의미한다. NFVO의 자원 오케스트레이션은 자원들의 할당을 감독하고 NFVO에서 관리하는 서비스들에서 필요로 하는 할당을 관제하는 것을 의미함을 기억하라. ETSI 프레임워크에서 이 글을 작성할 즈음에는 이들 NFVO 기능이 하나로 묶여 있다. 하지만 ETSI는 그 기능을 두 개로 나누고 나중에는 두 개의 분리된 기능 블록이 될 것이라고 기록했다.

표 4-1이 이들 역할을 요약해 보여준다.

표 4-1 MANO 기능 블록의 역할

기능 블록	역할
VIM	• 하드웨어 저장소 관리(저장 장치, 컴퓨팅, 네트워킹) • 이들 자원들을 가상화된 풀에 할당한 내역의 이력 관리 • 하이퍼바이저 연동 및 관리 • 하드웨어 사용률과 상태에 대한 이력 관리 • 다른 기능 블록들과의 상호 동작을 통한 가상 네트워크 기반 VNF 연결 구현
VNFM	• VNF의 수명 주기 관리

기능 블록	역할
NFVO	• 자원 오케스트레이션 • 서비스 오케스트레이션 • 다른 블록과 상호 연동해 네트워크를 오케스트레이션하고 네트워크의 종단 간 뷰 관리

MANO 데이터 저장소

앞서 언급한 기능 블록에 더해 ETSI는 또한 운영 및 오케스트레이션 데이터를 모으는 것에 대해 기술하고 있다. 이를 데이터 저장소라고 부른다. 이 저장소들은 오케스트레이션, 실행 중인 인스턴스의 환경, 사용 중이거나 가용 상태인 자원에 대한 정보를 담고 있다. ETSI 아키텍처에서는 그림 4-5에서 보는 바와 같이 네 그룹의 저장소들을 정의하고 있다. 이 각각의 저장소에 대해 이어지는 내용에서 상세히 다룬다.

NFV 서비스 카탈로그

NFV 서비스 카탈로그(NS 카탈로그)는 네트워크 서비스의 종단 간 배포에 대한 변수들을 정의하는 저장소의 모음이다. 네트워크 서비스라는 용어는 종종 다양한 의미로 오용되고 있다. 여기 본문의 목적과 일반적인 NFV에서 네트워크 서비스가 의미하는 것은 최종 사용자에게 네트워크 기반 서비스를 제공하기 위해 네트워크 기능들을 상호 연결한 조합이다. 따라서 네트워크 서비스에 대해 기술하는 것은 이들 네트워크 기능들과 그들 간의 연결 및 토폴로지, 운영 규격과 배포 규격에 대해 기술하는 것이다. 예를 들면 NAT[Network Address Translation], 방화벽 및 기타 기능들로 구성된 VPN[Virtual Private Network] 서비스 또는 인터넷 게이트웨이 서비스가 있다.

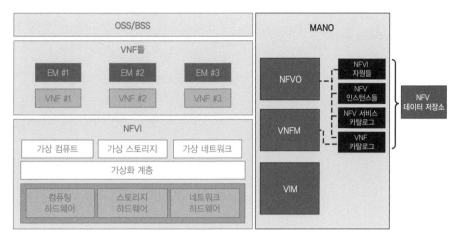

그림 4-5 MANO 데이터 저장소

NS 카탈로그는 NFVO 기능 블록에서 네트워크 서비스를 오케스트레이션할 때 사용한다. NS 카탈로그에서 하나로 제공하는 정보는 템플릿에 담겨 있다. 이 정보들을 사용해 VNF 들, 링크, 수명 주기, 확장성, 토폴로지 등과 같이 네트워크 서비스를 제공하는 데 필요한 구성 요소들의 정확한 설정값을 정의한다. ETSI는 이들 저장소를 디스크립터Descriptor라고 칭한다. NS 카탈로그는 그림 4-6에서 보는 바와 같이 세 가지 유형의 디스크립터 또는 데 이터 셋으로 구분된다. 이들은 추후에 다룰 것이다.

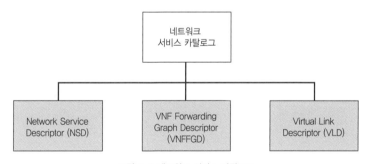

그림 4-6 네트워크 서비스 카탈로그

디스크립터와 카탈로그

디스크립터는 오케스트레이션 변수들을 정의하는 데 사용하는 템플릿의 저장소다. 이 디스크립터는 YANG이나 XML 같은 데이터 형식 정의 언어를 이용해 뽑아 낼 수 있다.

카탈로그는 디스크립터 저장소들을 모은 것이다. 카탈로그는 여러 버전의 디스크립터를 가질 수 있다.

VLD

VLD^{Virtual Link Descriptor} 즉 가상 링크 디스크립터는 네트워크 서비스의 일부인 VNF들을 상호 연결하는 데 필요한 자원과 서비스 종단점에 대한 배포 템플릿을 제공한다. 가상의 종단점뿐만 아니라 VNF와 PNF^{Physical Network Functions}[1] 장비 간의 연결에 필요한 자원들도 VLD에서 정의한다. 물론 그 물리적인 장비들이 네트워크 서비스 제공에 중요한 역할을 하는 경우에 한한다. 이 변수들의 정의를 기반으로 MANO의 오케스트레이션 영역(NFVO)에서는 서비스를 구현하는 데 필요한 인터페이스의 유형을 알 수 있다. NFVO에서 링크 요건에 관련된 이 정보를 VNF 자원 등의 다른 변수들과 함께 VIM(인프라스트럭처를 관리하는 MANO 기능 블록)으로 넘긴다. 그러면 VIM인 적당한 호스트를 선택해 이 요구 사항을 처리할 적당한 자원을 할당한다.

서비스 종단점

NFV 서비스를 블랙박스로 생각한다면 서비스 종단점(Service Endpoints)은 그 블랙박스의 진입점과 출구점에 해당한다.

---

1   물리적 네트워크 기능, 기존 하드웨어 기반 네트워크 장비상의 네트워크 기능을 말한다. – 옮긴이

VNFFGD

VLD가 VNF, PNF, 종단점들 간을 연결하는 링크들에 대한 변수들을 기술하지만 그 링크들이 이 항목들을 어떻게 상호 연결하는지는 기술하지 않는다. 이 정보는 VNFFGD^{VNF} Forwarding Graph Descriptor 즉 VNF 포워딩 그래프 디스크립터에서 기술하며 VLD에서 기술한 링크들을 이용해 토폴로지 정보를 담는다. 예를 들어 VLD에서는 100G와 1G 기능이 지원되는 두 개의 인터페이스가 필요하다고 기술할 수 있다. 그러면 VNFFGD는 두 VNF들을 100G 링크로 상호 연결해 데이터용으로 사용하고 또한 그 둘 간에 1G 링크로 연결해 관리 트래픽 용도로 사용한다고 기술하는 것이다.

NSD

NSD^{Network Service Descriptor}는 네트워크 서비스를 기술한다. 전체 서비스에 대한 배포 변수들을 정의하는 템플릿을 모두 합친다. NSD에서 정의하는 일부 변수의 예로는 확장성 정책과 수명 주기 이벤트가 있다. 확장성 정책은 규모 조절이 필요한 조건과 그 규모 조정을 수행하는 데 필요한 조치 사항을 결정한다. 수명 주기 이벤트는 서비스의 다양한 수명 주기 상황에 따라 수행할 스크립트, 수행 사항 및 조치 사항을 정의한다. NSD는 상위 수준에서 서비스를 정의한다. 서비스 관련 변수들을 포함할 뿐만 아니라 서비스 구성에 사용하는 다른 디스크립터들도 상호 참조한다. 상호 참조 대상들은 그림 4-7에서 보는 바와 같이 VNFD, VNFFGD, PNFD, VLD 등이 있다.

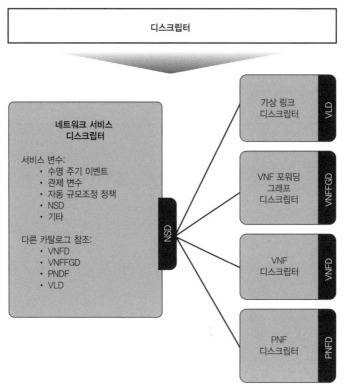

그림 4-7 네트워크 서비스 디스크립터

VNF 카탈로그

VNF 카탈로그는 VNF 패키지들의 저장소다. 각 VNF 패키지는 하나의 VNFD와 대응된다. VNFD는 VNF에 대한 배포 변수 즉 CPU 자원, 메모리, 저장 장치 요건과 수명 주기 이벤트(VNF의 수명 주기 이벤트 동작 부분에서 기술) 같은 운영 측면의 동작 또는 탄력성에 대한 정책 등을 정의한다. VNF 카탈로그는 그림 4-8에서 보는 바와 같이 여러 개의 VNF 패키지로 구성돼 있다.

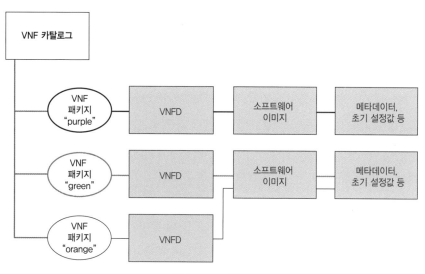

그림 4-8 VNF 카탈로그

VNF 패키지는 또한 VNF 이미지에 대한 추가적인 정보와 초기 설정값을 포함하고 있다. 이 VNF 패키지는 VNF에 대한 완벽한 그림을 제공한다. 배포 및 운영용 설정 변수들(VNFD에서 제공), 거기에 사용하는 이미지, 그리고 배포 시의 설정값들 등을 조합해 제공한다. 가상 라우터로 동작하는 VNF 이미지를 예로 들어 보자. 동일한 이미지를 사용해 가상 RR(높은 메모리 사용량과 높은 CPU 사용량 요건)을 구성할 수도 있고 가상의 사업자 코어 라우터(낮은 메모리 사용량과 높은 CPU 사용량 요건)를 구성할 수도 있다. 이 설정 변수들은 VNFD에서 정의한다. 따라서 이 두 가지 구성 방식은 VNFD에서 약간의 차이가 있는 각각 별개의 패키지가 된다. VNF 카탈로그는 여러 개의 VNF 패키지를 포함할 수 있다(각각의 패키지는 정확히 하나의 VNFD를 가지며 반대로도 동일).

VNF 카탈로그 내의 정보는 NFVO와 VNFM에서 사용한다. NFVO는 그것을 이용해 VNF들의 수명 주기를 관리한다. 예를 들어 서비스의 일부로 신규 VNF를 인스턴스화할 때 NS 카탈로그의 다른 정보들—예를 들면 VLD 같은—과 조합한 요건들을 VIM 기능 블록으로 전달한다. VIM 기능 블록에서는 필요로 하는 적당한 자원들을 선별해 할당한다. 유사하게 VNF 카탈로그 정보는 또한 VNFM에서 접근할 수도 있다. VNFM은 MANO 기능 블록으로 VNF의 관리를 맡고 있다.

NFV 인스턴스 저장소

지금까지 두 종류의 저장소, NS 카탈로그와 VNF 카탈로그에 대해 기술했다. 이들을 이용해 네트워크 서비스를 배포한다. 네트워크 서비스의 인스턴스를 일단 배포하면 실행 상태에 대한 정보는 NFV 인스턴스 저장소^{NFV Instances Repository}에 저장한다. 이 저장소의 정보를 묶을 수 있는데 이를 레포트^{Reports}라고 부른다. 저장소는 네트워크 서비스에 대한 레포트(NS 레포트)와 VNF 상태에 대한 레포트(VNF 레포트) 등을 갖고 있다. VNF, 링크, 네트워크 서비스 등의 가동 상태에 변동이 생기면 NFV 인스턴스 저장소에 있는 해당하는 레포트를 업데이트한다. 예를 들어 네트워크 서비스 상태에 변동이 생기면 NS 레포트를 업데이트하고 가상 링크 상태에 변동이 생기면 VL 레포트를 업데이트하며 토폴로지에 변동이 생기면 VNFFG 레포트를 업데이트한다. 기타 변동 사항도 해당하는 레포트 데이터 구조에 따라 업데이트한다. 그림 4-9에서는 이 글을 쓰는 시점에서 ETSI가 NFV 아키텍처에서 정의한 항목의 유형들을 보여주고 있다. 이 항목들과 그 설정 변수들은 ETSI 아키텍처 문서에서 자세하게 기술하고 있다[2].

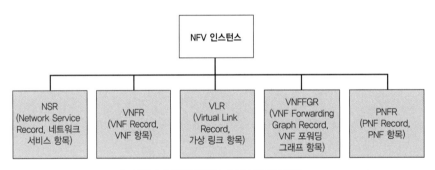

그림 4-9 NFV 인스턴스 저장소의 항목 유형

레포트
레포트는 생성된 인스턴스들에 대한 실행 관련 데이터를 나타내는 데이터 구조의 저장소다.

NFVI 자원 저장소

앞서 언급한 NFVO의 역할 중 하나는 자원 오케스트레이션이다. 이에 따라 NFVO는 가용한 인프라스트럭처 자원에 대한 최신 상황을 볼 수 있어야 하고 원할 때 처리할 수 있는 권한이 있어야 한다. VIM은 인프라스트럭처와 직접 상호작용하는 관리 기능 블록이기 때문에 인프라스트럭처 자원에 대한 정보는 VIM에서 볼 수 있고 NFVI 자원 저장소^{NFVI Resources Repository}라고 하는 저장소에 보관된다. NFVO에서 이 저장소를 이용해 자원들의 가용, 예약, 할당 여부를 볼 수 있다.

각 VIM은 자신이 관리하는 NFVI 블록에 대한 자원 정보를 갖고 있으며 여러 개의 VIM이 동시에 동작할 수도 있음을 주의하라. 따라서 NFVI 자원 저장소에 있는 자원 정보는 시스템 전체에 걸쳐 있는 모든 VIM의 자원을 통합한 것이다.

전체 총괄해보기

카탈로그, 디스크립터, 레포트 등과 같은 저장소와 MANO 기능 블록 간의 관계를 그림 4-10에서 요약했다. 그림에서 보는 바와 같이 NS 카탈로그와 VNF 카탈로그는 네트워크 서비스 오케스트레이션에 대한 데이터의 주요 소스다. NS 카탈로그는 NSD, VLD, VNFFGD 로 구성돼 있고 VNF 카탈로그는 VNFD로 이루어져 있다. 이 네트워크 서비스의 인스턴스를 생성할 때 이 배포를 위해 오케스트레이션 기능 블록(NFVO)에서는 NFVI 자원 저장소와 이 카탈로그들을 활용한다. 각각의 인스턴스들마다 NFVI 인스턴스 저장소에 레포트를 만들고 배포한다.

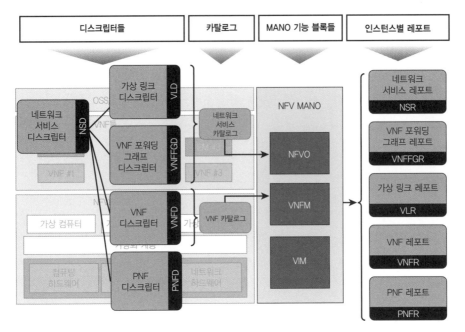

그림 4-10 MANO 저장소 간의 관계

이 MANO 저장소들을 더 잘 이해할 수 있도록 MPLS-VPN 서비스 오케스트레이션을 예로 들어보자. 이 예시 서비스에서는 사업자가 두 가상 PE(vPE) 장비와 클러스터링된 가상 RR 한 세트를 배포해 제공한다. 가상 PE 장비들은 데이터 트래픽 처리를 위해 물리적인 네트워크 코어(P)를 경유해 상호 연결한다. 각 고객별로 배포한 토폴로지를 그림 4-11에서 보여준다.

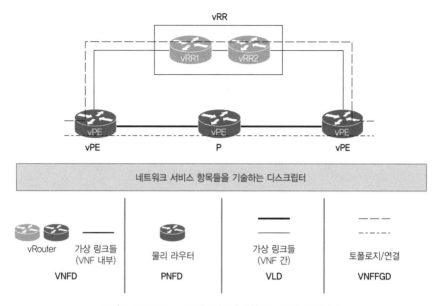

그림 4-11 MPLS-VPN 네트워크에 대한 NFV 오케스트레이션

이 서비스를 오케스트레이션하려면 그림 4-11에서 보여준 예시에 있는 항목들에 NFV 디스크립터들을 매핑해야 한다.

동일한 가상 라우터 VNF 이미지를 가상 PE(vPE)와 가상 RR(vRR), 두 기능 모두에 사용할 수 있다. 이는 별도의 VNFD를 정의하고 각각의 적용을 위해 별도로 VNF 패키지를 만들면 된다. 이 시나리오에서는 VNFD에서 다음의 속성값을 포함할 수 있다.

- vRR VNFD는 RR의 기능에 맞게 상대적으로 높은 메모리와 낮은 컴퓨팅 자원을 할당한다. 그림 4-11에서 보는 바와 같이 또한 이 vRR VNFD는 (high_availability 속성을 이용해) 한 쌍의 VNF를 배포하고 각각의 VNF는 별도의 서버들에서 실행되도록 (affinity 속성을 이용해 정의) 기술할 수 있다. vRR VNFD는 또한 이 두 VNF 인스턴스들 간의 링크를 정의한다. 이 두 가상 머신 인스턴스들은 별도의 서버에 배치한다. 상호 연결 링크와 그 링크에 대한 다른 VNF들과의 연결 지점에 대한 정보는 vRR을 나타낸다. 이 VNF는 하나의 패키지를 이용해 정의하고 하나의 vRR 인스턴스를 생성한다(이 경우 두 가상 머신을 조합해 하나의 vRR VNF를 제공한다).

- vPE VNFD는 배포 인스턴스에 대해 높은 컴퓨팅 파워가 필요하다. deployment_flavor 속성을 사용해 두 vPE 유형을 정의한다—그중 하나는 중앙 지역의 vPE용에 알맞게 상대적으로 더 높은 컴퓨팅 및 메모리 자원들을 가진다.
- VNF 인스턴스 간의 링크들은 VLD로 정의한다. 이 예시에서 VLD는 두 가지 유형의 링크들을 기술한다— vRR과 vPE 간의 제어 평면 트래픽을 전달하는 낮은 대역폭의 링크(아마도 1Gbps)와 vPE의 데이터 트래픽을 위한 높은 대역폭의 링크(10Gbps나 40Gbps). 라우터 P는 이 예시에서 물리적인 장비이므로 vPE와 P 간의 링크는 VNF와 PNF 간의 링크를 나타낸다.

마지막으로 모든 VNF들을 서로 연결하는 토폴로지는 VNFFGD를 통해 정의한다. 그림 4-11에서 보는 바와 같이 vRR-vPE 링크와 vPE-P 링크로 연결을 구분한다.

디스크립터 더 자세히 살펴보기

ETSI 프레임워크에서 정의한 디스크립터들은 다양한 정보를 담고 있다. 정보 구조는 계층적으로 정의돼 있다. 앞서 언급했듯이 YANG과 XML 형식이 디스크립터들에서 이 정보를 기술하는 대표적인 방식이다. 이들 디스크립터들이 담고 있는 정보를 상위 수준에서 구분하면 자원 정보(예를 들면 링크 용량, 가상 머신의 CPU 자원), 연결 정보, 관제해야 하는 설정 변수 정보KPI, Key Parameter Index 등이 있다.

이 구조가 어떻게 생겼고 그 안에 어떤 정보가 있는지 더 잘 이해할 수 있도록 VNFD 예를 하나 들고 거기서 사용하는 설정 변수를 살펴보자. 이 많은 설정 변수들—ETSI에서는 정보 요소Information Elements라고 함—은 여러 디스크립터에서 정의한다. 그 정보 요소에 대한 정의는 동일하지만 어느 디스크립터에서 사용하느냐에 따라 문맥적 의미가 다르다. 예를 들어 lifecycle_event 변수를 VNFD에서 수명 주기를 기술하는 데 사용할 수 있다. 하지만 NSD에서 그 정보 요소를 사용하면 네트워크 서비스의 수명 주기를 나타낸다.

어떤 유형의 정보 요소들이 정의돼 있는지와 그들을 어떻게 사용하는지 전반적으로 전달할 목적으로 표 4-2에서 VNFD용으로 정의된 설정 변수들을 보여준다.

각각의 디스크립터에 대한 정보 요소 전체 목록과 그들 요소의 목적에 대해서는 ETSI 문서를 참고하라.

표 4-2 VNFD를 위한 설정 변수

설정 변수	정의
vendor	이 VNFD를 만든 제조사 이름
version	이 VNFD 관점에서 VNF 소프트웨어 버전
connection_point	virtual_link와 연결을 위해 VNF에서 제공하는 외부 인터페이스 유형. 예를 들어 connection_point는 management_port나 data_interfaces가 될 수 있다.
virtual_link	VNF에서 연결용으로 사용하는 가상 인터페이스를 정의한다. 이 가상 링크는 VNF 사양에 기반한 연결점(Connection point)를 참조한다. 따라서 앞에 나온 연결점들에 대해 가상 링크는 e1000 드라이버를 사용하는 인터페이스 또는 DPDK 드라이버를 사용하는 다른 것 등이 될 수 있다.
lifecycle_event	인스턴스화, 제거, 규모 조절 등과 같은 특정 수명 주기 이벤트들이 발생하는 경우의 동작(또는 이 동작들을 정의하는 스크립트들)을 정의한다.
vnf_dependency	이 VNF가 기능 제공을 위해 다른 VNF와 함께 동작해야 한다면 이 VNF를 위해 VNFD에 다른 가상 기능을 정의할 수 있다.
monitoring_parameters	VNF에 있는 설정 변수들을 나타낸다. 그 변수들은 VNF의 부하를 파악하거나 VNF에 탄력성과 확장성에 변화가 필요한지 파악하기 위해 관제해야 하는 것들이다. 예를 들어 VNF가 BGP-RR인 경우 BGP 경로의 개수, CPU 부하, VNF 내의 가용 메모리 등을 관제해야 한다. 또한 예시로 BGP 경로 개수가 임계치를 초과하면 이 VNF에 대한 인스턴스나 메모리의 규모를 조정해야 한다.
deployment_flavor	이 VNF에 대한 여러 배포 사양을 기술할 때 사용한다. 배포 사양의 항목으로는 vCPU, 메모리, 용량 등이 있다. 예시로 vRR의 경우 기본 수준의 vRR로 배포하면 된다.

참고

배포 사양(flavor)이라는 용어는 컴퓨팅 및 저장 장치(메모리와 디스크 공간) 자원의 조합을 기술하기 위해 VIM에서 사용한다. 이 배포 사양들은 VIM에서 생성하고 관리하며 가상 머신이 자원 요청할 때 사용할 수 있도록 하는 역할을 한다. 프라이빗 클라우드의 경우 VNFM에서 필요한 만큼 새로운 배포 사양을 생성하도록 VIM에 요청할 수 있다. 하지만 퍼블릭 클라우드에서는 IaaS를 제공하는 CSP에서 사전에 정의한 배포 사양을 갖고 있다. 따라서 VNFM에서는 가상 머신을 생성하고 자원을 갱신할 때 가용한 배포 사양 가운데 하나를 사용해야 한다.

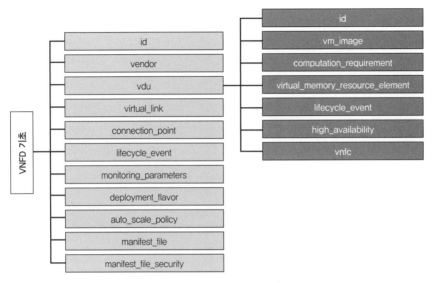

그림 4-12 정보 요소에 대한 예시

NFV 인프라스트럭처 오케스트레이션, 배포, 관리하기

2장, '가상화 개념'에서 NFVI 구성 요소를 상세하게 살펴봤다. 이 구성 요소와 하드웨어, 소프트웨어 영역들은 NFV 인프라스트럭처의 기반을 이룬다. 이 인프라스트럭처를 오케스트레이션하고 배포, 관리, 관제할 수 있도록 다양한 소프트웨어 패키지가 나와 있다. 네트워크 장비 제조사나 사업자 조직 또는 오픈 소스 커뮤니티 등에서 나온 것들이다. 이 소프트웨어를 일컬어 보통 COS^{Cloud Operating System}라고 한다. 인프라스트럭처가 클라우드를 구성한다는 뜻을 담고 있다.

COS의 오케스트레이션과 배포는 VNF, VNF들 간의 연결 네트워크, VNF에서 필요로 하는 저장 장치 자원들, VNF들에 할당할 컴퓨팅 파워 등을 중심으로 이뤄진다. 사용할 하드웨어 가상화의 수준이나 가상 머신에 할당할 네트워킹 유형과 용량, 저장 장치 구성 요소와 기타 요소를 선택하는 것이 여기에 포함된다.

하드웨어 가상화의 배포 방안

하드웨어는 COTS이든 주문 제작 하드웨어든지 간에 보통은 2장, '가상화 개념'에서 소개한 가상화 기술들을 사용해 공유된다. 하지만 공유의 정확한 본성과 가상화 기술의 유형은 다양하다. 앞서 인프라스트럭처 설계 관점에서 논의했듯이 각각의 비즈니스 사례에 따라 이들을 평가할 필요가 있다. 필요한 보안 수준과 VNF 기능의 중요도는 배포 시에 구현할 격리도의 수준을 결정하는 핵심 기준이다. 세 가지의 가능한 방안이 있다.

- 하드웨어 기반 가상화
- 하이퍼바이저 기반 가상화
- 컨테이너 기반 가상화

VNF를 하드웨어 기반으로 구현하면 가상화의 혜택을 진정으로 누릴 수 없다. 하나의 네트워크 기능을 구현하는 데 전용 서버를 사용하는 것과 유사하기 때문이다. 하드웨어 기반 가상화는 VNF에 절대적인 격리를 제공하고 서버 자원에 대한 완벽한 권한을 부여한다. 하지만 자원 공유 기능을 통한 혜택을 하나도 누리지 못한다. 이런 방식의 구현은 클라우드가 NFV 솔루션과 더 상위 수준의 도구들에게 동일하게 보이도록 하면서 더 크게 NFV를 구축하는 경우 일부 구성에서 여전히 필요하다. 그 위에 구성하는 VNF에는 높은 격리 수준을 제공한다.

가상 머신에 구현하는 VNF는 하이버파이저 기반 가상화를 사용한다. 이 경우 가상화 및 자원 공유에 따른 혜택을 보면서 격리도의 수준도 꽤 높다. 이 환경의 VNF는 자체 운영체제(게스트 운영체제)를 실행할 수 있고 호스트 환경과는 완전히 독립적이다. 호스트를 공유하는 가상 머신들은 메모리, 디스크, CPU에 대해 다른 가상 머신들과 영향을 주지 않도록 보호하고 안전하게 한다. 이 기법에 수반되는 오버헤드에도 불구하고 하이퍼바이저 기반의 가상화는 NFV를 위한 하드웨어 가상화의 중요한 핵심이었고 현재도 그러하다.

컨테이너 기반 가상화는 하드웨어 기반이나 하이퍼바이저 기반 방식에 비해 격리도가 가장 낮다. 이 접근법에서 VNF들은 커널, 바이너리, 라이브러리를 공유한다. 이 방식의 장점은 낮은 가격과 단순성(하이퍼바이저 전체와 그 라이선스, 그리고 그와 관련된 관리 등을 제거함에서 기인)이지만 이는 격리 수준 저하의 대가다. CPU, 메모리, 디스크와 기타 자원들에 대한 사용량을 제한하는 부분은 컨테이너의 한계가 분명하다. 하지만 (커널 그 자체를 포함해) 공통인 소프트웨어 부분이 많이 있기 때문에 하나의 VNF가 오작동해 다른 컨테이너에 있는 다른 VNF에 영향을 줄 가능성이 있다. 이 기법이 많이 채용됐고 경량과 민첩한 본성으로 인기도 많이 올랐지만 그럼에도 불구하고 모든 경우에 다 적합한 것은 아니다. 낮은 격리도와 보안 지원 때문이다. 이러한 단점들이 문제가 되지 않는 경우라면 컨테이너 기반 가상화는 선호하는 방안이 될 수 있다.

그림 4-13에서는 이 세 가지 하드웨어 가상화 방안을 비교해 보여준다.

참고

오케스트레이션과 배포라는 용어는 종종 혼동되고 오용된다. 이 두 용어 간의 차이를 설명할 수 있는 좋은 비유는 오케스트레이션을 구조적인 계획 수립으로 보고, 배포는 그 계획의 실제 구현으로 보는 것이다. 부동산 개발 과정을 보자. 주거, 쉼, 상업 용도별로 구역을 설계하는 도시 계획 업무들이 수반된다. 그 구역들 간을 상호 연결하는 도로와 구역 내의 도로에 대한 계획도 필요하다. 도로와 거리에 대해 수요 계획 기반의 너비와 경로 등과 같은 상세 사항들도 설계해야 한다. 이 모든 행위가 오케스트레이션과 동일하다 – 전체 아키텍처, 그 내부의 연결과 용량을 정의한다. 하지만 실제 배포는 이제 이러한 설계를 따르고 그 계획을 구현해야 하는 것이다.

가상 환경의 문맥에서 오케스트레이션은 할당할 자원의 양, 가상 머신들 간의 상호 연결을 위한 계획, 가상 머신에 할당할 저장 장치와 그 유형 그리고 기타 요소를 결정하는 것을 의미한다. 배포는 실제 구현으로 계획한 상세 사항들과 오케스트레이션 절차에서 정의한 변숫값들을 실행하고 적용하는 것이다. 자원 오케스트레이션을 앞서 "NFVI 자원을 가상 머신에 할당하거나 할당 해제 및 관리하는 것"이라고 정의한 의미는 그 할당이 계획 단계에 이루어진다는 것이다. 자원 할당은 실제로는 배포 시 일어난다.

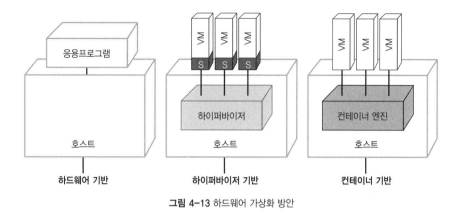

그림 4-13 하드웨어 가상화 방안

가상 머신과 컨테이너 배포하기

네트워크 기능 역할을 하는 가상 머신을 배포하는 데 사용할 도구들이 오늘날 여러 가지 나와 있다. 2장, '가상화 개념'에서 업계에서 가용한 몇 가지 하이퍼바이저를 살펴봤다. NFV의 경우 가장 인기 있는 하이퍼바이저는 KVM^Kernel-based Virtual Machine과 ESXi다. 유사하게 NFV에서 컨테이너 기반 가상화를 사용하는 경우에는 도커와 LXC^Linux Containers를 압도적으로 많이 사용한다. NFVI 배포 기능을 제공하는 도구들은 VNF를 배포할 때 이들 가상화 모델 중 하나를 사용한다. 따라서 대규모 배포를 위한 도구들을 살펴보기 전에 CLI^Command-line Interface나 아주 간단한 도구들을 사용해 이 하이퍼바이저들을 어떻게 채택할지에 대한 기초를 살펴보자. 대량 배포용 NFVI 도구들은 이 개념들 위에 쌓아 올리고 연구해보자.

 참고

가상 머신이라는 용어가 일반적인 문맥에서 뜻하는 것은 하이퍼바이저 기반 가상 머신과 컨테이너 기반 가상 환경 둘 다 의미한다. 별도로 언급하지 않으면 이후 나오는 가상 머신 용어를 사용하면 이 두 가지 기술 모두를 뜻하는 것이다.

KVM 용도로 CLI 사용하기

KVM을 사용하는 가장 쉽고 직접적인 방법은 리눅스 명령어 입력으로 호출하는 것이다. 이때 신규 가상 머신을 인스턴스화하는 데 사용할 변숫값을 정의하는 인자들을 넘긴다. 그림 4-14에서는 KVM을 CLI를 통해 사용하는 법에 대한 간단한 예를 보여준다. 보는 바와 같이 전달된 변수들은 가상 머신의 메모리, CPU 자원들, 네트워킹과 가상 머신 이미지 등을 할당하는 용도다.

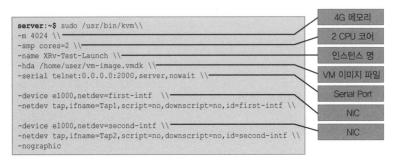

그림 4-14 명령어 입력창을 통해 KVM 사용하기

참고

리눅스 시스템상에서 KVM 명령어는 qemu-system-x86_64를 KVM 하이퍼바이저 플래그를 설정해 호출하는 래퍼(Wrapper)다. 사용자에게 넘겨지는 전체 인자 목록을 보려면 man qemu-system-x86_64 명령어를 이용해 qemu-system-x86_64의 문서를 참고하라.

이 CLI 기반 방법은 KVM을 통해 가상 머신을 배포하는 아주 원시적인 방법이다. 리눅스를 호스트 운영체제로 사용하는 경우 VNF 배포를 할 때 모든 오케스트레이션 도구들이 KVM과 상호 동작한다. KVM 사용의 정교함과 복잡함을 사용자 친화적인 전면 인터페이스로 숨길 수 있다. 오케스트레이션 도구들을 사용해 KVM 기반의 가상 머신을 인스턴스화할 때 일어나는 것들을 전체적으로 더 잘 이해하려면 그에 필요한 설정 변수들을 이해하는 것이 바람직하다. 하지만 이렇게 CLI 방식으로 가상 머신을 배포하는 것은 확장성도 떨어지고 배포도 편하지 않다. 반면 오케스트레이션 도구를 사용하면 일반적으로 자동화를 구현할 수 있고 또 지원하기도 하므로 확장성 있는 대규모 배포가 가능하다.

virsh 및 GUI 방안들

virsh는 또 다른 CLI 기반 도구로 KVM 기반으로 가상 머신을 생성하는 것뿐만 아니라 가상 머신 환경을 업데이트하고 관리, 관제하는 고도화된 기능을 제공한다. 설정 변수를 직접 넘기는 KVM CLI 기반 방법과는 달리 virsh에서는 가상 머신 설정 변수를 XML 템플릿으로 설정할 수 있다. 그림 4-15는 virsh 인터페이스로 가상 머신을 인스턴스화하는 데 사용할 수 있는 XML 파일을 예시적으로 보여준다.

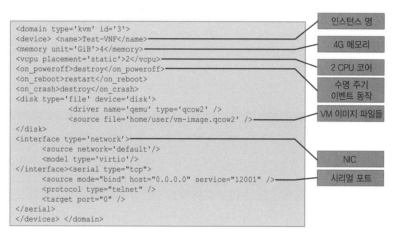

그림 4-15 virsh용 XML 파일 예시

virsh의 가상 머신 관리 및 관제 기능은 제한적이다. 하지만 가상 머신 관리와 관제를 위한 여러 가지 기본적인 방법을 제공한다. 리부팅, 설정값 변경, CPU 및 메모리 할당 확인, 스냅샷 생성, 다른 호스트로 가상 머신 이동 등에 대한 방법을 제공한다. 그림 4-16은 virsh 옵션의 목록을 보여준다. 명령어 전체 목록과 세부 사항은 virsh 명령어 참고서를 참조하라[3].

```
server:~$ virsh -help
<snip>
 console                        connect to the guest console
 create                         create a domain from an XML file
 destroy                        destroy (stop) a domain
 migrate                        migrate domain to another host
 reboot                         reboot a domain
 resume                         resume a domain
 shutdown                       gracefully shutdown a domain
 vcpucount                      domain vcpu counts
 dominfo                        domain information
 list                           list domains
 snapshot-create                Create a snapshot from XML
 snapshot-list                  List snapshots for a domain
 vol-clone                      clone a volume.
 vol-create-as                  create a volume from a set of args
 vol-create                     create a vol from an XML file
<snip>
```

그림 4-16 virsh 명령어 옵션 예시

또한 virsh 명령행 인터페이스 대신 사용 가능한 오픈 소스 GUI 방안도 많이 있다. 그 예로는 김치Kimchi, 버트 매니저Virt-manager, 미스트닷아이오mist.io 등이 있다. 그림 4-17에서는 버트 매니저 화면을 보여준다. 이는 virsh 기능을 그래픽 인터페이스로 구현한 것으로 좀 더 사용자에 친화적이다.

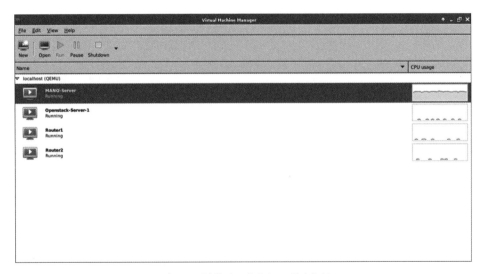

그림 4-17 단순한 버트 매니저 GUI 인터페이스

vSphere 클라이언트

이 도구는 VMware에서 만든 것으로 가상 머신을 ESXi 기반 하이퍼바이저 환경에서 배포, 관제, 관리할 때 주로 사용한다. ESXi 호스트와의 직접적인 상호 동작을 위해 GUI를 지원하며 또한 API를 제공해 다른 도구들과도 상호 동작하도록 구성할 수도 있다. 그림 4-18은 이 vSphere GUI를 보여준다. vSphere는 사용하기 쉽고 가상 머신을 인스턴스화할 때 쉽게 설정할 수 있다. 하지만 가상 머신의 이동, 복제 등과 같은 다양한 고급 기능들을 제공하지는 않는다. 이 용도로는 VMware에서 가상 머신 배포에 대한 모든 기능을 제공하는 다른 제품이 있다. 후반부에서 이를 다룰 것이다.

그림 4-18 vSphere GUI

LXD

LXD$^{Linux\ Container\ Daemon}$는 리눅스 환경에서 컨테이너 배포를 관리하고 운영할 때 사용하는 도구다. 이는 2장, '가상화 개념'에서 다룬 LXC를 기반으로 만들어졌다. LXD는 보안에 대한 추가적 지원, 오픈스택 연동 플러그인, 컨테이너 관리를 위한 REST API^{Representational} $^{State\ Transfer\ API}$ 지원 등을 포함한다.

살펴본 몇 가지 도구들은 가상 머신과 컨테이너를 배포하는 데 사용할 수 있는 기초 도구 가운데 일부다. 이들은 한 대짜리나 단순한 랩 환경에서 배포하는 데 유용하지만 대규모 환경 배포용은 아니다. 대규모 배포용으로 설계됐고 VIM으로 사용하는 것을 추천할 만한 도구들을 살펴보자.

NFVI 배포를 위한 소프트웨어와 도구들

NFVI 배포는 VIM 기능 블록에서 수행한다. 앞서 언급했듯이 VIM의 역할은 단순히 하이퍼바이저와 상호 동작하는 것 그 이상이다. 추가적으로 VIM은 또한 하드웨어 저장소를 관리하고 그 사용률을 관리 및 관제하며 다른 MANO 기능 블록들과 연동하는 역할도 담당한다. 오늘날 시장에서 가용한 다양한 클라우드 운영 시스템들은 대규모 배포에 대한 관리 및 규모 처리를 할 수 있는 능력과 더불어 기능도 구현해 제공한다. 이들 중 일부는 상용 소프트웨어이고 나머지는 오픈 소스로 개발, 관리된다. 상용으로 나온 NFVI 배포 도구들 다수는 오픈스택이나 VMware의 vCenter를 활용해 그 위에 관리 계층을 추가한 것이다. NFVI 배포용으로 선택할 수 있는 인기 있는 소프트웨어 가운데 일부는 여기서 소개한다. NFVI 배포 스프트웨어의 기능을 더 자세히 살펴보는 예시로 오픈스택을 이용한다.

VMware의 vSphere 소프트웨어 스위트

VMware는 vSphere 소프트웨어 스위트를 가상화 솔루션으로 제공한다. vSphere 스위트의 핵심 구성 요소는 vSphere 하이퍼바이저(ESXi), 분산 가상 스위치, 가상 머신 이동성을 위한 VMotion, 가상 환경의 관리 및 운영을 위한 vCenter 등이다.

vSphere는 단순한 VIM 그 이상이다. 그 안에 NFVI 구성 요소들도 갖고 있다. 자체 하이퍼바이저, 스위치들 스토리지와의 동작 메커니즘(VMware 가상 SAN) 등을 포함하고 있기 때문이다. VMware는 가상 머신들을 상호 연결하는 스위치 기능으로 세 가지 유형을 제공한다. 표준 VMware 가상 스위치, 분산 가상 스위치[DVS, Distributed Virtual Switch](시스코 넥서스 1000v 등)와 NSX 같은 오버레이 SDN 컨트롤러 등이다.

VMware는 또한 vRealize와 같은 다른 소프트웨어 스위트도 제공한다. 이는 하이브리드 클라우드 관리용으로 AWS, 오픈스택 및 다양한 유형의 하이퍼바이저들과 연동이 가능하다[4].

오픈스택

오픈스택은 클라우드 인프라스트럭처를 배포하는 데 사용하는 가장 인기 있는 오픈 소스 기반 무료 도구다. vim 기능은 오픈스택 기능의 일부다. 오픈스택 기능의 범위는 계속 진화 중이며 VNFM과 NFVO의 요건들도 받아들이는 중이다.

오픈스택은 랙스페이스(클라우드 호스팅 회사)와 나사[NASA]가 공동으로 개발한 오픈 소스 소프트웨어로 출발했다. 이제는 가상화를 위한 플랫폼을 구축하고 관리할 수 있는 완전 무장 소프트웨어로 진화했다. 오픈스택은 여러 모듈로 구성돼 있으며 네트워킹, 스토리지, 컴퓨트, 관리 등의 기능들을 제공한다. NFV를 준비하는 많은 서비스 사업자들은 NFV를 위한 인프라스트럭처 배포용 소프트웨어로 오픈스택을 구성했거나 사용할 계획 중에 있다. 오픈스택은 4장 후반부에서 세부적으로 다룰 예정이다.

시스코 UCS 디렉터

시스코는 NFV용 가상 및 물리 인프라스트럭처 모두를 지원하는 가상화 및 관리 계층으로 UCSD[UCS Director]를 제공한다. 시스코는 물리적 플랫폼과 가상 플랫폼 모두 제조하기 때문에 NFVI 배포에 고객이 유연성과 선택권을 가져갈 수 있도록 시스코 UCSD를 단독형 또는 번들 버전으로 제공한다.

시스코 UCSD는 전체 NFVI 블록에 대한 단일창$^{Single\ pane\ of\ Glass}$을 제공한다. 또한 그림 4-19에서 보는 바와 같이 컴퓨트, 네트워크, 스토리지에 대한 오픈스택 또는 VMware vCenter 기반의 가상 인프라스트럭처와 서버, 스위치, 라우터 등과 같은 물리적인 항목들과 상호작용하는 단일 매니저로서 역할을 한다. 시스코는 UCS 하드웨어와 UCSD 소프트웨어를 번들해 고객이 사용 기반으로 NFVI를 더 빠르게 배포할 수 있는 통합 솔루션으로 제공한다[5].

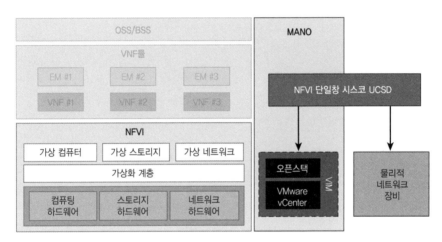

그림 4-19 시스코 UCSD

에릭슨 CEE

에릭슨 CEE$^{Cloud\ Execution\ Environment}$는 전체 에릭슨 클라우드 시스템 스위트의 일부로 IaaS 배포를 지원한다. 클라우드 플랫폼은 IaaS의 가상화 요소들만 지원한다. PNF에 대해서는 에릭슨은 별도의 관리 소프트웨어인 에릭슨 네트워크 매니저$^{Ericsson\ Network\ Manager}$를 갖고 있다. 그림 4-20에서 보는 바와 같이 에릭슨 클라우드 시스템 스위트는 NFVI 및 PNF 인프라스트럭처 관점에서 주요 두 가지 구성 요소가 있다[6].

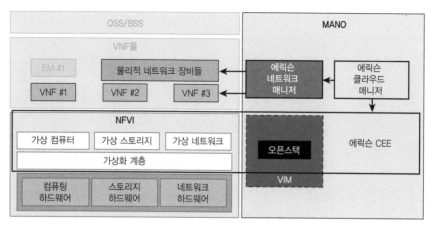

그림 4-20 에릭슨 CEE와 클라우드 매니저

HP 힐리온 오픈스택 캐리어 그레이드

HP는 NFVI 배포용 소프트웨어로 HP 힐리온 오픈스택 캐리어^{Helion OpenStack Carrier}를 제공한다. 이는 오픈스택의 상용 버전으로 NFVI 배포에 대해 통신 사업자 수준의 성능, 안정성, 고가용성을 지원한다.

참고

보통 VIM 소프트웨어는 다른 하이퍼바이저 환경을 관리할 수 있는 기능을 갖고 있다. 이는 혼합된 배포 시나리오를 처리할 때 유용하다. 예를 들어 VMware의 vRealize는 vSphere뿐만 아니라 오픈스택과도 연동 가능하다. 또한 오픈스택도 VMware 인프라스트럭처를 관리할 수 있는 기능을 제공한다(VMware 통합 오픈스택 사용)[7].

오픈스택 소개

NFV와 오픈스택은 종종 한 문장에서 함께 사용한다. 오픈스택이 VIM들 중에서 가장 인기 있으며 고객에게 인지돼 있어서 CSP들이 선호하기 때문이다. 하지만 오픈스택과 제공 가능한 기능을 알지 못하면 NFV에 적용하거나 완벽하게 활용하는 것이 어려울 수 있다. 뉴트론 Neutron, 노바Nova 등의 오픈스택 모듈들의 용도를 모르면 이 이름들이 자주 거론될수록 혼돈 스러울 뿐이다. 이런 이유로 이 장에서는 상당한 시간을 들여서 오픈스택을 설명할 것이다.

오픈스택을 중심으로 완벽하게 훑는 것이지만 여기서 설명하는 개념들은 VMware vCenter 같은 다른 VIM들에도 적용 가능한 예시라고 생각할 수 있다.

오픈스택이란 무엇인가?

오픈스택이란 간단히 말해서 가상 환경(가상 머신과 컨테이너들)과 그들 간의 상호 연동을 위한 네트워킹을 배포하는 도구로 동작하도록 설계한 소프트웨어 응용프로그램이다.

대부분 파이썬Python 프로그래밍 언어로 작성됐고 리눅스 환경에서 동작한다(이 글을 작성할 시점에는 다른 플랫폼상에서 동작하도록 할 계획은 없다). 물론 오픈스택 없이도 가상 머신이나 컨테이너를 배포할 수 있다. 하지만 오픈스택은 전체 환경을 배포할 수 있는 플랫폼과 공통 인터페이스를 제공한다. 비즈니스로서 퍼블릭 클라우드 환경을 제공해야 하는 CSP들 입장 에서는 오픈스택 같은 도구로 고객들이 전단 인터페이스Front-end interface를 사용하도록 지원 할 수 있다(일반적으로 GUI 인터페이스로 뒷단에서 오픈스택 API를 호출한다). 이를 통해 고객들 은 전체 가상 환경을 오케스트레이션하고 배포한다. 또한 응용프로그램, 가상 머신, VNF 들, 네트워크 브리지 등을 구성하고 그들 간에 상호 연결을 한다. 프라이빗 클라우드를 배 포하려는 고객 또한 CSP와 같은 길을 간다. 오픈스택을 자신들의 프라이빗 클라우드 배포 에 사용한다.

오픈스택은 이런 기능을 제공하는 유일한 도구는 아니다. 앞서 예를 든 것과 같이 퍼블릭 클라우드를 배포하고 제공하는 다른 방법들도 많이 있다. AWS는 그중 대표적인 예다. 사 실 오픈스택은 AWS 기능을 따라서 만들어졌다. 하지만 오픈스택이 인기가 있음에도 용어 들과 아키텍처가 복잡하기 때문에 다른 도구들보다 좀 더 집중해 살펴볼 필요가 있다. 여기 서 그 내용들을 다룰 것이다.

오픈스택의 간략한 이력

오픈스택은 2010년에 알려진 후 최근 몇 년 동안 힘을 받고 있다. 처음에는 스위프트^{Swift}와 네뷸라^{Nebula}라는 두 구성 요소만 있었다. 스위프트는 랙스페이스에서 개발하고 기여했다. 랙스페이스에서는 스위프트를 저장 장치 관리를 위한 오픈 소스 소프트웨어로 개발했다. 반면 네뷸라는 나사^{NASA}의 오픈 소스 프로젝트로 복잡한 데이터 세트들을 관리할 목적이었다. 이 두 프로젝트가 합쳐지면서 오픈스택은 공동 프로젝트로 출발했다[38]. 나중에 많은 다른 회사들도 대열에 합류했고 오픈스택에 더 많은 코드와 기능들로 기여했다. 오늘날 오픈스택 배포판과 코드는 오픈스택 재단^{OpenStack Foundation}이라는 감독 기구에서 관리한다[8]. 오픈스택 기술 위원회^{OpenStack Technical Committee}에서 기술적 측면을 감독하며 품질, 통합, 기여된 코드의 개방성 등을 보장한다.

 참고

나사와 랙스페이스 모두 다 최초의 목표는 AWS의 아마존 클라우드 상품들을 흉내 내 자체적인 용도나 퍼블릭 용도로 사용할 수 있는 오픈 소스 버전을 개발하는 것이었다. 스위프트는 아마존의 단순 스토리지 서비스(아마존 S3, Simple Storage Service)를 흉내 낸 것이고 네뷸라는 아마존의 EC2(Elastic Compute Cloud)를 흉내 낸 것이다.

오픈스택이 인기를 끄는 숨어 있는 주요 요소는 라이선스 비용이 무료이고, 커뮤니티에서 보안을 강화하면서 완전히 오픈 소스라는 것과 제조사에 독립적인 것, 누구든지 배포, 수정, 사용할 수 있다는 것이다. 반면 오픈 소스 오픈스택은 순수하게 커뮤니티에서 개발하고 지원하기 때문에 마땅한 지원 모델이 없다. 오픈스택 재단에서는 지원 모델을 포함하고 주기적인 오픈스택 배포를 변경하려고 하는 중이다. 하지만 이 포럼은 개발과 기여노력을 조율하기만 할 따름이고 배포 및 사용에 대한 공식적인 지원을 제공하지는 않는다. 오픈 소스 오픈스택을 선정해 자체적인 맞춤형 버전을 만들고 지원 모델을 구축한 회사가 많다. 미란티스^{Mirantis}, 레드햇^{RedHat}, 캐노니컬^{Canonical}, 시스코 메타클라우드^{Cisco MetaCloud} 등이 이들이다. 이들은 오픈스택 배포와 지원을 제공하는 비즈니스를 영위한다.

오픈스택은 초기에는 응용프로그램과 저장 장치 호스팅을 배포, 관리하는 도구로 제작됐다. 이제는 클라우드 배포 도구로 진화했기 때문에 CSP(랙스페이스[9] 등)는 퍼블릭 클라우드 상품을 위해 이를 사용하며 나머지는(GoDaddy[10] 등) 자체 프라이빗 클라우드를 배포하는 데 사용한다. 하지만 최근 몇 년 동안 NFV의 목표 중 하나가 제조사 독립성을 달성하는 것이었고 오픈스택은 특정 제조사에 묶이지 않는 선택지를 제공하므로 이와 아주 잘 어울린다. NFV를 도입하는 서비스 사업자들은 대부분 전통적인 통신 사업자에서 바뀐 이들로 보통은 자체적인 프라이빗 클라우드를 구축하고자 한다(여기서 자체 네트워크 서비스를 호스팅하고 실행할 수 있다). 또 서비스 사업자들은 다양한 제조사들을 지원하는 오픈스택의 속성도 활용하고자 한다. 오픈 소스의 가능성과 비용이 없는 것이 서비스 사업자 입장에서 NFV에 대한 인프라스트럭처를 배포하는 방안으로 오픈스택을 선호하게 된 이유이다.

오픈스택 버전

오픈스택은 시간 기준 버전업 모델을 따른다. 안정된 버전의 신규 오픈스택은 대략 이전 버전의 6개월 후에 나오고 거의 1년 정도의 수명을 가진다. 이 버전들은 현재 알파벳 순서를 따라 이름을 짓는다. 매 신규 버전마다 커뮤니티에서 개발하고 기여한 코드들을 포함한다. 이 코드들은 오픈스택 재단 기술 위원회에서 승인하고 수용한 것이다[11]. 그림 4-21에서 이 글 작성 시점 기준으로 오픈스택 버전의 이력과 로드맵을 보여준다. 버전 출시 간격이 거의 6개월이고 수명은 1년인 것을 눈여겨보라.

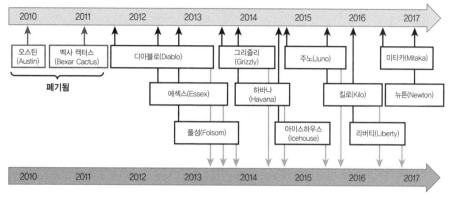

그림 4-21 시간순으로 본 오픈스택 버전

오픈스택 배포 노드

오픈스택은 하나의 소프트웨어가 아니다. 여러 기능을 지원할 목적으로 여러 모듈로 구성 돼 있다. 오픈스택 소프트웨어를 실행하는 서버를 오픈스택 노드$^{OpenStack\ Node}$라고 한다. 오 픈스택은 모듈화 구조이기 때문에 오픈스택의 모든 구성 요소들이 오픈스택이 관리하는 모 든 노드에서 실행될 필요는 없다. 서버가 가상화할 컴퓨팅 자원만 제공한다면 그 노드들 에서 컴퓨팅 가상화 관리 모듈(Nova)만 있으면 된다. 이 노드들은 오픈스택 컴퓨트 노드 $^{OpenStack\ Compute\ Node}$라고 한다.

유사하게 어떤 서버들은 저장 장치 가상화만 제공할 수도 있다. 이 경우에는 그 노드들 에 오픈스택의 저장 장치 관리 모듈만 실행하면 된다. 이 노드들은 오픈스택 저장 장치 노 드$^{OpenStack\ Storage\ Node}$라고 한다. 네트워크 가상화를 위해 오픈스택 네트워크 노드^{OpenStack} $^{Network\ Node}$가 있다. 이들은 네트워크 가상화 관리를 지원하는 오픈스택 모듈만 실행하면 된다. 또한 제공하는 서비스들에 따라 몇 가지 추가적인 유형의 노드들도 있다. 예를 들면 부하 분산과 클러스터링 서비스를 실행하는 종단점 노드$^{Endpoint\ Node}$, 저장 장치 노드와 비슷 한 볼륨 노드$^{Volume\ Node}$ 등이 있다. 하지만 가장 많이 인용하는 노드는 앞에서 언급한 네 가 지 유형이다.

이 유형들 외에도 모듈들의 관리와 중앙 집중화된 기능 수행을 위해 오픈스택은 오픈스택 컨트롤러 노드^{OpenStack Controller Node}가 필요하다. 이 노드는 여러 지역에 걸쳐 있을 수 있다. 지리적으로 분산할 수도 있다. 컨트롤러 노드는 어느 오픈스택 환경에서든지 필요한 최소 요건이다. 앞서 언급한 다른 모든 노드 유형들은 동일한 서버에 공존할 수도 있고 동일한 서버를 공유할 수도 있고 여러 서버들에 분리해 구성할 수도 있다. 모든 노드들을 단 하나의 서버로 합치는 경우 컨트롤러, 네트워크, 컴퓨트 및 저장 장치 노드로 구성된 조합을 오픈스택 AIO^{All-in-one} 구성이라고 한다. 최종 사용자 입장에서는 노드들을 분산해 구성하더라도 이 분산 구성은 보이지 않고 항상 하나의 오픈스택 클라우드에 대한 단일 인터페이스로 보인다. 그림 4-22에서 분리돼 상호 간에 연결된 오픈스택 구성과 AIO 구성을 보여준다.

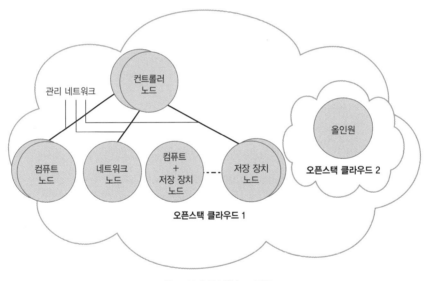

그림 4-22 오픈스택 노드 구성

또한 그림 4-22에서 보는 바와 같이 하나의 오픈스택 클라우드 내에는 동일한 유형의 노드가 여러 개 있을 수 있다. 컨트롤러 노드는 오픈스택이 구현하는 전체 클라우드 인프라스트럭처를 서로 연결하는 고정쇠이기 때문에 SPoF^{Single Point of Failure}를 피하도록 컨트롤러 노드를 여러 개 구성하는 것이 좋다. 이를 통해 오픈스택의 가용성이 높아진다. 하지만 이는 또한 여러 컨트롤러 노드가 밀접하게 돌아가도록 하기 때문에 복잡성이 증가한다. 이 주제는 4장 후반부에 더 자세히 다룰 것이다.

그림 4-23은 오픈스택 프레임워크를 구성하는 주요 모듈을 보여준다(오픈스택 리버티 버전 기준). 이들 각각은 특정 기능을 수행하도록 설계됐다. 하지만 상호 의존성이 있을 수도 있고 오픈스택 생태계^{OpenStack Ecosystem}에서 상호작용하는 것이 필요할 수도 있다. 오픈스택을 이용해 NFV를 구성하는 경우 NFVI 계층을 구축하고 관리하기 위해서는 여기 보여준 구성 요소들 일부 또는 모두가 필요할 것이다. 심지어 추가적인 모듈이 필요할 수도 있다.

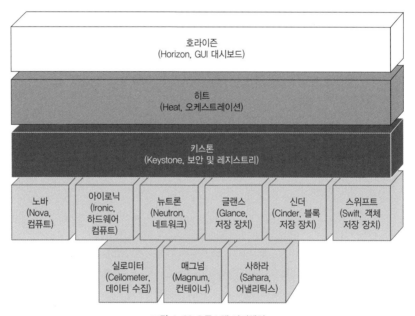

그림 4-23 오픈스택 아키텍처

오픈스택은 클라우드 환경-프로젝트 또는 테넌트^{Tenant}라고 부른다-을 생성하고 그것으로 사용자들이 자신들의 클라우드를 구성할 수 있도록 한다. 사용자 한 명이 여러 클라우드에 접근할 수 있고 그 안에서 다양한 권한 수준과 권한을 가질 수 있다.

테넌트 내에서 오픈스택 사용자는 자신의 가상 머신을 생성하고 그 가상 머신 간의 네트워킹을 설정할 수 있다. 관제와 어낼리틱스^{Analytics}를 구성할 수 있으며 저장 장치, 이미지 및 허용된 기타 많은 기능도 관리할 수 있다. 테넌트 환경에서 가용한 서비스는 오픈스택 관리자가 어떤 오픈스택 모듈들을 설치하고 설정했는지에 따라 다르다. 가상 머신 관리에 더불어 오픈스택은 서비스 구성을 지원하는 기능 모듈들도 갖고 있다. 예를 들면 DHCPaaS^{DHCP} $^{as\ a\ Service}$, DNSaaS$^{DNS\ as\ a\ Service}$, FWaaS$^{Firewall\ as\ a\ Service}$ 등이다. 따라서 오픈스택이 제공하는 기능들을 완전히 이해하려면 오픈스택의 역할을 제대로 아는 것이 중요하다. 핵심적인 오픈스택 모듈 몇 개를 살펴보자.

호라이즌

오픈스택과 상호 동작하는 용도로 각각의 모듈들은 API 세트(REST API들)를 제공한다. 변숫값들을 넘기고 응답을 받을 수 있다. 또한 모듈들은 REST API들의 래퍼^{Wrapper}로 동작하는 스크립트도 갖고 있어서 명령행 도구$^{Command-line\ Tool}$를 이용해 변숫값들을 넘기고 응답을 볼 수 있다. 이는 사용자들과 관리자들이 좀 더 친근하게 상호작용할 수 있는 방법이다. 하지만 오픈스택에는 GUI도 있다. 이 그래픽 인터페이스는 호라이즌 모듈을 이용한다. 호라이즌^{Horizon}은 장고 언어로 만든 웹 응용프로그램으로 대시보드 기능을 제공한다.

장고 프레임워크

장고(Django)는 파이썬으로 작성된 웹 개발용 프레임워크다. 데이터베이스 기반 GUI로 손쉽게 웹 인터페이스를 개발할 수 있는 방법을 제공한다. 전체 백엔드를 작성하느라 고생할 필요가 없다.

관리적 기능 모두를 호라이즌 대시보드에서 수행할 수는 없다. 여전히 명령행 기반의 래퍼 도구를 사용해야 한다. 하지만 오픈스택 사용자들이 자신들의 클라우드를 관제하고 관리하는 데 필요한 기능은 호라이즌에서 적정 수준의 인터페이스와 그래픽 환경으로 제공한다.

명령행 래퍼와 아주 유사하게 호라이즌에서도 뒷단에서는 REST API 호출을 사용한다. 사용자들(또는 관리자들)은 언제든지 동일한 API 호출을 이용해 자신만의 인터페이스를 만들 수 있다. 자신만의 대시보드를 구현하고 싶으면 호라이즌을 대체할 수 있는 것이다.

참고

오픈스택 통신 – 모듈들 간의 상호 동작에는 REST API 호출을 사용하기 때문에 전송되는 REST 질의를 수신하기 위해 특정 포트가 열려 있다. 이 API 호출들은 사용자, 관리자 또는 다른 모듈들에서 온다. 이 포트 번호들은 모듈마다 개별적으로 설정해 외부에서 사용하도록 할 수 있다(IP 주소와 함께). 이는 중앙의 레지스트리를 통해 이뤄진다. 이런 맥락에서 모듈들은 오픈스택 프레임워크의 일부로서 여러 개의 다른 L3 도메인들에 설치할 수 있다. REST API 는 기본적으로 HTTP를 사용하며 HTTPS로 변경할 수도 있다. 이 트래픽에 대해 라우팅이 열려 있다면 오픈스택을 여러 L3 도메인들에 걸쳐서 분산 구성할 수 있는 것이다.

각각의 오픈스택 모듈은 여러 개의 기능 블록들 코드로 구현됐다. 각 기능 블록들은 별도의 프로세스로 실행될 것이다. 이 모듈들이 자체 기능 블록들 내에서 통신할 때는 메시지 큐(Message Queue)를 통해 좀 더 효율적인 통신을 한다. 따라서 오픈스택이 실행되는 호스트 시스템은 메시지 큐 기능이 설치돼 있어야 한다. 이 용도로는 몇 가지 응용프로그램을 사용할 수 있다. AMQP(Advanced Message Queuing Protocol)와 호환만 되면 오픈스택에서 사용할 수 있다. 기본적으로 설정되는 것은 래빗MQ(RabbitMQ, 래빗 메시징 큐)다. 이는 AMQP의 오픈 소스 판이다.

노바

노바^{Nova}는 네뷸라^{Nebula}의 진화 버전이다. 네뷸라는 오픈스택의 초기 모듈 가운데 하나였다. 주 기능은 하이퍼바이저와 상호 동작하면서 가상 머신의 이미지 관리 및 가상 머신에 할당된 자원에 대한 생성, 삭제, 수정을 지원하는 것이다. 한마디로 노바가 가상 머신의 수명 주기를 관리하는 수단을 제공한다. 노바 인터페이스를 통해 오픈스택 사용자는 클라우드에 가상 머신들을 구성할 수 있다. 따라서 노바는 NFV 구축 관점에서 빠질 수 없는 오픈스택 모듈이다.

노바는 또한 노바네트워크^{nova-network}라고 하는 하위 모듈을 통해 아주 기본적인 네트워킹 기능을 제공한다. 하지만 이제는 용도 폐기됐고 더 강력한 뉴트론 모듈로 대체됐다.

뉴트론

뉴트론^{Neutron}은 오픈스택을 이용한 네트워크 서비스의 배포와 설정을 지원한다. NFV에서 뉴트론 모듈은 중요한 역할을 한다. 뉴트론은 VNF들과 연동해 VNF들과 가상 머신 간의 연결을 설정하는 방식으로 네트워킹을 구성한다. 또한 외부 WAN이나 LAN과 연동하는 역할도 수행한다.

뉴트론은 초기 노바 네트워크 모듈에서 파생돼 진화했으며 현재는 독립적인 모듈이다. 하지만 뉴트론은 노바 모듈이 있어야 한다. 네트워크 서비스를 구현할 때 뉴트론이 노바 모듈에 의존하기 때문이다. 뉴트론의 네트워킹 기능은 제한적이다. 하지만 뉴트론 플러그인을 이용해 기능을 확장하고 고도화할 수 있다. 클라우드 환경과 NFV의 네트워킹을 구축할 때 뉴트론은 아주 중요하므로 이어지는 부분에서 더 상세하게 다룰 예정이다.

아이로닉

많은 응용프로그램은 공유 환경이 아닌 전용 서버가 필요하고 또한 이를 베어메탈이라고 한다. 이들 응용프로그램도 여전히 가상 환경의 일부일 수 있고 가상 머신이나 컨테이너들에서 동작하는 응용프로그램과 상호 동작해야 할 수 있다. 오픈스택에서는 이러한 하이브리드 또는 혼합된 구성을 지원한다. 일부 응용프로그램은 베어메탈에 배포하고 나머지는 가상 머신으로 배포하는 것이 가능하다. 아이로닉^{Ironic}은 오픈스택의 모듈로 베어메탈 서버의 구성과 거기에 응용프로그램을 배포하는 것을 지원한다. 아이로닉은 노바 베어메탈 드라이버 프로젝트^{Nova bare-metal driver project}에서 출발했고 지금은 독립적인 오픈스택의 프로젝트다. 응용프로그램을 베어메탈 서버에 배포할 때 아이로닉은 기본적으로 PXE^{Preboot Execution Environment}와 IPMI^{Intelligent Platform Management Interface} 인프라스트럭처를 사용한다. 추가적으로 아이로닉은 제조사 API 기반의 제조사 플러그인을 지원한다. 따라서 베어메탈 서버 배포를 다른 방법으로도 할 수 있다.

PXE와 IPMI

PXE(Preboot Execution Environment)는 관리자가 원격으로 운영체제나 전체 응용프로그램을 베어메탈 장치에 배포할 수 있는 표준 방법을 제공한다.

IPMI(Intelligent Platform Management Interface)는 CPU나 기타 컴퓨팅 자원 하드웨어의 펌웨어와 상호 동작할 수 있는 규격이다. 따라서 IPMI를 이용해 관리자는 운영체제와 상관없이 시스템을 직접 관리할 수 있다. 심지어는 운영체제가 없거나 시스템의 전원이 켜지지 않은 상태에서도 가능하다.

매그넘

노바를 이용해 가상 머신들의 수명 주기를 관리하듯이 매그넘^{Magnum} 모듈은 컨테이너를 배포, 관리하는 기능을 제공한다. 매그넘은 도커^{Docker}와 쿠버네티스^{Kubernetes}를 이용해 오픈스택 고객들이 컨테이너 배포를 가상 머신 배포와 동일한 방식으로 할 수 있도록 API를 제공한다.

쿠버네티스

쿠버네티스는 구글이 오픈 소스로 개발해 누구나 사용 가능한 컨테이너 오케스트레이션 도구다. 용도는 컨테이너의 클러스터를 관리하는 것이다. 도커는 컨테이너의 수명 주기를 관리하는 반면 쿠버네티스는 컨테이너의 배포를 도와준다. 또한 컨테이너를 신규 또는 기존의 가상 머신에 배치하는 것을 도와준다.

키스톤

키스톤^{Keystone} 모듈은 그 이름이 의미하듯이 아키텍처의 핵심 부분으로 모든 모듈들을 서로 연결한다. 아주 중요한 기능을 몇 가지 제공한다.

키스톤은 오픈스택의 서비스와 모듈에 대한 서비스 카탈로그를 유지하면서 중앙 레지스트리 역할을 한다. 모듈이 설치되면 키스톤에 등록된다. 일단 키스톤에 등록되면 오픈스택의 어느 모듈인지와 어떻게 접속할 수 있는지(연결 가능한 IP 주소와 대기 중인 포트)를 키스톤에 알려준다. 모듈들이 상호 간 통신해야 할 때(예를 들어 뉴트론이 노바와 통신해야 할 때) 키스톤을 이용해 대상 모듈이 있는지, 어떻게 연결할 수 있는지를 알아낸다.

사용자 인증과 권한 부여도 키스톤을 통해 이뤄진다. 사용자가 로그인할 때 인증 정보가 키스톤으로 전달되고 키스톤에서 그 사용자가 유효한지 판단한다. 또한 키스톤은 사용자가 접근할 프로젝트를 정의하고 그 테넌트들 각각에 대해 사용자의 권한을 확인해 준다. 키스톤 모듈은 이러한 인증과 권한 부여에 대한 자체적인 데이터베이스를 가져갈 수 있다. 또는 LDAP^{Lightweight Directory Access Protocol} 같은 기존의 뒷단 데이터베이스를 연동할 수도 있다.

참고

오픈스택에서 권한은 사용자별로 할당되는 것이 아니라 사용자와 테넌트의 조합으로 할당된다 (테넌트는 프로젝트와 동일하며 오픈스택 사용자가 생성한 가상 환경의 특정 인스턴스를 나타 낸다). 그림 4-24에서 보는 바와 같이 사용자는 여러 프로젝트에 접근할 수 있다. 하지만 동일 한 사용자가 프로젝트-A에서는 관리자 권한을 가지면서도 프로젝트-B에서는 아주 제한된 권 한을 가질 수도 있다.

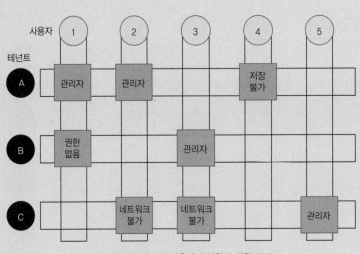

그림 4-24 오픈스택 사용자의 권한과 권한 부여

사용자가 인증받고 권한 부여를 받으면 각 모듈별로 세부적인 권한을 갖게 된다. 사용자는 노바를 이용해 신규 가상 머신을 생성할 수 있지만 그것을 뉴트론으로 네트워크에 연결하는 것은 안 될 수 있다. 그 가상 머신을 위해 저장 공간을 생성해 블록 저장 장치를 사용하는 것도 안 될 수도 있다. 따라서 권한은 각각의 모듈별로 무엇이 허용됐고 무엇이 허용되지 않았는지 확인해야 한다. 이것은 권한 토큰$^{Authorization\ Token}$을 이용해야 한다. 이 토큰들은 키스톤에서 할당하고 유지한다.

이 토큰은 '임시 뱃지' 역할을 하며 사용자가 호출한 모듈들로 전달된다. 모듈에서는 그 토큰을 키스톤을 통해 검증하고 어떤 권한이 주어졌는지 확인한다. 가상 머신에 대한 사용자의 요청이 네트워크 생성이라면 이 토큰은 네트워크 생성에 대한 권한이 없다는 것을 키스톤에서 뉴트론에게 통보하게 된다. 그에 따라서 뉴트론은 권한을 허용하지 않게 된다.

글랜스

가상 머신이나 컨테이너를 생성하고 그 안에서 응용프로그램을 실행하려면 그 응용프로그램의 소스 이미지가 필요하다. 이 소스 이미지는 응용프로그램 개발자가 제공한다. 예를 들면 윈도우 가상 머신은 마이크로소프트에서 나온 윈도우 이미지 파일이 필요하다. 또는 F5 부하 분산기 가상 머신은 F5에서 제공한 부하 분산기 응용프로그램 이미지를 실행해야 한다. 이 이미지들은 저장 장치에 보관할 수 있다. 그 저장 장치들은 여러 지리적 위치에 펼쳐져 있을 수 있고 다양한 접근 방법을 제공할 수 있다. 저장 장치에 접근하는 방법들을 처리하는 모듈들이 있다. 하지만 최종 사용자 입장에서는 그 이미지가 있는지가 중요한 부분이다. 글랜스^{Glance}는 오픈스택 모듈로 이미지 저장소와 이미지 레지스트리를 찾고 관리하는 것이 목적이다. 추가적으로 글랜스는 또한 현재 가상 머신 이미지의 스냅샷을 찍고 그것을 템플릿 이미지로 저장할 수 있는 기능도 지원한다.

 가상 머신의 스냅샷

스냅샷 이미지(Snapshot Image)는 가상 머신의 현재 가동 상태를 캡처한 것이다. 가상 머신을 처음 생성하고 라우팅 기능을 위한 VNF를 보면, 환경에 맞춰 설정한 것이 아무것도 없다.

사용자는 특정 라우팅 프로토콜을 그 안에 설정할 것이다. 예를 들면 BGP-RR 기능 전부에 대한 설정. 그 VNF의 가동 상태는 이제 BGP-RR이고 스냅샷을 찍어서 그 시간을 정지할 수 있다. 어느 가상 머신이든지 여러 스냅샷을 찍을 수 있다.

스냅샷의 주된 목적은 두 가지다. 스냅샷을 이용해 현재 가상 머신 상태에 대한 백업을 생성할 수 있다. 가상 머신을 언제든지 정지 시점 또는 스냅샷 단계로 되돌릴 수 있다. 예를 들어 이 RR VNF에 주소군을 추가했다가 이 변경 사항을 되돌리고자 한다면 사용자는 단지 오픈스택에 특정 스냅샷으로 되돌리도록 요청하면 된다. 스냅샷을 찍는 또 다른 이유는 현재의 서버 상태를 복제하려는 것이다. 이는 또 다른 RR이 필요한 경우 첫 번째에 대한 스냅샷을 이용하는 것이다. 이때 신규 인스턴스를 생성할 때 VNF의 기본 이미지와 그 스냅샷을 함께 사용한다.

가상 머신 소스 이미지를 이용해 여러 개의 가상 머신 실행 인스턴스를 만들 수 있다. 글랜스는 단지 소스 이미지에 대한 정보와 실행 중인 이미지들의 스냅샷들에 대한 정보만 저장한다. 그림 4-25에서 보는 바와 같이 글랜스는 저장 장치 위치와 상호작용해 이미지와 스냅샷 위치들에 대한 데이터베이스를 유지한다. 또한 접근 권한과 기타 파일 상세 사항에 대한 정보도 데이터베이스에서 관리한다.

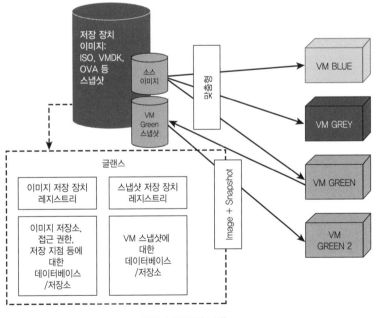

그림 4-25 글랜스 기능

240

스위프트와 신더

신더^{Cinder}는 블록 저장 장치의 가상화를 관리하는 오픈스택 모듈이다. 원래 신더는 노바볼륨$^{Nova-volume}$이라는 노바의 확장 모듈로 시작했다가 나중에 독립적인 모듈이 됐다. 가상 머신에 대한 영구적 저장 장치로 오픈스택에서 관리하는 것은 대부분 신더 모듈을 이용해 구현한다. 신더 블록 저장 장치$^{Cinder Block Storage Devices}$는 신더 볼륨$^{Cinder volumes}$이라고도 한다. CSP들은 신더 모듈을 이용해 블록 저장 장치에 대한 서비스 카탈로그를 제공할 수 있다. 이들은 데이터베이스 저장 장치, 파일 저장 장치 또는 스냅샷 등에 활용할 수 있다.

신더에서 데이터를 저장하는 물리적인 디스크는 서버 자체의 디스크일 수도 있고 원격 장치에서 마운트한 외부 저장 장치일 수도 있다. 외부 저장 장치를 연동하는 전송 메커니즘은 iSCSI, 광채널, NFS$^{Network File System}$, 또는 자체 프로토콜 등이 가능하다. 신더 모듈은 추가적인 기능을 지원하는 제조사의 자체 드라이버를 사용하거나 다른 업체의 플러그인을 사용한 제조사 드라이버를 이용해 고도화할 수 있다. 배열로 구성된 저장 장치를 지원하는 외부 제조사의 예시로는 EMC, HP, IBM, 퓨어 스토리지$^{Pure Storage}$, 솔리드 파이어$^{Solid Fire}$ 등이 있다.

스위프트^{Swift}는 오픈스택의 또 다른 저장 장치 모듈로 아마존 S3와 아주 유사한 객체 저장 기능을 제공한다. 스위프트는 HTTP를 이용해 저장 장치에 접속한다. 이렇게 HTTP 접속을 사용하므로 저장 장치가 컴퓨트 노드 자체에 있지 않아도 되며 아무 원격 장비에 있어도 상관없다. 아마존 S3나 다른 플랫폼에 있어도 된다. 스위프트를 이용하면 어떤 플랫폼에든지 데이터를 저장할 수 있으므로 일상에서 가능한 플랫폼을 기반으로 저렴하게 저장 장치를 구현할 수 있다.

오픈스택에서 저장 장치에 여러 옵션을 제공하는 것이 복잡하게 느껴질 수 있다. 이 모듈들은 진화 중이며 더 나은 기능들을 제공한다. 스위프트와 신더는 데이터에 대한 필요를 기반으로 차별화된 저장 장치 기능을 제공한다. 예를 들어 신더는 가상 머신의 영구적 데이터 저장과 전통적인 데이터 저장소 기능에 적합하다. 반면 스위프트는 이미지나 미디어 파일과 같은 아주 대규모의 데이터 볼륨에 적당하다. 이를 그림 4-26에서 보여준다.

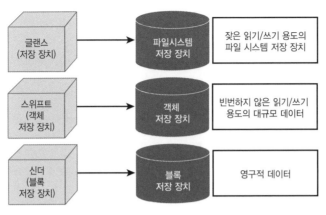

그림 4-26 오픈스택 저장 장치 모듈

 YAML

YAML은 마크업 언어의 한 종류다. 약어 YAML은 재귀적이다. 약어가 "YAML Ain't Markup Language"를 뜻하기 때문이다.

히트[Heat] 오케스트레이션 서비스는 가상 머신 및 컨테이너 기반 클라우드 배포를 모두 지원한다. 히트 서비스는 다른 오픈스택 모듈처럼 보통 오픈스택 컨트롤러 노드(노드 유형은 나중에 상세히 다룬다)에서 실행된다. 히트의 기능을 사용하는 것은 API 호출을 사용하는 CLI 기반 클라이언트나 호라이즌 대시보드에서 접근할 수 있는 웹 기반 클라이언트를 이용해 가능하다.

히트 템플릿의 정확한 형식은 이 책의 범위를 벗어난다. 오픈스택 문서[12]에서 이에 대한 내용을 제공한다. 히트 템플릿에서 변수를 어떻게 정의하는지(예를 들어 사용할 이미지, 할당할 자원, 네트워크 유형)와 이들을 이용해 가상 환경을 어떻게 구성하도록 알려주는지를 상위 수준에서라도 이해하면 도움이 된다. 이 템플릿을 이용하면 정의한 가상 환경에 대해 여러 개의 인스턴스를 구현할 때 사용할 수 있다. 배포를 시작하면 히트에서는 컴퓨팅을 위해 노바를, 네트워킹을 위해 뉴트론을, 다른 필요 자원들을 위해서는 다른 오픈스택 모듈을 호출한다.

참고

YAML과 JSON 모두 데이터 형식을 지정하고 인코딩하는 언어다. JSON은 JavaScript Object Notation의 약어로 RFC7150에서 정의한다. 데이터 인코딩 측면에서는 비트나 바이트 수준의 저수준 인코딩이 아니라 데이터 구조, 변수들과 그 값들, 응용프로그램 계층의 인자들에 대한 인코딩을 뜻한다. 데이터를 인코딩할 때 많이 사용하는 다른 방법으로는 XML(Extensible Markup Language), 구글의 프로토콜 버퍼(Protocol Buffers, ProtoBuf), 페이스북의 쓰리프트(Thrift) 및 기타 많은 방법이 있다. 이들 형식 간의 변환을 지원하는 많은 오픈 소스 도구가 있다. 기본적으로는 동일한 데이터를 다른 방식으로 패키징하는 것이므로 그 형식 간에 변환하는 것이 가능하다.

JSON 형식은 데이터 구조를 감싸는 데 집합 기호({})를 사용하고 키-값 쌍을 연결할 때는 쌍점(:)을 사용한다. 그림 4-27에서 이를 보여준다.

YAML도 동일하게 키와 값을 분리하는 데 쌍점(:)을 사용하고 데이터 구조나 객체 블록을 표기할 때 들여쓰기를 이용한다. 동일한 예를 YAML로 변환한 것이 그림 4-28에 있다.

이 형식에 관해서는 더 많은 내용이 있지만 그들은 이 책의 범위를 벗어난다. 형식 지정과 구조에 대한 상세 사항은 http://yaml.org와 http://json.org를 참고하라.

```
{ "Books":
    {"Technology":

    {    "title" : "NFV with a touch of SDN",
            "ISBN" : "0134463056"
        },
        "Fiction":
        {    "title" : "To Kill a Mocking Bird",
                "ISBN": "0446310786"
            }
    }
}
```

그림 4-27 JSON 인코딩 예시

```
Books:
    Technology:
    title: "NFV with a touch of SDN"
    ISBN: "0134463056"
    Fiction:
    title: "To Kill a Mocking Bird"
    ISBN: "0446310786"
```

그림 4-28 YAML 인코딩 예시

전체 통합하기

핵심 모듈에 대한 요약 차원에서 그림 4-29는 앞서 언급한 각 모듈의 역할을 보여준다. 오픈스택과 그 모듈은 NFVI 프레임워크에서 MANO 블록에 속한다는 것을 다시 한 번 강조한다. 이는 이 모듈들 자체적으로 가상 머신을 배포하는 것이 아니라는 뜻이다. 예를 들어 노바는 가상 머신 배포를 위해 필요한 컴퓨팅 자원들의 양을 요청만 할 수 있다. 실제 가용한 자원을 할당하고 가상 머신을 실행하는 것은 하이퍼바이저다. 유사하게 글랜스와 신더/스위프트도 가상 저장 장치들을 사용할 때 관리와 지원 역할을 수행할 뿐이다. 자체적으로 가상 저장 장치를 생성하지는 않는다.

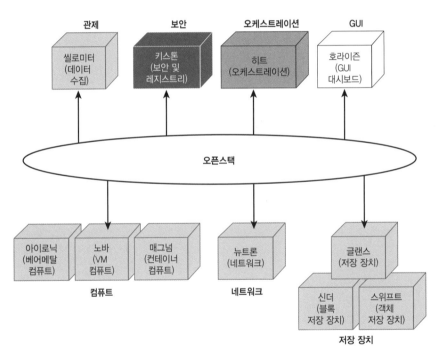

그림 4-29 오픈스택 모듈 요약

오픈스택 모듈들이 상호 간에 어떻게 동작하는지에 대한 예시가 그림 4-30에 있다. 이는 오픈스택 클라우드를 구현할 때 이 모듈들이 상호 간에 어떻게 동작하는지 핵심 내용을 개념적으로 보여준다.

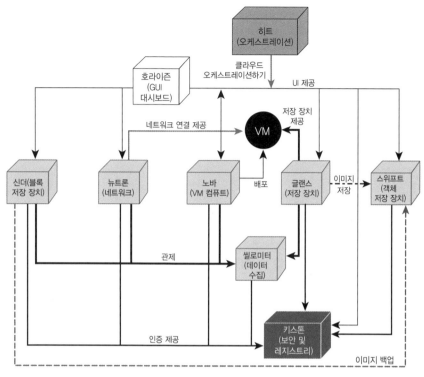

그림 4-30 오픈스택 개념 아키텍처[13]

오픈스택 네트워킹

오픈스택은 오픈스택 클라우드 내의 네트워킹을 구현할 때 뉴트론 모듈을 사용한다. 오픈스택을 이용해 NFVI를 구축할 때 뉴트론의 중요성은 이미 언급했으므로 더 상세하게 다루고자 한다.

뉴트론 기초

뉴트론은 서브넷, 포트, 네트워크, 세 가지를 관리하는 데 사용한다. 간단하게 말해 이 세 가지를 조합해 가상의 L2 네트워크를 정의한다. L2 네트워크는 자신에 연결된 가상 머신의 IP 주소 범위를 가진다. 뉴트론에서 이 용어를 어떻게 정의하는지 아는 것이 중요하다.

서브넷

서브넷Subnet은 가상 머신들에 할당할 수 있는 IP 주소들의 블록이다. 따라서 서브넷 블록은 L2 브로드캐스트 도메인이 된다. 또한 외부 통신을 위한 기본 게이트웨이Default Gateway를 선택적으로 가질 수 있다. 오픈스택 사용자가 가상 환경에 네트워크를 생성하려는 경우 서브넷을 정의하면 된다. 이는 가상 머신들에서 사용할 IP 주소 범위를 뉴트론 API에 제공해 호출하면 된다.

포트

가상 머신을 연결하는 가상 인터페이스를 뉴트론에서는 포트Port라고 한다. 포트에는 IP 주소를 할당한다. 그 IP 주소는 포트가 속한 서브넷의 IP 풀에 속한다. 따라서 포트는 가상 머신을 특정 네트워크에 두게 된다. 뉴트론 API를 이용해 이들 가상 인터페이스들을 생성, 읽기, 업데이트, 삭제(CRUD 기능이라고 통칭)할 수 있다.

네트워크

뉴트론에서 전체 가상 L2 도메인을 네트워크Network라고 한다. 이는 앞서 정의한 서브넷과 관련된 포트로 구성된다. 오픈스택 사용자는 네트워크를 먼저 정의하고 서브넷, 포트를 그와 연결한다. 이 네트워크는 오픈스택 API들(더 간단하게 뉴트론 API들)을 이용해 관리한다. 가상 환경에서 여러 개의 서브넷을 사용하고자 하면 사용자들은 여러 네트워크를 정의할 수 있다. 개별 네트워크 내에서 장비들은 2계층을 통해 통신할 수 있다. 여러 네트워크를 정의한 경우에는 라우터를 연결하지 않으면 상호 통신이 불가능하다.

그림 4-31에서 뉴트론에서 관리하는 이 단위들에 대해 그림으로 보여준다. 보다시피 포트는 가상 머신/VNF들과 연결된다. 네트워크는 그 안에 정의된 포트와 서브넷들로 구성된다. 여러 개의 네트워크가 상호 통신하려면 라우터가 필요하다. 그림에서는 또한 뉴트론과 네트워킹이 NFV 인프라스트럭처의 일부인 것을 강조해 보여준다.

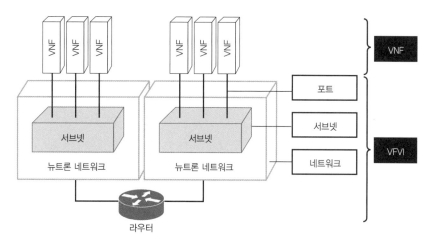

그림 4-31 뉴트론 기초 단위들

뉴트론 API를 이용하면 오픈스택 테넌트에서 그 가상 환경 내에서 사설 네트워크를 생성하고 관리할 수 있다. 이들 뉴트론 API를 사용할 때 따르는 절차를 그림 4-32에서 보여준다[14].

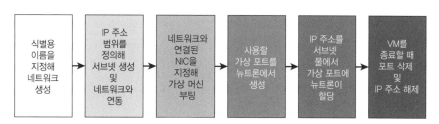

그림 4-32 뉴트론 설정 흐름

뉴트론의 네트워크 유형

뉴트론으로 생성할 수 있는 네트워크 유형은 몇 가지가 있다. 그중 중요한 몇 가지는 다음과 같다.

- **플랫**Flat: 모든 장비들이 동일한 브로드캐스트 도메인이 되는 단일 네트워크 영역이다. 따라서 플랫 네트워크의 서브넷은 호스트와 다른 네트워크 단위들 간에 공유

돼 볼 수 있는 IP 주소를 사용해야 한다.

- **로컬**Local: 플랫 네트워크의 정반대다. 이 경우 네트워크는 영역별로 분리되고 각 영역은 별도의 브로드캐스트 도메인이 된다. 따라서 로컬 네트워크에서 각 영역은 동일한 네트워크의 다른 영역들에서 볼 수 없고 완전히 국소적인 IP 주소 범위를 사용한다.

- **VLAN**: 802.1Q VLAN 태깅을 이용해 외부 통신 시 네트워크를 구분한다. 네트워크에서 나오는 모든 트래픽은 802.1Q를 이용해 덧씌워진다. 이를 통해 동일 VLAN 내의 가상 머신들은 스위치(보통은 가상 스위치이나 물리적 스위치일 수도 있다)를 통해 상호 간에 통신할 수 있다. 상호 간에 연동할 라우터가 필요 없는 것이다. VLAN 밖으로 통신이 필요한 경우 라우터(가상 또는 물리)를 통해 상호 연동한다.

뉴트론 프로바이더와 테넌트 네트워크

지금까지 언급한 뉴트론 네트워크는 뉴트론을 이용해 테넌트 네트워크를 설정하는 데 초점을 두었다. 하지만 이렇게 여러 오픈스택 서버들 간의 연결뿐만 아니라 서비스 사업자가 오픈스택 서버를 나머지 물리 네트워크에 연결해 관리할 네트워크도 오픈스택 자체에 필요하다. 이 네트워크는 오픈스택 용어로 프로바이더 네트워크Provider Network라고 하며 오픈스택 관리자가 배포, 관리한다. 뉴트론은 이 네트워크에 대한 관리와 구성도 지원한다. 보통 이 네트워크는 플랫 네트워크나 VLAN 네트워크로 외부 연결용 게이트웨이를 알려준다.

테넌트나 사용자가 개별적인 클라우드 배포를 위해 (뉴트론 기능을 활용해) 생성하는 네트워크는 테넌트 네트워크라고 한다. 각각의 테넌트에서는 자체적인 테넌트 네트워크를 가져가고 오픈스택은 이들 네트워크를 상호 간 격리하기 위해 리눅스 네임스페이스 방법론을 사용한다.

뉴트론 플러그인

뉴트론의 핵심 네트워킹 기능은 뉴트론 플러그인을 사용해 확장하고 고도화할 수 있다. 이 플러그인은 추가적인 소프트웨어로 뉴트론의 표준 기본 API를 기반으로 확장 기능을 제공한다. 오픈스택 관리자가 추가해 최종 사용자들이 사용할 수 있도록 제공한다. 이를 통해 더 넓은 다양한 네트워킹 기술을 지원할 수 있고 고객에게 이 기술을 이용한 자체 클라우드 환경의 네트워크에 대한 선택 방안을 제공할 수 있다. 그 기술의 예로는 VxLAN^{Virtual Extensible LAN}이나 GRE^{Generic Routing Encapsulation} 등이 있다. 또한 가상 네트워크에서 사용할 수 있는 방화벽, 라우터, 부하 분산기 등과 같은 서비스도 제공할 수 있다.

그림 4-33은 뉴트론 플러그인으로 많이 사용하는 예시를 보여준다. 보다시피 뉴트론 플러그인은 크게 두 가지가 있다. 즉 코어 플러그인과 서비스 플러그인이다. 최종 사용자가 클라우드 배포에 오픈스택의 전단 환경과 API들만 단순히 사용한다면 이들 플러그인 분류에 대한 상세 사항은 중요하지 않다. 단지 뉴트론에서 자신들의 CSP가 제공하는 기능만 알면된다. 플러그인 분류를 좀 더 상세히 살펴보자.

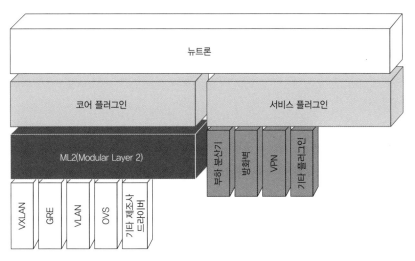

그림 4-33 뉴트론 플러그인

코어 플러그인

코어 플러그인은 네트워킹 프로토콜과 장비를 인식하고 관리해 뉴트론의 기능을 고도화한다. 일례로 코어 플러그인을 이용해 VxLAN이나 GRE 프로토콜을 처리하는 기능을 추가할 수 있다. 프로토콜 기능을 추가하는 코어 플러그인을 타입드라이버^{TypeDriver}라고 한다. 유사하게 다양한 제조사 장비들에서 이러한 프로토콜을 뉴트론이 사용하려면 메커니즘드라이버^{MechanismDriver}라고 하는 또 다른 코어 플러그인이 필요하다. 그림 4-31에서는 이 두 가지 유형의 코어 플러그엔의 예시를 보여준다. 요약하자면 코어 플러그인은 L2 및 L3를 처리하며 뉴트론을 통해 다양한 제조사 장비(가상 또는 물리)상에서 이들 기능을 처리할 수 있다.

서비스 플러그인

서비스 플러그인은 네트워킹 서비스를 지원하며 뉴트론을 통해 관리할 수 있는 기능을 제공한다(또한 오픈스택 사용자가 이 서비스를 관리, 설정 및 사용할 수 있도록 효율적으로 기능을 제공한다). 서비스의 예로는 라우팅 프로토콜을 구현하는 라우팅 서비스, 트래픽 필터링과 차단을 제공하는 방화벽 서비스, 부하 분산 서비스 등이 있다.

이 플러그인들은 보통 네트워크 장비 제조사들이 개발, 공급해 뉴트론이 그들의 VNF들과 잘 연동되도록 지원한다. 예를 들어 시스코 CSR1000v나 넥서스1000v는 뉴트론 API를 통해 관리할 수 있다. 이 경우 IOS-XE나 NX-OS에 대한 시스코 플러그인(더 정확하게는 코어 플러그인 메커니즘 드라이버)을 뉴트론에서 사용한다. 오픈스택 관리자(보통은 CSP)가 특정 제조사의 플러그인과 그 제조사의 VNF들을 사용하기로 결정하면 CSP의 고객들은 그제서야 그들의 가상 환경에서 이 VNF(아마도 라우터, 방화벽, 스위치 또는 기타 네트워킹 기능)의 인스턴스를 선택해 사용할 수 있다. 고객들은 뉴트론 API-이 API들은 표준 API 또는 그 확장 버전일 것이다-를 호출할 수 있고 이를 이용해 그 인스턴스들을 관리할 수 있다. CSP 입장에서는 이를 통해 고급 네트워킹 기능을 오픈스택 서비스 상품에 추가할 수 있기 때문에 서비스 상품을 고도화할 수 있고 경쟁에서 그 상품들을 차별화할 수 있다. 제조사 입장에서는 자신들의 VNF에 대한 사용량과 라이선스에 따른 매출을 올릴 수 있다.

뉴트론으로 관리하는 제조사 장비가 반드시 VNF일 필요는 없음을 기억하라. 이 네트워킹 기능은 또한 물리적인 장비나 하이퍼바이저에 통합된 소프트웨어를 이용해 구현할 수도 있다. 네트워킹 기능을 물리적 장비로 구현하는 예로 ToR 스위치를 보자. 이 경우 상호 동작할 적당한 플러그인만 있다면 뉴트론은 여전히 그 장비를 관리할 수 있다. 당연히 고객은 가상 환경에 인스턴스를 생성하지는 못한다. 하지만 오픈스택 환경의 뉴트론 API를 이용해 관련 장비의 변수를 설정할 수 있다. 네트워크 기능이 하이퍼바이저와 통합돼 있는 경우, 그 제공 기능은 CSP 고객에게 마치 VNF인 것처럼 동일한 방식으로 사용 가능하다. 하지만 이 경우는 밀접하게 통합돼 있기 때문에 성능과 관리 기능이 더 낮다.

 참고

타입드라이버와 메커니즘드라이버는 플러그인으로 직접 사용하지 않고 ML2(Modular Layer 2)드라이버 플러그인 아래에 위치한다. 설계 구조상 뉴트론은 단 하나의 코어 플러그인만 추가 할 수 있다. 이는 특정 제조사의 플러그인을 코어 플러그인으로 사용하면 뉴트론에서는 다른 것을 동시에 코어 플러그인으로 사용할 수 없다는 뜻이다. ML2 코어 플러그인을 통해 이 문제 를 해결했다. 이를 통하면 여러 제조사들의 추가 기능과 다양한 L2/L3 기술을 동시에 사용할 수 있다. 이들 API 확장은 드라이버(타입드라이버, 메커니즘드라이버)라고 하는 코드들을 통해 구현한다. 드라이버들을 ML2에 대한 플러그인으로, ML2는 뉴트론의 플러그인으로 생각할 수 있다. 하지만 이들을 플러그인과 구분하기 위해 드라이버라는 단어를 사용한다. 뉴트론 입 장에서는 ML2가 유일한 코어 플러그인 역할을 하고 ML2는 뉴트론과 드라이버 간의 매개체 역할을 한다.

OVS

전통적인 네트워크에서 서버들은 네트워크 상호 연결을 위해 물리적인 스위치를 통해 네트 워크에 연결됐다. 서버들이 가상화되면서 발생한 가상 머신들은 여전히 상호 간 연결돼야 한다. 이에 따라 물리적인 스위치와 동일한 방식으로 동작할 소프트웨어 단위가 필요하게 됐다. 이 스위치는 가상 머신들을 상호 연결하는 것뿐만 아니라 물리적 인터페이스들과도 연결해 물리 서버 외부로의 연결도 제공해야 한다. 이 기능을 제공하는 소프트웨어 모듈을 가상 스위치라고 한다.

OVS[Open vSwitch, Open Virtual Switch]는 가상 스위치를 오픈 소스로 구현한 것이다. 처음에는 니시 라[Nicira](이제는 VMware에 인수됨)에서 개발했고 나중에 그 코드가 오픈 소스 소프트웨어로 배포됐다. OVS는 다계층 가상 스위치로 표준 스위칭 프로토콜을 지원하며 가상 인터페이스나 물리적인 인터페이스들과 연동 가능하다.

다른 제조사에서 개발한 그 외의 소프트웨어 스위치로는 시스코 넥서스 1000v, VMware 가상 스위치(분산형 가상 스위치 또는 표준형 가상 스위치) 등이 있다. 하지만 OVS는 오픈 소스고 오픈스택 커뮤니티에서는 OVS를 기본 스위치로 사용한다. 게다가 OVS는 외부 컨트롤러에서도 제어할 수 있도록 설계됐다. 오픈스택의 경우에는 뉴트론의 OVS 플러그인을 이용하면 쉽게 구성할 수 있다. 하지만 OVS는 오픈스택의 일부가 아니다. 오픈스택은 가용한 다른 가상 스위치를 사용할 수도 있다. 그 스위치들이 연동 가능한 뉴트론 플러그인(간단히 말해 ML2 모듈)만 있다면 말이다.

OVS는 다양한 프로토콜을 지원한다. 802.1ag, 넷플로우Netflow, S-플로우Sflow, IPFIX,, GRE, VxLAN, 링크 통합Link Bundling, BFD 등을 지원한다[15].

참고
SR-IOV(Single-Root-I/O Virtualization) 지원 네트워크 카드가 있고 그에 맞는 ML2 모듈을 사용하는 경우 오픈스택은 뉴트론을 통해 SR-IOV를 지원할 수 있다. 이를 사용하는 경우 SR-IOV 지원 하드웨어에서 지원하는 가상화된 I/O 포트가 소프트웨어 가상 스위치를 대체한다.

오픈스택 네트워킹 설정

앞서 세 가지 기본 네트워크 항목-서브넷, 포트, 네트워크-에 대해 기술했다. 이들을 이용해 뉴트론에서 네트워크를 구성하는 데모를 단계별로 밟아 보자. 여기서 보여주는 단계는 호라이즌 대시보드(아이스하우스 버전)를 이용했다. 다른 모든 오픈스택 모듈들과 마찬가지로 이 모든 과정들은 API 호출로 이뤄진다. GUI 대시보드를 이용하면 좀 더 사람에게 친화적이다. 하지만 자동화된 스크립트로 API를 직접 호출하는 것이 가장 효율적이다.

단계 1. 네트워크 구성. 호라이즌 대시보드에 로그인하면 오픈스택 테넌트에서는 키스톤에 서 인증하고 나서 그림 4-34에서 보는 바와 같이 네트워크 이름을 입력해 네트워크 구성을 시작한다.

그림 4-34 뉴트론 설정: 네트워크 이름

단계 2. 세 항목 중의 첫 번째 항목인 서브넷 정의. 그림 4-35에서 보는 바와 같이 서브넷은
IPv4 범위와 IPv6 범위 모두를 이용해 정의할 수 있다. 네트워크는 이제 생성한 가
상 머신과 연동할 준비가 됐다. 이 네트워크에 속한 포트가 가상 머신과 연동될 것
이다. 따라서 이 네트워크와 연동되는 모든 가상 머신들은 동일한 L2 네트워크에 존
재하게 되고 상호 통신할 수 있게 됐다.

그림 4-35 뉴트론 설정: 서브넷 주소 설정

단계 3. 가상 머신이 외부와 또는 L2 도메인 간에 통신해야 하는 경우 라우터를 통해야
한다. 이는 동일한 GUI에서 라우터를 생성하는 몇 단계를 더 밟으면 할 수 있다. 그
후에 그 라우터를 라우팅 가능한 도메인에 연결하면 된다. 그림 4-36에서 보는 바
와 같이, 이 경우에는 클라우드 외부로 연결을 제공하는 외부 네트워크와 연결돼
있다.

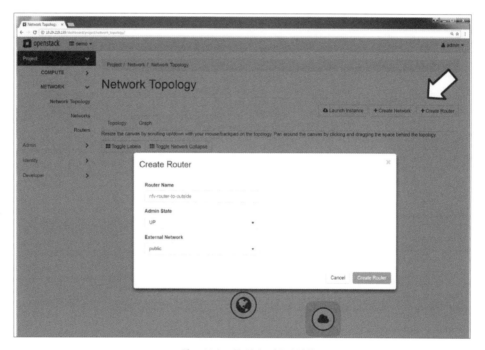

그림 4-36 뉴트론 설정: 라우터 생성

그림 4-37에서는 외부 네트워크 연결을 제공하는 라우터를 생성한 이후의 토폴로지를 보
여준다.

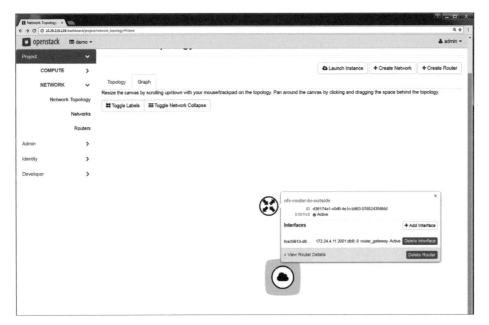

그림 4-37 뉴트론 설정: 라우터 생성 후

단계 4. L2 네트워크를 라우터에 연결하려면 라우터에 인터페이스를 생성해야 한다. 이를 통해 앞에서 정의한 서브넷과 라우터를 연결할 수 있다. 이 내용을 그림 4-38에서 보여준다. 이 단계를 완료하면 서브넷은 이제 그림 4-39에서 보는 바와 같이 외부 네트워크로 연결할 수 있다. 이때 라우팅 인터페이스에 도달하기 위해 서브넷에서 정의한 기본 게이트웨이를 이용한다.

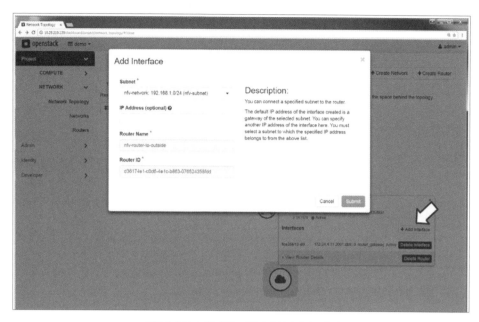

그림 4-38 뉴트론 설정: 라우터에 인터페이스 추가

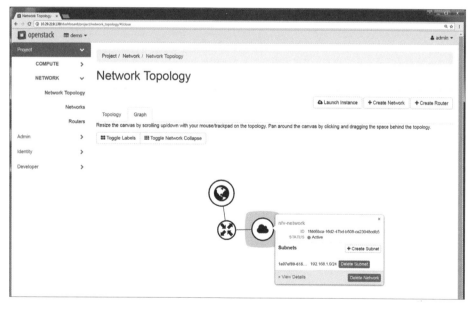

그림 4-39 뉴트론 설정: 라우터를 통해 외부 네트워크에 연결된 서브넷

오픈스택 배포 노드 다시 보기

4장 앞부분에서 오픈스택 배포 노드의 유형에 대해 다뤘다.

오픈스택의 주요 모듈들만 각각의 이들 노드 유형들에 설치된다. 그림 4-40은 이를 전체적인 관점에서 보여주고 또한 그 모듈들이 클라이언트-서버 모델인 것을 보여준다. 컨트롤러 노드는 모듈의 서버 코드 부분을 실행하며 중앙 제어를 담당한다. 클라이언트 부분은 관련 가상화를 제공하는 노드들에서 실행된다. 예를 들어 저장 장치 노드에서 신더 클라이언트 모듈(신더 에이전트)만 실행하는 경우를 살펴보자. 이 경우 신더의 중앙 노드로서 동작하는 신더 API가 오픈스택 컨트롤러 노드에서 실행돼야 한다. 키스톤, 호라이즌, 히트 같은 일부 구성 요소들은 컨트롤러 노드에만 있다. 어떤 이유로든 간에 컨트롤러 노드와 다른 노드들 중 어느 하나에라도 그 관리 네트워크 연결이 끊어지면 그 노드는 그 기능을 제공할 수 없다. 그 모듈의 서버 쪽 부분뿐만 아니라 키스톤과 같은 핵심 서비스들이 관리 네트워크를 통해 연결되기 때문이다.

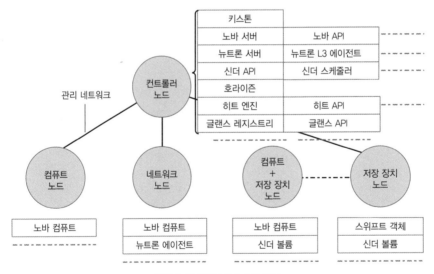

그림 4-40 오픈스택 노드와 모듈

258

오픈스택 고가용성

인프라스트럭처의 고가용성은 하드웨어, 응용프로그램 또는 운영체제상의 SPoF로 인해 인프라스트럭처상에서 구동하는 서비스에 영향을 주지 않도록 동작 방식과 설계 방안을 제공하는 것이 그 목적이다. NFV를 구축할 때 네트워크의 고가용성은 아주 중요하다. 앞의 3장, '네트워크 기능의 가상화'에서 언급했듯이 통신 사업자 수준으로 구현하는 경우 파이브 나인 수준의 가용성을 보장해야 한다. NFV 구성에서는 장애 지점으로 서버, 네트워크 전송 장비, NFVI 구성 요소, MANO 도구들, OSS/BSS 계층, VNF 등이 가능하다. 이들 장애 지점들을 보호해야 한다. VNF 설계 관련 고려 사항은 3장에서 논의했기 때문에 여기서는 MANO와 NFVI 계층의 고가용성에 초점을 맞춘다. 특히 오픈스택 기반 인프라스트럭처를 기준으로 하며 이 계층들을 통해 VNF와 가상 머신들의 이중화를 지원할 수 있는 방안들도 다룬다. 장애로 관리나 오케스트레이션이 영향을 받게 되면 VNF나 그 수행 중인 기능들은 영향이 없을 수 있다. 하지만 모든 정상적인 관리 기능 관련 민첩성, 배포, 탄력성 등과 같은 NFV 기능들이 영향을 받는다.

SPoF

SPoF(Single Point of Failure)는 시스템상에서 하나의 개별적인 구성 요소를 지칭하며 장애 시 전체 시스템에 영향을 줘 서비스가 다운되거나 데이터 손실이 발생할 수 있는 구성 요소를 말한다. 개별 구성 요소는 하드웨어, 소프트웨어 또는 운영체제 등일 수 있다.

여기서는 오픈스택의 고가용성을 이용해 MANO 블록을 보호하는 데 필요한 조치의 유형을 예시로 살펴본다. 또한 고가용성 클라우드를 구축하는 설계 방안도 살펴본다.

오픈스택 서비스에 대한 고가용성

오픈스택 인프라스트럭처에서 장애에 대한 회복성을 보장할 수 있는 방안은 그리 많지 않다. 하지만 기본적인 고가용성 동작 원리뿐만 아니라 호스트 운영체제에서 구현한 장애 회복성 기법, 클러스터링 기법들로 그 혜택을 볼 수 있다.

오픈스택은 모듈화 인프라스트럭처로 노바, 스위프트, 글랜스, 뉴트론, 키스톤 등과 같은 다양한 서비스를 지원하므로 고가용성 방법론을 다양하게 변형해 구성할 수 있다. 여기서는 현재 사용하는 가장 일반적인 구현 아키텍처를 살펴본다. 오픈스택의 개별 모듈이나 서비스는 자체적인 고가용성 방법론을 갖고 있다. 이 서비스들은 성숙 단계에 있고 신규 기능이 오픈스택에 추가되고 있기 때문에 이 고가용성 구현은 시간이 지남에 따라 바뀔 수도 있고 공통 프레임워크로 바뀔 수도 있다.

오픈스택의 개별 서비스에 대한 고가용성은 이어지는 개념 중 하나를 사용할 수 있으며 비즈니스 요건에 따라 평가해야 한다. 따라서 전체적인 인프라스트럭처 구현은 이들 모델들을 조합해 이뤄진다.

상태 인지 서비스와 무상태 서비스

서비스 구현은 상태 인지형Stateful이거나 무상태Stateless일 수 있다. 무상태 서비스는 클라이언트에서 오는 요청에 대한 응답을 처리할 때 추가적인 핸드셰이킹Handshaking이 필요하지 않다. 무상태 서비스에 대한 질의와 요청은 상호 독립적이다. 응답은 그 이전의 이력과 전혀 상관없이 동작한다. 이에 따라 무상태 서비스에 대한 서비스 모듈은 복제가 용이하고 동시에 여러 개를 실행해 이중화와 부하 분산 기능을 수행할 수 있다. 이 인스턴스 가운데 하나에 장애가 발생하더라도 나머지 인스턴스들이 부하를 처리해 서비스 단절을 막을 수 있다. 무상태 오픈스택 서비스의 예로는 노바 API, 글랜스 API, 키스톤 API, 뉴트론 API와 노바 스케줄러가 있다. CSP는 이들을 여러 개 실행할 수 있다. 이들을 여러 서버나 오픈스택 노드들에 분산 구성해 단절 가능성을 대비할 수 있다. 이 서비스들에 요청하는 클라이언트들은 그 시점에 접속할 수 있고 가용한 활성 서비스라면 어느 것이든 이용할 수 있다.

반면 상태인지 서비스는 서비스 요청을 하는 클라이언트와 서비스 모듈 간에 데이터 교환이나 핸드셰이킹이 필수다. 상태인지 서비스에서 이어지는 요청에 대한 응답은 그 클라이언트의 이전 요청들에 대한 응답에 의존적일 수도 있다. 이는 한 트랜잭션의 일부인 각각의 요청이나 질의에 대해 클라이언트 입장에서는 동일한 서비스 인스턴스에 연결돼야 한다는 뜻이다. 이러한 유형의 서비스들에 대한 고가용성 구현은 다소 복잡하다. 단순히 서비스 모듈만 복제하는 경우 클라이언트의 요청이 한 세션 동안 동일한 서비스 인스턴스로 간다는 것을 보장할 수 없다. 이 유형의 서비스들의 경우 이중화를 위해 서비스 모듈의 복제를 구성한다면 그 서비스 모듈 간에 서로의 상태를 인지할 수 있도록 적정 수준의 조율을 해야 한다. 액티브-액티브$^{Active-Active}$ 이중화나 액티브-패시브$^{Active-Passive}$ 이중화와 같은 일부 기법을 이용하는 것이다. 오픈스택의 상태인지 서비스 예로는 데이터베이스 서비스와 메시지 큐가 있다.

상태인지 서비스와 무상태 서비스는 TCP$^{Transport Control Protocol}$와 UDP$^{User Datagram Protocol}$ 프로토콜에 비유할 수 있다. TCP는 핸드셰이킹이 필요하고 연결 지향적인 것과 마찬가지로 상태인지 서비스는 클라이언트와 서비스 모듈이 연결을 먼저 구성해야 하고 개별적인 질의와 응답은 이전 것들의 결과에 의존적이다. 유사하게 UDP는 연결을 유지하지 않는 구성으로 무상태 서비스와 유사하다. 이 경우 클라이언트와 서비스 모듈 간의 개별 요청과 질의, 응답은 상호 독립적이다.

액티브-액티브 이중화와 액티브-패시브 이중화

상태 인지형 서비스를 여러 인스턴스를 이용해 구성하는 가장 일반적인 방법으로는 액티브-패시브 인스턴스 또는 액티브-액티브 인스턴스로 구성하는 것이다. 액티브-패시브 방식의 이중화는 서비스 인스턴스 중에서 단 하나만 활성화되는 것이다. 다른 하나는 백업으로 대기하는 것이다. 이렇게 하면 클라이언트는 항상 동일한 인스턴스(활성화된 인스턴스)와 연결된다. 활성화된 인스턴스에 장애가 발생하면 대기 중인 인스턴스 중 하나가 넘겨 받아서 클라이언트 요청을 처리한다. 이 경우 장애가 발생한 인스턴스와 맺어져 있던 기존 세션들은 중단이 되며 재연결이 필요하다.

액티브-액티브 구성에서는 복제된 모든 인스턴스들이 동시에 활성 상태로 가동된다. 클라이언트 요청은 부하 분산기를 이용해 처리한다. 트래픽을 분산해 서비스 인스턴스로 보내며 서비스별로 동일한 세션을 추적해 관리한다.

단일 서버 구성

앞서 언급했듯이 오픈스택은 올인원$^{AIO, All-in-one}$ 방식으로 구성할 수 있다. 이 경우 모든 모듈들이 동일 서버에 올라간다. 단일 서버 구성의 경우 하나의 물리 서버상에서 여러 AIO 인스턴스들을 이용해 소프트웨어 수준의 이중화를 구현할 수 있다. 하지만 모든 서비스들이 단일 물리 서버상에서 구동되므로 하드웨어 관점의 이중화는 구현할 수 없다. 따라서 AIO 구성은 데모용이나 랩용으로 적당하다. 상용 구성에서는 모듈들뿐만 아니라 시스템의 심장부, 즉 컨트롤러 노드를 반드시 보호해야 한다.

클러스터와 쿼럼

대규모 상용 환경에대한 이중화를 구현하는 경우 클러스터링 기법을 사용한다. 이 경우 여러 컨트롤러 노드들을 그룹으로 구성해 클러스터를 구성하는 방식으로 이중화를 구현한다. 추가적으로 이중화를 하는 경우 클러스터를 추가로 구성해 클러스터 수준의 이중화를 구현한다.

클러스터에서 컨트롤러 노드가 두 개인 경우 활성 컨트롤러 노드가 장애는 발생하지 않았지만 대기 중인 노드와의 연결만 끊어질 수 있다. 활성 및 대기 노드 간의 통신 단절이 발생하면 대기 노드에서는 활성 노드에서 장애가 발생한 것으로 오탐해 스스로 활성 상태로 변경할 수 있다. 이 경우 활성 컨트롤러 노드가 여러 개가 되며 서비스는 단절이 발생한다.

이 문제를 해결하기 위해 컨트롤러 노드나 클러스터의 숫자는 홀수가 돼야 한다. 활성 서버에 장애가 발생하면 대기 노드로 장애 이관^{failover}하는 결정은 데이터와 관련 프로세스들을 유지하는 방향으로 다수결 원칙 시나리오$^{Majority Rule Scenario}$에 기반해 이뤄진다. 이 다수결 원칙 시나리오의 개념을 쿼럼^{Quorum}이라고 한다. 쿼럼 내의 여러 노드에서 장애가 발생해 활성 서버들의 최소 개수가 모자라면 전체 클러스터가 다운된다. 이 경우 전체 부하를 다른 클러스터에서 처리하게 된다.

오픈스택에서 클러스터를 사용할 때 일반적으로 사용하는 방법은 페이스메이커 같은 표준 리눅스 클러스터 관리 소프트웨어나 베리타스 클러스터 서버다.

페이스메이커 기반의 클러스터 구성 시나리오로는 다음과 같은 세 가지 구성 방법이 있다.

- **축소형 AIO 서비스**: 이 경우 모든 서비스들은 하나의 컨트롤러 노드에 구성하며 노드 자체를 여러 서버로 복제해 이중화를 구현한다. 각 서버들은 전체 서비스를 수용할 수 있도록 용량이 충분해야 한다.

- **축소형 분산 서비스**: 서비스를 여러 서버들에 분산해 구성하며 각 서버는 여러 서비스를 수용한다. 서버들 세트를 복제 구성해 이중화를 구성한다. 이 경우 하나의 호스트는 서비스들 중 일부만 수용하므로 AIO 서비스 시나리오에 비교해 개별 서버에서 필요한 컴퓨팅 파워는 상대적으로 낮다. 이 구성에서는 여러 서버에 서비스를 분산 구성하므로 더 많은 서버가 필요하다.

- **분리형 구성**: 개별 서비스마다 서버당 단일 서비스로 구성하는 것이다. 개별 서비스의 규모를 늘리거나 줄일 때 다른 서비스에 영향을 주지 않고 할 수 있는 유연성이 있다. 각 서버를 복제해 이중화를 구현한다. 이러한 구성 방식의 단점은 아주 많은 서버가 필요하다는 것이다.

그림 4-41에서 이 세 가지 서비스 구성 방식을 보여준다.

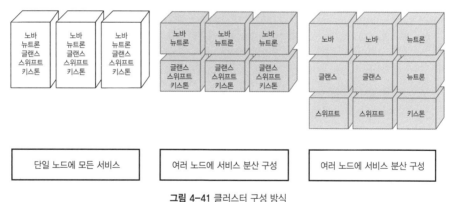

그림 4-41 클러스터 구성 방식

페이스메이커와 베리타스

페이스메이커(Pacemaker)는 서버 고가용성 구성에 대한 오픈 소스 버전의 자원 관리 소프트웨어다. 처음에는 리눅스 고가용성 프로젝트의 일부로 시작했고 나중에 독립적인 소프트웨어가 됐다.

베리타스 클러스터 서버(VCS, Veritas Cluster Server) 소프트웨어는 시만텍(Symantec)에서 나온 상용 제품이다. 이 고가용성 클러스터 소프트웨어는 유닉스, 리눅스, 윈도우 운영체제를 지원한다. 클러스터 기능은 시스템 소프트웨어, 응용프로그램, 데이터베이스, 네트워크 파일 공유 등을 지원한다.

 Keepalived

오픈 소스 소프트웨어로 부하 분산과 고가용성 기능을 제공하는 리눅스 인프라스트럭처다. 서비스로 향하는 패킷 흐름을 관리하며 L4 부하 분산을 통해 활성 서비스로 연결해준다. Keepalived의 고가용성은 VRRP 프로토콜을 기반으로 한다. Keepalived 고가용성 아키텍처에서는 클러스터 기반 시나리오와는 달리 이 기능을 배포하는 추가적인 관리 소프트웨어가 없다.

 VRRP

Virtual Router Redundancy Protocol의 약어로 네트워크의 SPoF를 처리하는 메커니즘을 제공하기 위한 동적 프로토콜이다. VRRP는 마스터 장비를 가상 게이트웨이로 할당해 모든 입수 트래픽을 처리하도록 한다. 마스터 장비에 장애가 발생하는 경우 백업 장비가 마스터의 역할을 받아서 네트워크 연속성과 고가용성을 제공한다. VRRP 표준은 제조사의 HSRP(Hot Standby Router Protocol)를 변경한 것이다.

오픈스택 클라우드 이중화

앞에서 논의한 오픈스택 클라우드의 이중화 동작 원리는 오픈스택 클라우드의 고가용성을 구현하려는 것이 목적이다. 더 세부적으로 목적을 살펴보면 오픈스택 컨트롤러 노드의 가용성을 보장하려는 것이다. 이 방법들은 오픈스택 클라우드 사용자에게는 보이지 않는다.

더 튼튼한 인프라스트럭처를 제공하려면 사용자에 대한 설계에서도 이중화 요건을 빠뜨릴 수 없다. 사용자들도 여전히 자체적인 설계에서 이중화를 위한 추가적인 조치를 반영해야 한다. VNF들상의 응용프로그램 수준(라우팅 프로토콜, VRRP 등)에서의 이중화뿐만 아니라 VNF들에 대한 가상 머신과 컨테이너 간의 이중화도 설계에 반영해야 한다. 오픈스택은 이 VNF 수준의 이중화 구성을 지원하기 위해 몇 가지 방법을 제공한다.

사용자가 가상 머신을 여러 개 생성해 가상 머신 수준의 이중화를 구현한다고 하자. 이들 가상 머신은 액티브/스탠바이 구성(한 그룹의 가상 머신이 나머지 그룹을 백업)이거나 액티브/액티브 구성(부하를 공유하는 두 그룹의 가상 머신에서 실행되는 프로세스 간의 이중화)일 것이다. 어느 경우든지 이 가상 머신(또는 가상 머신의 그룹)은 전략적으로 배치해 공유된 인프라스트럭처(세부적으로 컴퓨트 노드)에 장애가 나더라도 동시에 장애가 발생할 가능성을 최소화해야 한다. 장애 도메인을 격리하지 않으면 단일 컨트롤러 장애에도 이중화가 무용지물이 될 수 있다.

오픈스택에서는 어피니티^Affinity와 AZ^Availability Zone를 이용해 가상 머신을 전략적으로 배치할 수 있다. 이 두 개념들을 살펴보기 전에 오픈스택의 리전^region을 먼저 설명해야 한다. 오픈스택이 단일 클라우드로 구성돼 있지만 여러 군데 분산돼 있는 경우 이들을 리전으로 분할할 수 있다. 각각의 리전은 오픈스택 모듈 전체를 갖고 있고 다만 키스톤 모듈만 리전들 간에 공유된다. 이렇게 하면 분산 구성된 오픈스택을 지리적 거리에 따라 그룹으로 구성하고 분리하는 것이 가능하다. 각 리전은 독립적인 API 종단점을 제공하고 각 모듈들은 그 리전 내에서만 보인다. 예를 들어 글랜스는 그 자체 리전 내에 있는 이미지들만 볼 수 있고 다른 리전에 있는 이미지들은 볼 수 없다. 따라서 리전에 있는 모듈들은 그 자체에 갖고 있는 자원들을 사용하게 된다. 가상 머신을 생성할 때 노바에서는 컴퓨트 자원을 제공한 후 신더와 뉴트론에게 자체 리전에 있는 네트워킹 및 저장 장치 자원들에 대한 할당을 요청한다. 요약하자면 오픈스택 리전은 오픈스택 클라우드 전체를 구성하는 오픈스택 모듈들의 하부 그룹으로서 독립적으로 구성된 것이다.

이 리전들 내에서 오픈스택은 AZ를 정의할 수 있다[37]. 이 AZ는 장애 도메인들을 나타내는 하위 영역들이다. 동일한 전력 공급선에 연결된 서버들은 AZ를 공유한다. 공급선이 끊어지면 그 모든 서버들이 동시에 영향을 받기 때문이다. 유사하게 동일한 상향 스위치들에 연결된 서버들도 모두 동일한 AZ에 속한다. 동일한 데이터 경로를 공유하기 때문이다. 가상 머신의 고가용성을 극대화하려면 이중화된 가상 머신은 서로 다른 AZ에 있어야 한다. 가상 머신을 생성할 때 사용자는 리전에 더불어 그 안의 AZ를 설정할 수 있다. 노바에 전달할 인자로 제공할 수 있다.

어피니티 그룹은 오픈스택에서 가상 머신을 배치할 때 사용할 수 있는 또 다른 방안이다. 어피니티 그룹은 사업자가 각 노바 인스턴스마다 할당할 수 있다. 오픈스택 사용자는 가상 머신이 동일한 어피니티 그룹에서 실행되도록 요청할 수 있다. 또는 어떤 가상 머신들은 동일한 어피니티 그룹에서 실행되지 않도록 요청할 수도 있다. 이를 이용하면 사용자는 사업자가 사전에 생성한 호스트 그룹들을 기반으로 가상 환경을 분산해 구성하는 데 어느 정도의 제어권을 가질 수 있다.

그림 4-42에서 리전과 AZ의 개념을 보여준다.

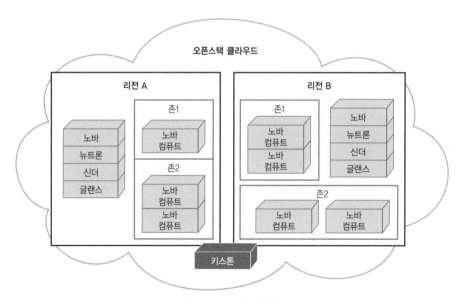

그림 4-42 오픈스택 리전과 AZ

266

VNF 이동성 관련 라이브 마이그레이션

비즈니스 및 운영상의 이유로 어느 클라우드 현장에서든지 VNF 이동성은 필요하다. 그 이유로는 예정된 유지 보수 주기, 서버나 데이터 센터의 통합이나 재배치, 전기 요금이 낮은 데이터 센터로 VNF 이동에 따른 전력 효율화, 사용률이 높은 서버에서 낮은 서버로 VNF 이동 등이 있다. 클라우드로 구성한 오픈스택 환경에서는 오픈스택에서 제공하는 라이브 마이그레이션Live migration 기능을 이용하면 고객에게 영향을 주지 않고 VNF 이동성을 구현할 수 있다. 끊김 없이 라이브 마이그레이션을 하려면 클라우드의 초기 구축 단계에서 다음의 설계 요건을 고려해야 한다.

- VNF들은 공유 저장 장치를 사용해야 한다.
- 사용 중인 노드와 이전 대상 노드에서 동일한 유형의 하이퍼바이저 소프트웨어를 사용해야 한다.
- 라이브 마이그레이션을 위한 네트워크 대역폭과 처리 지연을 고려해야 한다.

그림 4-43에서 라이브 마이그레이션의 절차를 단계별로 보여준다.

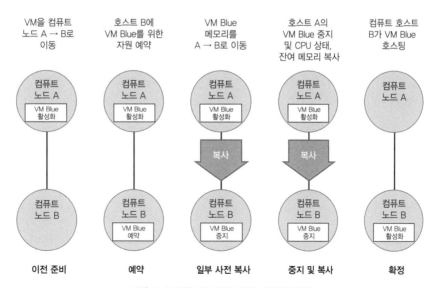

그림 4-43 오픈스택 라이브 마이그레이션 절차

오픈스택 배포

오픈스택, vCenter 및 기타 클라우드 운영체제와 같은 소프트웨어 도구를 사용하는 이유는 클라우드 응용프로그램의 배포와 관리를 자동화하고 지원하려는 것이다. 하지만 클라우드 운영체제를 구성하고 설치해야 한다. 오픈스택은 개방형이고 모듈화돼 있지만 가장 빠르게 진화하기 때문에 여러 클라우드 운영체제 가운데 배포하기 가장 복잡하다. 커뮤니티에서 지원하므로(무료 버전) 문제없이 배포하는 것은 더 어렵다. 오픈스택은 대부분의 통상적인 리눅스에서 사용 가능하다. 센트OS^{CentOS}와 우분투^{Ubuntu}, 레드햇, 수세^{SUSE}, 드비안^{Debian} 등을 지원한다. 맞춤형으로 수정된 유료 버전 오픈스택도 많이 있다. 이 경우 배포 및 지원 서비스 중심으로 상품들이 있고 때로는 프라이빗 또는 퍼블릭 클라우드용으로 수정된 오픈스택 인프라스트럭처를 관리해주는 서비스 상품도 있다. 유료 버전들로는 레드햇의 레드햇 오픈스택, 수세의 수세 클라우드, 시스코의 메타포드^{MetaPod}, 우분투의 우분투 오픈스택 등이 있다[16].

오픈스택 배포판의 상세 사항이나 가용한 도구 사용법 등은 이 책과 거리가 멀다. 하지만 많이 사용하는 도구에 기본적으로 익숙할 필요는 있으므로 몇 가지를 여기서 소개한다.

데브스택

데브스택^{DevStack}은 오픈스택을 서비스 환경이 아닌 용도 또는 개발용으로 설치해 사용하는 것이 주목적이다. 오픈스택의 설치를 스크립트로 만든 것으로 오픈스택 환경을 개발, 테스트, 데모 등의 용도로 신속하게 만들기 적합하다. 데브스택이 지원되는 운영체제에 설치하고 코드 저장소 중 한 군데에서 안정적인 오픈스택 저장소를 끌어오는 데 사용할 수 있다. 또한 데브스택이 내장된 사전 구축 이미지들도 있다. 이를 설치해 그 위에 오픈스택을 설치할 수도 있다[17]. 데브스택을 띄우는 것은 아주 간단하다. 데브스택을 다운로드하고 파일 중에서 셸 스크립트를 실행하면 된다. 그림 4-44에서 이를 보여준다[18].

```
[root@localhost ~]# git clone
https://git.openstack.org/openstack-dev/devstack
[root@localhost ~]# cd devstack; ./stack.sh
<snip>
```

그림 4-44 데브스택 설치 절차

팩스택

팩스택^{Packstack}은 오픈스택 배포를 자동화해 실행하는 도구다. 이는 퍼핏^{Puppet} 구성 관리 도구를 이용해 오픈스택 배포를 오케스트레이션한다.

팩스택을 설치하려면 먼저 리눅스 환경에서 패키지로 추가해야 한 다음 실행 후 설치할 오픈스택 유형을 선택하고 설치할 구성 요소를 결정하면 된다. 양방향 질문에 대답을 하면(또는 명령행 인자들에 기반해) 팩스택은 답변 파일을 생성한다. 설치 스크립트에서는 이를 이용해 오픈스택 설치 절차를 완료한다. 그림 4-45에서 보는 바와 같이 팩스택은 또한 올인원 방식으로 설치할 수도 있다.

```
[root@localhost ~]# packstack --all-in-one
Welcome to the Packstack setup utility

The installation log file is available at
/var/tmp/packstack/20160407-183305-c2bBs5/openstack-setup.log

Installing:
Clean Up                                    [ DONE ]
Setting up ssh keys                         [ DONE ]
<snip>
**** Installation completed successfully ******
Additional information:
<snip>
```

그림 4-45 팩스택 설치 절차

퍼핏

퍼핏(Puppet)은 구성 관리를 목적으로 설계된 오픈 소스 소프트웨어다. 내부 처리 절차는 자체 언어를 사용해 작성하며 그 언어 파일들은 퍼핏 매니페스트(Puppet Manifest)라고 부른다. 이 파일들에 따라 관리 대상 서버(또는 가상 머신)에 어떤 설정을 적용할 것인지 결정된다.

우분투 오픈스택 인스톨러

캐노니컬Canonical2와 우분투는 오픈스택 클라우드 환경을 위한 설치 프로그램을 제공한다. 캐노니컬 오토파일럿Canonical Autopilot으로 프라이빗 클라우를 구축할 수 있고 기타 우분투 인스톨러들은 단일 노드 또는 멀티 노드 설치를 지원한다[19]. 이 인스톨러는 오픈스택 배포를 할 때 우분투의 주주Juju, MAASMetal as a Service 같은 도구들을 사용한다.

가장 간단한 방식으로는 우분투의 오픈스택 인스톨러를 사용하면 된다. 오픈스택은 단일 장비에 설치된다. 설치 시 따라하기 쉬운 CLI 단계들로 구성돼 있으며[20] 오픈스택 환경의 관리 및 업데이트를 위해 그래픽 인터페이스도 제공한다. 그림 4-46은 설치 유형을 선택하는 단순한 GUI를 보여준다. 일단 설치가 끝나면 오픈스택 구성은 그림 4-47과 같은 GUI를 이용해 쉽게 관리할 수 있다.

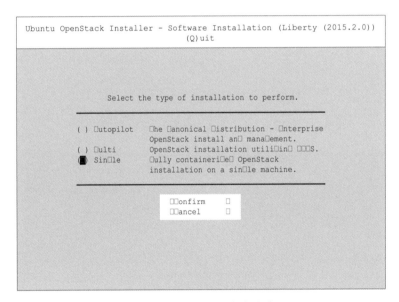

그림 4-46 우분투 오픈스택 인스톨러

---

2   우분투 오픈 소스 리눅스 뒤에 있는 회사 - 옮긴이

```
Ubuntu OpenStack Installer - Dashboard (Liberty (2015.2.0))
                (A)dd Services • (H)elp • (R)efresh • (Q)uit

 Service    Status      IP        Machine   Container   Arch    Cores    Mem     Storage

✓ Ceilometer started   10.0.4.70   5         –          amd64    1      512M     8.0G
     idle – Missing relations: messaging, identity

✓ Glance     started   10.0.4.69   1         7          amd64    6      6144M    20.0G
     idle – Unit is ready

✓ Glance – Sistarted   10.0.4.109  1         5          amd64    6      6144M    20.0G
  mplestreams
  Image Sync
     Sync completed at 05/11/16 06:41:40

✓ Heat       started   10.0.4.220  6         –          amd64    1      512M     8.0G
     idle – Missing relations: messaging, identity, database

✓ Keystone   started   10.0.4.153  1         2          amd64    6      6144M    20.0G
     idle – Unit is ready

✓ MongoDB    started   10.0.4.230  4         –          amd64    1      512M     8.0G
     idle –

✓ MySQL      started   10.0.4.152  1         0          amd64    6      6144M    20.0G
     idle –

✓ Neutron APIstarted   10.0.4.119  1         4          amd64    6      6144M    20.0G
     idle – Unit is ready


     [INFO] → Status: Deployments complete, Relations complete, Post-processing complete …
```

그림 4-47 우분투 오픈스택 인스톨러: 관제 및 상태

 주주

캐노니컬(우분투)에서 오케스트레이션과 설치 자동화를 위해 개발한 도구다. 주주(Juju)는 오픈스택 전용은 아니다. 클라우드에 어떤 서비스를 배포하든지 지원이 가능하다. 주주의 오케스트레이션 절차는 주주 참스(Juju Charms)로 정의한다. 따라서 오픈스택용 주주 참스를 이용해 오픈스택 배포를 오케스트레이션할 수 있다.

MAAS

Metal as a Service의 약어. 캐노니컬/우분투에서 베어메탈 서버를 클라우드의 일부로 구성, 배포하는 경우 사용하는 도구다. 서버나 장비를 MAAS에 등록하면 MAAS에서 그들을 부팅하고 하드웨어를 검증하면 그 위에 소프트웨어를 배포할 준비를 마치게 된다. MAAS는 주주를 이용해 시스템상에 소프트웨어를 배포한다. 주주 입장에서는 이 서버는 가상 머신일 수도 있다(MAAS는 이미 물리적인 측면들을 감안했다). 따라서 주주는 지정된 대로 배포를 진행하고 완료한다.

퓨얼

퓨얼^{Fuel}은 미란티스^{Mirantis}에서 제공하는 오픈스택 배포용의 또 다른 오픈 소스 도구다. 퓨얼은 상호 대화형 GUI를 제공해 어떤 구성 요소과 모듈을 어디에 설치할지 결정할 수 있도록 지원한다.

오픈스택을 VIM으로 사용하기

오픈스택의 호라이즌 대시보드 GUI를 이용해 가상 환경에 네트워크를 설정하는 초기 단계들은 이미 설명했다. 오픈스택을 이용해 VNF를 배포하는 전체 그림을 보여주기 위해 여기서는 오프스택이 VIM으로서 제공하는 기본적인 관제 기능들을 살펴본다. 또한 앞에서 구성한 네트워크 영역을 사용하는 VNF를 구성하는 절차들을 차례로 살펴본다. 스크립트들과 자동화 도구들을 사용하거나 다른 기능 블록들을 이용해 VNF 인스턴스를 만들게 되면 이 단계 실행을 위해 오픈 소스 모듈로 직접 API 호출을 하거나 CLI(API의 래퍼)를 사용하는 것을 잊지 말아야 한다.

단계 1. 호라이즌에 로그인하면 그림 4-48에서 보는 바와 같이 사용자는 컴퓨트 노드 사용률에 대한 개요를 볼 수 있다. 이 데이터는 컴퓨팅 자원들에 대한 것만 보여준다. 오픈스택 컴퓨트 노드들은 NFVI에서 사용하는 하드웨어를 관리하기 때문이다(컨트롤러 노드의 자원들은 VNF 자원으로 할당되지 않는다.)

272

그림 4-48 오픈스택 VNF 배포: 컴퓨트 자원 관제

단계 2. VNF를 인스턴스로 띄우려면 먼저 이미지가 필요하다. 이 이미지는 2장, '가상화 개념'에서 언급한 파일 형식들 중 하나다. 가상 머신(Qcow2, VMDK 등) 또는 도커 이미지(컨테이너용)를 패키지할 수 있는 형식과 가상 머신을 부팅하는 데 사용할 수 있는 가상 머신으로 제공되는 읽기 전용 ISO 파일 등이 있을 수 있다. 그림 4-49에서 이를 보여준다.

그림 4-49 오픈스택 VNF 배포: 이미지 생성을 위한 이미지 유형들

단계 3. (선택) 동일한 화면에서 사용자는 또한 추가적으로 최소 디스크 용량과 메모리 할당량을 정할 수 있다. 가상 머신에서 이 이미지를 이용하는 경우 가상 머신에 할당할 자원 사양이다. 이를 통해 자원 부족으로 성능 저하나 불안정을 야기하지 않도록 충분한 자원들을 할당받고 VNF를 인스턴스로 띄울 수 있도록 보장한다. 그림 4-50에서 이미지 파일을 적재하는 두 가지 방안을 보여주고 또한 디스크, 메모리의 하한을 설정하는 메뉴 옵션도 보여준다. 이미지 파일은 자체 서버 디스크나 어디든지 접근 가능한 URL 주소상에 존재할 수 있다. 이 파일 정보를 받으면 오픈스택은 이 정보를 글랜스 데이터베이스에 입력하고 이미지를 오픈스택 저장 장치 저장소에 보관한다. 글랜스 데이터베이스는 그림 4-51에서 보는 바와 같이 이미지 탭을 이용해 볼 수 있다.

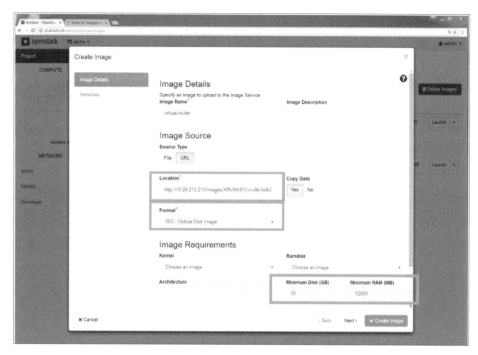

그림 4-50 오픈스택 VNF 배포: 이미지 생성을 위한 위치, 메모리 요건

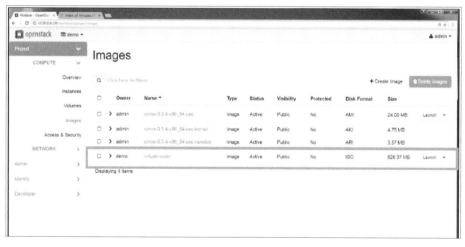

그림 4-51 오픈스택 VNF 배포: 글랜스 데이터베이스 뷰

단계 4. (선택) 인스턴스 탭의 옵션을 이용해 그림 4-52에서 보는 바와 같이 인스턴스를 실행할 수 있다.

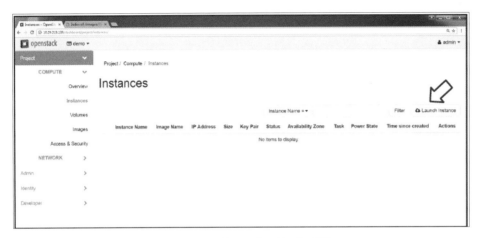

그림 4-52 오픈스택 VNF 배포: 인스턴스 실행

단계 5. VNF는 사전 정의한 플레이버Flavor 중 하나를 사용할 수 있다. 이 플레이버는 오픈스택 관리자가 정의하는 것으로 컴퓨팅, 메모리, 저장 장치 공간 등의 자원에 대한 특정 수치를 제공한다. 최소 디스크와 메모리 요구 사항을 이미지에 대해 미리 설정했다면 그 플레이버를 선택한 경우 그러한 최소 요구 사항을 충족해야 한다. 그림 4-53에서 플레이버 선택에 따라서 실행할 VNF에 대한 가상 CPU, 루트 디스크, 임시 디스크Ephemeral Disk 등의 할당 내역을 보여준다.

그림 4-53 오픈스택 VNF 배포: 사전 정의된 인스턴스별 고객 플레이버

단계 6. 어떤 VNF든지 생성되고 나면 다른 VNF들과 또는 외부 네트워크와 연동이 돼야
한다. 따라서 네트워크 영역과 연동하는 것은 VNF 인스턴스화 절차의 일부다. 사
용자는 VNF를 기존의 네트워크 영역들 중 하나와 연동할 수 있다. 이 네트워크 영
역들은 자신의 것이거나 다른 사용자와 공유하는 것이다. 그림 4-54에서 보는 바와
같이 'nfv-network' 네트워크가 미리 생성돼 있고 이 VNF는 그 네트워크와 연동
이 될 것이다.

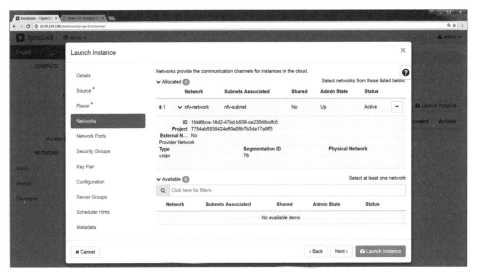

그림 4-54 오픈스택 VNF 배포: 네트워크를 인스턴스와 연동하기

단계 7. 마지막으로 VNF가 부팅할 이미지를 정의한다. 그림 4-55에서 보는 바와 같이 사전에 업로드된 이미지다. VNF를 부팅할 수 있는 다른 방법은 저장된 스냅샷을 이용하는 것이다. 이 단계에서 모든 자원 설정 인자들을 검증하고 그 후에 이미지를 실행하게 된다.

그림 4-55 오픈스택 VNF 배포: 인스턴스의 이미지 원천

그림 4-56에서 보는 바와 같이 방금 실행한 VNF의 상태를 이제 인스턴스 메뉴 탭에서 볼 수 있다. 이미지는 성공적으로 실행해 가동 중이다.

그림 4-56 오픈스택 VNF 배포: 인스턴스 상태

이 신규로 생성된 인스턴스는 'nfv-network' 네트워크와 연동돼 있고 뉴트론에서 포트를 생성했으며 그림 4-57에서 보는 바와 같이 그 연결을 GUI에서 볼 수 있다.

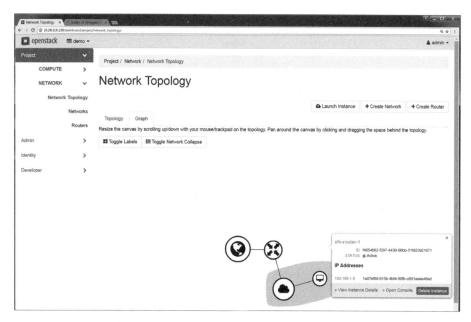

그림 4-57 오픈스택 VNF 배포: 네트워크에 연결된 신규 실행 인스턴스

VNF의 수명 주기 관리

NFVO 기능 블록에서 네트워크 서비스의 수명 주기를 관리한다. 하지만 개별적인 VNF들에 대한 수명 주기 관리 기능은 MANO에 있는 VNFM 기능 블록의 일이다. VNF의 수명 주기는 앞의 3장, '네트워크 기능의 가상화'에서 설계와 비용 고려 관점에서 언급했다. 그림 4-58은 앞서 언급한 VNF 수명 주기를 보여주고 있다. 또한 각 단계들을 기술하면서 어떻게 관리되는지도 보여준다.

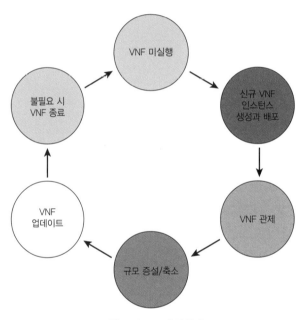

그림 4-58 VNF 수명 주기

인스턴스화와 배포

VNFM은 NFVO 블록과 상호작용해 서비스용으로 생성, 관리할 VNF들에 대해 파악한다. 그 후 VNF 카탈로그에 있는 정보를 이용해 VNF를 인스턴스화하는 데 필요한 자원을 결정한다. VNF 카탈로그에 있는 오케스트레이션 상세 정보는 하나 또는 여러 개의 가상 머신(또는 컨테이너나 베어메탈 서버)에 대한 내용을 담고 있을 수 있다. 특정 이미지를 이용해 실행하고 초기 설정으로 구성하도록 하는 내용들도 포함한다.

VNFM은 인프라스트럭처나 하이퍼바이저와는 전혀 상호 동작하지 않는다. VNFM이 취할 수 있는 단 한 가지 가능한 경로는 NFVO를 통해 VIM이 자원을 예약하도록 하는 것이다. VNFM의 역할은 VNF에 필요한 하드웨어 자원을 결정하는 것과 필요한 가상 머신들의 수를 결정하는 것(VNFD에 있는 상세 사항을 기초로 함)에 한정된다. 이 경우 VNFM은 그 결과 정보를 NFVO로 보내서 자원들이 가용한지 먼저 판단한다(NFV 자원 저장소를 통해). 그 후 VIM에 요청해 가상 머신의 필요 자원을 생성하고 할당하도록 한다. 다른 방법으로는 VNFM이 NFVO를 통해 자원 가용성을 확인한 후 자원 할당을 VIM에게 직접 요청하는 것이다. 인스턴스 생성 절차를 완료하려면 또한 VNFM이 VNF의 초기 설정도 배포해야 한다.

VNF 관제

VNFD 인자 중에는 VNF에 대한 성능 지표와 관제 요소를 정의하는 것도 있다(ETSI에서 monitoring_parameter 로 정의했다). 이들을 기반으로 VNFM은 가상 머신을 모니터링할 때 사용할 성능 요소와 장애 요소를 파악한다.

VNF 규모 관리

관제 요소를 이용해 VNF의 필요에 따라 규모 관리나 문제 해결을 결정한다. VNFD의 auto_scale_policy는 이때 수행할 조치뿐만 아니라 그 조치에 대한 기준 조건을 정의한다. 일부 아주 흔한 조치 사항은 자원의 규모 관리를 통해 문제를 완화시키는 것이다. 예를 들어 CPU 사용률이 높다면 가능한 조치 사항은 컴퓨팅 파워와 스위치를 추가하는 것(규모 확대)이다. 이를 이중화된 VNF를 대상으로 할 수도 있고(힐링, Healing) 또는 추가로 VNF 복제본을 실행해 기존 VNF의 부하를 줄일 수도 있다(탄력성).

VNF 업데이트

VNF 소프트웨어 버전, 설정 또는 연결에 변동이 생겨 업데이트하는 것도 발생 가능한 조치 사항 중 하나다. 이는 VNF 카탈로그에 변동이 생겨 발생할 수도 있고 VNFD에 설정한 수명 주기 이벤트로 발생할 수도 있다.

VNF 종료

VNF는 그 기능이 더 이상 필요하지 않거나 시스템의 규모를 축소해야 하는 경우 종료될 수 있다. 이 경우 VNF가 사용하던 모든 자원들은 해제되고 자원 풀로 들어가게 된다. 종료 행위는 VNFD의 lifecycle_policy 항목에 정의할 수도 있고 요청자가 요청할 수도 있다(예를 들어 사용자, OSS/BSS등). 또한 VNF가 더 이상 필요하지 않아 그 숫자를 줄이는 탄력적 동작에 따라 종료될 수도 있다.

VNFM 소프트웨어 예시들

오픈 소스 커뮤니티와 많은 네트워크 제조사들은 VNFM 기능들을 수행하는 소프트웨어를 제공한다. 상용으로 나온 제품으로는 에릭슨, 시스코, 노키아가 있으며 제조사의 지원, 서비스 및 로드맵 등을 보장받을 수 있다. 어떤 경우 이 소프트웨어가 제조사에서 검증하고 제공하는 번들Bundle의 일부일 수도 있다. 하지만 대부분 이 소프트웨어는 NFV의 개방성 요건에 맞게 표준 API를 이용해 어떤 VIM이나 NFVO 소프트웨어와도 호환된다. 이 글을 작성하는 시점을 기준으로 현재 가용하며 많이 사용하는 소프트웨어와 그들에 대한 지원과 기능을 살펴보자.

시스코 ESC

시스코의 VNFM은 ESCElastic Services Controller라고 한다. ESC는 VIM으로 오픈스택 및 vCenter와 연동 가능하다. 상부 연동으로 ESC는 RESTConf나 NETCONF API 호출을 지원하는 모든 NFVO를 지원한다. ESC가 제공하는 큰 장점 중 하나는 추가적인 플러그인 없이도 타사 VNF들에 대한 지원을 제공한다는 것이다[22].

노키아 CBAM

CBAM^{CloudBand Application Manager}은 노키아에서 제공하는 VNFM 도구다. 이는 CBND^{CloudBand Network Director}(NFVO 역할), CBIS^{CloudBand Infrastructure Software}(VIM 역할) 등을 포함하는 노키아의 MANO 솔루션의 일부다. 하지만 CBAM은 타사 NFVO 및 VIM 응용프로그램과 연동 가능하며 지원도 제공한다. 당연히 타사 VNF들과도 연동 가능하다[23].

오라클 애플리케이션 오케스트레이터

오라클 애플리케이션 오케스트레이터^{Application Orchestrator}는 완벽한 VNFM 기능들을 제공한다. 고가용성 지원, 탄력성 기능 및 템플릿 기반 VNF 배포 등을 지원한다. 하부 연동으로 VMware의 VIM(vCenter), 오라클 자체의 VIM 도구들과 연동 가능하다. 애플리케이션 오케스트레이터 소프트웨어 그 자체는 레드햇, 센트OS, 오라클 리눅스 배포판 등에서 실행 가능하다[24].

에릭슨 클라우드 매니저

에릭슨은 클라우드 매니저^{Cloud Manager} 소프트웨어를 통해 VNFM 기능을 제공한다. 몇 가지만 말하자면 자원 활용률 관리, VNF/PNF 동시 관리 지원, 카탈로그 기반 VNF 배포, 구성 관리 등이다.

HP NFV 디렉터

HP는 NFVO와 VNFM이 번들된 솔루션으로 NFV 디렉터를 제공한다. 자체 내장된 기능으로 ETSI에서 정의한 VNFM 기능들을 제공한다. 또한 타사의 VIM 및 NFVO와의 연동에 대한 지원도 제공한다[25].

네트워크 서비스의 오케스트레이션과 배포

NFV에서 네트워크 서비스를 오케스트레이션하고 배포, 관리하는 것은 ETSI 프레임워크의 NFVO 기능 블록에서 처리한다. 앞서 보았듯이 NFVO는 여러 데이터 저장소들을 이용해 네트워크 서비스 및 VNF들에 대한 요건들을 결정한다. 또한 VNF들 간의 링크와 종단 간 토폴로지를 정의하고 최종적으로는 배포한 서비스의 상태와 인프라스트럭처 가용성 상태를 추적 관리한다.

OSS^{Operations Support System}(운영 지원 시스템)는 NFVO와 직접적으로 상호 통신한다. OSS에서 네트워크 서비스에 대한 변경을 요청하거나 네트워크 서비스를 배포(또는 제거)하는 경우 NFVO는 이 요청을 받아 처리하며 필요한 요청들을 VIM이나 VNFM 같은 다른 기능 블록들로 보낸다. NFVO 기능을 구성하는 경우 제조사에서 개발한 버전 및 오픈 소스 커뮤니티 버전 등 다양한 선택 폭들이 있다. 이 글을 작성하는 시점을 기준으로 이들 중 일부와 지원, 기능을 살펴보자.

시스코 NSO

시스코의 NFVO 제품은 NSO^{Network Service Orchestrator}라고 한다. 이는 네트워크 서비스에 대한 오케스트레이션 기능을 제공하며 물리 장비와 가상 장비를 동시에 지원한다. NSO는 여러 제조사들의 장비 및 VNFM들과 연동 가능하다. 연동 시에는 장비 CLI, SNMP, 또는 NETCONF 기반의 표준화된 YANG 모델 등을 지원하는 플러그인을 사용한다.

텔레포니카 오픈마노

텔레포니카는 오픈 소스 기반의 관리 및 오케스트레이션 도구인 오픈마노^{OpenMANO}를 개발해 배포했다. 오픈마노는 openmano, openvim, openmano-gui 등의 세 가지 주요 부분으로 이뤄진다. 이 셋 가운데 openmano에서 NFVO 기능을 제공하며 openvim과 상호작용한다. openmano를 관리하고 사용할 때 사용자는 CLI 또는 REST API 호출을 사용할 수 있다. 또는 openmano-gui에서 제공하는 내장된 GUI 인터페이스를 사용할 수도 있다.

텔레포니카는 이 제품을 오픈 소스화했다. 따라서 깃허브^{Github}을 통해 오픈 소스 라이선스에 따라 사용할 수 있다[26]. 오픈마노는 OSM이라고 하는 오픈 소스 MANO에 대한 노력의 핵심이다[27]. OSM에 대해서는 4장 후반부에서 다룰 것이다.

브로케이드 VNF 매니저

브로케이드^{Brocade}의 VNF 매니저는 NFVO 기능과 VNFM 기능을 제공하며 단일 소프트웨어 패키지로 함께 번들돼 있다. VNF 매니저는 오픈스택의 오픈 소스 트랙커 프로젝트^{Tracker Project}(4장 후반부에서 다룬다)에 기반을 두고 있다. 트랙커의 제조사 지원 상용 버전이라고 볼 수 있다. VNF 매니저는 브로케이드의 다른 VNF 관리 도구들과 통합된다. 하지만 또한 TOSCA^{Topology and Orchestration Specification for Cloud Applications} 언어로 정의된 VNF 카탈로그를 지원하기 때문에 유연하고 제조사 독립적이다.

노키아 CBND

노키아의 VNFM을 설명할 때 CBAM을 언급했다. CBND는 동일한 제품군의 일부로 NFVO 기능을 수행한다[28]. CBND는 서비스 카탈로그 구성에 TOSCA를 지원하며 자원과 서비스 모두에 대한 오케스트레이션 기능을 제공한다. 또한 어낼리틱스에 대한 정책 엔진과 네트워크 서비스의 반응적 변경에 대한 정책 엔진도 제공한다.

시에나 블루 플래닛

시에나^{Ciena}는 블루 플래닛^{Blue Planet}의 최초 개발사인 시안^{Cyan}을 인수해 NFV에 대한 통신 사업자급의 오케스트레이션 시스템을 제공한다. 블루 플래닛은 다중 제조사 지원을 고려해 만들었고 이 플랫폼에서 검증됐고 지원이 되는 VNF 제조사들의 생태계가 있다. 블루 플래닛은 RESTful API와 YANG/TOSCA 모델 기반 접근법을 지원해 NFV 솔루션의 일부인 다른 시스템들과 상호 연동한다. 블루 플래닛 플랫폼은 컨테이너 기반의 마이크로서비스 아키텍처를 활용해 다른 시스템들과 가볍고 쉽게 통합할 수 있다.

HP NFV 디렉터

앞에서 NFV 디렉터의 VNFM 기능에 대해 언급했다. HP의 NFV 디렉터는 단일 패키지에 NFVO와 VNFM이 모두 번들돼 있다. 내장된 VNFM 기능을 사용할 수도 있고 또는 다른 VNFM들과 연동하면서 독립적인 NFV 오케스트레이션 도구로 동작하도록 할 수도 있다.

에릭슨 클라우드 매니저

HP의 NFV 디렉터나 브로케이드의 VNF 매니저와 아주 흡사하게 에릭슨의 클라우드 매니저 NFVO 솔루션도 자체적인 VNFM 소프트웨어와 함께 번들돼 있다. 클라우드 매니저는 핵심적인 NFVO 기능들을 수행한다. 예를 들면 자원과 서비스의 오케스트레이션, 저장소 관리 등이다. 클라우드 매니저는 또한 종단 간 네트워크 관리를 위해 에릭슨 네트워크 매니저^{Ericsson Network Manager}와 연동 가능하다[29].

오픈스택 트랙커

오픈스택은 초기에 VIM 기능 블록에 초점을 맞췄다. 그 배경이 AWS 대체였기 때문에 특별히 더 그러했다. 오픈스택에서 NFV와 ETSI 규격들을 받아들이기 시작한 후에 오픈스택 커뮤니티에서는 상위 수준의 기능 블록으로 역할을 하는 트랙커 프로젝트^{Tracker project}를 시작했다. 트랙커는 오픈스택의 NFV 오케스트레이션과 VNF 관리 기능에 초점을 맞춘다[30].

트랙커는 오픈 소스로 NFV 오케스트레이션에 대한 서술 방식으로는 TOSCA를 사용한다. 일부 제조사들(예를 들면 브로케이드)은 트랙커를 이용해 자체적인 NFVO와 VNFM 제품들을 개발했다. 그 환경을 맞춤형으로 개발하고 최종 제품에 대한 지원 기능을 추가했다.

리프트닷아이오 리프트닷웨어

리프트닷아이오^{RIFT.io}는 리프트닷웨어^{RIFT.ware}라고 하는 오픈 소스 엔진을 제공한다. 이는 NFVO 및 VNFM 기능을 제공한다. ETSI 아키텍처와 호환이 된다. 이 제품의 NFVO 및 VNFM 소프트웨어는 오픈 소스 MANO^{Open Source MANO, OSM}을 통합하려는 노력의 일부가 됐다. OSM은 다음 부분에서 상세하게 다룬다[31].

NFV MANO와 오픈 소스 솔루션들

NFV 개념을 수립할 때 아주 초창기부터 오픈 플랫폼 연관성과 개방형 표준의 개발은 주요 동력이었다. 따라서 NFV는 오픈 소스 개발과 아주 밀접한 관계를 지니고 있다. 결과적으로 많은 오픈 소스 프로젝트들이 NFV 구현을 지원하기 시작했다. 유사하게 많은 기존의 오픈 소스 프로젝트들도 NFV 아키텍처와 통합되는 방향으로 진화했다. 예를 들면 오픈스택 뉴트론과 오픈스택 트랙커가 있다. 전체 MANO 블록의 기능을 제공하는 오픈 소스 솔루션으로 현재 가용한 것은 아주 소수다. 최근에 급부상하면서 인기를 끈 것으로는 OPNFV^{Open Platform NFV}와 OSM^{Open Source MANO}가 있다.

OPNFV

OPNFV는 완전한 오픈 소스 NFV 솔루션을 제공하기 위한 리눅스 재단의 노력 결과물이다. ETSI에서 아키텍처를 기술할 때 주요 기여는 주로 서비스 사업자들이 했다. 하지만 소프트웨어와 도구 개발 분야는 서비스 사업자들의 강점이 아니었다. 아키텍처의 해당 분야 구현은 제조사들과 소프트웨어 개발자들의 몫으로 남았다. 2014년 9월에 리눅스 재단은 발을 들여놓고 NFV에 대한 개방형 플랫폼으로서 OPNFV 설립을 지원하는 계획을 발표했다.

OPNFV는 무에서 출발한 것이 아니다. 오히려 ETSI NFV 모델을 구현하는 데 도움이 되는 많은 개별 오픈 소스 프로젝트를 함께 통합했다. 처음에 OPNFV는 VIM 기능 블록과 NFVI

블록에만 초점을 두었다. 따라서 그 구성 요소로 선정된 오픈 소스 소프트웨어로는 오픈스택(VIM용), 리눅스(서비스 호스트용), KVM(하이퍼바이저용), 세프^{Ceph}(저장 장치 처리), 오픈 가상 스위치(VNF 연결용), DPDK$^{Data\ Plane\ Development\ Kit}$(네트워킹 성능 향상용), 오픈 데이라이트^{OpenDayLight}(관리 및 설정용) 등이 있다. 그림 4-59에서는 OPNFV 플랫폼에서 통합한 오픈 소스 소프트웨어의 일부를 보여준다. 이들 중 일부는, 예를 들어 ONOS$^{Open\ Network\ Operating\ System}$과 오픈콘트레일^{OpenContrail}은 5장에서 다루는 SDN$^{Software-defined\ Networking}$에 더 가깝다는 것을 명심하라. SDN 오픈 소스 소프트웨어가 OPNFV에 통합됐다는 사실은 그 두 기술들이 서로 뒤엉켜 있는 현실을 반영하는 것이다.

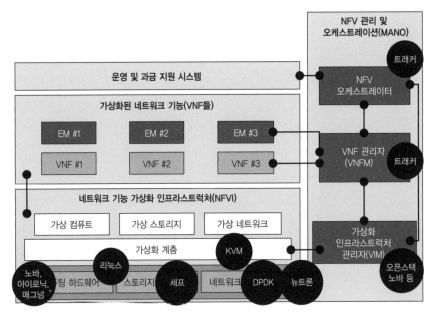

그림 4-59 OPNFV 오픈 소스 구성 요소들

2015년 후반 OPNFV는 그 범위를 확장해 전체 MANO 블록을 지원하는 도구들과 소프트웨어들도 포함하기로 결정했다. 이는 NFVO와 VNFM을 그 통합 소프트웨어에 포함하는 것이었다. 이들을 모두 통합함에 따라 OPNFV는 ETSI 프레임워크와 완전히 호환되면서 개방적이고 무료인 플랫폼을 서비스 사업자들에게 제공하는 방향으로 가게 된다. 무엇보다

도 통신 사업자급의 성능과 장애 탄력성을 제공할 수 있도록 테스트와 최적화를 이루어 가고 있다. OPNFV의 최초 버전은 아르노^{Arno}였고 이어지는 버전은 브라마푸트라^{Brahmaputra}로 명명됐다. 이들 버전은 랩용으로 사용할 수도 있고 통합에 대해 검증됐다. 또한 OPNFV에서 보안 측면에서 강화 작업을 했다. 서비스 사업자들이 이 버전으로 자체 환경을 구축할 수 있게 됐다. 통합은 NFV 도입의 숙원 과제 중 하나다. OPNFV는 이 과제를 직접 해결해 그 검증된 통합 버전을 더 쉽게 도입하려고 노력 중이다.

참고

OPNFV 버전명은 유명한 강 이름을 이용해 알파벳 순서로 명명한다. 아르노(Arno)는 이태리 중부에 있는 유명한 강이고 브라마푸트라(Bramaputra)는 아시아의 큰 강이다. OPNFV의 세 번째 버전은 북미의 큰 강 이름을 따 콜로라도(Colorado)로 명명됐다.

오픈-O

오픈-O$^{Open\ Orchestration\ Project}$는 차이나 모바일$^{China\ Mobile}$의 프로젝트로 시작했다가 리눅스 재단 프로젝트로 공표됐다. 그 목적은 NFVO, VNFM, VIM 기능뿐만 아니라 VNF 카탈로 그 처리 기능까지 제공해 종단 간 MANO 구현을 제공하는 것이다. 추가적으로 오픈-O는 여러 제조사들의 MANO 구현뿐만 아니라 SDN과 NFV 상호 간의 연동에 대한 개방형 인터페이스 표준을 정의하려는 것을 목표로 하고 있다. 많은 다른 사업자들과 제조사들도 이 프로젝트에 기여하기 위해 팀에 합류했다[32]. 이 프로젝트가 성숙돼 감에 따라 OPNFV(이 또한 리눅스 재단 프로젝트)에 통합될 예정이다. 하지만 이 프로젝트의 미래 방향은 이 글을 쓰는 시점에는 명확하게 정해지지 않았다.

OSM

OSM$^{Open\ Source\ MANO}$은 2016년 2월 MWC$^{Mobile\ World\ Congress}$에서 발표됐다. 그 목적은 ETSI 프레임워크와 완전 호환되는 오픈 소스 기반 MANO 기능 제공이었다. OSM에 기여를 한

곳으로는 텔레포니카의 오픈마노^{OpenMANO}(앞에서 이야기한 것으로 VIM과 NFVO 기능으로 구성), 캐노니컬, 리프트닷아이오^{RIFT.io} 등이 있다. 이 업계에 연관된 다른 많은 빅 플레이어, 예를 들면 인텔과 미란티스^{Mirantis} 등도 OSM에 기여했다. 아직은 초창기 단계지만 이 도구의 방향성은 조만간 결정될 것이다. 이 글을 작성하는 시점 기준으로 OSM의 MANO 구현에 대한 기여자들은 다음과 같다[33].

> VIM: 텔레포니카 오픈마노의 openvim
>
> VNFM: 캐노니컬의 주주–지네릭^{Juju-generic}
>
> NFVO: 리프트닷아이오의 리프트닷웨어, 텔레포니카 오픈마노의 openmano, 미란티스의 무라노 카탈로깅^{Murano Cataloging}과 퓨얼^{Fuel}[34] 등

NSD 기술하기

NSD^{Network Service Descriptor}와 기타 템플릿을 기술하는 데 몇 가지 형식과 언어가 인기를 얻고 있다. 그들 중의 일부 예로는 오픈스택의 HOT, TOSCA, 아마존의 클라우드포메이션^{CloudFormation}, 캐노니컬의 주주 참스 등이 있다. 이들은 서로 영향을 주고받는다. HOT와 TOSCA는 서로 빌려서 썼다. TOSCA가 더 많은 인기를 누리는 것처럼 보이지만 이들 가운데 확실한 승자는 아직 없다. ETSI는 그 규격을 그중 어느 하나에게로 제한하지 않는다. 몇 가지 템플릿 형식들에 대해 간략하게 여기서 기술한다. 인기 있는 TOSCA는 조금 더 많이 다룰 것이다. 템플릿들의 구조와 사용에 대한 상세한 부분은 이 책의 범위를 벗어난다. 관심 있는 독자들은 제공한 참고 부분을 이용해 더 자세한 정보를 얻을 수 있다.

주주 참스

주주는 사전에 설정하고 정의한 응용프로그램을 손쉽게 배포하고 관리할 수 있도록 만든 응용프로그램으로 캐노니컬에서 개발해 제공한다. 주주는 참스^{Charms}라고 하는 형식의 데이터 템플릿을 이용해 배포할 구성 요소를 정의한다. 참스에서는 여러 파일들을 조합해 함

께 패키지화 한다. 그 대상은 설정 정보를 기술하는 파일들(보통 YAML로 인코딩)과 설치, 규모관리, 업그레이드 등과 같은 수명 주기 이벤트를 관리하는 액션 스크립트[Action scripts](후크[Hooks]라고 부름)이다. 주주 그 자체는 VNFM에 더 적당한 것으로 보이지만 참스 템플릿을 이용해 NFV 디스크립터를 정의할 수 있다.

HOT

HOT[Heat Orchestration Template]는 오픈스택 히트[Heat]에서 지원하는 템플릿 중 하나다. 오픈스택 히트는 원래 클라우드포메이션에 호환되는 CFN 형식을 지원했고 HOT는 그것을 대체할 목적으로 만들어졌다. HOT는 YAML로 인코딩하고 데이터를 아주 간단한 방법으로 표현한다. HOT에서 사용하는 항목을 그림 4-60에서 보여준다[36].

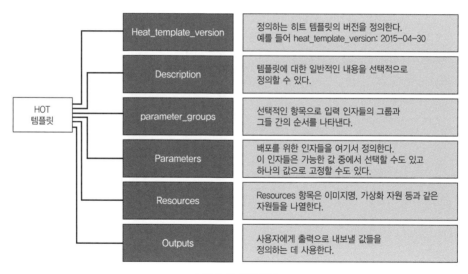

그림 4-60 HOT 항목

TOSCA

TOSCA^{Topology and Orchestration Specification for Cloud Applications}는 NFV를 포함한 클라우드 기반 서비스를 기술하기 위한 개방형 표준으로 정의된 언어다. 많은 제조사들의 NFVO 구현 결과에서 네트워크 서비스 오케스트레이션을 기술하는 방법 중 하나로 TOSCA를 지원한다. TSOCA는 개방형이고 누구든지 사용할 수 있으므로 NFVO 엔진이 TOSCA를 지원하면 네트워크 서비스 관점에서 유연성과 제조사 독립적인 기술방법을 제공할 수 있다. 서비스 사업자 입장에서는 이러한 자유로움이 제조사의 NFVO 응용프로그램을 선정하는 요소들 중 하나일 수 있다.

TOSCA는 다양한 표준들을 개발하는 OASIS^{Organization for the Advancement of Structured Information Standards}라는 기관에서 정의한다. 초기에는 TOSCA 인코딩이 XML 방식이었지만 JSON과 YAML 인코딩 방식도 시범적으로 도입됐고 이제는 그 방식들이 선호 방식들이 됐다. 하지만 TOSCA는 인코딩 규격이 아니고 구문 구조^{Syntax Structure}를 기술하는 것이 목적이다.

참조

데이터 인코딩은 여러 가지 방법으로 할 수 있다. 앞에서 JSON과 YAML 인코딩에 대한 예시를 제공했다. 구문(Syntax)은 변수, 변숫값들, 변수들 간의 관계 등을 정의한다. 반면 인코딩은 이 정보들을 전달하는 방법일 뿐이다. 응용프로그램 간 통신에서는 XML 같은 인코딩이 사용하기에 편리하다. 하지만 이 형식 구성을 사람이 읽기 편하게 하려면 YAML 같은 형식이 더 의미가 있다.

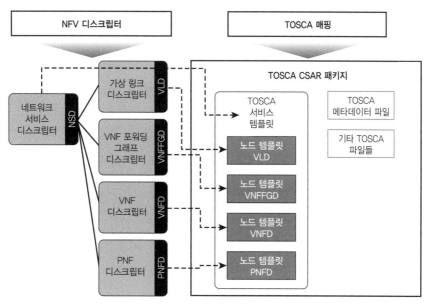

그림 4-61 NFV 디스크립터와 TOSCA 매핑

TOSCA 정보는 CSAR^{Cloud Service Archive} 형식으로 함께 묶인 여러 파일에 흩어져 있다. 이 형식의 파일 중 하나가 서비스 템플릿^{Service Template}(.tosca 파일 확장자 사용)이다. NFV의 경우 이 서비스 템플릿 파일에 NSD 정보를 인코딩한다. NSD가 VLD, VNFFGD, VNFD를 참조한다는 것을 떠올려보라. 따라서 NSD를 TOSCA 방식으로 기술하면 노드 템플릿^{Node Template}을 그 서비스 템플릿 파일 내에 정의해 이들 디스크립터들을 나타낸다. 그림 4-61에서 이 매핑과 관계를 그래픽으로 보여준다.

 CSAR

CSAR(Cloud Service Archive)은 OASIS(TOSCA의 뒤에 있는 동일한 기관)에서 개발한 표준이다. 특정 파일과 디렉터리 구조를 이용해 여러 개의 파일을 하나의 압축 파일로 패키지하는 방법을 정의한다.

요약

4장에서는 NFV뿐만 아니라 클라우드 기반 서비스 모델, NFV 오케스트레이션 및 배포 등에서 가장 중요한 주제를 다뤘다. 전통적인 네트워크와 비교해 NFV 네트워크에서는 관리와 오케스트레이션 개념이 아주 중요하다. ETSI의 MANO 블록과 동일한 흐름을 이용해 여러 장에서 이러한 개념들을 바닥에서부터 쌓아 올렸다. 또한 MANO의 세 하부 블록들 (VIM, VNFM, NFVO)에서 수행하는 역할 즉, NFV 인프라스트럭처, VNF들, 네트워크 서비스에 대한 관리, 오케스트레이션, 배포 및 관제에 대해 자세히 논의했다. 4장에서는 제조사 및 오픈 소스 커뮤니티에서 이 하부 블록들을 구현한 도구들과 소프트웨어에 대해 다뤘다. 특별히 오픈 소스 도구들, 특히 오픈스택에 초점을 맞췄다. 최근 몇 년 동안 NFV 서비스 사업자들이 오픈스택을 아주 많이 채택했기 때문이다.

참고

추가 정보는 다음을 참고하기 바란다.

[1] http://nvlpubs.nist.gov/nistpubs/Legacy/SP/nistspecialpublication800
-145.pdf

[2] http://www.etsi.org/deliver/etsi_gs/NFV-MAN/001_099/001/01.01.
01_60/gs_nfv-man001v010101p.pdf

[3] http://libvirt.org/virshcmdref.html

[4] https://www.vmware.com/products/vrealize-suite/resources.html

[5] http://www.cisco.com/c/en/us/products/servers-unified-computing/
ucs-director/index.html

[6] http://www.ericsson.com/spotlight/cloud/blog/wp-content/uploads/
sites/10/2015/11/Management-orchestration-of-NFV-hybrid-networks
-for-Blog-PA2.jpg

[7] https://www.vmware.com/products/Openstack

[8] https://wiki.openstack.org/wiki/Governance/Foundation/
Structure#OpenStack_Today

[9] https://www.rackspace.com/cloud/private/openstacksolutions/
openstack

[10] https://www.godaddy.com/garage/godaddy/news/building-open-
cloudopenstack/

[11] http://releases.openstack.org/

[12] http://docs.openstack.org/developer/heat/template_guide/hot_guide.
html

[13] http://www.etsi.org/deliver/etsi_gs/NFV-MAN/001_099/001/01.01.
01_60/gs_nfvman001v010101p.pdf (Section I.1.1)

[14] http://docs.openstack.org/user-guide/cli_create_and_manage_
networks.html

[15] http://openvswitch.org/features/

[16] https://www.openstack.org/marketplace/distros/

[17] https://github.com/makelinux/devstack-install-on-iso

[18] http://docs.openstack.org/developer/devstack/index.html

[19] http://www.ubuntu.com/download/cloud/install-openstack-with-
autopilot

[20] http://openstack.astokes.org

[21] https://wiki.openstack.org/wiki/Fuel

[22] http://www.cisco.com/c/en/us/products/collateral/cloud-
systems-management/network-services-orchestrator/white-

paper−c11−734976.html?cachemode=refresh

[23] https://networks.nokia.com/file/52201/info−sheet−cloudband−applicationmanager?download

[24] http://www.oracle.com/us/industries/communications/com−applicationorchestrator−ds−2225363.pdf

[25] http://www8.hp.com/h20195/v2/GetDocument.aspx?docname=4AA5−1082ENW

[26] https://github.com/nfvlabs/openmano

[27] http://www.tid.es/long−term−innovation/network−innovation/telefonicanfv−reference−lab/opcnmano

[28] http://networks.nokia.com/portfolio/solutions/cloudband

[29] http://www.ericsson.com/us/ourportfolio/products/cloud−manager?nav=productcategory008

[30] https://wiki.openstack.org/wiki/Tacker

[31] https://riftio.com/product/

[32] https://www.open−o.org

[33] https://osm.etsi.org

[34] https://www.mirantis.com/blog/open−source−mano−osm−to−work−on−nfvorchestration/9780134463056_

[35] https://jujucharms.com/docs/stable/authors−charm−components

[36] http://docs.openstack.org/developer/heat/template_guide/hot_spec.html#hot−spec

[37] http://docs.openstack.org/openstack−ops/content/scaling.html

[38] http://www.wired.com/2012/04/openstack−3/

복습 질문

다음 질문들을 활용해 4장에서 알게 된 내용들을 복습하라. 정답은 부록 A, "복습 질문 정답"에 있다.

1. 클라우드 기반 서비스에는 어떤 것들이 있는가?

    A. Infrastructure as a service(IaaS), platform as a service(PaaS), and software as a service(SaaS)

    B. SDN as a service(saaS), platform as a service(PaaS), and software as a service(SaaS)

    C. Infrastructure as a service(IaaS), platform as a service(PaaS) and application as a service(AaaS)

    D. Infrastructure as a service(IaaS), hardware as a service(HaaS), and software as a service(SaaS)

2. 프라이빗 클라우드의 보안성과 퍼블릭 클라우드의 저렴한 비용의 두 가지 혜택 모두를 주는 클라우드 기반 모델은 무엇인가?

    A. 혼합 클라우드

    B. NFV 클라우드

    C. 하이브리드 클라우드

    D. 기업 클라우드

3. NFV 관리 및 오케스트레이션을 담당하는 ETSI 프레임워크 내의 세 가지 주요 블록들은?

    A. VIM, VNFM, NFVI

    B. VIM, VNFM, NFVO

    C. VIM, VNF, NFVO

    D. VNF, VNFM, NFVI

4. 가상 머신 수명 주기 관리는 NFVO의 일부인가?

    A. 예

    B. 아니오

5. 오픈스택 배포 시 네트워크 구성 요소를 담당하는 오픈스택 모듈은?

    A. 신더

    B. 뉴트론

    C. OVS

    D. 노바

6. ETSI 프레임워크에서 VNFM의 역할은?

    A. NFVO와 VIM 간의 통신 연결

    B. 하이퍼바이저의 수명 주기 관리

    C. 하드웨어의 수명 주기 관리

    D. VNF 수명 주기 관리

7. NFVI 배포 시 선호되는 오픈 소스 VIM 소프트웨어는?

    A. 오픈스택

    B. 클라우드스택

    C. VMware vSphere

    D. 젠

8. 오픈스택의 키스톤 모듈이 담당하는 것은?

    A. 인증과 GUI 대시보드

    B. 인증과 권한 부여

    C. 저장 장치 및 네트워킹

    D. 관리 및 오케스트레이션

9. 요즘 가능한 주요 두 가지 하드웨어 가상화 배포 방법은?

    A. 가상 머신 기반 가상화와 도커 기반 가상화

B. 베어메탈 기반 가상화와 컨테이너 기반 가상화

C. 하이퍼바이저 기반 가상화와 컨테이너 기반 가상화

D. 베어메탈 기반 가상화와 하이퍼바이저 기반 가상화

10. 네트워크 서비스 카탈로그를 구성하는 디스크립터의 세 가지 유형은?

A. VNF Forwarding Graph Descriptor, Network Services Descriptor, Virtual Platform Descriptor

B. VNF Forwarding Chain Descriptor, Network Services Orchestration Descriptor, Virtual Link Descriptor

C. VNF Forwarding Graph Descriptor, Network Services Descriptor, Virtual Link Descriptor

D. VNF Forwarding Chain Descriptor, Network Services Orchestration Template, Virtual Link Descriptor

11. 오픈스택의 안정화 버전을 신규로 공개하는 주기는?

A. 6개월

B. 12개월

C. CI/CD(Continuous Integration & Continuous Development)

D. 3개월

5

소프트웨어 정의 네트워킹

지금까지는 NFV의 개념과 아키텍처, 배포에 초점을 맞췄다. 소프트웨어 정의 네트워킹 즉 SDN^{Software defined Networking}은 NFV와 독립적인 다른 기술 영역이다. 하지만 그 목표는 NFV의 목표와 잘 맞는다. 이 두 기술이 상호 보완하며 혜택을 준다. 대부분 바라는 결과를 이룩할 수 있는 아주 강력한 솔루션이 된다. SDN이 빠지면 NFV에 대한 논의는 불완전하다. 5장은 SDN에 대해 다루고 그 개념을 상위 수준에서 소개한다. 또한 NFV와 결합했을 때의 혜택들을 알아본다.

5장의 주요 주제는 다음과 같다.

- SDN의 개념과 그 배경의 동기
- 종단 간 네트워크 아키텍처에서 SDN 응용
- SDN과 NFV 간의 상관성과 응집력

SDN의 기본 개념

전통적인 네트워크 장비에서 네트워크 기능을 구현하는 소프트웨어는 여러 역할들로 구성 돼 있다. 이 역할들을 독립적으로 동작하는 기능들로 나열할 수 있다. 이들은 상호 간에 자체적인 API나 개방형 API를 이용해 통신한다. 이 역할들을 상위 수준에서 분류하면 다음과 같다.

- **제어 평면**Control Plane: 데이터가 장비를 지나갈 때 취할 경로를 결정하고 데이터 통과를 허용할지 거절할지를 정하는 역할이다. 또한 데이터의 큐잉Queuing 방식을 결정하고 데이터에 필요한 모든 조작도 정한다. 이 역할을 제어 평면이라고 한다.
- **전달 평면**Forwarding Plane: 장비를 지나는 데이터에 대한 포워딩Forwarding, 큐잉Queuing 및 처리Processing를 구현한다. 이는 제어 평면에서 제공하는 지시를 기반으로 이뤄진다. 이 역할을 전달 평면 또는 데이터 평면Data Plane이라고 한다. 따라서 제어 평면은 장비에 들어가는 데이터에 대한 처리를 지원하고 결정한다. 반면 데이터 평면은 그러한 결정을 기반으로 실행에 옮긴다.
- **관리 평면**Management Plane: 제어 평면과 전달 평면은 데이터 트래픽을 처리하는 반면 관리 평면은 네트워크 장비에 대한 설정, 장애 관제, 자원 관리 등의 역할을 한다.
- **운영 평면**Operational Plane: 장비의 가동 상태를 관제한다. 운영 평면에서는 모든 장비 항목을 직접 볼 수 있다. 관리 평면은 운영 평면과 직접적으로 연동하고 이를 이용해 장비의 가동 상태 정보를 수집한다. 또한 장비의 가동 상태를 제어하기 위해 설정 갱신 정보를 밀어 넣는다.

전통적인 네트워크 장비에서는 이 평면들이 서로 엮여 있고 자체적인 인터페이스와 프로토콜을 이용해 통신한다. 그림 5-1에서 이를 보여준다.

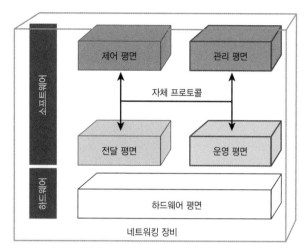

그림 5-1 전통적인 네트워킹 장비의 평면

이 개념들을 설명할 수 있도록 라우터를 예로 들어보자. 라우터 설정을 담당하는 관리 평면은 인수들을 정의할 메커니즘을 제공한다. 그 인수들의 예시로는 호스트명, 사용할 인터페이스의 IP 주소, 라우팅 프로토콜 설정, QoS에 사용할 임계치와 분류 등이 있다. 운영 평면은 인터페이스 상태, CPU 사용 현황, 메모리 사용률 등을 관제한다. 이 자원들의 상태 정보를 관리 평면으로 전달해 장애 관제에서 사용할 수 있도록 한다. 관리 평면을 통해 정의한 라우팅 프로토콜은 라우터에서 실행되면서 제어 평면 역할을 한다. 또한 데이터 트래픽의 흐름을 사전에 결정해 경로 검색표–라우팅 정보 기반^{RIB, Routing Information Base}이라고 함–에 채운다. 경로 검색표에서는 데이터를 라우터의 출력 인터페이스와 매핑한다. 전달 평면에서는 이 경로 검색표를 이용해 라우터를 통과하는 데이터의 경로를 설정한다.

제어 평면은 장비 소프트웨어에 통합돼 있기 때문에 네트워크 아키텍처는 분산된 제어 평면을 가진다. 각각의 장비가 자체적으로 제어 평면 처리를 한다. 이 제어 평면들은 서로 정보를 교환한다. 이를테면 각 장비에서 실행하는 라우팅 프로토콜은 상호작용을 통해 전체 네트워크 토폴로지를 결정하거나 상호 간의 라우팅 정보를 익힌다. 관리 평면 또한 장비별로 동작한다. NMS를 이용하면 장비에 내장된 관리 평면 위에 추가적인 계층을 만들어 관리 평면을 중앙으로 집중화할 수 있다. 기존에는 Syslog, SNMP, 넷플로우^{Netflow} 등과 같은 프로토콜을 이용해 관제 업무를 수행했다. 설정 작업은 자체 CLI, API, SNMP 또는 스크립트를 이용해 수행했다. 그림 5-2에서 이러한 배포 아키텍처를 보여준다.

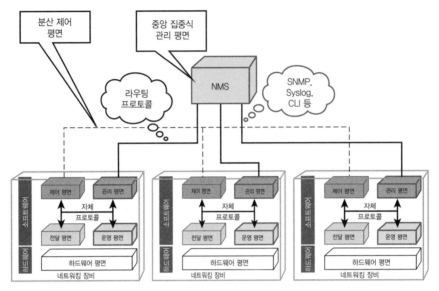

그림 5-2 전통적인 네트워크 아키텍처

이 배경 지식을 갖고 계속 SDN을 보자.

SDN이 무엇인가?

앞서 본 바와 같이 기존에 네트워크 장비를 배포할 때 전체 네트워크 상태를 기반으로 하는 의사 결정은 결국 각 개별 네트워크 장비에 대한 것으로 귀결된다. 따라서 개별 장비는 제어 평면 기능의 수행으로 장비 한도를 모두 사용하는 경우 데이터 평면 사용률이 낮더라도 잠재적으로 병목이 될 수 있다. 또한 제어 평면의 결정이 하나 이상의 노드를 기반으로 일어나는 경우, 예를 들면 RSVP^Resource Reservation Protocol 의 경우, 정보 수집을 위해 노드 간의 추가적인 통신이 필요하다. 이는 장비단에서 불필요한 오버헤드가 된다.

SDN은 제어 평면을 중앙으로 집중화하는 방법론을 정의한다. 이는 그 기능을 네트워크 장비들에서 중앙의 단일 장비 또는 클러스터로 이동하는 것이다. SDN에서는 전달 평면과 제어 평면을 분리하고 제어 평면 기능의 부하를 네트워크 장비에서 분리한다. 장비는 순수하게 전달 평면 기능만 처리한다. 또한 제어 평면과 전달 평면 기능의 분리로 SDN이 추구하는 목적은 이 평면 간의 자체적인 인터페이스를 개방형의 업계 공용 통신 프로토콜로 대체하려는 데 있다. 따라서 SDN을 통해 제조사 중립적이며 이기종 장비로 구성된 네트워크를 구성할 수 있다. 이 경우 제어 평면은 여러 제조사에서 구현한 다양한 데이터 평면과 연동된다.

SDN의 목적은 제어 평면과 전달 평면을 분리하지만 중앙의 제어 평면을 단일 노드로만 한정하는 것은 아니다. 확장성과 고가용성을 위해 제어 평면을 클러스터로 구성해 수평적으로 확장할 수 있다. 이 클러스터를 구성하는 블록들은 BGP[Border Gateway Protocol]나 PCEP[Path Computational Element Communication Protocol]와 같은 프로토콜을 사용해 통신하며[1] 단일의 중앙 집중화된 제어 평면으로 동작한다. 그림 5-3에서는 SDN의 개념과 그 변화를 전통적인 네트워크 아키텍처와 비교해 보여준다. 이 그림에서는 하드웨어 평면, 운영 평면, 관리 평면 등과의 상호작용을 강조하지 않는다는 것을 눈여겨보라. 이는 SDN이 제어 평면과 전달 평면에 초점을 맞추는 것이기 때문이다.

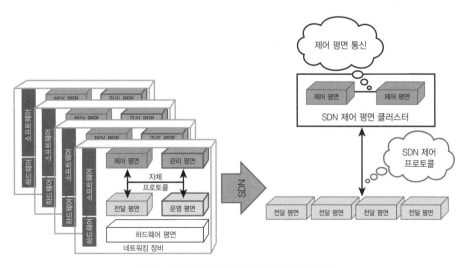

그림 5-3 기존 아키텍처에서 SDN 아키텍처로의 변천

응용프로그램 평면

SDN 기반으로 구현하면 제어 평면은 응용프로그램으로 관리를 한다. 이 응용프로그램은 제어 평면 및 관리 평면과 상호 연동한다. 이 응용프로그램은 관리 평면의 장비 정보와 설정을 추상화한다. 또한 제어 평면의 네트워크 토폴로지 및 트래픽 경로 정보도 추상화한다. 따라서 이 응용프로그램은 네트워크에 대한 완전히 통합된 뷰를 제공한다. 또한 이 여러 정보를 이용해 의사 결정을 수행하고 제어 평면과 관리 평면에 내려준다. 이를 그림 5-4에서 보여준다.

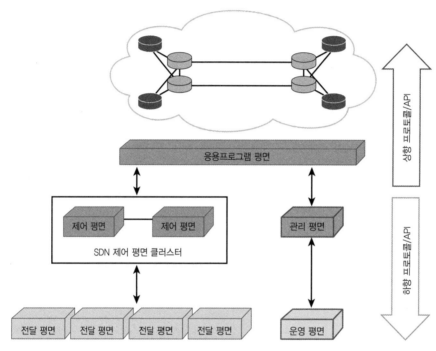

그림 5-4 응용프로그램 평면과 상향/하향 프로토콜

이런 응용 사례로는 수요 기반 대역폭 제공이 있다. 이 경우 응용프로그램에서 네트워크 트래픽을 모니터링한다. 하루 중 특정 시간대나 사전에 설정된 임계치를 초과하는 경우 트래픽 경로를 추가로 배포한다. 관리 평면에서는 이 응용프로그램에 네트워크 인터페이스의 상태 및 사용률 정보를 제공한다. 또한 제어 평면은 현재의 실시간 포워딩 토폴로지를 제공

306

한다. 응용프로그램에서는 이 정보들을 조합해 특정 트래픽에 대한 추가적인 경로가 필요한지 결정한다. 이 응용프로그램이 조치를 취할 임계치를 사전에 설정하는 방식으로 사용자 정의 정책을 사용할 수도 있다. 이 응용프로그램은 신규 경로를 배포하는 이 조치를 취하도록 관리 평면에 명령을 내린다. 그리고 제어 평면에서 그 신규 경로를 사용하도록 알려준다.

그림 5-4에서는 또한 상향^{Northbound} 및 하향^{Southbound} 프로토콜과 API에 대한 개념을 소개한다. 이 용어들은 사용되는 문맥에 따라 상대적이다. 이 경우 SDN 제어 평면과 관리 평면 간에 해당한다. 따라서 하향 프로토콜은 제어 평면 또는 관리 평면에서 더 낮은 평면들로의 통신을 나타낸다. 관리 평면과 제어 평면에서 응용프로그램 계층과 같은 상위 계층 평면으로의 인터페이스는 상향 API 또는 프로토콜이라고 한다.

SDN의 장점

SDN 아이디어는 처음 나왔을 때 그 이점이 그리 크지 않아 제조사나 서비스 사업자가 이를 진지하게 고려하지 않았다. 대규모 구축 사이트들은 배포와 관리에 대한 자동화가 여전히 일부분만 돼 있었고 제어 평면과 데이터 평면이 밀결합돼 있었지만 성장에 큰 병목으로 느껴지진 않았다. 따라서 초기에는 SDN이 실용적이고 이점이 있는 기술 진보라기보다는 학구적인 주제로 취급했다. 네트워킹 산업이 확대되고 수요가 기하급수적으로 증가하는 것을 수용하려다 보니 네트워킹 세계의 기준 초석이 지닌 한계와 제약 사항이 보이기 시작했다. NFV는 그 좋은 예다. 업계에서 제조사의 알 박기 장벽이 없도록 깨뜨리기 위해 새로운 기술을 수용해 혁신을 이룩한 예다. SDN은 또 다른 그런 예다. SDN이 학구적인 세계에서 실세계로 넘어오는 덴 그리 오래 걸리지 않았다. SDN을 수용하게 된 계기는 유연하고 확장성 있으며 개방형의 프로그래밍 가능한 네트워크를 구현할 수 있는 잠재력 때문이다. SDN의 핵심 혜택 가운데 일부를 이어지는 부분에서 다룰 것이다. 그 이점들은 가장 주된 이점인 운영 비용 절감과 상호 연관돼 있고 그것의 다른 면들을 반영한다.

프로그래밍 지원과 자동화

응용프로그램을 통해 네트워크를 제어할 수 있는 것이야말로 SDN의 장점 가운데 가장 대표적인 것이다. 요즘은 더 민첩하게 네트워크가 복구되고 대규모로 확장이 가능하고 더 빨리 배포 가능하면서도 운영 비용이 최적화돼야 한다. 업무 절차로 진행이 느려지는 것을 고객은 참지 못한다. 이러한 네트워크 요구 사항을 만족하려면 자동화된 도구들과 응용프로그램의 활용을 극대화하는 것이 필수다. 자동화와 프로그래밍 지원 기능이 필요한 업무는 네트워크 배포, 장비 데이터 관제 및 처리 등이다. 또한 트래픽 부하, 서비스 단절 및 알려지거나 알려지지 않은 이벤트에 따른 실행 중의 변경 처리 구현도 그 업무 가운데 하나다. 제조사들에서 지원한 전통적인 방법은 제조사 장비들과 운영체제에만 국한됐다. 외부 장비에 대한 지원이 제한적이어서 전체 네트워크에 대한 처리 절차와 제약 사항을 갖고 의사 결정을 하기엔 부족했다.

SDN은 응용프로그램과 네트워크를 연결하는 방안으로 수작업 기반의 제어와 관리 절차로 현재 존재하는 간극을 메우는 해결책이다. SDN이 중앙부의 제어 장비(즉, SDN 컨트롤러)에 지능을 부여하기 때문에 프로그램과 스크립트를 컨트롤러 내에 직접 만들어 넣을 수 있다. 이들은 예정된 또는 예상하지 못한 이벤트에 대해 자동적으로 반응한다. 다른 방법으로 응용프로그램을 상향 API 기반으로 컨트롤러 상단에서 실행할 수 있다. 응용프로그램에서 그 절차를 컨트롤러로 내려보내 최종적으로 장비에 전달할 수도 있다. 응용프로그램으로 장애와 급증하는 수요를 처리할 수 있다. 신속한 장애 처리와 복구도 가능하다. 이를 통해 서비스 다운타임을 상당 부분 줄일 수 있고 배포 시간을 개선할 수 있기 때문에 운영 비용을 최소화할 수 있다. 또한 네트워크 운영 인력에 대한 장비 비율을 높일 수 있다.

중앙 집중화된 제어 지원

제어 평면을 중앙으로 집중화하면 제어 절차를 구현하기 용이하다. 모든 필요한 중요 정보를 쉽게 사용할 수 있기 때문이다. SDN으로 네트워크에 대한 통합된 뷰를 만들 수 있다. 이를 통해 네트워크 제어 절차를 단순하게 할 수 있고 운영 복잡성과 운영 비용을 줄일 수 있다.

복수 제조사와 개방형 아키텍처

SDN은 표준화된 프로토콜을 이용하기 때문에 제조사 중심의 제어에 의존하던 것을 파괴했다. 제조사들이 장비를 접속하고 설정하도록 제공하는 자체적인 방식의 기존 방법으로는 프로그래밍이 쉽지 않다. 또한 설정 작업과 관리 절차를 자동화하기 위해 응용프로그램과 스크립트를 작성하려고 할 때 오히려 장애물만 됐다. 특히 여러 제조사(또는 여러 운영체제)가 혼합된 환경에서는 응용프로그램에서 장비의 인터페이스가 바뀌고 차이가 있는 것을 고려해야 한다. 또한 제조사들에서 제어 평면의 표준화된 프로토콜을 구현한 방식에 차이가 있다면 결과적으로 상호 운용성 문제가 발생한다. 이러한 과제들은 기존의 전통적인 네트워크에도 있었다. SDN으로 장비에서 제어 기능은 빠지고 데이터 평면만 남기 때문에 여러 제조사가 섞인 환경에서 제어 평면에 대한 상호 운용성 문제는 자동적으로 해소된다.

네트워크 장비 부하 분산하기

네트워크 장비의 제어 평면은 아주 많은 양의 자원을 사용한다. 특히 장비에서 다양한 정보를 교환하기 위해 야러 종류의 프로토콜(내부 경로, 외부 경로, 레이블 등)을 사용하고 이 정보를 장비 내에 저장하면서 이를 이용해 경로 계산을 위한 추가적인 프로토콜 모듈을 실행할 때 그렇다. 이로 인해 장비에 불필요한 오버헤드가 생기고 장비의 확장성과 성능을 제한한다. SDN 접근법은 이 모든 오버헤드를 장비에서 꺼내 처리용 자원과 메모리 자원을 해제한다. 이를 통해 장비들이 원래 만들어진 주 용도(데이터 전달)에 집중할 수 있도록 한다. 이는 장비의 가격을 낮출 수 있다는 말이다. 소프트웨어를 단순화해 확장성이 더 높으면서 자원은 최적으로 사용할 수 있다는 뜻도 된다.

SDN 구현과 프로토콜

앞서 언급했다시피 SDN 이면의 개념은 제어 평면을 분리해 전달 평면과 떼어 놓는 것이다. 이를 구현하는 명쾌한 방법은 제어 평면을 외부 장비 즉 SDN 컨트롤러에 구현하고 데이터 경로에 있는 장비들에 전달 평면을 남겨두는 것이다. 이는 대부분의 사람들이 처음에 도식화하는 바로 그대로다. 그리고 이것이 5장 초반에 제시했던 관점이다. 하지만 SDN의 사상을 더 깊이 들여다보면 제어 평면을 중앙으로 집중화하고 데이터 평면을 분산하는 기본적인 목적은 아주 다양한 방법으로 달성할 수 있다. 여기서는 가능한 구현 방법 중에서 몇 가지만 소개한다. 우선 SDN 컨트롤러를 정식으로 소개한다.

SDN 컨트롤러 소개

SDN 컨트롤러는 SDN 제어 평면 역할을 하는 독립적인 장비로 제어 평면의 결정 사항을 네트워킹 장비로 전달한다. 또한 컨트롤러는 장비에서 정보를 수집해 그를 기반으로 학습된 결정을 내린다. 컨트롤러가 장비들과 통신할 때는 SDN 제어 프로토콜을 사용한다. 이에 대해서는 5장 후반부에서 상세하게 다룬다.

SDN 컨트롤러(또는 하나 이상 사용한다면 컨트롤러들)는 지리적으로 네트워크 장비들과 같은 장소에 있어야 할 필요는 없다. 하지만 제어하는 그 네트워크 장비와 통신은 가능해야한다. 다양한 오픈 소스 SDN 컨트롤러들과 상용 제품들이 나와 있다. 이 영역 후반부에서 다룰 것이다.

SDN 구현 모델들

제조사들이 제어 평면을 네트워킹 장비들에서 완전히 분리해 장비들이 순수하게 전달 기능만 수행하도록 하는 것이 기술적으로 항상 문제가 없는 것은 아니다. 따라서 SDN을 구현할 때 다른 접근법을 취한다. 이는 지금까지 논의한 SDN 구현과는 정확하게 일치하지는 않는다. 서비스 사업자들은 운영 관련 과제들을 갖고 있다. 이로 인해 네트워크를 SDN으로 완전히 변환하기에는 어렵다. 따라서 사업자들은 SDN을 다른 방법으로 구현하는 선택을 한다. SDN의 장점을 훼손하지 않으면서 평면들의 분리 원칙만 준수한다면 이러한 접근법들도 SDN 구현 방법으로 볼 수 있다. SDN을 구현하는 방법에는 세 가지가 있다.

개방형(고전적) SDN

이 접근법에서는 제어 및 전달 평면의 분리를 고전적인 방법으로 구현한다. 제조사들이 만드는 네트워크 장비들로는 이렇게 할 수 있는 방법이 없으므로 SDN을 지원하기 위해 장비의 제어 평면을 SDN 지원 계층으로 대체해 추가한다. 신규 코드의 목적은 SDN 컨트롤러 및 장비의 전달 평면과 연동하려는 것이다. 또한 장비가 SDN 프로토콜을 이용해 SDN 컨트롤러와 통신하는 기능도 추가한다. 또한 전달 평면을 직접적으로 조작하는 기능도 갖고 있다. 그림 5-5에서 이 변화를 보여준다.

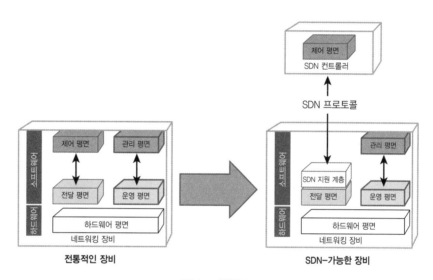

그림 5-5 개방형 SDN

하이브리드 SDN

많은 제조사들이 장비의 제어 평면을 수정해 SDN 지원 계층을 추가하고는 그 장비들이 SDN 준비가 됐다고 주장한다. 하지만 이것이 장비의 자체 제어 평면이 없어졌다는 의미는 아니다. 자체의 지능은 외부의 컨트롤러를 통해 구현된 제어 평면과 함께 여전히 사용된다. 이 구현에서 장비는 자체적인 (분산된) 제어 평면을 실행하고 외부 SDN 컨트롤러는 장비의 지능을 보완한다. 그 보완은 이 프로토콜이 사용하는 라우팅 변수들을 수정하거나 전달 평면을 직접 수정하는 방식이다. 이러한 접근법을 하이브리드 SDN이라고 한다. 그림 5-6은 하이브리드 SDN 방법을 보여준다. 고전적 SDN 접근법과 비교했을 때 가장 큰 차이점은 장비의 자체 제어 평면을 사용하는지 여부임을 명심하라.

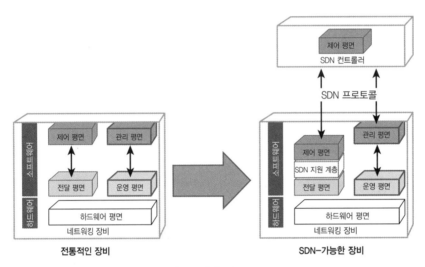

그림 5-6 하이브리드 SDN

API 기반 SDN

일부 제조사들은 장비에 대한 배포, 설정, 관리를 위해 API 접근을 제공하는 방식으로 SDN에 대응했다. 따라서 이 API들을 이용해 응용프로그램에서 장비의 전달 평면을 제어할 수 있다. 이는 컨트롤러에서 네트워크 장비들에 대해 사용하는 하향 API들과 동일하다. 하지만 API들을 응용프로그램에 직접 이식할 수 있기 때문에 이 구현에는 표준 하향 프로토콜을 사용하는 SDN 컨트롤러가 존재하지는 않는다.

이는 기존 제조사들에서 사용하는 자체적인 CLI에 비교해서는 더 협업적이고 개방적인 방향으로 변화한 것이다. 하지만 이렇게 구현한 것은 진정으로 개방적인 것은 아니다. 이 API들은 제조사들 간에 호환이 되지 않기 때문이다. 따라서 제조사 자체적인 부분들을 완전히 제거하지는 못한다. 이 API 기반 SDN 접근법을 이용한 응용프로그램은 어느 제조사의 장비와 통신하는지 알아야만 한다. 그래야만 정확한 API를 사용할 수 있기 때문이다.

이 접근법을 옹호하는 주장은 SDN의 목적이 달성된다는 것이다. 응용프로그램은 전달 의사 결정에 영향을 줄 수 있고 API들은 응용프로그램을 만들거나 API를 사용하고자 하는 이들 누구나 사용할 수 있도록 개방돼 있다. 이를 통해 네트워크를 프로그래밍할 수 있다. 물론 필요한 만큼 유연하지는 않지만 말이다(자체적인 하향 API 때문에). 일부 제조사들은 유연성 문제를 자체 컨트롤러들을 제공하는 방법으로 풀었다. 컨트롤러들은 하향으로는(네트워킹 장비 쪽으로) 자체 API들을 사용하고 응용프로그램 쪽 상향으로는 표준 기반의 API들을 사용한다. 그림 5-7은 API 기반 SDN의 구현에 대한 몇 가지 시나리오를 보여준다.

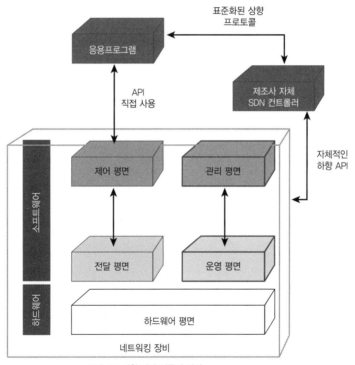

공개 API 지원 기반 전통적 장비

그림 5-7 API 기반 SDN

오버레이 기반 SDN

네트워크에서 제어 평면을 분리하는 또 다른 방법은 기존 네트워크 위에 독립적인 오버레이 네트워크^{Overlay Network}를 만드는 것이다. 이렇게 구현하면 언더레이 네트워크^{Underlay Network}는 여전히 제어 평면을 갖고 있고 기존 방식대로 자체적으로 장비에서 관리한다. 하지만 오버레이 네트워크 입장에서는 이 언더레이 네트워크는 단지 연결과 데이터 전달 기능을 제공할 뿐이다. 네트워크의 사용자 입장에서는 언더레이 네트워크, 그 토폴로지 및 제어 평면은 그 존재가 투명하다. 사용자가 상호작용하는 네트워크는 오버레이 네트워크다. 사용자는 이제 외부 컨트롤러를 사용해 오버레이 네트워크를 관리할 수 있다. 언더레이 네트워크를 구성하는 장비들이 SDN 관련 지원을 하지 않아도 상관이 없다. SDN을 이렇게 구현하는 것도 여전히 기본적인 기준을 충족한다. 단 하나의 제약 사항은 오버레이 네트워크를 구현할 때 사용하는 프로토콜을 언더레이 장비들이 지원해야 한다는 것이다. 이 책의 앞부분에서 가상 네트워크의 개념을 다뤘다. 그것이 정확하게 오버레이 네트워크 그 자체다. 이 구현의 예시가 여러 제조사들이 지원하는 VxLAN^{Virtual Extensible LAN}과 마이크로소프트에서 지원하는 NVGRE^{Network Virtualization using Generic Routing Encapsulation}다.

SDN 프로토콜

SDN 구현을 위한 방법론과는 별개로 전달 장비, 응용프로그램, 컨트롤러 간의 통신과 정보 교환을 위해 특정 유형의 프로토콜을 사용해야 한다. 이 프로토콜은 SDN 컨트롤러 입장에서 상향 프로토콜과 하향 프로토콜로 나눌 수 있다. 앞서 언급한 것처럼 하향 프로토콜은 SDN 컨트롤러나 응용프로그램 같은 제어 평면 장비들과 전달 평면 간에 사용된다. 상향 프로토콜은 응용프로그램이 SDN 컨트롤러에 통신할 때 사용한다.

하향 SDN 프로토콜

하향 프로토콜은 다시 두 그룹으로 나눌 수 있다. 이 분류는 제어 평면이 전달 평면과 통신할 때 직접적으로 하는지 아니면 간접적으로 영향을 주는지에 따라 구분한다. 간접적인 경우 장비의 인자를 변경할 때 관리 평면을 사용한다. 전달 평면과 직접적으로 상호작용하는 프로토콜을 SDN 제어 프로토콜^{SDN Control Protocol}이라고 한다. 전달 평면을 변경하기 위해 관리 평면을 사용하는 프로토콜은 간단하게 관리 평면 프로토콜^{Management Plane Protocol}이라고 한다. 그림 5-8은 SDN 프로토콜의 분류를 도식화해 보여준다.

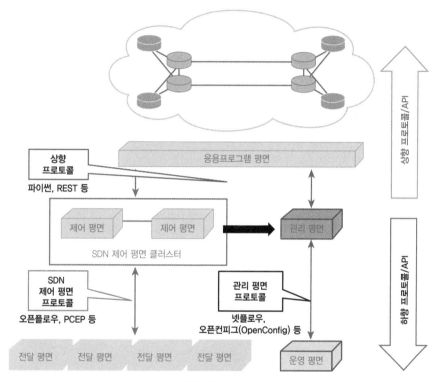

그림 5-8 SDN 프로토콜

SDN 제어 평면 프로토콜

제어 평면 프로토콜은 네트워크 장비들의 저수준에서 동작하고 장비 하드웨어를 프로그래밍해 데이터 평면을 직접 조작한다. 오픈플로우, PCEP^{Path Computation Element Communication Protocol}, BGP-FS^{BGP Flow Spec} 등은 SDN 제어 평면 프로토콜 중에서 가장 많이 참조하는 것들이다. 여기서는 이들에 대해 간략하게 살펴본다.

오픈플로우

기존에 제조사에서 개발한 네트워크 장비에서 제어 평면과 전달 평면 간의 통신은 동일한 장비 내에서 일어났다. 이 장비들은 자체적인 통신 프로토콜과 내부 절차적 호출을 사용했다. SDN 환경에서는 제어 평면과 전달 평면이 분리됐기 때문에 다중 제조사를 지원하는 표준 프로토콜로 그들 간의 통신에 사용해야 한다. 오픈플로우는 이 목적으로 개발됐다. 오픈플로우는 전달 평면을 프로그래밍하기 위해 SDN 컨트롤러와 네트워크 장비 간에 통신하기 위한 최초의 오픈 소스 제어 프로토콜이었다. 오픈플로우는 초기의 실험실 버전에서 진화해 버전 1.3 또는 그 이상의 상용 수준의 소프트웨어로 성숙했다.

오픈플로우는 장비상에서 플로우 표Flow Table라는 것을 유지한다. 여기에는 데이터를 어떻게 전달할 것인지에 대한 정보가 담겨 있다. SDN 컨트롤러는 오픈플로우를 이용해 오픈플로우를 지원하는 스위치의 플로우 표를 변경해 전달 평면을 프로그래밍한다.

전달 정보를 프로그래밍하고 네트워크 전체에 걸친 경로를 설정하기 위해 오픈플로우 아키텍처는 사후 반응적Reactive 또는 사전 행동적Proactive 두 가지 운영 모드를 지원한다. 사후 반응적 모드는 오픈플로우로 SDN을 구현하는 기본 방법으로 네트워크 장비에는 지능이나 제어 평면이 전혀 없다고 가정한다. 이 모드에서는 어느 전달 노드에서든지 데이터 트래픽의 첫 번째 패킷을 받으면 SDN 컨트롤러로 보내고 SDN 컨트롤러에서는 이 정보를 이용해 전체 네트워크에서의 플로우를 프로그래밍한다. 이에 따라 경로상의 모든 이어지는 장비들에 플로우 표를 생성하고 그 장비들은 그 데이터 트래픽을 그에 따라서 전달한다. 사전 행동적 모드에서는 SDN 컨트롤러에 일부 기본 플로우 값들이 사전에 설정돼 있고 스위치들이 켜지면 바로 트래픽 플로우를 프로그래밍 한다.

SDN 컨트롤러와 스위치들은 네트워크를 통해 플로우 정보를 교환하기 때문에 그들 간의 오픈플로우 통신에는 SSLSecure Socket Layer이나 TLSTransport Layer Security 같은 암호화된 채널을 사용하도록 권장한다.

그림 5-9는 오픈플로우 아키텍처를 보여준다.

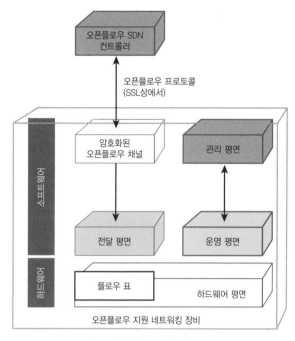

그림 5-9 오픈플로우 아키텍처

 참고

오픈플로우는 순수하게 제어 평면과 데이터 평면 간의 관계에 초점을 맞춘다. 하지만 오픈플로우로 인해 SDN에 프로그래밍을 지원하는 장점은 다소 희석된다. 특히 이 장비들에 대한 관리 평면 및 운영 평면을 여전히 기존 방식으로 관리해야 한다면 더욱 그렇다. 초기 오픈플로우는 스위치들을 대상으로 개발했고 관리적 측면은 아주 적었다. 하지만 프로그래밍 지원으로 인한 전체 이점을 누릴 수 있도록 관리 평면 또한 응용프로그램이 사용할 수 있는 인터페이스를 가져야만 했다. 오픈플로우를 보완하기 위해 관리 및 설정 배포를 위해 두 가지 다른 프로토콜을 사용할 수 있다. OF-Config(OpenFlow Configuration and Management Protocol)와 OVSDB(Open vSwitch Database Management Protocol)다.

PCEP

PCEP^Path Computation Element Communication Protocol는 두 장비들 간에 동작하는 프로토콜로 정의됐다. 둘 중 하나는 TE^Traffic Engineering을 이용해 전달 기능을 수행하고 다른 하나는 TE 경

로를 결정하기 위한 모든 연산 작업을 수행한다. PCEP는 RFC 4655에서 정의한다. RFC는 TE 프로토콜을 실행하는 장비를 PCC^{Path Computation Client}라고 칭한다. 모든 연산 작업을 수행하는 장비는 PCE^{Path Computation Element}라고 한다. 그리고 PCE와 PCC 간의 프로토콜은 PCEP라는 이름을 갖게 됐다. PCC는 기존의 모든 라우팅 장비가 될 수 있다. 단 PCE와 상호 동작하기만 하면 된다. 전통적으로 라우터들은 자체적으로 연산을 하고 그 목적을 위해 상호 간에 정보를 교환한다. PCEP 모델에서 라우터(PCC 역할)는 전달, 레이블 부착과 탈착 등의 기능을 수행한다. 하지만 전체적인 연산과 경로 결정 절차는 PCE 몫이다. 여러 PEC가 집합적으로 동작한다면 PCEP 또한 그들 간의 통신 프로토콜로 사용할 수 있다. 네트워크에서 LSDB^{Link State Database} 정보를 습득하기 위해 PCE 장비는 장비들과 수동적인 IGP 관계를 맺을 수 있다. 이 경우 PCE를 경계 지역에 배치하는 비전에 제약이 생기므로 대안적인 방법은 BGP LS^{BGP Link State}라고 하는 BGP 확장 버전을 사용하는 것이다. BGP LS는 LSDB 정보를 PCE에 제공하는 데 사용할 수도 있다.

PCEP는 트래픽 엔지니어링을 위한 SDN 사용 예시에 안성맞춤이다. 따라서 PCEP는 RSVP-TE, GMPLS^{Generalized MPLS} 기반 TE에 적용할 수 있고 더 최근에는 SR-TE^{Segment Routing TE}에도 적용 가능하다. 예를 들어 PCC는 PCE에게 특정 제약 사항하에서 경로 연산을 수행하도록 요청할 수 있고 PCE는 그 요구 제약 사항들을 만족하는 가능 경로들을 제안하며 답할 수 있다.

BGP-FS

BGP-FS^{BGP Flow Spec}는 BGP 프로토콜의 확장판이다. BGP-FS는 BGP 라우터에서 상위에 연결된 BGP 피어링 라우터로 가는 트래픽에 대해 플로우 필터링 규칙^{Flow Filtering Rule}을 알리는 방법을 정의한다. 플로우 필터링 규칙은 특정 트래픽 유형과 일치하는지, 일치하는 경우 어떤 조치를 할 것인지와 같은 요소들로 구성돼 있다. 트래픽 유형이 일치하는 경우 폐기하는 것도 포함된다[2]. BGP-FS는 RFC 5575의 정의로 표준화돼 있고 많은 제조사들이 지원한다. 이는 새로운 유형의 BGP NLRI^{Network Layer Reachability Information}를 정의하며 이를 이용해 플로우 규격^{Flow Specification}을 작성한다. 플로우 규격은 그 핵심이 일치 여부 검사 기준이다. 그 기준으로는 빌신지 주소, 목적지 포트, QoS 값, 패킷 길이 등이 있다. 일치하는 트래픽에 대해서는 조치를 취할 수 있는데 대역폭 제한, QoS 처리, 폐기, VRF^Virtual Routing and Forwarding 인스턴스로 리디렉션 등이 그 조치들의 예시다.

이를 SDN과 결합하려면 SDN 컨트롤러가 전달 장비^Forwarding Device와 BGP 네이버십^BGP Neighborship을 구성해야 한다. 그 모든 장비들이 BGP-FS를 지원하기만 하면 SDN 컨트롤러를 이용해 BGP-FS로 그 장비들에 트래픽 필터링 규칙을 적용해 전달 방식을 제어할 수 있다. 사실 BGP-FS는 원래 몰려오는 DDoS 공격을 리디렉션하거나 막기 위해 만들었다. 이 시나리오에서는 공격을 당하는 라우터에게 그 일치하는 트래픽을 폐기하거나 또는 트래픽 차단 장치로 보내도록 컨트롤러에서 (공격을 탐지한 이후에) 명령을 내린다.

관리 평면 프로토콜

이 프로토콜은 장비 설정을 할 때 사용하는 것으로 전달 평면에는 간접적으로 영향을 끼친다. 이들은 하이브리드 SDN 접근법에서 사용한다. 따라서 장비들은 자체적인 제어 평면 프로토콜을 실행한다. 동시에 관리 평면 프로토콜을 사용하는 외부의 응용프로그램의 영향도 받는다. 이 분류에 속하는 프로토콜 일부를 살펴보자.

NETCONF

NETCONF^Network Configuration Protocol는 (RFC 6242에서 정의한) IETF 표준 프로토콜로 네트워크 장비의 프로그래밍 인터페이스 지원을 위해 많은 네트워크 제조사들이 채용했다. NETCONF는 클라이언트-서버 모델을 사용한다. 응용프로그램은 클라이언트로 동작하며 서버로 동작하는 장비상의 변수를 설정한다. 또는 서버에서 가동 데이터를 갖고 온다. NETCONF를 통해 교환하는 설정 및 가동 데이터는 YANG 데이터 모델로 기술하는 사전 정의 데이터 구조의 형식을 사용한다[3]. 하향 프로토콜로 NETCONF를 사용하는 SDN 컨트롤러들로는 테일-f^Tail-f에서 만든 시스코의 NSO^Network Service Orchestrator, ODL^Open Daylight, 시스코 OSC^Open SDN Controller, 주니퍼 콘트레일^Contrail 등이 있다. NETCONF와 YANG은 본 내용의 후반부에서 더 자세히 다룬다.

RESTCONF

RESTCONF는 YANG의 대안이다. 장비와 응용프로그램 간에 설정 및 가동 데이터를 교환하기 위한 데이터 모델링 언어, YANG을 그대로 사용한다[4]. RESTCONF의 동작은 NETCONF와 비슷하지만 동일하지는 않다. RESTCONF의 뿌리는 REST API에 있다. REST API는 CSP들이 컴퓨트 인프라스트럭처를 프로그래밍할 때 많이 사용한다. REST API와 유사한 기준과 동작 방식을 네트워크 장비와 통신하는 데 적용한 것이다. NETCONF의 대체재로 YANG 모델을 이용해 설정 및 가동 데이터를 접근하는 데 사용한다. REST API들과—이미 사업자는 컴퓨팅 자원들을 관리하는 데 사용하고 있다—공통점이 많기 때문에 RESTCONF를 사용하면 컴퓨팅과 네트워크 인프라스트럭처 모두에 대해 공통 인터페이스를 가져갈 수 있는 편리함이 있다. 예를 들어 OPTIONS, GET, PUT, POST, DELETE 등과 같은 작업을 지원한다.

오픈컨피그

오픈컨피그^{OpenConfig}는 네트워크 장비에 프로그래밍 인터페이스를 지원하는 제조사 중립적인 프레임워크다. 구글, AT&T, BT 등과 같은 네트워크 사업자 포럼에서 시작했다. 업계의 이 노력을 모아서 실제 사용 사례 기반 모델을 만들고 네트워크 장비를 프로그래밍 기반으로 설정, 관제하는 것을 추구한다.

오픈컨피그는 데이터 전달을 위해 표준으로 YANG 모델을 사용한다. 이 작업을 위한 하부의 프로토콜을 별도로 규정하지는 않는다. 하지만 몇몇 제조사들에서는 오픈컨피그 프레임워크를 지원하기 위해 NETCONF를 채용했다. 오픈컨피그는 또한 장비에서 나오는 스트리밍 텔레메트리 데이터$^{Streaming Telemetry Data}$를 지원하므로 이를 기반으로 네트워크 모니터링이 가능하다.

스트리밍 텔레메트리

네트워크 장비에서 데이터를 수집하는 새로운 방법이다. 이는 SNMP, Syslog, CLI 등과 같은 기존의 네트워크 관제 방법과는 대비된다. 기존 방법은 대부분 폴링(Polling) 또는 이벤트 기반이었다. 스트리밍 텔레메트리는 정보 스트림(Stream)을 사용하며 네트워크 장비 쪽에서 푸시 모델(Push Model)로 동작한다. 필요한 가동 상태와 데이터 정보를 중앙 서버로 내보내는 것이다. 데이터를 주기적으로 보내거나 특정 이벤트를 기반으로 보내도록 프로그래밍할 수도 있다.

XMPP

주니퍼 콘트레일이나 누아지 네트웍스$^{Nuage Networks}$ 등과 같은 SDN 컨트롤러 제조사 일부는 중앙 컨트롤러와 네트워크 장비 간의 통신 프로토콜로 XMPP$^{eXtensible Messaging and Presence Protocol}$를 사용한다. XMPP는 오픈 소스, 무료 프로토콜로 확장 가능하다. 또한 XML 기반 데이터를 실시간으로 교환할 수 있다. XMPP는 제조사에서 개발한 실시간 메시징 시스템에 대한 대안으로 개발됐다. 그 후 다른 기술들에서도 인기를 얻게 됐다. XMPP의 주요 기능 가운데 일부는 다음과 같다.

- 공개되어 있고 무료다.

- IETF 표준 기반 프로토콜

- TLS$^{\text{Transport Layer Security}}$와 SASL$^{\text{Simple Authentication and Security Layer}}$을 지원하는 보안성

- 중앙 집중식이 아니다(어느 조직에서나 자체적인 XMPP 시스템을 구축하고 자체 필요에 맞게 고도화할 수 있다).

- XML로 맞춤형 기능을 만들 수 있어 유연하고 확장성이 좋다.

I2RS

I2RS$^{\text{Interface to the Routing System}}$는 하이브리드 SDN 구현을 지원하는 IETF 워킹 그룹 가운데 하나다. 그 목표는 네트워크 장비상의 라우팅 인프라스트럭처에 대해 프로그래밍 기반으로 접근, 질의, 설정할 수 있는 방법을 제공하는 것이다. I2RS의 입장은 초기 SDN 제안과 유사하다. 네트워크 장비에서 제어 평면을 완전히 빼내지 않아도 된다는 것이다. I2RS는 프로그래밍 지원 부족, 자동화 지원, 제조사 알 박기 등과 같은 이슈에 대한 해결책을 제시한다. 그 방안은 분산된 라우팅 의사 결정에 영향을 주는 것, 장비를 관제하는 것, 장비들에 정책을 밀어 넣는 것 등에 대한 공통적인 방법을 제공하는 것이다.

I2RS에는 에이전트와 클라이언트가 있다. I2RS 에이전트는 네트워크 장비상에서 실행되며 라우팅 구성 요소들과 연동해 동작한다. 그 라우팅 구성 요소들로는 LDP, BGP, OSPF, IS-IS, RIB-매니저 및 장비의 운영 평면, 구성 평면 등이 있다. 독립적인 장비에서 실행되는 I2RS 클라이언트는 I2RS 에이전트에 읽기와 쓰기 접근을 할 수 있다. 따라서 I2RS 클라이언트는 라우팅 변수를 설정할 수 있고 I2RS 에이전트에 질의해 라우팅 정보를 갖고 올 수도 있다. I2RS 클라이언트는 또한 에이전트의 이벤트 알림을 구독할 수도 있다. 따라서 라우팅 요소의 변경을 구독하게 되면 에이전트에서 클라이언트로 푸시 모델 통신을 하게 된다.

I2RS 아키텍처에서 정의하는 에이전트는 여러 개의 외부 클라이언트에서 오는 요청을 지원, 처리할 수 있다. I2RS 클라이언트 그 자체는 응용프로그램에 내장된 코드이거나 라우팅 장비와 응용프로그램 사이에 위치할 수도 있다. 이를 그림 5-10에서 보여준다.

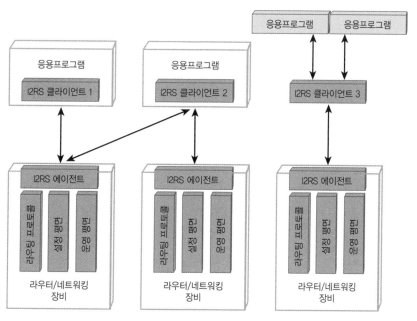

그림 5-10 I2RS 구축 아키텍처

상향 프로토콜

상향 프로토콜^{Northbound Protocols}은 SDN 컨트롤러와 그 위의 응용프로그램 간에 연동할 때 사용한다. 그림 5-11에서 보여준다. 응용프로그램의 역할은 보통 서비스 오케스트레이션을 수행하거나 자체에 정의한 처리 절차나 정책을 기반으로 의사 결정을 실행하는 것이다. SDN 컨트롤러와 응용프로그램 간의 통신은 두 소프트웨어 개체 간의 통신과 별반 다르지 않다. 따라서 추가적으로 특별한 새 프로토콜이 필요하지는 않다. 기존에 많이 사용하는 프로토콜을 그대로 상향 통신에 사용한다. 예를 들면 RESTful API이거나 파이썬, 루비, 고, 자바, C++ 등과 같은 프로그래밍 언어의 라이브러리들이다.

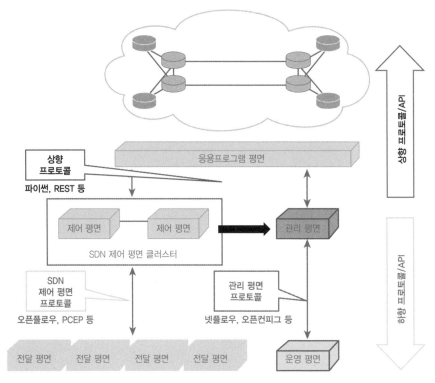

그림 5-11 상향 프로토콜/API

NETCONF, RESTCONF, YANG 다시 보기

앞서 언급했듯이 NETCONF와 RESTCONF는 모두 다 정보 교환을 위한 데이터 모델링 언어로 YANG을 사용한다. 이 프로토콜이 사용하는 인코딩 기법과 전송 메커니즘을 다뤄 야만 이들에 대한 서술이 완전하게 끝난다. 이 모든 항목 간의 관계를 먼저 살펴보자. 그 림 5-12에서 보는 바와 같이 데이터, 프로그래밍된 처리 절차, 어낼리틱스 등이 결합해 응 용프로그램 요리법으로 탄생한다. 이제 응용프로그램에서 장비를 설정하려면 설정 정보를 YANG과 같은 데이터 모델링 언어를 이용해 구조화해야 한다. 정보를 구조화하고 나면 설 정 프로토콜(예를 들면 NECONF)에서는 이 데이터를 이용해 수행할 작업의 유형을 정의한다. 설정 데이터를 내보내야 한다면 NETCONF에서는 edit-config 작업을 수행할 것이다. 프로토콜의 작업과 데이터 모델 정보는 인코딩된다. 마지막으로 SSH, HTTPS, TLS 등과 같은 전송 프로토콜을 이용해 정보를 보낸다.

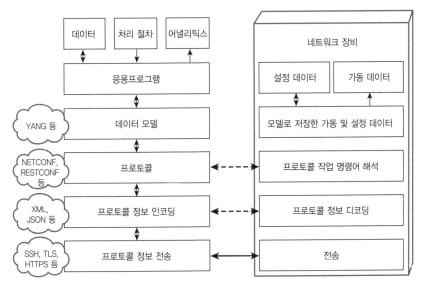

그림 5-12 하향 프로토콜 통신

네트워크 장비도 동일한 방법을 이용해 통신하는 기능이 있어야 한다. 유사하게 장비에서는 데이터를 디코딩한 후 프로토콜 코드로 넘겨줘야 한다. 그러면 수행할 작업 유형을 파악하게 된다. 장비는 사용하는 데이터 모델링 언어를 처리할 수 있어야 한다. 설정 정보와 가동 정보를 정의된 구조에 맞춰 제공할 수 있어야 하는 것이다. 응용프로그램과 장비는 동일한 데이터 모델을 사용하므로 교환한 이 데이터에서 인자와 항목을 쉽게 해독할 수 있다.

 참고

데이터 모델, 프로토콜, 인코딩을 구분하는 것이 이 개념들을 처음 접하는 독자에게는 만만치 않다. 예를 들어 YANG 데이터 모델링은 JSON 형식으로 나타날 수 있다. 하지만 이를 프로토콜 인코딩과 혼동하면 안 된다. 좀 더 쉽게 이해하려면 사람들 간의 의사소통에 비유하면 된다. 분야들을 역순으로 살펴보고 이들을 우리가 매일 사용하는 구어체 의사소통에 매핑해보면 그 비유는 다음과 같다.

- 전송 매체: 공기
- 인코딩: 음소와 소리
- 프로토콜: 영어와 같은 사용 언어
- 데이터 모델: 문법 구조(문장을 적절히 구성하지 않으면 언어의 단어들로는 의미가 통하지 않는다)
- 응용프로그램: 혀와 귀 또는 사람의 일반적인 듣고 말하는 신체 기관
- 데이터, 처리 절차, 어낼리틱스: 사람의 뇌

이러한 맥락에서 이제 NETCONF와 RESTCONF를 살펴보자. 이 둘은 모두 다 많이 사용하며 네트워크 장비 설정 프로토콜로 널리 사용되고 있다. 많은 플랫폼과 제조사에 걸쳐 동작하는 표준 및 공용 응용프로그램을 사용한다. 두 경우 모두 데이터 모델링 언어로 YANG을 사용한다. 이 프로토콜은 모두 각각의 RFC를 통해 표준화됐다. NETCONF는 인코딩 기법으로 XML을 선호하고 RESTCONF는 보통 JSON 및 XML 인코딩을 둘 다 사용한다. 전송단에서 NETCONF 표준은 안전하고 인증된 프로토콜로서 데이터 무결성과 보안성 등을 제공하는 프로토콜을 제안한다. 이것은 유연하게 정의됐지만 SSH를 사용 가능한 필수 옵션 중 하나로 제공한다. RESTCONF의 대표적인 전송 수단으로 HTTP를 사용한다. 하지만 HTTPS와 같은 다른 방법들도 많이 사용한다. 그림 5-13은 이 모든 블록들의 관계를 보여주고 RESTCONF와 NETCONF 구현에서 일반적인 방식을 보여준다.

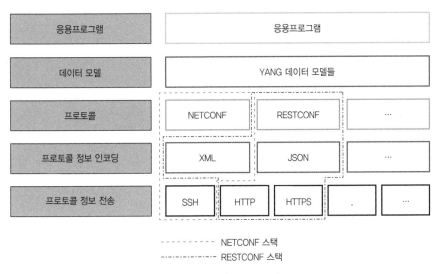

응용프로그램	응용프로그램
데이터 모델	YANG 데이터 모델들
프로토콜	NETCONF	RESTCONF	···
프로토콜 정보 인코딩	XML	JSON	···
프로토콜 정보 전송	SSH	HTTP	HTTPS	.	···

----- NETCONF 스택
········· RESTCONF 스택

그림 5-13 하향 프로토콜로서 NETCONF와 RESTCONF

YANG 모델에 대한 추가 사항

이상적으로는 YANG 모델은 가동 데이터에 대한 모든 기능과 분야에 표준화가 완벽하게 돼야 한다. 사실 여러 기능과 설정 가능한 인자에 대해 YANG 모델을 공통으로 표준화하기 위한 노력이 IETF 깃발 아래 지속적으로 이뤄지고 있다. IETF YANG이라고 하는 이 모델들은 제조사에 상관없이 매끄럽게 동작하지만 이렇게 공통 부분에 대한 지원은 설정 및 가동 데이터의 제조사별 고급 기능은 지원하지 못하는 단점이 있다. 이 모델들은 최소한의 공통 약수를 지원할 수 있고 지원해야 한다. 이에 따라 그림 5-14에서 보는 바와 같이 별도의 YANG 모델들을 제조사들이 개발했다(또는 표준 기반 모델들을 이용해 수정했다). 네이티브 YANG 모델이라고 하는 이 모델들은 제조사의 구현에 맞게 약간씩 수정된 것이다. 이 YANG 모델은 공개된 저장소에 공표됐고 응용프로그램 개발자들은 그것들을 내려받아 사용할 수 있다. 이 방법은 표준 기반의 접근법을 훼손하지만 현실적인 방법을 제공한다. 그리고 여전히 필요한 유연성과 개방성도 제공한다. YANG 모델의 세 번째 부류는 사업자들이 주도한 것이다. 오픈컨피그 기치 아래 IETF 표준화 작업이 자신들의 필요를 충족하기에는 너무 오래 걸린다고 생각하거나 또는 제조사들의 입김이 너무 많이 가해진다고 생각한 것이다. 이 사업자들은 그 차이를 좁힐 수 있는 자신들만의 YANG 모델을 개발해 공표했다.

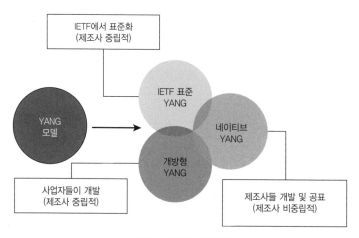

그림 5-14 YANG 모델 분류

언급한 YANG 모델은 네트워크 요소마다 있다. 이는 가동 데이터에 대한 기능이나 구조에 대한 설정을 표현한다(예를 들어 인터페이스의 비트 전송 속도나 프로토콜의 경로 규모). 모델은 네트워크 요소 수준에서 동작한다. 완전함을 기하는 차원에서 말하자면 YANG 모델은 또한 전체 네트워크 서비스를 정의하는 데 사용할 수도 있다. 그러한 서비스 수준의 YANG 모델은 전체 서비스에 대한 구조와 인자를 기술한다(예를 들어 L3VPN 서비스 또는 VPLS 서비스). 이는 또한 오케스트레이터에서 전체 서비스를 구현할 때 사용할 수 있다. 이러한 모델들 상당수가 IETF 권고안을 통해 정의됐다. 하지만 많은 경우에 대해 제조사와 사업자가 특정 서비스 배포의 필요를 충족하기 위해 자체 버전들을 개발했다. 그림 5-15에서 YANG 모델에 대한 이 두 가지 분류 간의 관계를 보여준다.

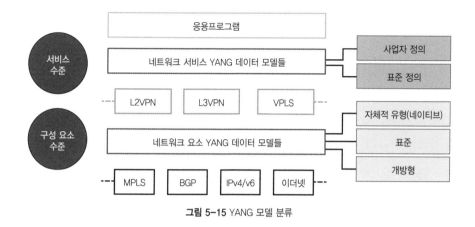

그림 5-15 YANG 모델 분류

여러 네트워킹 영역별 SDN 사용 사례

초기의 SDN은 데이터 센터의 확장성과 트래픽 제어 과제를 해결할 방법으로 인식했다. 이 신기술은 네트워크의 다른 영역으로 뻗어 나가 그 영역들에서 다른 사용 사례들과 응용 가능성을 보여줬다. SDN에서 사용하는 프로토콜과 기술은 각 영역별 과제를 해결하는 방안에 따라 다르다. 이에 따라 SDN은 그림 5-16에서 보는 바와 같이 다섯 영역으로 분류할 수 있다. 각 영역에서의 SDN 역할에 대해 상세하게 살펴보자.

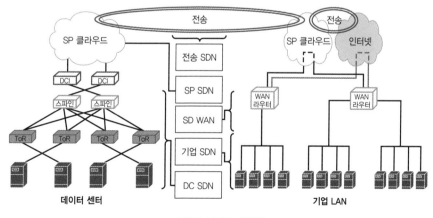

그림 5-16 SDN 영역들

문제와 과제

데이터 센터들이 커져 감에 따라 서버 가상화가 가속화됐다. 서버 가상화로 공간, 전력 및 비용의 효율화는 달성했지만 이 가상 서버를 상호 연결하는 네트워크 아키텍처는 새로운 과제들을 맞이한다. 그 과제 가운데 하나가 VLAN 확장성 제약인 4,096개다. 가상 서버들은 보통 동일한 L2 도메인에 속한다. VLAN을 이용해 가상 서버를 분리하고 멀티테넌시를 구현한다. 또한 회사들이 클라우드 기반 호스팅을 사용하면서 회사의 VLAN 도메인이 여러 데이터 센터에 걸쳐져야 할 필요가 생겼다. 가용한 VLAN 공간은 더 줄어들게 된 것이다.

이 제약 사항을 해소하기 위해 VXLAN 프로토콜을 사용한다. VXLAN은 L3 네트워크를 이용해 가상 서버 간에 L2 연결을 제공한다. 이는 1,600만 개까지 가능한 VXLAN ID를 이용해 오버레이 네트워크를 생성한다. 확장성 문제는 자동적으로 해결된다. 하지만 새로운 과제를 준다. 전체 오버레이 네트워크를 관리, 관제, 프로그래밍하는 것이다.

그림 5-17에서 VXLAN 기반의 오버레이 네트워크를 보여준다.

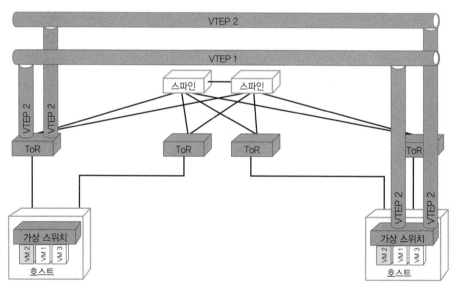

그림 5-17 VXLAN 기반 오버레이 네트워크

SDN 해결책

VXLAN 오버레이 네트워크의 종단점(즉 VTEP 또는 VXLAN Tunnel End Points)은 ToR^{Top of Rack} 스위치상에 있거나 호스트의 가상 스위치상에 있다. 두 경우 모두 VTEP들을 프로그래밍해 테넌트의 가상 머신과 연결해야 한다. 이러한 대규모의 데이터 센터에서는 가상 머신을 오케스트레이션 도구를 이용해 배포한다. 이 도구의 예를 4장, '클라우드에서의 NFV 배포'에서 다뤘다. 오픈스택이 그 예이며 VM들을 자동화된 방식으로 배포하는 데 사용할 수 있다. 따라서 이 가상 머신은 어느 물리 서버에든지 배포할 수 있다. 하지만 VXLAN을 이용해 그 나머지 네트워크로 연결하는 것은 전체 네트워크를 볼 수 있는 추가적인 메커니즘이 필요하다. 여기가 바로 SDN이 들어올 자리다. SDN은 전체 네트워크를 볼 수 있다. 또한 VTEP 및 VXLAN 정보에 대한 전달 평면(ToR 또는 가상 스위치상에 존재)을 프로그래밍하는 가상 개발 도구들을 조율할 수 있다. 그림 5–18에서 보는 바와 같이 SDN 컨트롤러(이에 대한 상세 사항은 5장 후반부에서 다룬다)는 스위치와 통신해 그 스위치에 연결된 서버들에 배포된 VM들의 VTEP 인터페이스를 생성한다. 가상 머신은 물리적인 서버를 이동할 수도 있고 없어질 수도 있기 때문에 VTEP 정보는 다시 프로그래밍하거나 삭제해야 할 수도 있다. 이것 또한 SDN 컨트롤러에서 처리한다.

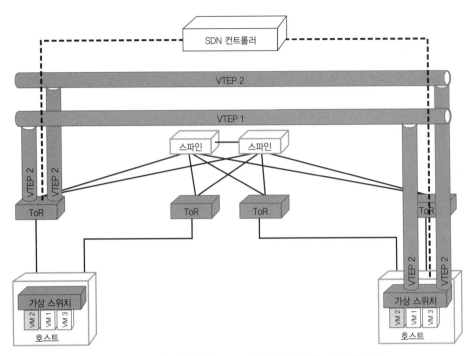

그림 5-18 가상 및 물리 장비에 VXLAN 네트워크를 배포하는 SDN 컨트롤러

서비스 사업자 클라우드의 SDN(SP SDN)

서비스 사업자[SP, Service Provider] 네트워크의 라우팅 장비들은 상위 수준에서 사업자 엣지[PE, Provider Edge]와 사업자[P, Provider] 장비로 분류할 수 있다. PE 라우터들은 고객 네트워크와 직접 연결되고 따라서 아주 많은 인터페이스를 사용한다. 이 인터페이스는 분류[Classification], QoS, 접근 제어, 장애 탐지, 라우팅 등과 같은 특정한 기능들이 올라간다. 이 라우터들은 고객의 라우팅 정보와 ARP 캐시를 아주 많이 처리하며 서비스 사업자 네트워크의 경계를 이룬다. 이 장비들은 그 트래픽을 집선해 고대역폭의 상향 링크를 통해 P 라우터로 보낸다.

P 라우터들은 기능이 많지는 않다. 규모면에서는 상대적으로 가볍다. 하지만 지리적으로 다양한 곳에 흩어져 있는 PoP들을 연결하면서 P 라우터 간에 높은 대역폭의 링크를 사용해야 한다. 대부분의 SP 네트워크에서 공통으로 제공하는 음성, 비디오, 데이터 및 인터넷 등

과 같은 서비스는 공통의 코어 링크들과 코어 라우터들을 사용한다. 사업자에서 서비스를 제공하는 수많은 고객의 트래픽 데이터가 합쳐진 것을 이 링크에서 처리한다. 고대역폭 링크에 어떤 문제라도 생기면 많은 소비자들이 영향을 받을 수 있다. 따라서 장애를 방지하고 통신 사업자급 가용성을 제공하기 위해 이 링크들과 그들을 연결하는 코어 라우터들은 물리적으로 이중화를 구성한다.

문제와 과제

SP 트래픽 처리를 위해 링크, 노드, 경로가 이중화돼 있으므로 노드들 간의 최단 경로는 비트당 비용 기준으로 최적 경로가 아닐 수도 있다. 또한 한 번에 모든 트래픽을 전달할 수 있는 경로가 아닐 수도 있다. 따라서 SP에서는 트래픽 엔지니어링Traffic Engineering 기법을 사용하는 것이 일반화돼 있다. 이를 이용해 시급성, 비용, 지연, 네트워크 상태 등에 따라 특정한 경로로 트래픽을 보낸다. 이 덕분에 SP는 비용을 최적화하고도 더 나은 성능을 보장할 수 있다. 그림 5-19에서는 SP 네트워크의 전형적인 예를 보여준다. 또한 고객이 선호하는 최적의 경로가 아닌 다른 경로로 트래픽을 보내는 트래픽 엔지니어링 터널의 사용 예시를 보여준다.

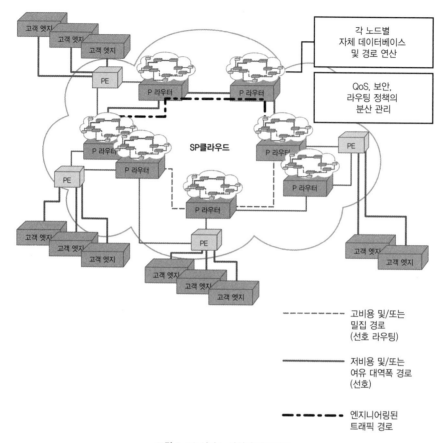

각 노드별
자체 데이터베이스
및 경로 연산

QoS, 보안,
라우팅 정책의
분산 관리

고객 엣지
고객 엣지
고객 엣지

PE

P 라우터

P 라우터

SP클라우드

P 라우터

P 라우터

PE

P 라우터

P 라우터

PE

고객 엣지
고객 엣지
고객 엣지

PE

고객 엣지
고객 엣지
고객 엣지

고객 엣지
고객 엣지

- - - - - - - - 고비용 및/또는
밀집 경로
(선호 라우팅)

━━━━━━━━ 저비용 및/또는
여유 대역폭 경로
(선호)

━ ▪ ━ ▪ ━ ▪ 엔지니어링된
트래픽 경로

그림 5-19 서비스 사업자 네트워크

말했듯이 최적의 라우팅 경로는 (비용, 처리 지연, 가용 대역폭 등의 이유 중 하나 때문에) 선호하는 트래픽 경로가 아닐 수 있다. 특정 트래픽 엔지니어링 기법으로 라우팅 프로토콜의 작동 방식을 무효화해 필요를 충족한다. MPLS-TE[MPLS Traffic Engineering]는 이 목적을 달성할 때 가장 많이 사용하는 기술이다. 최근에는 SR-TE[Segmen Routing Traffic Engineering] 또한 이 목적으로 사용한다. 이 두 프로토콜 모두에서 네트워크 링크 대역폭, 링크 선호도, 공유 장애 그룹 (예를 들면 동일한 전송 장비를 공유하는 링크들), 엔지니어링된 트래픽 경로의 스위칭 정보 등의 종단간 정보가 각 개별 노드에서는 보이지 않는다. 이들 정보를 노드 간에 교환하도록 조율하고 전체 트래픽 경로를 결정하기 위해 특별한 프로토콜이나 프로토콜 확장판을 사용한다. 각 노드에서는 경로 연산과 결정을 수행한다. 따라서 그에 필요한 데이터는 모두 다 노드에 저장해야 한다. 이 오버헤드로 장비의 자원들을 가져가 버린다. 그 작업들이 CPU를 많이 사용하고 메모리도 사용하기 때문이다. 또한 구현이 분산돼 있기 때문에 종단간 조율이 절대적으로 필요하다.

SP의 또 다른 과제는 잠재적인 장애 발생 시 네트워크와 서비스에 미치는 영향의 범위다. FRR^Fast Re-Route 같은 메커니즘을 구현할 수 있지만 용량 계획 및 QoS 보장 요건과 뒤섞이면 전체 네트워크 설계는 아주 복잡해지고 최적화가 어렵게 된다.

SDN 해결책

네트워크 전체에 걸쳐 트래픽 엔지니어링을 설계, 관리해야 하는 과제는 중앙 컨트롤러를 이용하면 최적의 효율적인 방법으로 해결할 수 있다. 이 컨트롤러는 전체 네트워크의 링크 상태를 아주 잘 볼 수 있고 대역폭 사용을 추적할 수 있다. 그리고 의사 결정 절차를 처리할 수 있다.

SDN은 이 역할에 완벽하게 안성맞춤이다. SDN 기반 구성에서는 라우터들이 의사 결정을 할 필요도 없고 결정에 필요한 데이터베이스를 유지할 필요도 없다. 따라서 메모리 및 CPU 자원에 대한 오버헤드도 줄어든다. 중앙 SDN 컨트롤러는 트래픽과 링크 사용률에 기반한 기초적인 의사 결정 요소 그 이상을 처리할 수 있다. 상위 응용프로그램과 상호 연동해 정책 기반의 트래픽 리라우팅을 사용할 수 있도록 설계돼 있다. 이런 정책들의 예로는 유지보수 작업 시작 전에 사전 트래픽 리라우팅, 하루 중 시간이나 특정 이벤트 기반으로 트래픽 경로 변경, 일시적 요건을 충족하도록 특정 트래픽 플로우에 대한 대역폭 할당을 동적으로 변경 등이 있다.

중앙 컨트롤러는 또한 기능이 많은 PE 라우터에 대한 관리 역할도 할 수 있다. 이 라우터들에 배포된 신규 고객을 그 SLA 요건에 따라 일관된 QoS, 보안, 확장성 및 연결성 등의 경험을 할 수 있도록 설정할 수 있다. 이 요건들이 특정 시점에 변경된다면-예를 들어 고객이 특정 데이터 스트림을 더 우선적으로 처리해 달라고 요청한다면-그림 5-20에서 보는 바와 같이 중앙의 SDN 컨트롤러에서 전체 SP 네트워크의 엣지 라우터들로 그 변경 사항을 손쉽고 일관된 방식으로 내려보낼 수 있다.

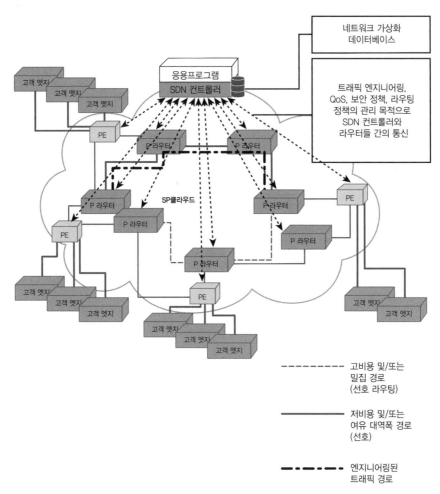

그림 5-20 서비스 사업자 네트워크에서의 SDN

SDN 기반 해결책으로 혜택을 볼 수 있는 다른 중요한 사업적 측면으로는 SP 네트워크의 보안성과 고가용성이다. 예를 들어 사업자 네트워크가 대단위의 DDoS 공격을 받는 경우 (호스팅하는 고객 대상 또는 SP 네트워크 그 자체 대상) 중앙 컨트롤러를 이용해 그 공격을 표준

라우팅 경로에서 떼어 낼 수 있다. 그 트래픽을 중앙의 또는 분산된 차단 장비들로 리디렉션해 SP 인프라스트럭처를 보호할 수 있다.

WAN에서의 SDN(SD WAN)

기업 고객의 네트워크는 지리적으로 여러 곳에 걸쳐 있고 많은 지점 사무실이 본사로 연결된다. 이 사이트들은 T1 또는 T3 같은 WAN 전용선을 사용한다. 또는 사무실들 간의 연결에 VPN 서비스 사업자가 제공하는 전용선을 사용하기도 한다. 이 링크나 서비스는 비싼 가격이 매겨져 있고 네트워크 운영 비용을 늘린다. 비용 오버헤드를 줄이기 위해 회사들은 그 연결을 안전한 인터넷 링크로 옮겨 가고 있다. 이는 DMVPN^{Dynamic Multipoint VPN}, MPLS VPN 등과 같은 신기술들로 가능하게 됐다. 동적으로 오버레이 네트워크를 설정하고 데이터 보호를 위해 암호화도 추가할 수 있다. 기업의 내부 트래픽을 위해 인터넷 연결을 공유해 사용할 수 있게 됐다. 하지만 인터넷 연결에서는 SLA가 보장되지 않는다. 또한 암호화를 하더라도 아주 민감한 회사 데이터를 교환하기에는 적당하지 않을 수 있다. 따라서 이 접근법으로는 전용선에 대한 대역폭 요건은 줄이지만 사설 WAN 링크에 대한 필요를 완전히 없애지는 못한다. 필요한 SLA나 데이터의 민감한 정도에 따라 트래픽을 인터넷 링크나 전용 WAN 링크로 보낼 수 있다. 기본적인 전용 링크에 추가적으로 공유 인터넷 사업자 링크를 사용하면 고객은 여러 지점 사무실과 본사 사무실을 비용 효율적으로 연결할 수 있다. 이를 그림 5-21에서 보여준다.

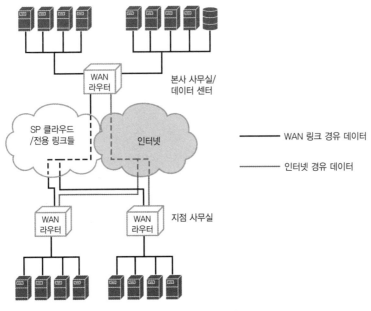

그림 5-21 기업 WAN 연결

문제와 과제

수백 군데 이상을 대상으로 하는 대규모 WAN 구축 시 전용 링크와 인터넷 링크를 그대로
분리해 활용하면서 지점 사무실 간의 상호 연결을 관리하는 것은 아주 복잡하다. 어떤 트래
픽 유형을 인터넷 링크로 보낼지에 대한 정책을 모든 지점에서 관리해야 한다. 이것만도 그
자체로 관리 오버헤드가 된다. 이 정책들을 실시간 측정을 기반으로 최적화하는 것이나 자
주 변경할 수 있도록 동적으로 하는 것은 어느 것 하나 쉽지 않다. 비용과 성능 측면의 혜택
은 명확하게 보인다. 하지만 플로우 관리와 WAN 라우터 설정을 중앙에서 관리할 관리 시
스템이 없이는 이 결과를 달성하기가 쉽지 않다.

SDN 해결책

구축 시 중앙 집중형 네트워크 토폴로지인 SDN 모델을 사용하면 여러 개의 링크들로 구
성된 연결을 가진 WAN 네트워크를 컨트롤러라고 부르는 중앙 관리 시스템으로 엮을 수

있다. 컨트롤러는 인터넷 링크들의 SLA를 관제할 수 있고 지점이나 본사 사무실에서 데이터 전송 시 알맞은 링크를 사용하도록 지시할 수 있다. 또한 이를 통해 트래픽 유형이나 민감한 정도에 따라 트래픽 플로우를 관리할 수 있고 트래픽을 분리해 전용 회선과 인터넷 링크를 효율적으로 활용할 수 있다. 라우터에서 트래픽 플로우를 내보내는 의사 결정을 할 때 반대편 라우터들의 링크 사용률 측면에서 추가적인 장점이 있는지 고려할 수도 있다. 따라서 현실적으로 쉽지 않은 운영 비용 절감을 SDN 기반 방안으로 달성할 수 있다. 이 방안을 WAN용 SDN 또는 간단히 SD WAN이라고 한다. 제조사들의 SD WAN 상용 제품으로는 노키아의 VNS^{Virtualized Network Services}, 빕텔라^{Viptela}의 vSmart, 시스코의 IWAN, 리버베드^{Riverbed}의 스틸커넥트^{SteelConnect} 등이 있다. 그림 5-22에서 이 방안에 대한 도식을 제공한다. 보다시피 중앙의 SDN WAN 컨트롤러가 WAN 라우터들을 관리한다. 컨트롤러에서는 상향 링크들의 성능을 관제한다. 또한 링크 성능, 트래픽 특성, 하루 중 시간 등을 기반으로 중앙에서 관리하는 정책들을 이용해 트래픽 플로우를 변경한다.

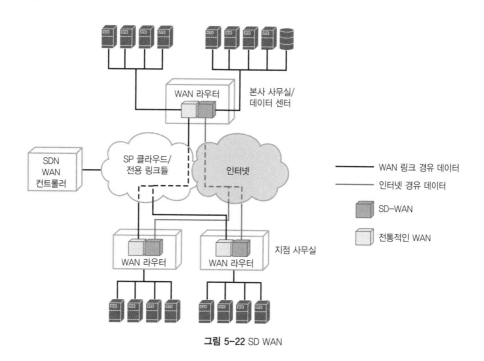

그림 5-22 SD WAN

기업 SDN

기업 네트워크는 LAN과 WAN 연결을 이루는 네트워크 장비들로 구성된다. 기업 비즈니스의 규모에 따라 LAN은 컴퓨터, 프린터, 음성/비디오 단말기 및 기타 네트워크 장비들을 연결하는 무선망 및 유선망으로 구성된다. 원격의 지점 사무실과 데이터 센터를 연결할 때 WAN 연결은 전용 WAN 링크나 인터넷 링크를 사용한다. 네트워크에는 여러 종류의 서비스를 배포한다. 일례로 내부 사무실과 외부와의 통신을 위한 음성 네트워크, 내부 사용자들이 사설 데이터 센터나 퍼블릭 클라우드에 있는 데이터 저장소를 사용하기 위한 데이터 네트워크 등이 있다. 대규모 기업들은 네트워크를 부서에 따라 분리한다. 엔지니어링, 재무, 마케팅, 영업, 협력 회사 등으로 나눈다. 그림 5-23에서 이러한 기업 네트워크를 그림으로 보여준다.

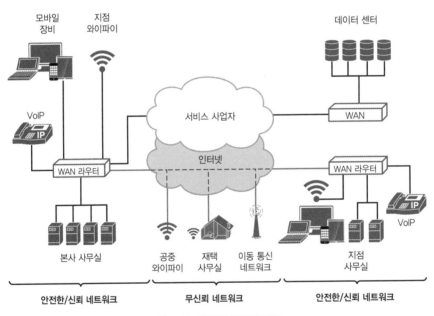

그림 5-23 전형적인 기업 네트워크

문제와 과제

기업 네트워크의 요구 사항은 사용자가 접근하는 위치가 LAN인지 WAN인지에 따라 다른 정책이 필요할 수도 있다. 이러한 유형의 네트워크 아키텍처를 구축하고 관리하려면 보안과 유연성을 높은 수준으로 지원하는 것이 필수다. 기업에서 프라이빗 클라우드 기반의 아키텍처를 도입하는 경우 이 프라이빗 클라우드 구축으로 인한 혜택을 누리려면 네트워크 접근, 방화벽, 보안 등에 대한 업무들이 진화해야 한다. BYOD^{Bring Your Own Device}, (랩톱, 모바일 장비, 태블릿 등) 아주 다양한 컴퓨팅 장비들, 어느 장비에서든지 어디서나 네트워크를 접근할 수 있는 것 등과 같이 비즈니스 민첩성 모델이 아주 많이 새로운 유형으로 나타났다. 기업 IT 부서는 네트워크에 영향을 주지 않고 이 모든 아키텍처를 지원해야 한다. 네트워크 접근에 대한 보안 정책은 그 자체로 아주 동적이고 복잡하다. 예를 들어 다양한 운영체제를 실행하는 랩톱과 같은 사용자 접근 장비들은 다양한 보안 절차가 필요하다. 네트워크 전송 계층은 VPN과 암호화가 필요하다. 데이터 센터의 서버들은 데이터 보호가 필요하다. 모든 사용자 접근 지점들에는 사용자 정책을 배포해야만 한다. 전체 네트워크에 걸쳐서 QoS 정책을 배포해야 한다.

사용자가 무선 구간과 모바일 장비의 네트워크 전송 구간을 통해 네트워크를 접근하는 경우 그 유형이 상황에 따라 아주 유동적이다. 이 경우 사용자가 연결하는 엣지 네트워크상의 접근 포트에 이러한 정책을 모두 적용해야 한다.

SDN 해결책

기업의 과제는 SDN의 중앙 집중적 네트워크 관제 모델과 단일 지점에서 네트워크를 조작할 수 있는 기능으로 해결할 수 있다. BYOD의 경우 SDN 컨트롤러는 장비가 네트워크에 접속했는지 여부를 탐지할 수 있고 사용자나 장비에 따라 적절한 프로파일을 장비상의 접근 정책으로 적용할 수 있다. 또한 네트워크 엣지와 전송단에도 적절한 정책을 강제로 적용할 수 있다. 중앙부에서 동적인 정책을 생성할 수 있는 이 방식으로 기업 고객은 이제 그 사용자/직원 또는 파트너들이 네트워크를 어디서든지 접근할 수 있도록 지원할 수 있다. 특정 사무실이나 책상에 물리적으로 있어야 할 필요가 없는 것이다. SDN 모델이 없다면 IT

담당 직원이 사용자나 장비별로 QoS/보안 등의 정책을 네트워크상에 동적으로 설정하는 것은 귀찮은 일일 것이다. 회사에 수천 명의 직원들이 있고 여러 지역에 흩어져 있다면 이처럼 동적으로 설정하는 것을 전통적인 방법으로 한다면 거의 불가능에 가깝다. 추가적으로 기업 네트워크를 DDoS나 다른 보안 공격으로부터 방어하는데도 SDN이 중요한 역할을 한다. 이 역할을 수행하면서 어느 곳에서 오는 공격이든지 그 특성을 탐지하거나 익히게 되면 SDN 컨트롤러는 전체 네트워크에 대한 보안 위험에 대처할 수 있고 비즈니스 데이터를 안전하게 지킬 수 있다. 그런 예 중 하나가 BGP-FS를 사용해 DDoS 공격 트래픽을 처리하는 것이다. 일단 그 공격 트래픽을 확인하면 SDN 컨트롤러에서 실행되는 BGP 서버에게 이를 알릴 수 있다. BGP 서버는 자신과 피어링된 엣지 장비들에게 BGP-FS로 명령을 내린다. 공격 트래픽의 프로파일과 일치하는 모든 트래픽을 폐기하거나 우회하도록(차단 시스템 쪽으로) 하는 것이다. 이 방법을 쓰지 않는다면 RTBH^Remote-Triggered Black Hole로 가는 정적 경로^Static Route를 삽입해 할 수 있다(이 경우 트래픽 목적지를 기반으로 일치 여부를 확인할 수밖에 없다). 엣지 장비의 라우팅을 조작해 트래픽이 차단 센터로 가도록 하는 것이다.

기업 네트워크는 SDN과 결합된 새로운 네트워크 아키텍처를 받아들이고 있다. 이를 통해 새로운 사업적 혜택들을 가져온다. 그 예로 셀프 서비스 IT, 낮은 운영 비용, 민첩하면서도 대규모의 보안 및 규정 준수 등이 있다.

BYOD

BYOD(Bring Your Own Device)는 직원들이 개인 장비를 마음대로 갖고 올 수 있도록 허용하는 것이다. 랩톱이나 스마트폰을 사무실로 가져와 회사의 네트워크를 사용한다. 회사에서 지급한 장비를 사용하는 것과 동일한 권한을 부여 받는다. 이를 또한 IT의 소비자화(IT Consumerization)라고 한다.

전송 SDN

전송 네트워크는 네트워크 PoP에 연결하는 L1 인프라스트럭처를 제공한다. 일반적으로 전송 네트워크는 CSP들이 데이터 센터를 상호 연동할 때 또는 네트워크 서비스 사업자가 코어 라우터 간의 네트워크를 구성할 때 사용한다. 이 전송 네트워크는 동일 사업자가 소유한 것일 수도 있고 독립적인 전송 네트워크 사업자가 소유한 것일 수도 있다. 이 네트워크는 보통 광 파이버 링크, 광 스위치, 광 MUX 및 DEMUX, 광 REGEN^{Optical Regenerator} 등으로 구성되며 많은 논리적 회선을 처리한다. 물리적 매체를 공유하는 논리적 회선들은 다른 파장(또는 람다라고 보통 많이 부른다)을 이용해 구분된다. 이 파장/람다는 논리적 네트워크의 입수부나 출수부에서 전송 네트워크에 추가 또는 제거할 수 있다. 그림 5-24에서는 전송 네트워크에 대한 간략한 도식을 보여준다.

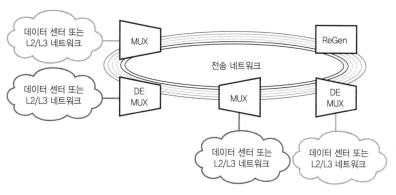

그림 5-24 광 전송 네트워크

오늘날의 전송 네트워크에서 MUX와 DEMUX의 기능들은 단일 장비로 합쳐졌다. 이 장비에서는 람다를 추가 또는 제거해야 하는지 결정하도록 설정할 수 있다. 이 장비들을 ROADM^{Reconfigurable Optical Add-Drop Multiplexer}이라고 한다. 전송 네트워크에서 ROADM은 스위치(L2 스위치 또는 레이블 스위칭 라우터)가 IP 네트워크에서 수행하는 것과 아주 유사한 기능을 수행한다. 광 링크는 여러 파장을 한 번에 처리하고 파장을 이용해 적절한 스위칭 작업을 수행하기 때문에 ROADM, REGEN, 광 링크 등을 사용하는 네트워크를 또한 WDM^{Wave Division Multiplexing1} 기반 스위칭 광 네트워크 또는 WSON이라고 한다[5].

---

1   파장 분할 다중화 – 옮긴이

문제와 과제

스위치에서 MAC 표를 관리하고 MPLS 라우터에서 LFIB^{Label Forwarding Information Base} 표를 관리하는 것과 흡사하게 ROADM 또한 복합적인 광학 신호에서 각 파장을 스위칭, 추가, 제거하기 위한 표를 관리해야 한다. 역사적으로 스위칭 의사 결정은 장비 자체에서 수행했고 관리는 수동으로 했다. 따라서 새로운 회선을 설정하려면 배포 시간이 길었다. 이 절차를 자동화하고 장비들이 제어 평면 정보를 교환할 수 있도록 하기 위해 몇몇 프로토콜을 별도로 개발했다. 그들 중에서 가장 언급할 만한 것은 IETF의 GMPLS^{Generalized MPLS}와 ITU의 ASON^{Automatically Switched Optical Network}이다. 이 둘은 동일한 목적을 갖고 있지만 그 접근법이 다르다. GMPLS는 MPLS-TE 및 관련 프로토콜을 기반으로 개발된 프로토콜로 MPLS를 일반화해 광 네트워크에서도 동작하도록 하는 것이 목적이다. 반면 ASON은 광 네트워크의 제어 평면 아키텍처를 자동화하기 위해 새로운 접근법으로 개발된 것이다. 제조사마다 이들에 대한 다양한 변형 방식을 지원한다. 제조사 간의 상호 운용성 문제로 인해 여러 제조사 장비로 구축하는 경우 전송 네트워크 전체에 종단 간 파장 할당 및 관리를 위한 정보 교환은 쉽지 않은 과제로 다가온다. 단일 제조사 장비로 구축하는 경우에도 정보 교환은 제한적이며 중앙 집중 방식은 아니다. 이는 SP 코어 네트워크 구성에서 본 것과 유사한 비효율성의 과제를 안고 있다.

참고

광 전송 네트워크에서 파장 선정 절차는 아주 중요한 부분이다. 목적지에 도달할 수 있는 파장을 선별해야 한다. 한 파장으로 연결을 시작하고 네트워크의 중간 지점에서 다른 파장으로 변환하는 것도 가능하다. 변환은 광전 변환(Optical-to-Electrical Transformation), 전광 변환(Electrical-to-Optical Transformation)을 통해 이뤄진다. 하지만 이렇게 구현하는 경우 복잡도와 네트워크 비용을 증가시킨다. 또한 전기 소자를 통한 변환과 처리 때문에 그 속도에도 영향을 준다. 네트워크를 가능한 한 최대한 종단 구간 전체를 순수하게 광 기반으로 유지해야 한다(이 경우 재생하지 않아도 되도록 더 고출력의 트랜스미터와 고품질의 광케이블을 사용해야 한다).

사용 가능한 파장이 있는지 여부와는 별도로 람다 선정에 영향을 주는 요소로는 신호의 품질 저하나 손상, 신호 오류 비율 등이 있다[6]. 각 홉^{Hop}마다 이들을 측정한다. 이 측정값들을 네트워크상의 다른 장비들과 교환해 스위칭 의사 결정을 할 때 활용할 수 있다. 전송 네트워크의 이러한 파편적 정보 전체를 볼 수 없다면 장비(ROADM 또는 스위치)는 회선 스위칭에 대한 의사 결정을 최적으로, 신속하게 또한 자동화된 방식으로 하기 어렵다.

SDN 해결책

SDN에서 제공하는 중앙 집중적 제어 평면 솔루션을 이용하고 네트워크 정보를 추출하면 앞서 언급한 과제를 해결할 수 있다. 광 장비에서 파장 정보와 신호 정보를 추출하는 방식으로 컨트롤러로 전송 SDN을 구현할 수 있고 각 홉에서 가용한 파장과 수신 신호의 품질에 대한 전체 뷰를 가질 수 있다. 그러면 이제 컨트롤러에서는 가장 최적의 경로를 계산해 발신지와 목적지 간의 신호를 스위칭하는 데 사용할 수 있다. 또한 경로상의 ROADM, 스위치, 리피터(신호 재생기) 등을 설정할 수 있다. 네트워크에 SDN을 사용하면 배포 시간을 주 단위에서 분 단위로 엄청나게 줄이는 것뿐만 아니라 또한 새로운 가능성도 열어준다. 즉 더 빨리 서비스 장애 복구가 가능하고 서비스 품질 저하를 더 빨리 탐지, 복구할 수 있으며 최적의 사용률을 유지할 수 있다.

이 글을 작성하는 시점에 전송 SDN 솔루션을 구현하고 표준화하기 위한 사업자와 제조사의 노력이 몇 가지 방향으로 진행 중이다. 각 제조사는 정보 추출과 명령어 전송에 각각 다른 인터페이스를 제공했다. 이에 따라 이를 수행하기 위한 YANG 모델의 공통 부분을 개발하고 공통 인터페이스를 제공하는 데 노력의 초점을 맞췄다[7]. 다른 노력의 일환으로는 오픈플로우 진영에 제조사들이 참여해 장비들이 오픈플로우를 지원하도록 하는 것이 있다[8]. 표준화 측면에서는 OIF$^{Optical\ Interworking\ Forum}$에서 전송 SDN을 위한 공통 API 프레임워크를 발표했고 다음 단계를 제안했다[9]. 기타 표준화 노력으로는 PCEP 프로토콜을 확장해 GMPLS 네트워크에서 PCEP 상호 운용성을 보장하도록 제안한 것이 있다[10]. 이 제안은 또한 경로 선정 의사 결정 시 WSON 네트워크의 양호도를 포함하는 메커니즘도 포함한다.

SDN 컨트롤러 다시 보기

지금까지 SDN 컨트롤러의 역할과 사용하는 다양한 프로토콜에 대해 다뤘다. 오늘날 사용 가능한 대중적인 SDN 컨트롤러 몇 가지를 살펴보자. 네트워크 장비 제조사에서 제공하는 상용 제품뿐만 아니라 오픈 소스 제품들도 함께 살펴본다. 이 내용을 읽어보면 SDN 컨트롤러에서는 다음 내용을 지원해야 한다는 것을 알게 될 것이다.

- 아주 다양한 네트워킹 장비들을 지원할 수 있어야 한다. 즉 여러 종류의 SDN 하향 프로토콜을 지원해야 한다.
- 컨트롤러와 상호작용할 응용프로그램 개발을 용이하게 할 수 있도록 상향 API를 개방형으로 지원하거나 문서화가 잘 돼 있어야 한다.
- 네트워크를 전체적으로 보고 관리할 수 있어야 한다.
- 네트워크 이벤트를 관제할 수 있어야 하고 이 이벤트에 대한 대응 조치를 정의할 수 있어야 한다.
- 고가용성 기능을 제공해야 한다.
- 모듈화와 유연성을 제공해야 한다. 즉 변화하는 요구 사항과 신규 프로토콜에 대해 네트워크를 설정하고 구성할 수 있어야 한다. 확장성에 대해 보장해 수요가 증가함에 따라 규모를 확대할 수 있어야 한다.

업계에서 가용한 대중적인 SDN 컨트롤러에 대해서는 이어지는 부분에서 다룬다.

오픈 소스 SDN 컨트롤러

제조사들과 오픈 소스 커뮤니티에서 후원하는 오픈 소스 SDN 컨트롤러가 많이 나와 있다. 다른 오픈 소스 소프트웨어와 마찬가지로 이 컨트롤러들도 라이선스 비용이 전혀 없다. 누구든지 그 코드를 가져다가 그대로 쓰거나 필요에 따라 수정 사용할 수 있다. 지원과 기능 개발을 오픈 소스 커뮤니티에 의존하기 때문에 가능한 일이다. 몇 가지 대중적인 컨트롤러를 살펴보자.

ODL

오픈 데이라이트^{Open Daylight} 재단은 네트워크 제조사 포럼이다. 다양한 제조사 장비로 구성된 네트워크를 지원하기 위한 개방형 SDN 플랫폼을 제공하는 것이 목적이다. 재단에서는 오픈 데이라이트 SDN 컨트롤러를 개발하고 유지 보수하는 것을 지원했다. 이 컨트롤러는 이제 네트워킹 업계에서 업계 표준의 오픈 소스 SDN 플랫폼이 됐다.

ODL은 마이크로서비스 아키텍처를 사용한다. 모듈화돼 있고 유연한 아키텍처로 덕분에 필요한 프로토콜과 서비스들만 설치할 수 있다. ODL은 일반적인 하향 프로토콜을 많이 지원한다. 오픈플로우 그리고 PCEP, BGP, NETCONF, SNMP, LISP^{Locatio/ID Separation Protocol} 등을 지원한다. 또한 RESTCONF와 같은 상향 API도 지원한다. 다양한 하향 프로토콜을 지원하기 때문에 기존 네트워크에 컨트롤러를 적용하는 경우 ODL이 적합하다. 기존 환경에서는 특정 프로토콜을 사용해야만 하기 때문이다. ODL은 순수한 소프트웨어 제품으로 자바 가상 머신 형태로 자바상에서 실행된다. 그림 5-25는 ODL의 아키텍처를 보여준다.

ODL은 오픈 소스이므로 다양한 제조사(HP, 시스코, 오라클 등)에서 기여하고 그 코드에 소프트웨어를 제공했다. 주 목적은 ODL이 자사 장비와 상호 동작할 수 있도록 지원한 것이다. 일부 제조사들은 오픈 소스 ODL을 자체 버전으로 만들어 추가적인 기능을 개발했다. 이를 제조사 기반 제품 지원 모델로 상용 제품으로 제공한다[13].

ODL 배포판은 원소 주기율표를 따라 명명한다. 하이드로전^{Hydrogen}(수소)이 최초 배포판으로 2014년 초기에 나왔다. 이어서 헬륨^{Helium}, 리튬^{Lithium}, 베릴륨^{Beryllium}이 나왔다. 이 글을 쓰는 시점에 다섯 번째 ODL 배포판인 보론^{Boron}(붕소)이 나와 있다.

RYU

RYU는 커뮤니티에서 지원하는 오픈 소스 SDN 컨트롤러 중 하나다. 이 컨트롤러는 100% 파이썬으로 작성됐고 컴포넌트 기반으로 설계됐다. API에 대한 문서화가 잘 돼 있어 연동 응용프로그램 개발이 용이하다. 하향 라이브러리들을 이용해 오픈플로우, OF-컨피그, NECNOF, BGP 등과 같은 대표적인 하향 API들을 지원한다[14].

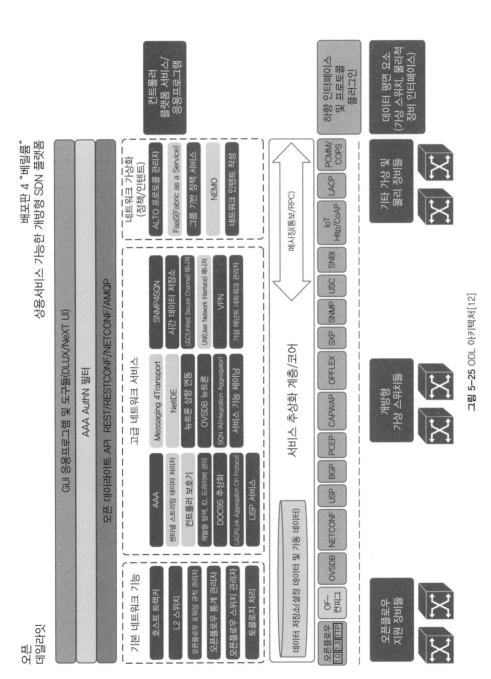

그림 5-25 ODL 아키텍처[12]

다양한 제조사들의 장비를 지원하며 NTT^{Nippon Telegraph and Telephone} 데이터 센터에서 사용 중이다. 그림 5-26에서 RYU SDN 컨트롤러 기반의 구현 아키텍처를 볼 수 있다.

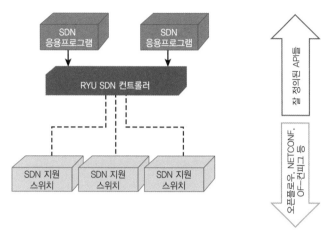

그림 5-26 RYU SDN 컨트롤러

ONOS

ONOS^{Open Network Operating System}는 분산형 SDN 운영체제로 고가용성 및 통신 사업자 수준의 SDN 등에 대한 풍부한 기능을 제공한다. 서비스 사업자들이 SDN을 구축할 때 필요한 오픈 소스 플랫폼을 제공할 목적으로 2014년에 오픈 소스로 나왔다. 오늘날 많은 서비스 사업자와 제조사, 기타 조력자가 협력해 ONOS를 지원한다. ONOS 커뮤니티에는 신규 멤버들이 계속해 들어오고 있다.

그림 5-27에서는 ONOS의 아키텍처를 보여주며 분산 코어^{Distributed Core} 사용을 강조해 보여준다. 분산 코어 덕분에 ONOS는 통신 사업자 수준의 표준을 충족하는 고가용성과 장애 탄력성을 자랑한다. 이 분산 코어 계층은 상향 코어 API와 하향 코어 API 사이에 위치하고 있다. 각각의 코어 API는 그 방향별로 프로토콜 중립적인 API를 분산 코어에 제공한다. 분산 코어는 클러스터 전체에 대한 조율을 담당한다. 뿐만 아니라 상하향 코어에서 오는 상태 및 데이터 관리도 담당한다. 또한 네트워크 전체에 있는 다양한 컨트롤러가 밀접하게 동작할 수 있도록 보장한다. 이를 통해 개별 컨트롤러 기반의 분리된 뷰가 아니라 전체 네트워

크 관점의 공통 뷰를 유지한다. ONOS와 연동하는 응용프로그램은 네트워크에 대한 이 단일 뷰를 이용할 수 있다. 이것이 바로 분산된 특성으로 인한 ONOS의 강점과 혜택이다.

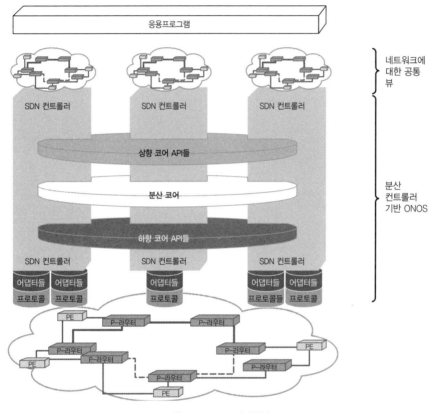

그림 5-27 ONOS 아키텍처

하향 코어 API에서 ONOS는 플러그인 가능한 어댑터를 사용한다. 이를 통해 많이 사용하는 SDN 하향 프로토콜을 지원하고 유연성을 보장한다. 상향 코어 API들을 통해 응용프로그램을 연동할 수 있고 ONOS의 분산 아키텍처에 대한 이해가 없이도 ONOS를 사용할 수 있다.

ONOS 배포판은 새의 종 이름을 따라 명명한다. ONOS의 로고는 그 새가 나는 그림이다. 이 글을 작성하는 시점에 최신 버전은 허밍버드^{Hummingbird}(벌새)다. ONOS를 가장 많이 사용하는 사례는 CORD^{Central Office Re-architected as a Datacenter}라고 부르는 새로운 개방형 아키텍처에 포함된 것이다. CORD는 제조사들에서 SDN, NFV의 도입을 지원하기 위해 만든 것이다. 5장 후반부에서 CORD를 자세히 다룰 예정이다.

오픈콘트레일

오픈콘트레일^{OpenContrail}은 주니퍼^{Juniper}에서 개발한 오픈 소스 SDN 플랫폼이다. SDN을 오버레이 모델^{Overlay Model}로 구현하는 것이 목적이다. 네트워크 가상화 기법을 사용한다. MPLS, VXLAN과 같은 오버레이 네트워크 전달 기능을 데이터 전달 기능에서 분리하고 제어 기능은 SDN 컨트롤러에서 처리한다. 아파치 2.0^{Apache 2.0}으로 라이선스됐으며 어낼리틱스, 가상 라우터 및 공통 상향 API 등과 같은 추가적인 기능을 지원한다.

상용 SDN 컨트롤러

다양한 상용 SDN 컨트롤러가 시중에 많이 나와 있다. 네트워크 장비 제조사에서 나온 것뿐만 아니라 업계에 새로 진입한 회사들에서 나온 것들도 있다. 이 신규 회사들은 더 좋은 SDN 컨트롤러 제품을 제공해 네트워킹 시장 점유율을 차지하려고 한다. 앞서 언급했듯이 많은 제조사들이 ODL을 기본으로 기능 추가, 로드맵 제공 및 지원 모델 제공 등을 통해 자체적인 SDN 컨트롤러를 만들었다.

VMware NSX

VMware NSX는 제조사에서 개발한 첫 번째 SDN 컨트롤러에 속한다. 니시라^{Nicira}라는 스타트업에서 개발했다. 니시라는 훗날 VMware에 인수됐다. NSX 플랫폼은 오버레이 방식으로 SDN을 구현한다. VXLAN 기반으로 오버레이 네트워크를 생성하며 라우팅, 방화벽, 스위칭 및 기타 네트워크 기능을 지원한다. NSX SDN 플랫폼은 하드웨어나 하이퍼바이저와 무관하게 동작하며 사용자가 논리적 부하 분산기, 논리적 라우터 같은 모든 논리적 네트워크 기능을 사용할 수 있도록 지원한다. 또한 프로그래밍 가능하며 유연한 네트워크를 제공한다.

시스코 SDN 컨트롤러

시스코는 다양한 SDN 컨트롤러를 개발해 다양한 시장 영역별로 요구 사항에 대응했다. 초기 시스코는 개방형의 시스코 XNC^{Extensible Network Controller}를 갖고 있었다. 이는 하향 통신용으로 시스코 자체의 OnePK 프로토콜을 지원했다. 그 이후 다른 제조사들과 연합해 ODL의 창립 멤버가 됐다. 시스코는 시스코 OSC^{Open SDN Controller}라고 하는 상용 버전의 ODL을 제공한다. 이는 표준 기반의 상하향 API와 프로토콜을 지원하는 ODL을 기반으로 한다.

데이터 센터와 기업용의 시스코 SDN 컨트롤러는 APIC^{Application Policy Infrastructure Controller}이다. 기업용 APIC 제품은 APIC-EM^{APIC Enterprise Module}이라고 하며 5장 후반부에서 설명한다. 데이터 센터용은 APIC-DC^{APIC Data Center}라고 하며 시스코 ACI^{Application-Centric Infrastructure} 생태계의 일부다. 이 생태계는 시스코 자체의 솔루션을 사용한다. 시스코 APIC-DC는 ACI 솔루션의 핵심 요소로 네트워크에 대한 프로그래밍과 관리, 배포, 정책 적용, 관제 등에 대한 지원을 제공한다. 상향으로는 GUI 및 CLI 인터페이스를 모두 제공한다. 하향으로는 VXLAN 오버레이 기반의 SDN을 구현을 위해 자체 프로토콜과 iVXLAN을 이용한다. 이뿐만 아니라 표준화된 오픈플렉스^{OpenFlex} 프로토콜(시스코에서 개발해 오픈 소스화됨)도 지원한다[15]. 추가적으로 시스코는 시스코 VTS^{Virtual Topology System}도 제공한다. 이는 오버레이의 관리 및 배포를 위한 SDN 컨트롤러로 개방형이며 표준을 기반으로 한다. 또한 MP-BGP EVPN^{Multi-Proocol BGP Ethernet Virtual Private Network}을 기반으로 SDN 오버레이 기능을 제공한다. 시스코 VTS는 REST 기반 상향 API를 제공해 OSS/BSS와 연동하는 것을 지원하며 RESTConf/YANG, 넥서스 NX-OS API 등과 같은 아주 다양한 하향 프로토콜을 지원한다.

참고

VXLAN 기반 네트워크 배포를 하는 경우 L3 전송 구간을 통해 L2 주소를 전달한다. 이 경우 종단 호스트들의 L2 MAC 주소를 공유하는 방법이 두 가지 있다. 데이터 경로를 이용한 플러드-앤-런(Flood and Learn) 방식과 제어 프로토콜을 이용해 MAC 주소를 교환하는 방식이다. MP-BGP EVPN은 제어 프로토콜 방식을 사용한 것이다. MP-BGP는 여러 VXLAN 종단점 간에 MAC 주소를 교환하는 기능을 제공한다.

주니퍼 콘트레일

주니퍼는 그림 5-28에서 보는 바와 같이 주니퍼 콘트레일Juniper Contrail을 제공한다. 이는 오픈 소스의 오픈콘트레일OpenContrail SDN 플랫폼의 상용 지원 버전이다. 오픈콘트레일과 아주 유사하게 상용 버전도 오버레이 모델 기반의 SDN을 지원하며 기존의 물리적 네트워크상에서 네트워크 가상화 계층을 구현한다. 콘트레일은 하향으로 주니퍼 가상 라우터(vRouter)와의 통신에 XMPP를 사용할 수 있으며 또한 NETCONF와 BGP도 사용 가능하다.

주니퍼는 2016년에 ODL 프로젝트에서 빠졌으며 현재는 주니퍼 콘트레일과 오픈콘트레일만 SDN 컨트롤러로 지원한다.

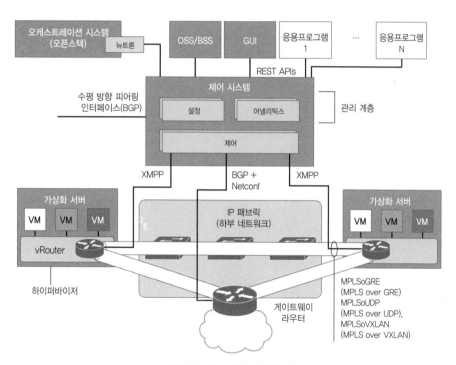

그림 5-28 콘트레일 아키텍처[16]

빅 네트워크 컨트롤러

빅 스위치 네트워크^{Big Switch Networks}는 SDN 컨트롤러 시장에 진입한 초기 사업자 중 하나다. 빅 스위치는 SDN 오픈 소스 커뮤니티의 주요 세 개 프로젝트에 공헌했다.

- **플러드라이트**^{Floodlight}: 오픈 소스 SDN 컨트롤러
- **인디고**^{Indigo}: 물리 및 가상 환경에서 오픈플로우 지원
- OFTest: 스위치들의 오픈플로우 정합성 테스트 프레임워크

상용 측면에서 빅 스위치의 SDN 컨트롤러는 플러드라이트 프로젝트의 초기 버전을 고도화한 것으로 빅 네트워크 컨트롤러^{Big Network Controller}라고 한다. 고전적인 SDN 방식을 택해 오픈플로우 같은 하향의 표준 프로토콜을 지원하며 물리 및 가상 장비도 모두 연동 가능하다[17].

노키아 누아지 VSP

노키아의 SDN 컨트롤러 솔루션은 누아지 VSP다. 처음에 알카텔-루슨트^{Alcatel-Lucent}의 사내 벤처로 출발해 자회사인 누아지 네트웍스로 분사했다. 알카텔-루슨트가 노키아에 인수합병돼 노키아 포트폴리오로 편입됐다.

VSP^{Virtual Service Platform}는 VSD^{Virtual Service Directory}, VSC^{Virtual Services Controller}, VRS^{Virtual Routing and Switching} 이 세 부분으로 구성돼 있다. VSD는 네트워크 정책 엔진으로 네트워크 전체에 대한 공통 뷰를 지원하며 네트워크 정책을 설정할 수 있는 SPoG^{Single Pane of Glass} 역할을 한다. VSC는 주 SDN 컨트롤러로 데이터 전달 평면을 프로그래밍하며 통신 프로토콜로 오픈플로우를 지원한다. 또한 상향으로는 VSD와 XMPP로 통신한다. 개방형 가상 스위치와 유사하게 누아지는 VRS 플랫폼을 갖고 있으며 하이퍼바이저와 연동해 네트워크 기능을 제공한다.

VSP는 데이터 센터와 SD-WAN을 동시에 지원하는 유일한 SDN 컨트롤러다. 동일한 VSD, VSC를 기반으로 SD-WAN CPE^{Customer Premise Equipment} 장비인 NSG^{Network Services Gateway}를 연동하면 WAN 구간도 통합해 SDN 컨트롤러로 프로그래밍, 관리, 운영, 관제를

할 수 있다. 이 경우 데이터 센터의 SDN과 SD-WAN을 VSD를 통해 단일 창으로 관리할 수 있다.

또한 SDN과 클라우드의 보안을 위해 VSS^{Virtualized Security Services}를 제공한다. VSS를 VSP와 연동하면 VRS, NSG 등과 같은 데이터 평면에서 처리하는 네트워크 트래픽에 대해 어낼리틱스 엔진을 기반으로 실시간 클라우드/SDN 보안 플랫폼을 구축할 수 있다.

오픈스택의 대표적인 모범 사례인 영국 벳페어^{Betfair}의 클라우드 데이터 센터가 VSP의 대표적인 사례로 오픈스택 서밋에서도 모범 사례로 다수 소개됐다. VSP의 SD-WAN은 BT^{British Telecom}, 텔레포니카^{Telefonica}, 버라이존^{Verizon}, 보다폰^{Vodafone} 등 여러 글로벌 서비스 사업자의 SD-WAN 플랫폼으로 채택됐다.

SD-WAN 컨트롤러

앞서 언급했듯이 SDN은 네트워크에서 구별된 영역을 구축하고 있다. SDN을 사용하는 요즘 인기 있는 분야 가운데 하나가 SD-WAN이다. 이 영역을 겨냥하는 다양한 컨트롤러들이 제조사마다 나와 있다. 컨트롤러들은 유사한 아키텍처를 갖고 있으므로 여기서는 한 번에 모아 살펴본다. 기업용 WAN 시장은 이제 막 SDN 기술을 도입하기 시작했다. 기존 제조사뿐만 아니라 새로운 회사들도 많이 이 시장에 진입하려고 노력 중이다. 오늘날 대표적인 SD-WAN 컨트롤러로는 노키아의 누아지 VNS^{Virtual Network Services}, 시스코의 APIC-EM, 리버베드^{Riverbed}의 스틸커넥트^{SteelConnect}, 빕텔라^{Viptela}의 vSmart 컨트롤러 등이 있다. 이들 제품들의 고유한 특징적 기능은 다음과 같다.

- 노키아 누아지 VNS
  - 누아지 VSP의 일부로 NSG^{Network Service Gateway} CPE를 기반으로 하는 SDN 솔루션이다.
  - 데이터 센터 SDN과 SD-WAN을 단일 VSP 플랫폼에서 단일 VSD로 통합 관리할 수 있다.
  - VXLAN, IPSec, 오픈플로우 등 개방형 표준 프로토콜을 지원한다.

- 방화벽, WAN 가속기, 부하 분산기 등 다양한 네트워크 기능에 대한 서비스 체이닝을 지원한다.

- 시스코 APIC-EM
  - 시스코 iWAN^{intelligent WAN} 솔루션의 일부로 기능이 풍부한 SD-WAN이다.
  - 모든 WAN 링크 기술과 연동 가능하다.
  - 사이트 간 통신에 DMVPN을 사용한다.

- 리버베드 스틸커넥트
  - 응용프로그램 데이터 기반의 카탈로그를 이용해 여러 WAN 링크 간에 트래픽을 분산 처리한다. MS 오피스 365, 세일즈포스^{Salesforce}, 박스^{Box} 등과 같은 클라우드 응용프로그램을 사용하는 고객에게 부가가치를 제공한다.
  - 리버베드의 스틸헤드 CX^{Steelhead CX} 플랫폼을 이용하면 지점이나 사용자에 더 가까운 곳에 가상 머신을 동적으로 생성해 SaaS를 제공할 수 있다. 이렇게 하면 처리 지연을 낮추고 지터를 줄이면서 고속으로 접속할 수 있도록 혜택을 제공할 수 있다.

- 빕텔라 vSmart 컨트롤러
  - 빕텔라의 SD-WAN 솔루션으로 SEN^{Secure Extensible Network} 플랫폼의 일부다. 네트워크와 vEdge 라우터를 관리하는 vManage 응용프로그램도 포함한다[18].
  - 액세스 장비의 플러그 앤 플레이 지원으로 배포 및 관리가 용이하다.
  - 제어 평면과 데이터 평면 간 통신은 자체 프로토콜을 사용한다.
  - 컨트롤러와 설정 관리 소프트웨어 무상 제공으로 고객은 엣지의 하드웨어 시스템 비용만 필요하다.
  - 사이트 간 통신에는 L3VPN을 사용한다.

SDN과 NFV 엮기

SDN과 NFV는 별개의 혁신 기술이다. 하지만 SDN의 목표 가운데 많은 부분은 NFV와 비슷하며 따라서 상호 간 아주 많은 혜택을 주고받을 수 있으며 함께 연동하는 것을 지원한다.

제조사들이 만든 전통적인 네트워크 장비들은 그림 5-29에서 보는 바와 같이 제어 평면, 데이터 평면, 하드웨어가 아주 공고하게 밀결합돼 있었다. 이에 따라 각 구성 부분을 독립적으로 규모를 늘리는 것이 불가능했다. 이 아키텍처로는 신규 서비스를 구현하거나 변화를 재빠르게 수용할 수 있는 유연성이 없었다. 그림 5-29에서 보는 바와 같이 두 가지 다른 관점에서 이 결합을 깨뜨리는 데 SDN과 NFV가 각각의 역할을 한다. SDN은 전달 평면에서 제어 평면을 분리하는 데 초점을 맞춘다. 제어 평면을 독립적으로 구현하기 위해 네트워크를 추상화해 전달 평면을 관리, 설정, 관제할 수 있도록 한다. 반면 NFV의 초점은 네트워크 기능을 제조사의 하드웨어에서 분리하는 것이다. 범용 하드웨어를 사용해 네트워크 기능을 구현한 소프트웨어를 실행할 수 있도록 지원한다.

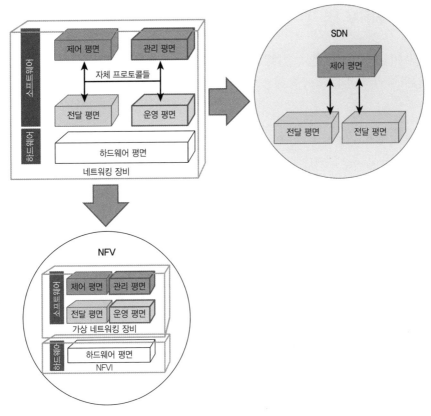

그림 5-29 SDN과 NFV의 관심 영역

네트워크를 유연하고 확장성 있으며 탄력적이면서도 민첩하게 구성하기 위한 방법으로 SDN과 NFV는 다른 접근법을 사용한다. 이 둘은 별도로 구현할 수도 있지만 SDN의 원칙을 NFV에도 적용할 수 있다. 네트워크 기능을 가상화하는 것뿐 아니라 전달 평면에서 제어 평면을 분리하는 것이다. 그림 5-30은 이렇게 혼용된 관계를 보여준다. 이 시나리오에서 NFV는 범용 하드웨어를 이용해 전달 평면 네트워크 기능을 구현한다. 반면 제어 평면은 SDN 컨트롤러로 빼냈다.

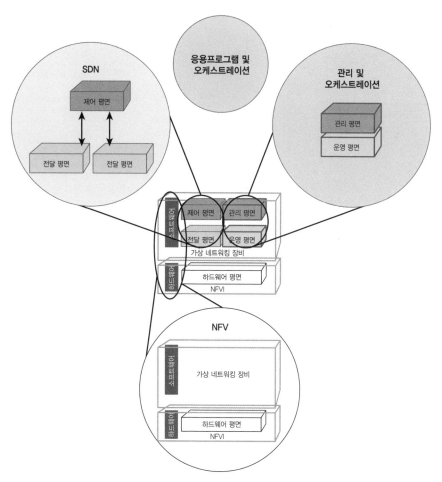

그림 5-30 NFV와 결합한 SDN

응용프로그램을 이용하면 이 관계를 서로 이어 줄 수 있고 두 기술의 장점을 극대화해 새로운 네트워킹의 세계를 열 수 있다. 그림 5-31에서 요약한 것처럼 이 세 가지 영역을 조합하면 실시간 확장, 최적화, 배포, 및 속도 등의 클라우드 규모의 요구 사항을 만족할 수 있는 완벽한 비법이 된다.

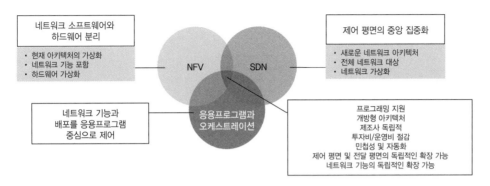

그림 5-31 SDN과 NFV, 응용프로그램의 융합

따라서 서비스 사업자들은 이 방향으로 움직이고 있다. 사업적으로 이점을 극대화할 수 있고 최종 사용자에게 신규 서비스를 신속하게 구현할 수 있기 때문이다. 업계의 변천에 따라 신규 회사뿐만 아니라 대부분 제조사들도 이 트렌드를 지원한다. 이 신규 시장 기회를 잡아 선도적인 공급자가 되려는 것이다. SDN과 NFV에서 사용할 수 있는 오픈 소스 도구들이 널려 있기 때문에 많은 이들 도구들을 모아서 사용하는 것을 검증하는 프로젝트들이 대거 진행 중이다. 대표적인 예가 CORD^Central Office Re-Architected as Datacenter라고 부르는 온랩 ^ON.Lab(Open Networking Lab)과 AT&T의 조인트 프로젝트다. NFV와 SDN, 응용프로그램의 결합체를 예시로 보고 설명하기 위해 이 프로젝트를 더 자세히 살펴보자.

CORD-NFV, SDN이 상호 연동하는 예시

CORD는 AT&T와 온랩의 합작품으로 통신 사업자들이 중앙 국사를 구성하는 혁신적인 방법으로 새로운 아키텍처를 제공한다. CORD는 차세대 네트워크 서비스를 대규모로 신속하게 제공할 수 있는 플랫폼이다. SDN과 NFV를 아키텍처의 핵심 구성 요소로 사용하며 데이터 센터의 배포 아키텍처 개념인 개방형 오케스트레이션 도구들과 응용프로그램의 프로그래밍 지원도 함께 활용한다. SDN과 NFV를 조합해 함께 사용하면 새로운 네트워킹 서비스를 설계, 구현, 배포하는 것이 얼마나 혁신적일 수 있는지 보여주는 완벽한 사용 예다. NFV와 SDN은 오픈 소스 소프트웨어에 초점을 맞추고 제조사의 경계를 허무는 데 중점을 둔다. 이는 CORD도 마찬가지다. CORD 아키텍처의 심장부는 오픈 소스 소프트웨어로 짜여 있으며 이를 범용 하드웨어 기반의 상용 실리콘에서 구동하기 때문이다.

CORD 아키텍처는 하드웨어, 소프트웨어, 서비스 오케스트레이션으로 구성된 단일 스택이다. SDN 컨트롤러는 ONOS다. 네트워크 서비스는 COTS 하드웨어상에서 구동되는 VNF들로 구현한다. 오픈스택은 NFVI 오케스트레이션을 담당한다. 개방형 클라우드 운영 체제인 XOS는 이 모든 그림들을 이어 붙여서 이 모든 요소를 이용해 서비스의 생성, 관리, 실행 및 제공을 가능하도록 지원한다. 그림 5-32는 CORD 아키텍처의 개념을 보여준다.

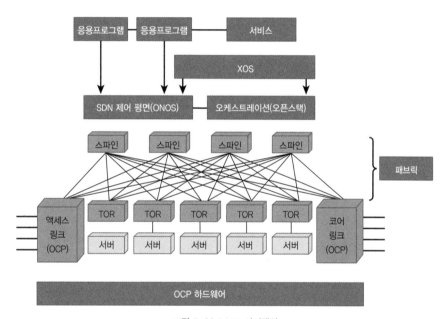

그림 5-32 CORD 아키텍처

그림 5-32에서 보는 바와 같이 상용 서버들과 하부 네트워크는 데이터 센터처럼 스파인-리프 아키텍처로 구축한다. SDN 컨트롤러와 응용프로그램은 그 위에서 실행되면서 제어 평면 기능을 수행한다. 또한 XOS와 오픈스택은 서비스와 NFVI에 대한 오케스트레이션을 담당한다.

OCP

OCP(Open Compute Project)는 페이스북에서 시작한 프로젝트다. 데이터 센터 인프라스트럭처 자원─컴퓨팅, 저장 장치, 네트워킹, 패브릭, 전원, 공조 등─의 가장 효율적인 설계 규격을 개발하는 것이 목적이다. 이 프로젝트를 2년간 수행해 페이스북의 오레곤 데이터 센터가 탄생했다. 에너지 효율성이 높고 구축 비용이 많이 저렴했다. 이 설계는 나중에 인텔, 랙스페이스 같은 제조사들과 공유됐고 OCP라고 명명됐다 [19].

다른 네트워킹 영역에서 CORD 인프라스트럭처를 이용해 자체적인 특수 영역의 사용 예시를 구축하려는 시도가 있다. 예를 들어 모바일 제조사들은 CORD를 모바일 5G 기반 서비스에 활용하려고 M─CORD를 추진 중에 있다. M─CORD에서는 NFV 개념을 적용해 MME^{Mobility Management Entity}, SGW^{Serving Gawetay} 및 기타 기능들을 가상화한다. 또한 SD─WAN 같은 기술을 이용해 트래픽을 캐시 서버로 또는 인터넷으로 필요에 따라 보내 네트워크 사용을 최적화한다. 다른 영역의 시도로는 E─CORD^{Enterprise CORD}가 있다. 이는 vFW, vLB 등을 이용해 맞춤형의 수요 기반의 네트워크뿐만 아니라 프로그래밍 가능하고 연동 가능한 SDN 개념까지 제공하려는 시도다[20].

이제 CORD를 광대역 댁내 접속망에 사용하는 것을 살펴보자. 광대역 서비스를 고객에게 제공하는 전통적인 중앙 국사들은 TDM^{Time-Division Multiplexing} 시대에서 이어져 온 아키텍처를 이용해 구축됐다. 수요가 늘어남에 따라 특히 G.fast와 GPON^{Gigabit Passive Optical Networks}과 같은 기술로 가입자들에게 기가급 접속을 제공함에 따라 그 요구 사항을 만족하려면 중앙 국사의 설계에서 아키텍처가 바뀌어야만 한다. CORD의 이면에 숨은 목적은 인프라스트럭처를 대규모로 신속하게 구성해 신규 서비스를 제공하는 것이다. 이를 운영 비용과 장비 비용을 줄이면서 하는 것이 그 목적이다.

그림 5─33은 PON^{Passive Optical Network}을 구현한 전통적인 통신 사업자의 아키텍처를 보여준다. PON 네트워크에서 가입자용 광 선로(종단점 위치와는 무관하게)는 수동적^{Passive} 방식으로 동작한다. 중앙 국사로 연결되는 링크는 여러 가입자 간에 공유한다.

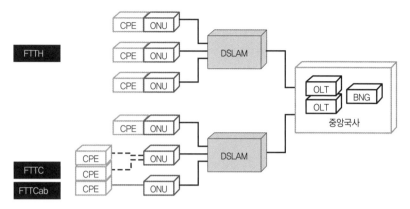

그림 5-33 전통적인 통신 사업자 중앙 국사

 참고

가입자 댁내에 광 접속을 제공할 때 PON 접속을 이용할 수 있다. 이를 FTTH(Fiber to the Home)라고 한다. 이 경우 고객의 데이터를 바로 광 링크에 올라가고 다른 FTTH 가입자 데이터와 함께 다중화된다. 다른 구현 방식으로는 광을 인근까지만 끌고 TP 동선(Twisted Pair Copper Wire)으로 각 가입자에게 연결할 수 있다. 이를 FTTC(Fiber to the Curb)라고 한다. 이에 대한 또 다른 변형 구성이 있다. 예를 들면 FTTC와 유사한 FTTB(Fiber to the Basement)로 빌딩 단위의 다중화를 지원한다. FTTCab(Fiber to the Cabinet)는 주변의 통신 사업자 함체(Cabinet)에서 고객 댁내까지 DSL(Digital Subscriber Line) 기술을 이용하는 것이다. 사용한 기술들과는 별도로 전반적인 아키텍처는 본문에서 서술한 것과 같이 일반화할 수 있다.

PON 구축 시 반드시 언급할 핵심 기능은 다음과 같다.

- CPE^Customer Premise Equipment는 가입자나 사용자 공간에 있어야 하며 네트워크 접속, 내부 네트워크 관리, ONU^Optical Network Unit를 통한 연결 등을 제공한다. ONU의 역할은 광 신호와 전기 신호 간의 변환이다.

- ONU의 위치는 어떤 FTTx 기술을 사용했는지에 따라 다를 수 있다. 어느 경우든지 가입자(또는 복수의 가입자들)의 ONU들에서 오는 데이터는 DSLAM^DSL access Multiplexer 기능을 하는 공통 장비에서 WDM^Wavelength Division Multiplexing 기술을 이용해

다중화된다. DSLAM은 중앙 국사로 이 복합 신호를 전달한다.

- 중앙 국사는 다양한 DSLAM들에서 오는 광 연결의 허브로 광 연결을 OLT^{Optical Line Terminator}라고 하는 장비에서 종단한다. OLT의 역할은 ONU와 동일하지만 그 순서가 반대다. 사용자는 BNG^{Broadband Network Gateway} 장비를 이용해 인증을 받는다. 마침내 사용자는 중앙 국사가 연결된 네트워크에 접속할 수 있다.

G.fast 및 GPON

이 두 기술들은 주거형 가입자들에게 기가급 접속을 제공하는 첨병 역할을 했다.

G.fast는 VDSL(Very High-Speed DSL)을 이어받아 초당 기가비트 수준의 속도를 제공한다. 이는 VDSL에서 제공하는 속도보다 아주 많이 더 빠른 것이다. GPON은 가입자들에게 기가급 속도를 제공하는 또 다른 주거형 광대역 기술이다. GPON은 P2MP(Point-to-Multipoint) 방식의 FTTH를 사용한다. 기존에 각 가정으로 구리 선을 구축한 것을 활용하려는 사업자는 G.fast를 검토할 것이다. 이 경우 광 선로는 가입자에게 더 가까이 가게 된다(예를 들어 FTTCab를 이용하면 광 선로는 함체까지 연결된다). 그리고 광 선로의 위치에서 가입자까지는 G.fast가 역할을 한다. 하지만 G.fast는 광 종단점에서 200미터 안팎 정도의 아주 짧은 거리에서만 동작한다. 이 두 기술 모두 중앙 국사로 연결되는 광 선로는 가입자들 간에 공유한다.

이 네트워크를 CORD 아키텍처로 전환하려면 CPE를 가상 CPE(vCPE)로, OLT를 가상 OLT(vOLT)로 대체해야 한다. 이 전환을 하려면 다음의 NFV 기법을 사용해야 한다.

- CPE 가상화는 간단하다. 3장, '네트워크 기능의 가상화'에서 언급한 것처럼 CPE를 가상화하면 CPE를 멍텅구리 장비^{Dumb Device}로 대체할 수 있다. ONT 기능을 동일 장비에서 구현할 수도 있다. vCPE를 이용하면 신규 서비스나 가입자 기능을 중앙 국사에서 실행할 수 있다.

- OLT 기능의 가상화는 약간의 어려움이 있다. 이는 OLT가 하드웨어단에서 중요한 역할을 담당하기 때문이다. 하드웨어와 소프트웨어를 분리할 수 있지만 vOLT VNF는 이 기능을 위한 하드웨어가 필요하다. 이를 해결하기 위한 방법으로 제안된 것이 OCP와 연합해 하드웨어의 개방형 규격을 만드는 것이다. 이 하드웨어

는 특정 목적으로 만들어지지만 특정 제조사에 종속되지 않고 공개 규격을 제공한다[21]. 누구든지 만들 수 있고 복제할 수 있어 이것을 사용한다 하더라도 NFV 원칙을 깨뜨리지 않는 것이다.

- BNG 역할은 vBNG, VNF를 이용해 가상화할 필요가 없다. 여기가 바로 SDN이 들어갈 곳이다. SDN 컨트롤러(ONOS 기반)에서 패브릭상의 트래픽 플로우를 관리하고 코어 네트워크로 가는 것을 관리한다. 전통적인 네트워크에서는 이 기능을 BNG에서 수행했다. BNG에서 수행하던 인증과 IP 주소 할당 기능은 vOLT에서 담당한다. 따라서 vBNG는 SDN 기반의 플로우 제어와 다른 VNF들의 추가된 역할 등을 조합해 구현된다.

- 오픈스택 오케스트레이션을 이용해 NFV 인프라스트럭처를 관리한다. ONOS는 패브릭을 지나는 플로우를 관리하며 (앞에서 언급했듯이) XOS는 ONOS, 오픈스택과 함께 광대역 기반 서비스를 제공한다.

그림 5-34는 광대역 네트워크에 대한 CORD 구현을 보여준다.

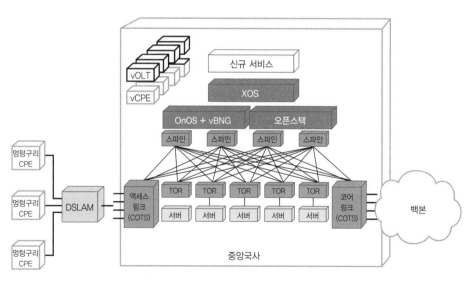

그림 5-34 광대역용 CORD

CORD를 이용하면 오늘날 여러 다른 영역들이 직면하고 있는 유사한 과제들을 해결할 수 있다. 그 대상으로는 유선, 이동 통신, 기업 VPN 서비스, IoT, 클라우드 등이 있다. 이를 통해 새로운 수요와 증가하는 수요를 감당할 수 있으며 새로운 혁신적인 서비스를 빠른 시간 내에 제공할 수 있다. SDN과 NFV의 혜택을 동시에 활용해 CORD는 네트워크 사업자들이 대규모 서비스가 가능하며 기술적, 사업적 이점을 누릴 수 있는 플랫폼을 제공한다.

요약

5장에서는 SDN의 개념에 대해 다뤘고 그 혜택과 여러 네트워킹 영역에서의 사용 예시를 살펴봤다. SDN 프로토콜과 컨트롤러들에 대해 심도 있게 다뤘다. 하지만 가장 중요한 것은 SDN과 NFV의 관계를 살펴본 것이다. CORD 프로젝트를 예시로 해 그 둘이 상호 보완하며 동작하는 것을 상세하게 관찰했다.

5장을 마치며 반드시 기억할 것은 그림 5-35에서 요약한 것처럼 상호 동작하는 것을 이해하는 것이다. 그림에서 보는 것과 같이 SDN은 네트워크 기능을 수행하는 물리 장비 및 가상 장비 모두를 대상으로 동작한다. NFV의 경우는 물리적인 인프라스트럭처와 상호 동작하며 그 위에서 구동되는 VNF들과도 연동된다. 최상위 계층의 응용프로그램은 종단 간 서비스 오케스트레이션을 담당하며 SDN 컨트롤러 및 NFV와 상호 연동한다.

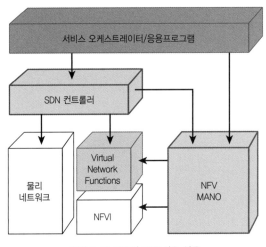

그림 5-35 SDN과 NFV 상호 연동

참고

추가 정보는 다음을 참고하기 바란다.

[1] https://tools.ietf.org/html/rfc5440

[2] https://tools.ietf.org/html/rfc5575

[3] https://tools.ietf.org/html/rfc6241

[4] https://tools.ietf.org/html/draft−ietf−netconf−restconf−05

[5] https://tools.ietf.org/html/rfc6566

[6] https://tools.ietf.org/html/rfc4054

[7] http://openroadm.org/home.html

[8] https://www.opennetworking.org/images/stories/downloads/sdn−resources/technical−reports/oif−p0105_031_18.pdf

[9] http://www.oiforum.com/public/documents/OFC_SDN_panel_lyo.pdf

[10] https://tools.ietf.org/html/draft−ietf−pce−remote−initiated−gmpls−lsp−02

[11] https://tools.ietf.org/html/rfc6566

[12] https://www.opendaylight.org/odlbe

[13] https://www.opendaylight.org/ecosystem

[14] https://osrg.github.io/ryu/resources.html

[15] https://www.sdxcentral.com/cisco/datacenter/definitions/cisco−opflex/

[16] http://www.opencontrail.org/wp−content/uploads/2014/10/Figure01.png

[17] http://www.bigswitch.com/products/SDN−Controller

[18] http://viptela.com/solutions/overview/

[19] http://www.opencompute.org/about/

[20] http://opencord.org/wp-content/uploads/2016/03/E-CORD-March
-2016.pdf

[21] http://onosproject.org/wp-content/uploads/.../Technical-Whitepaper-
CORD.pdf

복습 질문

다음의 질문들을 활용해 5장에서 알게 된 내용들을 복습하라. 정답은 부록 A, "복습 질문
정답"에 있다.

1. 다음 중 SDN 하향 프로토콜은?

    A. 오픈플렉스, 오픈플로우, XMPP

    B. OSPF

    C. C++

    D. 루비

2. SD-WAN은 기업 고객들의 운영 비용을 절감한다.

    A. 참

    B. 거짓

3. SDN은 네트워크에 대한 단 하나의 중앙 컨트롤러가 필수다.

    A. 참

    B. 거짓

4. 트래픽을 분산하기 위해 중앙 서버에서 엣지 라우터로 라우팅 정책을 배포하는 데 사용
    하는 프로토콜은?

    A. MPLS

B. ISIS

C. 넷플로우

D. BGP-FS

5. CORD 프로젝트의 주요 구성 요소로 네트워크에 대한 프로그래밍 지원, 유연성, 동적 규모 변경 등을 지원하는 것은?

A. OSPF, 넷플로우

B. 파이썬, HTML

C. SDN, NFV

D. COTS 하드웨어 및 자바, C++

6. SDN이 동작하려면 NFV가 필요하다.

A. 참

B. 거짓

7. 네트워크 장비의 전달 평면에서 제어 평면을 분리하는 기술은?

A. NFV

B. SDN

C. 넷플로우

D. 가상화

8. SDN을 구현하는 방법은?

A. API를 이용한 SDN

B. NFV를 이용한 SDN

C. 클라우드를 이용한 SDN

D. SD-WAN

9. CORD는 무엇의 약자인가?

A. Central Office Re-Architected as Data Center

B. Classic Office Redesigned as Data Center

C. Classic Open Reconfigurable Data Center

D. Central Office Range Distribution

6

전체 이어 붙이기

앞서 NFV 설계, 오케스트레이션, 배포뿐만 아니라 SDN의 기초에 대한 핵심 주제를 다뤘다. 6장에서는 이 모든 기초를 이어 붙여서 NFV 구현 시 모든 조각이 동시에 동작하는 데 필요한 마지막 화룡점정을 살펴볼 것이다.

6장의 주요 주제는 다음과 같다.

- NFV 구축 시 보안 구현
- VNF들이 상호 동작할 수 있도록 해 네트워크 서비스 구현하기
- 가상 네트워크 프로그래밍 지원의 다양성과 세부 사항
- 가상화된 환경에서 성능 영향과 과제들

보안 고려 사항

NFV에서의 보안 고려 사항은 3장, '네트워크 기능의 가상화'에서 독립적인 아키텍처 관점에서 다뤘다. 여기서는 NFV를 SDN 및 응용프로그램과 연동할 때 보안 고려 사항을 어떻게 검토해야 하는지 알아본다. 이 역동적인 환경에서는 보안 조치를 잘 설계해 위협에 신속

하게 대응하고 아주 높은 방어 체계를 제공해야 한다. 네트워크를 안전하게 보호하려면 이 세 영역에서 각 영역별 보안 정책과 공통 보안 정책을 수립해야 한다. 그림 6-1에서 가상화 네트워크상의 다양한 보안 고려 사항의 예시를 보여준다.

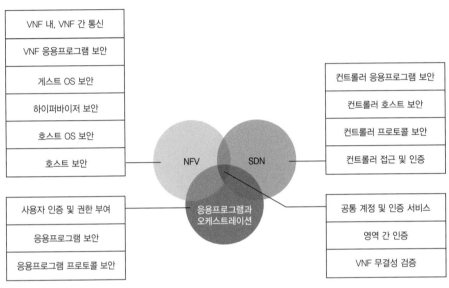

그림 6-1 영역별 보안 고려 사항 예시

필요한 기본적인 보안 조치들을 살펴보자. 다음과 같다.

- **VNF 내와 VNF 간 통신**: VNF들 간의 통신 트래픽은 두 가지 경로를 취한다. 가상의 링크를 이용해 동일 서버 내에서 이뤄지는 것과 물리적인 인프라스트럭처를 이용해 서버 간에 이뤄지는 것이다. 보안 척도는 이 두 가지 시나리오 모두에 대해 정의해야 한다. VNF 내와 VNF 간 통신 모두 다 트래픽이 위험에 노출되지 않도록 해야 한다.

- **NFV 인프라스트럭처**: 호스트 운영체제, 하이퍼바이저, 펌웨어^{Firmware}, BIOS 등은 인프라스트럭처의 취약점에 대한 위협을 대응할 수 있도록 최신 보안 패치를 적용해야 한다. 외부에서 이 인프라스트럭처로 접근하는 경로에 대해서는 TCP SYN 공격, 대량의 DDoS 공격 등과 같은 모든 공격에 대해 안전하게 보호해야 한다.

- **SDN 프로토콜 보안**: SDN 컨트롤러에서 NFV 인프라스트럭처로 가는 트래픽도 안전하게 보호해야 한다. 적절한 보안 조치를 취하고 암호화와 권한 부여에 대한 정책을 구현해야 한다. 예를 들어 오픈플로우는 보안을 필수 항목으로 규정하지 않지만 스위치나 종단 장비들이 컨트롤러 연결로 인증하는 경우 TLS를 적용하면 장비 인증의 적절한 보안 조치가 될 수 있다. 또한 이 경우 컨트롤러와 스위치 간의 제어 프로토콜 메시지를 암호화해 안전하게 보호한다. 중간자 공격^{MITM, Man-in-the-middle attack}과 도청을 방지할 수 있다.

- **SDN 컨트롤러 보안**: SDN은 응용프로그램을 호스트나 VM 환경에서 실행하는 것이므로 호스트나 VM에 대한 보안은 NFV 인프라스트럭처에서 언급한 것과 유사한 조치들을 활용할 수 있다. SDN 응용프로그램의 경우 모든 취약점에 대해 점검해야 하고 적절한 조치 사항을 마련해야 한다. 예를 들어 ODL 컨트롤러의 경우 자바 기반 응용프로그램이므로 자바의 보안 허점도 점검해 ODL 컨트롤러가 취약하지 않도록 패치가 필요하면 적용해야 한다.

- **사용자와 관리자 권한 부여 정책**: 컴퓨트 인프라스트럭처, VNF, 오케스트레이터, SDN 구성 요소들, 하이퍼바이저, 응용프로그램 등으로 구성된 여러 영역의 아키텍처에 대해 사용자와 관리자에 대한 권한 부여를 정의해야 한다. 이 각 영역마다 개별적인 관리자 그룹 또는 운영자 그룹을 구성해야 할 수도 있다. NFV 인프라스트럭처가 테넌트 기반의 네트워크를 고객마다 제공하는 것이라면 테넌트에 대한 인증과 권한 부여도 함께 제공돼야 한다. 이를 통해 고객의 접근 정책을 수용하는 데 필요한 보안 기능을 제공할 수 있다.

- **공통 보안 정책**: 여러 영역이 아주 밀접하게 얽혀 있으므로 단일 사용자가 여러 영역에 다양한 권한을 갖고 접근해야 할 수도 있다. 보안 정책은 SSO^{Single-sign-on} 인증 및 사용 기록 저장 등과 같은 이러한 유연성을 수용할 수 있어야 한다.

SFC

네트워크에서 트래픽은 네트워크를 들어가고 지나고 떠나는 동안 일련의 네트워크 기능을 지나야 한다. 네트워크 기능은 트래픽과 관련된 설계 요소에 따라 다를 수 있다. 적용할 기능의 순서는 체인으로 서로 연결된 것과 같다. 이를 통해 네트워크 서비스를 구성하므로 이들 네트워크 기능들을 특정한 순서대로 패킷이 지나도록 배열하는 것을 SFC^Service Function Chaining 또는 단순하게 서비스 체이닝Service Chaining이라고 한다. 이를 그림 6-2에서 보여준다. 결과적인 그림이 전달 경로를 반영하는 실선 그래프와 닮아서 NFG^Network Forwarding Graph(네트워크 전달 그래프)라고도 부른다.

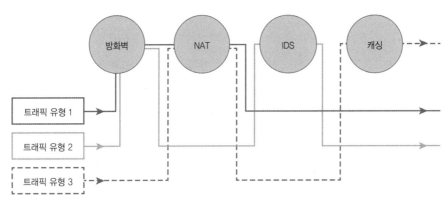

그림 6-2 서비스 체이닝

이 개념은 앞에서 모바일 네트워크 예시를 이용해 소개했다. 여기서는 서비스 체이닝 아키텍처를 어떻게 정의하고 구현하는지에 대한 상세 사항을 다룰 것이다. 또한 NFV 차원에서 이에 대한 표준화 진행에 대한 부분도 다룰 것이다.

전통적인 네트워크에서의 서비스 체이닝

서비스 체이닝은 새로운 개념이 아니다. 기존 네트워크에서도 네트워크 장비 간의 물리적 또는 논리적인 상호 연결을 통해 구현했다. 하지만 이들 네트워크가 아주 고정적인 특성을 지니고 있기 때문에 트래픽 분류에 따른 경로 변경이나 신규 네트워크 기능의 추가나 제거가 필요한 경우 체인을 바꾸어야만 하는 등 만만치 않았다. 새로운 네트워크 기능을 추가하려면 새로운 하드웨어를 추가해야 했다. 이 경우 이 변경 작업은 시간도 필요하고 자원도 필요했다. 물리적 설치가 필요하고 전송 링크를 구성해야 했다. 다른 대안으로는 오버레이 네트워크를 사용하는 것이다. 특히 하드웨어가 이미 존재하는 경우 오버레이 네트워크를 설정해 트래픽 경로를 재설정해 기능 블록을 추가할 수 있다. 오버레이 네트워크로 물리적 네트워크의 서비스 체이닝 한계를 일부 해결할 수 있지만 설정이 복잡해지고 여전히 언더레이 네트워크 토폴로지에 의존적이다. 그림 6-3에서는 그러한 예시를 보여준다. 두 가지 다른 유형의 트래픽을 L2 VLAN을 이용해 서비스 체이닝으로 분리하도록 설정한 것이다. 신규 네트워크 기능을 추가하기 위해 사용한 방법론이 무엇이든 간에 새로운 서비스를 현재의 네트워크에 순식간에 추가하는 것은 불가능하다. 결과적으로 가능한 매출을 잃어버리게 된다. 또한 더 빠르고 신속하게 서비스를 배포할 수 있도록 클라우드 규모의 네트워크에 대한 대규모 수요를 제조사들이 충족하는 길을 막는다.

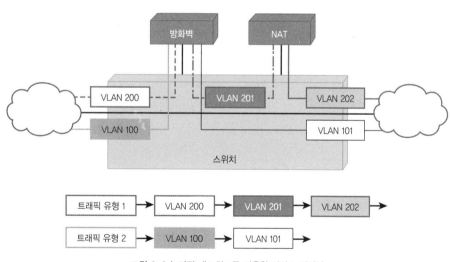

그림 6-3 논리적 네트워크를 이용한 서비스 체이닝

물리적 네트워크나 오버레이 네트워크 기술을 이용한 서비스 체이닝의 경우 또 다른 과제를 안고 있다. 응용프로그램 수준의 정밀도 제공이 불가능하고 다양한 전송 매체에 대한 지

원이나 상이한 오버레이 간의 상호 연결도 불가능하다. 현존하는 오버레이 기법들은 응용 프로그램 수준의 정보를 데이터 경로를 따라 함께 전달하는 것을 지원하지 않는다. 이 정보들이 있다면 중간 노드나 종단 노드에서 패킷 처리 의사 결정 시 활용할 수 있다.

클라우드 규모의 SFC

시장의 수요를 충족할 목적으로 비즈니스 변화에 더 빨리 적응할 수 있는 민첩하고 유연한 네트워크 아키텍처는 신규 서비스를 지원할 수 있는 SFC 아키텍처가 필수적이다. 현재 네트워크에 전혀 영향이 없거나 영향을 최소화하면서 동적으로 서비스를 추가할 수 있어야 한다. 가상화로 가는 업계의 트렌드를 감안해 이 아키텍처는 이것을 가상 네트워크, 물리 네트워크 및 하이브리드 네트워크에서 모두 가능해야 한다. SFC 기법은 또한 응용프로그램의 정보를 전달하고 그 정보를 해석할 수 있어야 한다. 이를 가능하게 하는 표준 몇 가지와 사용 예시에 대해 여기서 상세히 다룬다.

네트워크 전체에 걸쳐서 일정하고 호환되는 방법으로 서비스 체이닝을 구현하는 목적을 달성하고 방법론을 개발하기 위해 IETF에서는 서비스 체이닝에 대한 아키텍처를 정의하려는 노력을 쏟고 있다. 이 아키텍처는 블록들을 정의해 전체적으로 서비스 체이닝이 클라우드 규모 조절 요건을 만족하고 앞서 언급한 목표들을 달성할 수 있도록 지원한다. 그림 6-4에서는 이 아키텍처의 상위 수준의 뷰를 보여주며 그것을 구성하는 여러 구성 요소를 보여준다. 개별적인 블록들은 존재해야만 하는 역할에 대한 논리적인 정의이다. 이들 역할 중 일부나 전부는 단일의 물리적이거나 가상의, 혹은 하이브리드 장비에서 처리할 수도 있다. 이들 구성 요소 각각에 대해 자세히 살펴보자.

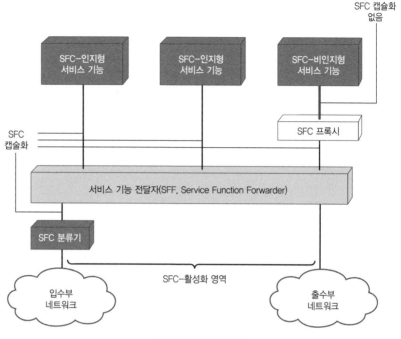

그림 6-4 SFC 아키텍처

SFC-활성화 영역

SFC 아키텍처는 SFC-활성화 영역(또는 단순히 SFC 영역) 중 종단 간에 SFC가 단일 관리 지점에서 지원되는 네트워크를 말한다. SFC 영역은 입수부 노드와 출수부 노드를 포함하고 이들이 경계로서 역할을 한다. 패킷이 영역에 들어오면 이들을 분류하고 알맞은 네트워크 기능들로 전달한다. 출수부 노드에서 패킷들이 나갈 때는 패킷들을 외부 네트워크로 보내기 전에 SFC 관련 정보를 모두 제거한다. 따라서 SFC 영역은 서비스 관련 네트워크 기능이 자리한 곳으로 네트워크의 일부다. 또한 SFC 영역은 이 네트워크 기능이 처리하는 트래픽의 경로를 선택적으로 결정하는 메커니즘이기도 하다.

분류기

분류기^{Classifier}의 역할은 간단하고도 직관적이다. SFC 영역에 들어오는 데이터를 분류하는 것이다. 트래픽 분류는 발신지나 목적지처럼 단순할 수도 있고 여러 정책에 기반한 처리 사항들로 구성될 수도 있다. 분류기는 패킷에 SFC 헤더 형태로 정보를 추가해 트래픽이 네트워크 내에서 적절한 코스로 가도록 보장한다. 이는 서비스 정책이나 기타 일치 조건 등과 같은 분류 기준을 기반으로 이뤄진다.

참고

여기서 언급한 정책은 다른 정책과 마찬가지로 규칙의 모음이다. 정책은 일치 조건과 조치 사항의 쌍으로 이뤄진다. SFC의 경우 이 정책이 네트워킹 계층에 담긴 정보와 일치한다면 그 패킷에 어떤 네트워크 기능을 적용할 것인지 결정한다. 또한 일치 기준이 응용프로그램 계층에 포함된 정보와 일치할 수도 있기 때문에 트래픽 경로 결정은 아주 유연하고 세밀할 수 있다.

서비스 기능

서비스 기능^{SF, Service Function}은 패킷에 대해 네트워크 서비스나 네트워크 기능을 수행하는 논리적인 블록이다. 서비스 기능은 응용프로그램 계층 또는 그 하부의 모든 계층과도 상호작용할 수 있다. 이는 방화벽, DPI^{Deep Packet Inspection}, 캐싱, 부하 분산 등과 같은 서비스를 포함할 수 있다.

이 서비스 기능을 수행하는 장비는 이상적으로는 SFC를 인지할 수 있어야 한다. 이는 SFC 헤더를 이해하고 처리할 수 있다는 뜻이다. 이 아키텍처는 또한 SFC-비인지 서비스 기능들도 있을 수 있다는 것을 암시한다. 이 경우는 서비스 기능들이 SFC 정보를 가진 패킷을 처리하지 못한다. 이런 경우에 서비스 기능 프록시^{Service Function Proxy}로 SFC-비인지 서비스 기능으로 들고 나는 SFC 패킷을 처리할 수 있다.

서비스 기능 경로

서비스 기능 경로^{SFP, Service Function Path}는 SF 영역에서 분류된 트래픽에 대한 경로 정의의 상세 내역이다. 이는 도시를 순환하는 버스 경로에 비교할 수 있다. 특정 경로로 가는 버스에 승객이 탑승하면 버스는 승객들을 정해진 정류장과 경로를 통해 데리고 간다. 필요에 따라 승객들은 정류장 중 하나에서 경로를 이탈할 수도 있고 다른 경로로 가는 연결편 버스를 탈수도 있다. 동일한 방식으로 SFC는 엄밀하게 정의된 홉을 가진 선형적 체인일 필요는 없다. 오히려 느슨하게 정의되고 새로운 플로우 경로로 뻗어 나갈 수 있는 유연성을 허용한다. 그림 6-5에서 SFC 경로를 가진 서비스 체이닝에 대해 설명한다.

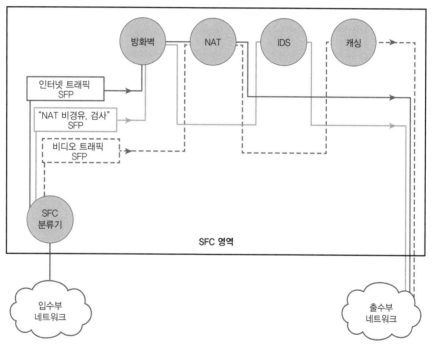

그림 6-5 SFC 경로

SFC 또는 서비스 체인

서비스에 대한 전체 토폴로지의 개략뿐만 아니라 그와 관련된 트래픽 경로의 제약 사항들 및 설정인자들을 포함해 SFC^{Service Function Chain}라고 한다. 따라서 SFC는 논리적인 블록이 아니라 서비스 기능 경로, 서비스 기능 및 영역의 일부인 기타 논리적 블록들의 통합적인 뷰다. 앞에서의 버스 경로 예시에서 SFC는 모든 버스 정류장의 지도에 비교할 수 있다. 버스 경로는 도시의 다양한 지역을 지난다. 서비스 기능 경로는 개별적인 버스 경로에 비교할 수 있다.

SFC 캡슐화

분류기에서 트래픽을 특정 서비스 체인 경로로 가도록 처리하면 데이터 프레임에 추가적인 헤더 정보가 추가된다. 이 추가 헤더는 SFC 캡슐화^{SFC Encapsulation}라고 부른다. 캡슐화 헤더는 여러 개가 있을 수 있으며 L3 VPN, 세그먼트 라우팅 등과 같은 현존하는 오버레이 기법을 이 용도로 사용할 수 있다.

이 오버레이 방법은 IP 네트워크의 존재 여부에 따라 다르다. IETF는 NSH^{Network Service Header}라는 기치 아래 새로운 SFC 캡슐화 형식에 대한 표준을 주도하고 있다. 이는 다양한 하부 네트워크와 상호 동작할 수 있다. NSH에 대해서는 후반부에서 자세히 다룰 예정이다.

재분류 및 분기

서비스 기능 헤더에 분류기에서 표기하는 것은 패킷이 SF 영역에 들어올 때 가용한 정보를 기반으로 이뤄진다. 패킷에 대한 더 새로운 정보가 있는 경우, 특히 경로상의 서비스 기능에 기반한 경우, 경로를 변경해 트래픽을 다른 경로로 보내야 할 수도 있다. 중간의 서비스 기능은 패킷을 재분류^{Reclassification}하고 서비스 기능 경로를 갱신하거나 수정할 수도 있다. 이 경우 패킷에 적재된 정보 자체 또는 패킷의 서비스 기능 헤더, 또는 양자 모두 갱신될 수 있다. 서비스 기능 경로의 갱신으로 새로운 경로로 가게 되는 경우 이를 분기^{Branching}라고 한다. 분기의 예시로 하루 중 특정 시간대에 발생하는 트래픽은 게임 서버로 갈 수 없도록 결정하는 규칙을 방화벽 서비스 기능에서 갖고 있어 그 트래픽을 부모 통제 기능^{Parental} ^{Control Function}으로 보내는 것이다.

SFF

SFF^{Service Function Forwarder}(서비스 기능 전달자)는 서비스 기능 헤더를 살펴본 후 그 데이터 패킷을 어디로 보내야 네트워크 서비스가 제대로 적용될지 결정한다. 패킷을 서비스 기능에서 일단 처리하면 SFF로 다시 되돌려보낸다. 이제 SFF는 패킷을 그 다음 네트워크 서비스로 전달한다. 다른 블록들과 마찬가지로 SFF는 논리적인 단위로 서비스 기능의 내부에 있을 수도 있고 ToR 스위치의 바깥에 있을 수도 있다. SF 영역이 여러 개의 SFF를 가질 수도 있다. 그림 6-6에서는 SFF가 동작하는 것을 보여준다. 두 가지 상이한 분류 트래픽 유형들이 SFF로 전송돼 여러 서비스 기능들을 지나도록 구성돼 있다. 그 처리가 완료되면 다시 SFF로 되돌려진다. 이 그림을 그림 6-3과 비교해 보라. 그림 6-3에서는 VLAN 기반의 오버레이를 이용해 유사한 목적을 달성한다. 이것이 오늘날 서비스 체이닝을 구성하는 방법이며 설정이 복잡하고 이력 관리가 어렵다. 동일한 결과를 SFC 아키텍처를 적용하고 분류기, 서비스 기능 헤더, SFF 등의 조합을 이용해 달성할 수 있다.

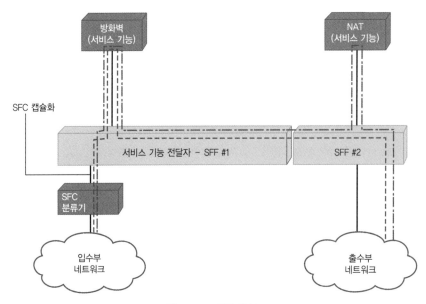

그림 6-6 SFC 영역에서 SFF

서비스 기능 프록시

네트워크 서비스에서 SFC 정보를 처리할 수 없는 경우 이 서비스 기능에 들고 나는 트래픽 경로에 SF 프록시^{SF Proxy, Service Function Proxy}를 추가하면 여전히 SF 영역에 포함할 수 있다. SF 프록시는 서비스 기능 헤더를 제거하고 그 SFC 헤더의 정보에 기반해 캡슐화가 해제된 트래픽을 서비스 기능으로 보낸다. 서비스를 처리하고 패킷이 SF 프록시로 되돌아오면 SF 프록시는 서비스 기능 헤더와 경로 정보를 다시 추가한 후에 트래픽을 SFF로 보내 다음 단계로 전달하게 한다. 단점은 서비스 기능은 같은 네트워크의 기능만 수행할 수 있다는 것이다. 서비스 기능 경로를 변경해 조치를 취하는 것은 수행할 수 없다.

서비스 기능 제어 평면

서비스 기능 경로는 서비스 오버레이를 담당하는 서비스 기능 제어 평면에서 구성한다. 이 오버레이는 패킷에 대한 정적인 플로우를 제공하는 고정 경로일 수도 있고 네트워크 배포에 기반한 동적 경로일 수도 있다. 또는 정적 경로와 동적 경로의 조합일 수도 있다. 이 제어 평면은 분산돼 있을 수도 있고 중앙에 집중돼 있을 수도 있다. 중앙 집중화 모델에서는 중앙 컨트롤러를 서비스 기능 컨트롤러^{Service Function Controller}라고 하며 나중에 다시 설명한다.

서비스 기능 컨트롤러

SDN 개념을 SFC에 아주 딱 적용할 수 있다. 서비스 경로는 중앙 컨트롤러에서 정의할 수 있다. 네트워크 정보를 추상화하고 응용프로그램 계층과 중앙 제어 기능을 통한 정책을 적용해 이를 수행한다. 이를 구현하는 논리적 블록을 서비스 기능 컨트롤러라고 한다. SDN이 적용된 네트워크에서는 이 서비스 기능 컨트롤러를 SDN 컨트롤러와 통합할 수 있다.

NSH

NSH^{Network Service Header}는 SFC 캡슐화에 대한 표준을 제공하며 IETF에서 관리한다. 이는 네트워킹 업계의 많은 제조사들에서 지지를 받고 있다. NSH는 두 개의 주요 구성 요소로 이뤄진다. 하나는 트래픽 플로우가 네트워크에서 지나는 서비스 경로에 대한 정보를 제공한다. 다른 하나는 페이로드^{Payload}에 대한 추가적인 정보를 메타데이터 형태로 전달한다. 응용프로그램과 상위의 프로토콜에서는 NSH의 메타데이터 구성 요소를 이용해 서비스 경로를 따라 자신들의 정보를 보낼 수 있다. 이 정보는 서비스 경로 선정의 의사 결정 절차와 패킷에서 필요로 하는 특별한 처리에 도움을 준다.

NSH 프로토콜의 헤더는 세 가지 유형의 헤더-기저 헤더, 서비스 경로 헤더, 문맥 헤더-의 모음으로 정의돼 있으며 그림 6-7에서 보여준다[1].

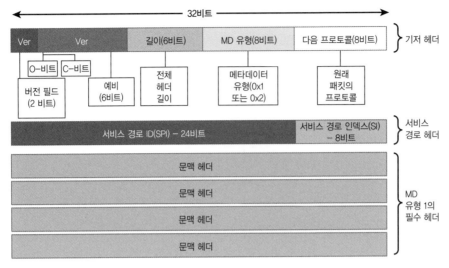

그림 6-7 NSH 프로토콜 헤더

기저 헤더

기저 헤더^{Base Header}는 4바이트 헤더로 다음 필드들을 갖는다.

- 2비트의 버전 필드는 향후 버전에서 후방 호환성을 위해 예비됐다.
- 비트라고 부르는 단일 비트는 패킷이 OAM 정보를 담고 있는지 알려준다. NSH 헤더에 O-비트가 설정된 패킷의 페이로드는 서비스 기능과 SFF에서 반드시 가동 정보를 확인해야 한다.
- C-비트라고 부르는 단일 비트는 그 헤더의 후반부에 최소한 하나의 TLV^{Type-Length-Value}에서 중요한 정보를 포함하고 있다는 것을 나타낸다. 이 비트의 목적은 패킷에 대해 응용프로그램이나 하드웨어에서 중대한 TLV 정보가 있는지 여부를 간단하게 판단할 수 있도록 하기 위한 것이다. TLV 데이터를 파싱할 필요 없이 단지 C-비트만 확인하면 된다.
- 여섯 비트는 향후 목적으로 예비됐다.
- NSH 헤더의 길이는 헤더의 여섯 비트 필드로 나타낸다.

- 8비트는 메타데이터 유형이나 사용하는 옵션을 정의할 목적으로 예비됐다. NSH 에서는 현재 두 유형-유형 1과 유형 2-이 정의돼 있다. NSH의 유형 1 메타데이터는 헤더가 고정된 유형을 갖는 것이다. 이 경우 서비스 전달 성능이 예측 가능하도록 유지되며 또한 하드웨어에서 최적으로 구현하기 용이하다. NSH를 구현하는 경우 이 유형의 메타데이터에 대한 지원은 필수다. 두 번째 옵션인 유형 2 메타데이터는 가변 길이를 사용한다. 이 경우는 응용프로그램 수준의 헤더나 TLV 등과 같은 맞춤형 정보를 전달할 때 알맞다. 유형 2 메타데이터도 NSH 구현에서 지원되는 것이 바람직하다. 기저 헤더의 정보는 단지 메타데이터 유형만 식별한다. 메타데이터 정보 그 자체는 다른 헤더 필드에 존재한다.
- 기저 헤더의 마지막 8비트는 패킷의 원래 프로토콜을 식별하는 데 사용한다. 이 글을 쓰는 시점에 허용된 내부 패킷의 프로토콜은 표 6-1과 같다.

표 6-1 NSH 프로토콜 기저 헤더의 다음 프로토콜 필드

16진값	프로토콜
0x1	IPv4
0x2	IPv6
0x3	NSH
0x5	MPLS
0x6~0xFD	이 글을 쓰는 당시 미할당
0xFE ~ 0xFF	시범 적용 값

서비스 경로 헤더

서비스 경로 헤더는 서비스 경로에 대한 정보를 담고 있다. 4바이트 헤더로 다음 필드들로 이뤄진다.

- SPI^Service Path Identifier(서비스 경로 식별자)는 이 헤더의 주요 부분으로 32비트 중 24비트를 사용한다. SPI는 패킷이 SFC 영역에서 취하는 서비스 경로를 유일하게 구

별한다. 서비스 기능 경로에 대한 버스 경로 비유를 다시 생각해보면 SPI는 버스의 경로 번호에 해당한다.

- 서비스 인덱스[SI, Service Index]는 서비스 경로상에서 이 패킷의 위치를 나타내는 것으로 남은 8비트를 사용한다. 서비스 경로는 패킷이 지나는 SFC-활성 노드를 거칠 때마다 줄어든다. 따라서 SPI와 SI 값을 확인하면 패킷이 정확하게 어느 서비스 기능에 있는지를 알 수 있다. 또한 이는 IP 헤더에서 루프 탐지에 사용하는 TTL[Time To Live] 값과 아주 유사하게 동작한다.

문맥 헤더

문맥 헤더[Context Header]는 상위 계층의 정보에 내장돼 있거나 그것을 기반으로 하는 메타데이터와 기타 정보를 포함하고 있다. 이 헤더의 길이는 사용한 유형 1 또는 유형 2 메타데이터에 따라 다르다. 유형 1 메타데이터를 사용한 경우 네 개의 4바이트 문맥 헤더 블록이 NSH 헤더에 추가된다. 유형 2 메타데이터의 경우 이 헤더는 가변 길이이고 아예 없을 수도 있다.

NSH MD 유형

기저 헤더의 상세 사항을 설명할 때 언급했듯이 NSH 헤더에는 두 가지 상이한 메타데이터[MD, Metadata] 옵션이 있다. 문맥 헤더는 사용하는 MD 유형에 따라 다르다. 유형 1의 경우 문맥 헤더의 데이터는 불투명하며 특정한 형식이 없다. 네 필드에 담긴 데이터는 또한 구현에 따라 선택한 임의의 메타데이터일 수 있다. 표준에서는 강제 규정은 아니며 제안 수준에서 다음의 네 가지 문맥 헤더 필드를 기술한다.

- **네트워크 플랫폼 문맥**[Network Platform Context]: 네트워크 장비에 대한 정보로 예를 들면 포트 속도, 사용한 유형, QoS 태깅 등을 말한다.
- **네트워크 공유 문맥**[Network Shared Context]: 네트워크 노드에 가용한 데이터로 네트워크의 다른 노드로 전달되면 유용한 정보. 예를 들면 인터페이스 관련된 고객 정보, 노드의 위치 정보 등이다.

- **서비스 플랫폼 문맥**Service Platform Context : 네트워크 노드에서 가용한 네트워크 서비스 관련 정보로 다른 노드와 공유하는 경우 유용한 정보. 예를 들면 트래픽 부하 분산 시에 사용하는 해시 알고리즘의 유형이다.

- **공유 서비스 문맥**Shared Service Context : 네트워크 전체에 걸친 서비스를 구현하는 데 유용한 메타데이터를 담고 있다. 트래픽이 네트워크 전체에서 특별하게 다뤄야 하는 경우, 고객이 구매한 서비스 수준에 기반해 처리하는 경우 이 정보를 여기에 메타데이터로 삽입할 수 있으며 NSH가 활성화된 모든 장비에 전달할 수 있다.

유형 2 MD를 사용하는 경우 무수한 문맥 헤더를 포함할 수 있다(기저 헤더의 길이 필드는 여기서 아주 간단하다. NSH 헤더는 이제 가변 길이이기 때문이다). 필수적인 유형 1 문맥 헤더와는 대조적으로 NSH 표준에서는 이 유형 2 헤더의 형식을 선택적인 것으로 정의한다. 이를 그림 6-8에서 보여준다.

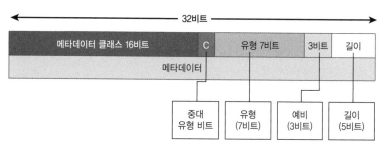

그림 6-8 NSH 유형 2 헤더의 문맥 헤더

이 형식은 TLV 형식의 사용법을 명시한다. 8비트는 유형 필드, 5비트는 길이, 32비트는 값 필드다. 또한 헤더 시작 부분의 2바이트는 TLV 클래스 필드이고 3비트는 향후 사용을 위해 예비했다. TLV 클래스는 TLV 필드의 종류를 나타낸다. 예를 들면 TLV가 속한 제조사 또는 TLV가 사용하는 구현 표준 등을 나타낸다.

유형의 값들은 NSH 프로토콜 구현 시에 정의할 수 있도록 개방돼 있다. 하지만 유형 값의 높은 비트는 특별한 의미를 가진다. 이 비트는 패킷이 지나는 노드들에서 TLV를 항상 처리하고 분석해야 하는지를 나타낸다. 따라서 유형 값이 128에서 255 사이면 SFC 영역에서 반드시 처리해야 하고 유형 값이 0에서 127 사이면 무시해도 된다.

TLV

TLV(Type, Length, Value의 약어)라는 단어는 많은 네트워크 프로토콜에서 사용한다. TLV
는 키 역할을 하는 유형 필드, 가변적인 길이의 값 필드, 값 필드의 크기를 나타내는 길이 필드
등을 이용해 데이터를 패키징한다. 이는 가변 길이의 키-값 쌍의 정보를 프로토콜로 전송하는
일반적인 방법이다.

NSH 헤더는 원래의 L2 헤더와 L3 헤더 사이에 들어가고 데이터 페이로드는 그림 6-9에
나타나 있다. 서비스 가시성, 보장, 문제 해결 등을 위해 NSH는 헤더의 O-비트를 통해
OAM 기능을 지원한다. NSH 서비스 경로 설정은 분산 처리가 가능하다. 각 네트워크 노드
에서 서비스 경로를 정의할 수도 있고 중앙의 컨트롤러에서 처리할 수도 있다. 중앙 컨트롤
러의 경우 네트워크를 볼 수 있으며 경로를 정의한다. 서비스 영역으로 들어오는 지점에서
분류기가 NSH 경로를 추가한다.

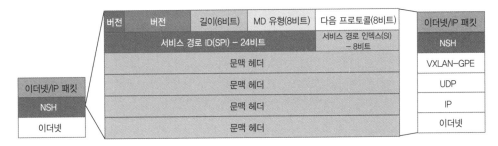

그림 6-9 패킷에 NSH 프로토콜 헤더를 추가하는 예시

메타데이터

SFC가 가져오는 주요 장점은 응용프로그램 수준의 정보를 메타데이터 형태로 전달하고 사
용할 수 있는 것이다. 기본적인 정의로 보면 메타데이터라는 용어는 임의의 데이터에 대한
임의의 정보 모음을 의미한다. 하지만 SFC 문맥에서 메타데이터는 SFC 영역으로 전송하

는 데이터에 대한 문맥적 정보를 제공한다. NSH의 문맥 헤더와 같은 메타데이터를 서비스 헤더에 추가하는 것은 분류기의 역할이다. SFC에서는 HTTP 헤더나 URL에 포함된 정보와 같은 이 정보를 더 높은 계층의 프로토콜에서 추출할 수도 있다. 예를 들어 분류기에서 메타데이터를 이용해 비디오 트래픽을 목적지에 따라 다르게 표시할 수도 있다. 우선 처리할 스트리밍 콘텐트로 가는 트래픽은 고화질의 서비스 경로로 보낼 수 있다. 메타데이터를 SFC 프로토콜 헤더에 추가하면 경로상의 노드들(SFF, SF 등)은 이 데이터를 읽고 처리해 응답한다. 사전에 정의된 조치 사항을 적절하게 수행하는 것이다.

SFC 요소 간에 메타데이터 정보를 교환하는 다른 방법도 있다. 다음과 같다[2].

- NSH, MPLS 레이블, 세그먼트 라우팅 등과 같은 밴드 내 시그널링in-band signaling
- HTTP와 같은 응용프로그램 계층 헤더들
- RSVP와 같은 동일 채널 밴드 외 시그널링out-of-band signaling
- 오픈플로우, PCEPPath Computation Element Protocol과 같은 별도 채널 밴드 외 시그널링
- VXLAN과 같은 밴드 내 및 밴드 외 하이브리드 시그널링
- **밴드 내 시그널링**: 메타데이터가 패킷의 일부로 전송되면 이를 밴드 내 시그널링이라고 한다. 이 경우 메타데이터는 헤더의 일부이거나 페이로드의 일부가 될 수 있다. 그림 6-10에서 메타데이터 시그널링 흐름을 보여준다. NSH는 이 방법의 좋은 예시다.

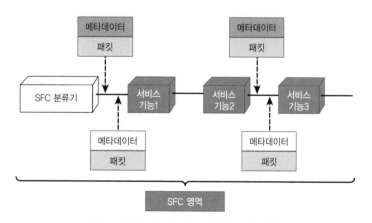

그림 6-10 밴드 내 시그널링을 사용하는 메타데이터

- **응용프로그램 헤더의 메타데이터**: 응용프로그램 헤더의 메타데이터는 응용프로그램 헤더를 통해 전송할 수 있고 L7 정보를 처리할 수 있는 서비스 기능들에서 사용할 수 있다. 이 응용프로그램 계층 메타데이터를 사용하는 예시는 HTTP의 ⟨meta⟩ 태그와 SMTP의 X-metadata다. 그림 6-11에서 HTTP를 예시로 보여준다.

```
$ telnet google.com 80
Trying 2607:f8b0:4004:80e::200e...
Connected to google.com.
Escape character is '^]'.
GET
HTTP/1.0 200 OK
Expires: -1
Content-Type: text/html; charset=ISO-8859-1
P3P: CP="This is not a P3P policy! See https://www.google.com/support/accounts/answer/151657?hl=en
for more info."
Server: gws
X-XSS-Protection: 1; mode=block
X-Frame-Options: SAMEORIGIN
Accept-Ranges: none
Vary: Accept-Encoding

<meta content="Search the world's information, including webpages, images, videos and more. Google
has many special features to help you find exactly what you're looking for." name="description">
<meta content="noodp" name="robots">
<meta content="text/html; charset=UTF-8" http-equiv="Content-Type">
<meta content="/images/branding/googleg/1x/googleg_standard_color_128dp.png" itemprop="image">
```

그림 6-11 응용프로그램 계층 헤더의 메타데이터

- **동일 채널 밴드 외 시그널링**: 동일 채널 밴드 외 시그널링은 메타데이터 정보를 별도 채널로 전송하고 데이터는 다른 플로우로 전송하는 경우면서 두 종류의 패킷이 동일한 경로를 지나는 것을 말한다. 그림 6-12에서 이를 보여준다. FTP는 이 유형의 시그널링을 사용하는 예시다. 21번 포트는 제어 시그널링으로 사용하고 22번 포트는 데이터 전송 용도로 사용한다.

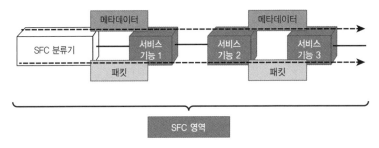

그림 6-12 동일 채널 밴드 외 시그널링을 사용하는 메타데이터

390

- **별도 채널 밴드 외 시그널링**: 앞의 시그널링 모드에서는 메타데이터와 데이터가 별도의 플로우로 전달되지만 그 두 플로우는 동일한 경로를 이용했다. 별도 채널 밴드 외 시그널링에서는 메타데이터 시그널링은 데이터 트래픽 플로우와 다른 경로를 취한다. 그림 6-13에서 이 모델을 보여준다. 시그널링 제어 평면이 노드들과 상호 통신하며 메타데이터를 관리하는 예시다. 이 유형의 방법을 사용하는 예시로는 BGP, RR, PCEP, 오픈플로우 등이 있다.

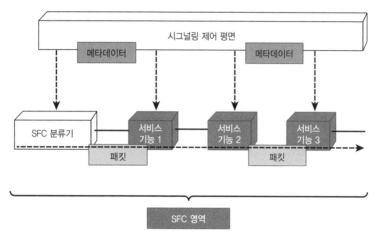

그림 6-13 별도 채널 밴드 외 시그널링을 사용하는 메타데이터

- **하이브리드 시그널링**: 네트워크에는 메타데이터 시그널링의 조합이 있을 수 있다. 밴드 내 시그널링과 밴드 외 시그널링이 함께 있는 하이브리드 시그널링이다. 그림 6-14에서 보는 바와 같이 하이브리드 모델은 밴드 내와 밴드 외를 조합해 사용한다. 이 유형의 시그널링을 사용하는 예시로 VXLAN과 L2TP가 있다.

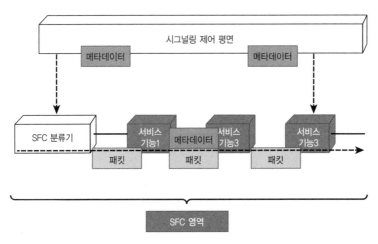

그림 6-14 하이브리드 방식을 사용하는 메타데이터

SFC의 기타 프로토콜

앞서 설명한 것처럼 IETF에서 지원하는 NSH가 SFC의 떠오르는 표준이지만 메타데이터 전달은 다양한 방법으로 할 수 있다. 따라서 SFC 개념은 다른 프로토콜을 이용해 구현할 수도 있다. 이들 중 일부는 오랫동안 사용됐다. MPLS-TE, VXLAN, SR-TE^Segment Routing Traffic Engineering 등이 있다.

그림 6-15는 SR-TE를 이용해 SFC를 구현한 예를 보여준다. 중앙의 SDN 컨트롤러는 여기서 SFC 역할도 한다. 또한 PCEP를 이용해 네트워크상 장비들과 통신한다. SFC 분류기는 트래픽 유형별로 사전에 설정된 정책에 따라 패킷에 세그먼트 라우팅^SR, Segment Routing 레이블을 추가한다. SR 레이블이 붙은 트래픽은 가장 바깥의 레이블을 기반으로 특정 기능들을 (SF 역할을 하는) 장비들로 전송된다. SF에서 패킷을 처리하면 그 다음 SR 레이블에 따라 다음 홉으로 전송된다. SF의 처리 경로를 재설정해야 한다고 SFC 컨트롤러에서 판단하면 SFC 컨트롤러는 SF로 명령을 보내 현재 스택에 새로운 레이블을 추가한다.

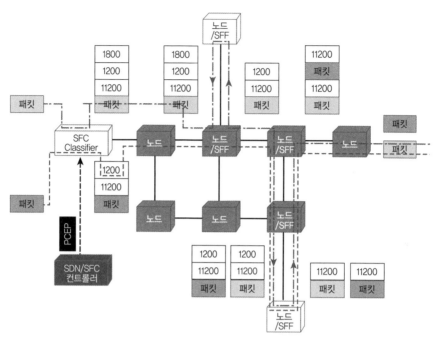

그림 6-15 SR-TE를 이용한 SFC

서비스 체이닝 사용 예시

서비스 체이닝은 상위 프로토콜의 정보에 기반한 분류로 트래픽을 제어할 수 있는 장점이 있다. 이 장점은 설계자, 서비스 사업자, 최종 사용자에게까지 영향을 미친다.

네트워크 설계자 입장에서는 서비스 체이닝을 사용하면 트래픽을 아주 강력하게 통제할 수 있다. 응용프로그램을 인지하는 세련되고 미세하게 튜닝된 정책을 사용할 수 있어 네트워크를 효율적으로 활용할 수 있다. 하루 중 시간대에 따라, 수요의 증감에 따라, 네트워크 장애에 따라 적용 가능하다.

사업적 관점에서는 메타데이터 정보를 이용해 사용자에게 아주 세밀한 서비스 수준을 제공할 수 있다. 또한 새로운 혁신적인 서비스도 제공할 수 있다. 가능한 예시로는 다음과 같은 것들이 있다.

- 가정의 감시 시스템에서 나오는 비디오 트래픽을 분류하는 서비스를 제공할 수 있다. 그 비디오 트래픽을 클라우드 기반 저장 장치나 원격 스트리밍으로 보내기 전에 암호화 기능으로 보낼 수 있다.

- 네트워크상에서 보안 서비스를 제공해 브라우저 트래픽을 DPI^{Deep Packet Inspection} 장비로 보내 멀웨어^{Malware}를 검증하고 경고할 수 있다. 음성, 비디오 및 기타 데이터 트래픽을 모두 DPI를 우회할 수 있다.

- 사업자들은 SD-WAN에 대안을 제공할 수 있다. 이 방법을 사용하면 사무실 간 통신을 선택적으로 할 수 있어 WAN 링크를 최적화하도록 구현할 수 있다. 차제적인 SD-WAN을 구축하지 않아도 서비스 사업자가 SFC를 이용해 트래픽을 분류하게 하면 동일한 결과를 얻을 수 있다. 이 경우 목적지, 출발지, 응용프로그램 유형, 기타 메타데이터 등을 기반으로 태그를 달 수 있고 트래픽에 따라 다른 서비스 경로를 사용하도록 할 수 있다.

새롭고 유연한 서비스들로 인한 소비자의 혜택은 이 예에서 볼 수 있다. SFC를 NFV와 함께 사용하면 소비자가 자신들의 서비스 계약을 필요에 따라 수정할 수 있다. 서비스 사업자가 제공하는 포털을 통해 수정한다. 포털에서 소비자는 서비스 번들에 포함하고 싶은 네트워크 기능을 추가, 제거, 수정할 수 있다.

자녀 보호 서비스를 예시로 SFC 개념을 이용해 신규 시비스를 어떻게 생성, 설계, 배포하는지 살펴보자.

- **요구 사항**: 아이들이 사용하는 장비에서 네트워크에 접속하는 것을 제한할 수 있도록 부모들에게 제공되는 서비스다.

- **설계**: 각 장비의 브라우저는 OS 버전, 하드웨어 등을 식별하는 메타데이터를 보낸다. 아이들의 장비를 간단하게 식별하는 메타데이터를 플러그인을 사용해 브라우저에서 추가로 보낸다. 서비스 사업자는 특정 메타데이터와 일치하는 트래픽의 SFC 헤더를 태깅하도록 분류기를 설계한다. 아이들의 장비에서 오는 것으로 식별된 트래픽은 방화벽을 경유하도록 라우팅 처리한다. 다른 장비들에서 오는 트래픽

들은 필터링 없이 바깥으로 나갈 수 있다.

- **구현**: 서비스 사업자는 포털을 제공해 부모들이 시간에 따라 목적지별 필터를 설정하고 장비별 프로파일을 작성해 여러 가지 정책을 정의할 수 있도록 한다.

가상 머신이 통신하는 방법

가상 머신 또는 컨테이너는 동일한 호스트에 있든지 또는 호스트 바깥의 물리 또는 가상의 장비이든지 상호 간에 통신이 필요할 수 있다. 어느 경우든 통신하려면 네트워크 인터페이스 카드가 필요하다. 두 가지 통신 방법이 있다. 이 내용은 2장, '가상화 개념'에서 다뤘다. 하나는 가상화 인터페이스를 통하는 것이고 다른 하나는 가상 머신에 전용으로 할당된 물리적 인터페이스를 사용하는 것이다. 물론 물리적 인터페이스는 호스트 외부의 장비들과 통신할 때 유용하다. 하지만 가상 머신에서 필요한 인터페이스 수가 보통은 인프라스트럭처에서 가용한 물리적 인터페이스 수보다 아주 더 많기 때문에 인터페이스 수준의 가상화는 피할 수 없다. 다른 가상화 역할도 함께 담당하는 NFVI 계층에서 이를 담당한다. 가상 머신에서 가용한 가상 네트워크 인터페이스 카드(vNIC)가 주 대상이다. 가상 머신 입장에서 이 vNIC들은 실제 물리적 인터페이스처럼 보인다. 이를 이용해 가상 머신의 외부로 패킷을 보내고 받는다. 이 가상 인터페이스를 확장성 있고 일부 스위칭 기능이 가능하도록 하고 큰 성능 저하 없이 패킷 스위칭 기능을 수행하도록 할 목적으로 아주 다양한 시도가 있었다. 그중 일부를 여기서 다룬다.

가상 스위치

인터페이스 가상화를 하는 가장 쉬운 방법은 가상 브리지^{Virtual Bridge}를 사용하는 것이다. 하지만 가상 브리지는 기능, 확장성, 유연성이 부족하다. 기능 제약을 벗어나기 위해 가상 머신 간의 통신을 지원하며 고급 스위칭 기능을 제공하는 가상 스위치 소프트웨어가 여러 가지 나와 있다. 노키아의 누아지 VCS^{Virtualized Cloud Services}, 시스코의 넥서스 1000v, VMware

의 버추얼 스위치, 그리고 OVS^{Open Virtual Switch} 등이 그 예다. 오픈 소스 스위치 중에서는 OVS가 가장 많이 사용된다. OVS는 하이퍼바이저 내에서 실행되며 풍부한 기능들을 제공한다(예를 들면 sFlow, 넷플로우, 오픈플로우를 지원한다). OVS가 인기가 많아서 오픈스택과 기타 가상 머신 오케스트레이션 플랫폼의 기본 옵션이 됐다. 노키아의 누아지 VCS도 OVS를 기반으로 동작한다.

이 접근법의 과제는 고사양의 인터페이스로 확장했을 때의 성능 영향이다. 입수부와 출수부 큐에서 패킷을 읽고 트래픽을 가상 머신으로 또는 가상 머신에서 분산하는 부담을 하이퍼바이저 소프트웨어와 커널에서 담당해야 하기 때문이다. 이때 아주 많은 수의 CPU 사이클을 사용하며 대용량 솔루션에서는 아주 비효율적일 수밖에 없다. 추가적으로 또한 가상화로 인한 통행세 이슈를 3장, '네트워크 기능의 가상화'에서 다뤘다. 데이터 트래픽 경로에서 직접 VNF로 네트워크 기능을 실행하는 가상 머신의 경우에는 이들 이슈가 더욱 중대하다. 가상화 통행세로 인한 성능 저하가 발생하면 직접적으로 종단 간 트래픽에 영향을 주게 된다.

가상화 통행세를 피할 수 있는, 앞서 언급한 유일한 솔루션은 패스스루 개념이다. 이 경우 하이퍼바이저를 우회해 vNIC에서 물리적 NIC을 직접적으로 일대일 매핑해 통신한다. 이는 가상화 통행세를 피할 수는 있지만 확장성 측면에서는 좋지 않다. 하나의 물리적 인터페이스가 하나의 가상 인터페이스에 할당되기 때문이다. 보통 서버들의 물리적 인터페이스는 그렇게 많지 않다. 따라서 패스스루 모드를 사용할 수 있는 가상 머신의 개수도 제한적이다. 추가적으로 2장, '가상화 개념'에서 다뤘듯이 게스트 운영체제에서 장치 드라이버를 지원해야 하는 과제도 안고 있다.

SR-IOV

SR-IOV^{Single Root Input/Output Virtualization and Sharing}는 인터페이스단에서의 가상화를 지원한다. 이 규격에서는 단일 NIC이 호스트 운영체제에서 여러 개의 NIC으로 사용할 수 있도록 하는 표준 방법을 제공한다. 따라서 커널이나 하이퍼바이저에서 NIC을 가상화하는 부담을 떨

쳐버릴 수 있고 인터페이스 가상화를 관리할 때 NIC의 자원을 사용할 수 있다. 따라서 호스트 CPU의 부하를 경감할 수 있다.

 참고

더 자세하게 말하면 SR-IOV는 모든 I/O 장치의 다중화를 지원한다. I/O 장치의 요건은 시스템 구성 요소와 인터페이스할 때 PCI(Peripheral Component Interconnect) 규격을 사용해야 한다. SR-IOV는 PCI-SIG(PCI-Special Interest Group)에서 만들었고 유지하고 있다.

네트워크 인터페이스의 가상화를 하이퍼바이저나 호스트에서 구현하면 NIC에 패킷들이 도착하면 CPU는 인터럽트가 걸리고 패킷들을 읽고 처리해야 한다. 호스트에서 처리한 패킷들은 대상 가상 머신별로 큐에 들어가고 가상 CPU 자원들의 큐에 들어가게 된다. 가상 머신단에서 다시 NIC의 큐를 읽고 패킷들을 처리해야 하므로 호스트 CPU에 간접적으로 영향을 준다. SR-IOV를 사용하면 첫 번째 단계의 이 인터럽트들을 NIC에서 처리해 호스트 CPU에는 전혀 영향을 주지 않는다. 첫 번째로 SR-IOV에서는 여러 개의 가상 인터페이스를 생성해 상위 계층(호스트, 하이퍼바이저 등)에는 물리적 인터페이스로 제공한다. SR-IOV 세계에서는 이 가상 인터페이스를 VF$^{Virtual\ Function}$라고 부른다. 유사하게 실제 물리적 인터페이스 기능들과 연동하면서 동작하는 NIC의 일부를 PF$^{Physical\ Function}$라고 부른다. 주의할 것은 VF를 가상 네트워크 기능(VNF)과 혼동하면 안 된다. 그 둘은 둘 다 가상화 기술과 관련이 있다는 것 외에는 전혀 공통점이 없다.

이제 하이퍼바이저에서는 VF 인터페이스를 가상 머신에 할당할 수 있고 물리적 NIC(pNIC)으로 제공할 수 있다. 이 경우 패스스루 방식으로 연결된다. 패킷이 물리적 인터페이스에 도착하면 호스트 CPU는 인터럽트 걸리지 않는다. 대신 NIC이 랜선을 타고 온 패킷을 읽고 처리할 책임을 진다. 대상 가상 머신에 할당된 가상 인터페이스에 큐잉하는 것까지도 담당한다. 이 작업들은 모두 PF에서 수행한다. 단 큐는 VF의 메모리 공간에 속한다. 패킷들을 알맞은 VF들의 큐로 보내기 위해 SR-IOV는 해당 VF를 유일하게 나타내는 맥 주소나 VLAN 태그 같은 식별자를 사용한다.

그림 6-16에서 SR-IOV 구현을 도식적으로 보여준다.

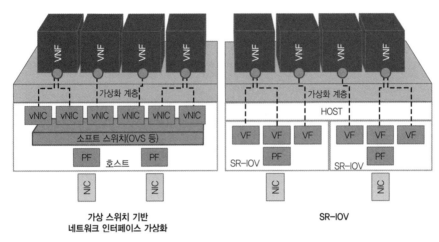

그림 6-16 가상 스위치 기반 네트워크 인터페이스 가상화와 SR-IOV 구현 비교

SR-IOV는 호스트에 가상 인터페이스를 제공하지만 가상화된 사실을 숨기지 않는다. VF 는 단지 호스트와 PF 간에 데이터를 옮기기만 할 뿐이고 정식 PCI 장치처럼 동작할 필요는 없다. 따라서 호스트와 하이퍼바이저, 가상 머신에서는 SR-IOV를 지원해야 한다. 예를 들어 하이퍼바이저에서 가상 머신과 VNF 간에 패스스루 연결을 제공하면 자원 설정 등이 필요 없는 에뮬레이션된 PCI 장치와 통신하고 있다는 것을 가상 머신에서는 알아야만 한다.

SR-IOV의 유일한 단점은 VF와 호스트 CPU 간의 패킷 교환 시에 PCI 버스를 사용하는 것이다. SFC를 구성하는 경우 패킷들이 이 경로를 여러 번 왔다 갔다 할 수 있다. 따라서 PCI 버스의 대역폭이 제약 요소가 될 수 있다[3].

DMA

호스트 운영체제의 공유 메모리 공간을 사용해 가상 머신 간에 통신을 할 수도 있다. DMA^{Direct Memory Access} 기법을 사용하면 호스트 메모리의 일부를 이 목적으로 예비해야 하고 가상 머신이 접근할 수 있도록 해야 한다. 그리고 나서 가상 머신에서는 그 메모리 공간을 PCI 장치로 인식하면서 읽고 쓰기를 한다[4]. 메모리 주소는 가상 머신들이 패킷을 보내거나 받을 수 있는 데이터 링크로 동작한다.

이 방법이 가상화의 격리 기준을 깨뜨리는 것은 아니다. 가상 머신들은 그들 간에 공유된 메모리 공간을 사용하기 때문이다. 그 메모리 공간은 가상 머신에 속하지 않고 호스트에 속한 것이다. 이 메커니즘이 동작하려면 하이퍼바이저에서 지원해야 한다. 그림 6-17에서 이 메커니즘을 보여준다.

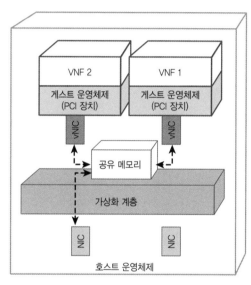

그림 6-17 VNF 통신에 공유 메모리 사용

가상 스위치 성능 높이기

앞서 다룬 인터페이스 가상화 접근법의 목적은 네트워크 인터페이스를 가상 머신들에 확장성 있는 방식으로 제공하면서 좋은 전달 성능을 제공하는 것이다. 이 기법은 서버 가상화 세계에서 기원했고 따라서 스위칭 기능이 일부 부족하거나 성능 저하가 발생하더라도 (원래의 비가상화된 물리적 성능과 비교해) 수용 가능했다. 이는 대부분의 트래픽이 응용프로그램으로 가능한 것이었기 때문이다. 하지만 NFV에서는 이들 인터페이스들이 데이터 경로에 있고 그 성능이 NFV 네트워크 성능에 직접적으로 영향을 준다. 이제는 가상 머신이 네트워크화된 기능을 수행하고 직접적인 데이터 경로에 위치하고 있으므로 인터페이스 총 처리량, 처리 지연, 전송 지연 등과 같은 성능 요소가 아주 중요한 의미를 지닌다. 하나의 VNF에서 인터페이스 성능이 약간 떨어지만 전체 데이터 경로에 영향을 주게 되고 서비스 품질 저하를 가져온다. 유사하게 NFV에서는 가상화 계층에서 지능적 처리 기능을 추가하면 서비스 체이닝을 용이하게 할 수 있다. 예를 들어 가상 스위치에서 서비스 체이닝 정보를 이해할 수 있다면 가상 스위치가 SFF 역할을 할 수 있고 VNF들 간의 패킷 경로를 아주 단순하게 할 수 있다. 이를 그림 6-18에서 보여준다.

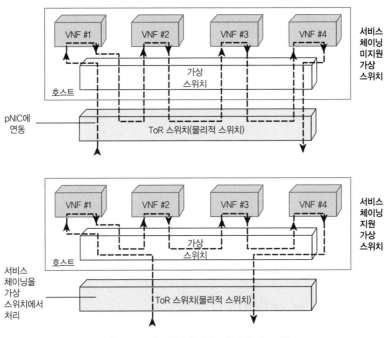

그림 6-18 가상 스위치와 서비스 체이닝 기능 지원

지금까지 다룬 방법 중에서 총 처리량이 가장 떨어지는 것은 가상 스위치를 사용하는 경우다. 모든 처리를 패킷 처리에 최적화되지 않은 소프트웨어 경로로 처리하기 때문이다.

400

SR-IOV로 달성 가능한 총 처리량은 상대적으로 훨씬 낮다. 공유 메모리 방법이 셋 중에서 가장 낫다. 하지만 공유 메모리 기법은 앞서 언급했듯이 보안 이슈가 있다. 또한 SR-IOV 나 메모리 공유 기법은 고급 스위칭 기능을 추가하기에는 적합하지 않다[5]. 가상 스위치는 총 처리량 측면에서는 떨어지지만 추가적인 기능을 구현하기에는 적합하다. 따라서 가상 스위치에 필요한 기능들을 추가하면서 더 높은 성능을 달성하기 위해 여러 가지 시도가 있었다. 여기서는 앞서 소개한 기본 스위칭 기법을 고도화하는 방법들을 다룬다.

DPDK

DPDK^{Data Plane Development Kit}는 소프트웨어 기반의 가상 스위치들의 성능이 낮은 가장 큰 이유가 대규모 패킷을 처리, 스위칭하는 데 설계 및 최적화가 안 돼 있기 때문이라는 사실을 기반으로 한다. DPDK에서 이를 어떻게 개선하는지 설명하기 전에 일반적인 가상 스위치의 제약 사항을 다시 살펴보자. 대용량 패킷 처리에 최적화가 부족하면 패킷 처리의 대부분의 단계에서 CPU를 사용하게 된다. CPU는 멀티태스킹을 하고 있기 때문에 CPU의 가용성 (특히 과부하가 걸렸을 때)은 성능의 병목이 된다. 또한 가상 스위치는 시스템 메모리를 아주 효율적으로 사용하도록 설계되지 않았다. 가상 스위치는 패킷 데이터를 메모리 버퍼에 복사하고 게스트 CPU를 호출한다. 그리고 데이터를 게스트 메모리 영역으로 복사하고 다시 vNIC에서 응용프로그램으로 데이터를 읽는다. 버퍼를 할당하고 할당 해제하는 것과 메모리 읽고 쓰기를 위해 CPU 인터럽트 처리를 하는 것은 성능을 떨어뜨린다[6].

패킷 처리를 소프트웨어에서 할 수 있는 최적의 방법을 구현할 목적으로 DPDK를 개발했다. DPDK는 인텔에서 만든 라이브러리와 NIC 드라이버의 모음으로 2012년 후반 처음 나왔다. 2013년에는 개발자 커뮤니티에 오픈 소스 개발 키트로 풀렸다. 개발자들이 소프트웨어 스위치들을 구현하는 데 그 라이브러리를 사용할 수 있게 됐다. DPDK에서 제공하는 잘 튜닝된 기능들을 활용하는 유사한 다른 응용프로그램을 만드는 데도 사용할 수 있다. DPDK는 어떤 소프트웨어에서든지 활용할 수 있는 기본적인 라이브러리다. 하지만 OVS 에서 사용하는 것이 가장 좋은 예다. OVS에서 DPDK를 사용해 아주 큰 성능 개선이 있었다. 이 조합을 보통 가속 OVS 또는 OVS-DPDK라고 부른다.

DPDK는 리눅스 커널의 내장 데이터 평면을 자체 라이브러리로 대체한다. DPDK의 경량 라이브러리 기능으로 성능이 개선된다. 이는 물리적인 NIC과 DPDK를 사용하는 응용프로그램(예를 들면 OVS) 간에 패킷을 송수신할 때 링버퍼$^{Ring-buffer}$를 이용하는 방법으로 메모리를 아주 효율적으로 사용하기 때문에 가능하다. 패킷을 읽을 때 발생하는 CPU 인터럽트를 줄이기 위해 DPDK는 주기적 폴링 메커니즘을 사용한다. 커널에서 신규 패킷이 있는지 주기적으로 폴링을 한다. 패킷량이 아주 작아지면 주기적 폴링 대신 인터럽트 모드로 바꿀 수도 있다. 효율적 버퍼 관리, 최소의 효율화된 CPU 인터럽트 및 기타 개선으로 DPDK는 OVS가 거의 물리 NIC 수준의 성능을 낼 수 있도록 했다. 하지만 DPDK는 다양한 기능을 지원하지는 않는다. DPDK는 자체적인 네트워킹 스택을 갖고 있지 않고 단지 패킷 처리 및 전달 기능 용도만 목적으로 한다. DPDK를 네트워킹 기능을 구현하는 응용프로그램과 조합하면, 예를 들면 OVS-DPDK처럼 다양한 기능과 전달 성능을 기대할 수 있다.

VPP

앞에서 DPDK의 패킷 전달 성능 구현을 다뤘다. DPDK는 CPU와 메모리 사용을 최적화했지만 데이터를 일렬의 스트림으로 처리한다. 각각의 패킷들은 한 번에 하나씩 처리되면서 네트워킹 스택의 기능들은 차례로 지나간다. 이를 스칼라 처리$^{Scalar Processing}$라고 한다. VPP$^{Vector Packet Processing}$는 DPDK상에서 고도화한 것으로 데이터를 하나씩 처리하는 것이 아니라 한꺼번에 처리한다. 이렇게 배치 또는 병렬로 처리하는 것을 벡터 처리$^{Vector Processing}$라고 한다. 동일 스트림에 속한 패킷들은 동일한 방식으로 처리되고 전달될 가능성이 아주 높다. 벡터 처리에서는 이 가능성을 활용한다. 그 패킷들을 동시에 배치로 처리해 추가적인 성능 개선을 달성한다.

VPP에서 사용한 기법은 시스코의 자체적인 정보였으며 하이엔드 라우팅 플랫폼인 CRS, ASR9000 시리즈 장비들에서 채용됐다. 2016년 초 시스코에서는 FD.io(Fast Data Project, 리눅스 재단의 패킷 처리 관련 프로젝트 라이브러리)의 기치 아래 VPP 기술을 오픈 소스로 풀었다. VPP는 DPDK와 밀접하게 얽혀 있으며 상호 보완적이다. VPP는 x86 시스템상에서 구동할 수 있다. VPP에서 제공하는 네트워킹 스택은 L2에서 L4까지 아주 정교하므로 고속의 가상 라우터나 가상 스위치를 만들 때 사용할 수 있다. 또한 상위의 응용프로그램과 연동해 방화벽이나 모든 기능이 포함된 라우터(라우팅 프로토콜 지원 포함), 부하 분산기 등의 네트워크 기능을 제공할 수도 있다. 사실 VPP에서는 (커널 공간이 아닌) 사용자 공간에서 네트워킹 기능을 제공하며 회선 속도로 패킷 전달을 하는 스위치로는 최초라고 주장한다.

VPP 동작 원리

VPP의 구현과 최적화의 상세 사항은 이 책의 범위를 넘어서지만 상위 수준에서 훑어볼 필요는 있다. 패킷을 스칼라 방식으로 처리하는 경우에는 패킷이 전달 스택으로 이동하면 패킷의 캡슐화 해제, 검증, 쪼개기 등의 작업을 수행한다. 가장 중요한 것은 전달 표에 일치하는 것이 있는지 검사해 패킷을 전달해야 하는지 또는 추가 처리를 위해 상위 계층으로 보내거나 폐기해야 하는지를 결정한다. 그림 6-19에서 패킷이 지나가야 하는 처리 단계 순서에 따른 두 가지 다른 처리 예시를 보여준다. 처리 코드가 호출될 때마다, 예를 들어 이더넷 캡슐화, 레이블 교체, 전달 결정 등의 경우 패킷 처리를 위해 CPU가 호출된다. 이는 각 패킷이 파이프라인을 지나는 동안 매번 일어난다. 이러한 처리 단계를 PPG^{Packet Processing Graph}(패킷 처리 그래프)라고 부른다. 이 PPG를 통한 처리는 패킷 전체에 적용된다.

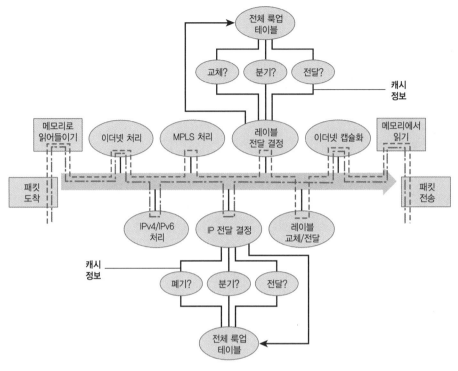

그림 6-19 패킷 처리 파이프라인

 참고

VPP는 모듈화가 잘 돼 있어서 패킷 처리 흐름상에 PPG 기능 추가를 플러그인을 이용해 용이하게 할 수 있다. VPP는 사용자 공간에서 동작하므로 플러그인이나 변경 사항을 적용할 때 커널 수준의 변경이 필요하지 않고 쉽게 구현하고 추가할 수 있다.

VPP와 FD.io

VPP를 오픈 소스로 배포했을 때 시스코의 자체 코드를 리눅스 재단에서 받았고 FD.io 또는 피도 프로젝트$^{Fido Project}$라고 명명했다. 시스코 외의 FD.io 창립 멤버들로는 6WIND, 인텔, 브로케이드^{Brocade}, 컴캐스트^{Comcast}, 에릭슨^{Ericsson}, 화웨이^{Huawei}, 메타스위치 네트웍스

Metaswitch Networks 및 레드햇RedHat 등이 있다. FD.io는 다른 참가자들의 기여분도 그대로 받아들였다. 그 대표적인 예가 BSD 라이선스 오픈 소스 라이선스로 배포된 DPDK 코드다. 이러한 기여를 통해 많은 관리, 디버깅, 개발 도구들도 FD.io에 포함됐다. 이를 통해 FD.io는 패킷 전달 관련 DPDK, VPP의 강력한 기능을 활용하면서 디버깅과 개발 기능을 겸비한 바로 사용 가능한 가상 스위치, 라우터가 됐다[7]. 이 책을 포함해 많은 경우 FD.io는 오픈 VPP 또는 간단하게 VPP라고 부르기도 한다. 그 코드에서 가장 중요한 부분이 VPP이기 때문이다.

VPP 연동

VPP의 공개된 저수준 API를 이용해 VPP의 네트워킹 스택을 접근할 수 있다. 이를 네트워킹 기능을 수행하는 응용프로그램이라고 할 수 있다. 응용프로그램은 VPP로 데이터 전달을 하고 그것을 관리하므로 이 응용프로그램을 DPA^Data Plane Management Agent라고도 한다. FD.io에서 제공하는 에이전트 중 하나로 허니콤Honeycomb이 있다. DPA로 동작하면서 상향 인터페이스로 RESTCONF, NETCONF를 지원한다. 응용프로그램과 컨트롤러 특히 ODL은 NETCONF 인터페이스를 통해 YANG 데이터 모델로 VPP와 통신한다. 그림 6-20에서 VPP를 사용하는 여러 예시를 보여준다.

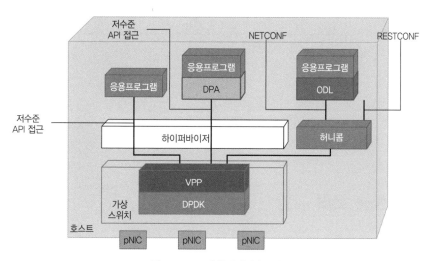

그림 6-20 VPP 상향 인터페이스 연동

VPP의 이점과 성능

VPP를 본문에서 추천했고 설명했다. 네트워킹 스택과 전달 기능을 내장한 오픈 소스 스위치로는 첫 번째로 사용자 공간에서 고성능을 제공하기 때문이다. 여러 독립된 기관들에서 수행한 랩 테스트 결과에 따르면 OVS-DPDK에 비해 VPP가 괄목할 만한 성능 개선이 있는 것으로 나타났다. 가상 환경에서 거의 비가상 환경 수준의 성능에 근접하는 것으로 나타났다. 그림 6-21에서는 패킷 크기, 전달 표 크기에 따른 총 처리량과 처리 지연 각각에 대한 영향을 보여준다. 이 두 가지 비교만으로도 VPP를 사용할 이유는 충분하다.

VPP는 64비트 응용프로그램만 지원한다. 또한 서비스 체이닝과 메타데이터 헤더 항목들을 지원하므로 NFV 기반 환경에서 스위치로 사용하기에 이상적이다.

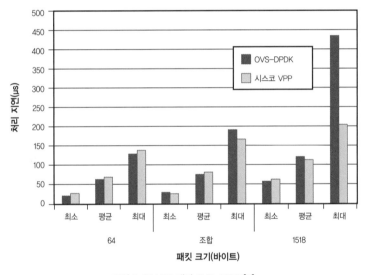

그림 6-21 VPP 대비 OVS-DPDK[8]

데이터 성능 고려 사항

가상화를 하면 추가적인 오버헤드 계층을 추가하고 이에 따라 달성 가능한 총 처리량에 통행세가 붙게 된다. 가상화 계층이 하드웨어의 CPU, 메모리, NIC 자원들을 점유해 VNF들이 사용할 가상의 풀을 생성한다. VNF들은 보통 데이터 경로에 위치하고 있으므로 패킷 처리 성능을 고도로 최적화해야 한다. 앞부분에서는 가상 스위치와 가상 NIC들에서 높은 패킷 처리 성능을 달성하기 위한 방법을 다뤘다. 그것만으로는 VNF의 높은 성능을 달성하기에 충분하지 않다. 가상 환경에서 CPU, 저장 장치, 메모리 등의 자원을 활용하는 방법론의 효율이 가상 환경에서 전체 데이터 경로의 성능에서 중요한 역할을 한다. VNF가 패킷을 읽고 처리한 후 다시 반대 방향으로 쓰는 작업이 패킷 경로에서 병목이 되지 않아야 한다. 여기서는 CPU, 메모리 사용에 있어 가상 머신의 성능을 최적화할 수 있는 몇 가지 방법을 소개한다. 이 주제와 VNF 성능을 튜닝하기 위한 다른 변수에 대한 더 넓은 연구에 관심이 있는 독자들은 이들 주제를 집중적으로 다룬 책과 웹사이트를 참고하면 된다[9].

성능 꼭지로 들어가기 전에 가상 환경의 성능은 그에 할당된 자원들을 넘어설 수 없다는 것을 먼저 분명하게 해둔다. 많은 경우 성능을 올리는 유일한 방법은 추가적인 자원을 가상 머신에 할당(탄력성)하는 것이거나 트래픽 부하를 공유할 수 있는 여러 개의 가상 머신을 사용(탄력성과 클러스터링)하는 것이다. 탄력성은 MANO 블록이나 상위 수준의 응용프로그램에서 구현하고 관리한다. 여기서 논의하는 최적화는 가상 머신이 가상 환경을 더 효율적으로 사용하고 가상화 통행세를 최소화하는 측면에서 기술한다. 이 기법은 VNF가 총 처리량과 처리 지연 모두에서 달성할 수 있는 전반적인 성능을 결정하는 데 중요한 역할을 한다.

CPU 사용량 최적화

대부분의 고성능 서버들은 멀티소켓, 멀티코어 CPU를 사용한다. 2장, '가상화 개념'에서 설명했듯이 CPU를 가상화하면 이론적으로는 모든 코어들을 VNF에 할당할 수 있다. 이 호스트를 사용하는 다른 가상 머신에도 또한 동일한 숫자의 코어들을 아무 문제 없이 할당할 수 있다. 하이퍼바이저에서 여러 가상 머신들이 이 CPU 코어들을 사용하는 것을 관리하기 때문이다. 이로 인해 예상치 못한 CPU 가용성 상황이 발생할 수 있다. 특히 어떤 가상 머신이 순간적으로 CPU 자원의 대부분을 점유하는 경우 그럴 수 있다. 패킷 처리와 같이 CPU 가용성에 의존적인 시간에 민감한 응용프로그램의 경우 이로 인해 높은 지터^{Jitter}가 발생하거나 패킷이 폐기될 수도 있다.

CPU 최적화를 다룰 때 다음의 CPU 용어가 필요하다.

- 멀티소켓(Multi-Socket): CPU 소켓은 마더보드상에 CPU를 꽂을 수 있는 단순한 전기적 커넥터다. 멀티소켓 시스템에서는 동일한 물리적 호스트 하드웨어상에서 여러 개의 물리적 CPU를 사용할 수 있는 구조다.
- 멀티코어(Multi-Core): 오늘날의 물리적 CPU는 내부에 여러 독립적인 처리 엔진이나 처리 유닛을 갖고 있다. 이 처리 유닛을 코어라고 부른다. 이 코어 덕분에 CPU에서 동시에 처리할 수 있는 명령어 개수가 몇 배로 늘어난다. 종종 이 코어를 CPU 명령어를 처리할 수 있는 분리된 파이프라인에 비유한다. 이는 하나 또는 여러 개의 운영체제 프로세스에서 반드시 필요로 하는 것이다.
- 멀티스레딩(Multithreading, 또는 동시 멀티스레딩(Simultaneous Multithreading)): 이 기술을 이용하면 여러 응용프로그램 스레드의 명령어를 각각의 CPU 코어에서 동시에 처리하는 것이 가능하다. SMT 방식으로 CPU 코어의 사용률을 늘리면 일반적으로 응용프로그램의 성능도 늘어난다. 인텔에서는 하이퍼스레딩(HT, Hyper-Threading)이라고 부르는 자체적인 SMT 방법을 사용한다.

가용한 CPU, 소켓, 코어의 숫자를 확인하는 리눅스 유틸리티로 lscpu가 있다(이는 util-linux 패키지의 일부다). 예제 6-1에서 이 도구의 출력 결과 예시를 보여준다.

예제 6-1 리눅스에서 가용한 CPU 정보 조회

```
Linux:~$ lscpu
Architecture:          x86_64
CPU op-mode(s):        32-bit, 64-bit
Byte Order:            Little Endian
CPU(s):                            32
On-line CPU(s) list:   0-31
Thread(s) per core:    2
Core(s) per socket:    8
Socket(s):             2
NUMA node(s):          2
<snip>
```

출력 결과에서 보듯이 이 시스템은 32 CPU 시스템으로 2개의 소켓과 소켓당 8코어를 갖고 있다. 멀티태스킹을 지원하고 각 코어에서는 동시에 두 개의 스레드를 실행할 수 있다.

 참고

8코어와 2소켓을 가진 시스템은 전체 16개의 코어를 전용으로 제공할 수 있다. 호스트 운영체 제나 하이퍼바이저에서는 멀티태스킹을 할 수 있는 프로세서의 능력을 고려해 시스템에서 제 공 가능한 가상 CPU의 전체 개수를 더 높은 개수로 올릴지 선택할 수 있다. 이 CPU들에서 듀얼 스레딩을 지원한다면 이 시스템에서는 32개의 가상 CPU(2소켓x8코어/소켓x2스레드/ 코어)까지 가상 머신에 제공하는 것처럼 설정할 수도 있다.

하이퍼스레딩 끄기

하이퍼스레딩이나 SMT를 활성화하면 물리적인 코어를 스레드들 간에 논리적으로 공유하기 때문에 성능이 고르지 못할 수도 있다. 보통 SMT나 HT를 끄면 VNF에서 패킷을 처리하는 성능이 더 매끄럽게 된다. VNF들과 기타 응용프로그램 간에 CPU를 뒤섞을 필요가 없기 때문이다. 이 기법은 시스템의 확장성을 떨어뜨린다(논리적인 CPU들의 개수를 줄이기 때문이다). 하지만 HT나 SMT를 적용하는 것이 항상 가능하지는 않다. 그 설정은 서버의 바이오스BIOS에서 해야 하고 전체 서버를 재시작해야 하기 때문이다. 가능한 대체 방안으로는 VNF의 CPU 코어를 격리해—네임스페이스나 유사한 기법을 사용—다른 응용프로그램이 VNF에서 사용하는 CPU 스레드를 사용하지 못하도록 하는 것이 있다.

CPU 고정 또는 프로세서 어피니티

프로세스를 물리적인 프로세스에 고정하면 하이퍼바이저의 스레드는 CPU 간에 이동하지 않는다. 따라서 안정된 성능과 더 나은 메모리 캐시 활용률을 보장할 수 있다. 이 기법을 사용할 때 주의할 사항은 한 프로세스의 스레드를 동일한 소켓상의 CPU에 고정해야 한다.

틱 없는 커널 사용

특정 CPU 코어들에서 작업을 수행하는 동안 처리에 대한 인터럽트로 속도가 저하되는 것이 없도록 플래그를 이용해 리눅스 커널을 컴파일할 수 있다. 이는 커널 재컴파일에 따라 가동 중인 시스템에서는 실행이 불가능하다. 하지만 구현해 적용만 한다면 틱 없는 커널 Tickless Kernel을 사용하는 경우 VNF 응용프로그램의 성능 개선을 기대할 수 있다.

메모리 사용 최적화

CPU 처리 시에는 잦은 메모리 읽기 및 쓰기가 필수적이다. 고속 메모리를 사용한다면 메모리에서 데이터를 읽거나 저장할 때 CPU가 기다리는 사이클을 줄일 수 있다. 저장된 데이터에서 검색하거나 일치하는 데이터를 찾는 것뿐만 아니라 읽은 데이터를 처리를 위해 큐에 넣는 것에도 메모리 접근 시간은 아주 중요하다. 예를 들어 일부 물리적인 라우터들에서는 (라우팅 정보와 같은) 검색용 데이터를 저장하기 위해 TCAM Ternary Content-Addressable Memory과 같은 특수한 고성능 메모리 유형들을 사용한다. 하지만 일반적인 하드웨어상에서 동작하며 수많은 다른 프로세스와 메모리 할당을 공유하는 VNF에서는 이러한 특권을 전제할 수 없다.

과거의 시스템에서는 단 하나의 메모리 뱅크를 프로세서들에서 접근했다. 이를 UMA Uniform Memory Access라고 한다. 대량의 메모리를 가진 멀티소켓, 멀티프로세서 서버들에서는 메모리를 존Zone(노드Node라고도 부름)으로 구분한다. 이 존은 CPU 소켓과 쌍으로 맺어진다. 이 기법은 NUMA Non-Uniform Memory Access라고 부르며 각각의 CPU는 NUMA 경계를 넘어서 공유된 메모리를 접근하기 전에 자체 메모리(읽기 및 쓰기가 훨씬 더 빠름)에 접근한다. 응용프로그램이 NUMA 경계 내에서만 동작하도록 제한하면 성능 개선을 얻을 수 있다.

가상화된 네트워크에서의 프로그래밍 지원

NFV와 SDN의 모든 이점을 누리기 위해서는 네트워크의 배포, 관리, 유지를 네트워크 프로그래밍 지원을 최대한 활용해서 해야 한다고 이 책 전체를 통해 강조했다. 공개 소프트웨어 프레임워크를 더 많이 수용함에 따라 이 기술들이 프로그래밍 가능한 네트워크로 가는 길을 열고 있다. 이를 위해 사용하는 방법과 프로토콜에 대해서는 자세하게 다뤘다. 여기서는 SDN을 이용한 NFV 기반 네트워크를 전체적인 맥락에서 정보의 조각들을 맞춰 본다. 동시에 SDN과 NFV의 목적들을 모두 달성하면서 효율성을 배가시키는 응용프로그램과 프로그램을 사용해 네트워크를 관리하는 방법을 상세하게 설명한다.

전체 그림을 그리기 위해 NFV 네트워크의 구축과 운영 단계에서 프로그래밍 지원을 개발하고 사용하는 것을 찬찬히 살펴보자. 전제 사항은 연결을 제공하는 언더레이 네트워크와 더불어 NFV 인프라스트럭처 구성 요소들(컴퓨팅, 저장 장치, 네트워킹)은 이미 구축돼 가용하다는 것으로 둔다. 그림 6-22에서는 NFV, SDN 및 응용프로그램의 뒤에서 일어나는 이벤트의 흐름을 보여준다. 그림과 나열한 단계들은 응용프로그램이 관련된 것이라는 점과 전체를 일목요연하게 보여주는 것이 목적이다.

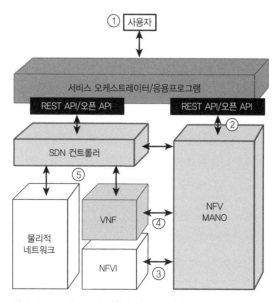

그림 6-22 NFV와 SDN이 적용된 네트워크에서 프로그래밍 지원 흐름도

각 단계는 다음과 같다.

단계 1. 네트워크 설계 및 구현 흐름은 응용프로그램 계층에서 시작한다. 응용프로그램 계층은 계층도 가장 위에 있으며 NFV-MANO 및 SDN 컨트롤러와 통신한다.

응용프로그램 계층은 하나의 응용프로그램이나 밀접하게 동작하는 분리된 응용프로그램의 모음으로 구성될 수 있다. 이 응용프로그램은 서비스 오케스트레이터, 네트워크 모니터링, 네트워크 매니저 역할을 가질 수 있다. 응용프로그램은 모든 언어를 이용해 작성할 수 있으며 MANO와 SDN 블록에서 지원하는 상향 프로토콜을 이용해 통신만 할 수 있으면 된다. 많이 사용하는 언어로는 파이썬, C++, 자바, 고^{Go} 언어 등이 있다. 상향 프로토콜로는 보통 SDN 및 MANO 도구들의 개발자들이 배포한 REST API나 오픈 API를 사용한다.

단계 2. 서비스 기술^{Service Description}에 따라 응용프로그램은 MANO와 통신해 네트워크 서비스에 필요한 가상 머신들과 VNF들의 인스턴스를 생성한다. MANO 내의 기능 블록들에 대해서는 5장, '소프트웨어 정의 네트워킹'에서 이미 상세해 다뤘다. 예를 들어 VIM은 인프라스트럭처와 상호 동작해 가상 머신을 생성한다. VNFM은 VNF를 실행하는 데 지원한다. 이 블록들은 상호 간 통신할 때 ETSI에서 정의한 참조점을 사용한다.

단계 3. VNF를 생성하면 VLD^{Virtual Link Descriptor} 정보를 이용해 상호 연결한다. 이 VNF들 간의 상호 연결은 가상 스위치를 프로그래밍하는 것이다.

단계 4. 네트워크의 데이터 평면을 이루는 가상 네트워크 서비스의 토폴로지를 생성하면서 VNF를 배포하고 연동했다. 데이터 평면은 순수한 L2 네트워크나 VXLAN 기반 네트워크, L3 IP 기반 네트워크 또는 MPLS 기반 네트워크 중 하나일 수 있다. 네트워크는 방화벽, 부하 분산, NAT 등과 같은 네트워크 기능들도 각자의 위치에 있어 그 기능들을 수행할 준비가 돼 있다. 이 네트워크는 언더레이 네트워크로 실제의 물리적인 네트워크를 사용하지만(NFVI의 구성 요소) 이 네트워크는 그 자체로 서비스 계층의 언더레이로 사용할 수도 있다. 서비스 계층에서는 SFC 방법을 이용해 서비스 오버레이를 배포할 수 있다.

단계 5. 응용프로그램은 이 단계에서 SDN/SF 컨트롤러와 연동해 정의된 정책에 따라 트래픽별로 서비스 경로를 배포하는 데 컨트롤러들을 사용한다. 컨트롤러에서 VNF로의 통신은 5장, '소프트웨어 정의 네트워킹'에서 소개한 SDN 하향 프로토콜을 사용한다. NETCONF, RESTCONF, gRPC 등이 가장 인기 있는 것들이다. 주니퍼 콘트레일에서 사용하는 XMPP, PCEP, 오픈플로우, 오픈 API 등과 같은 다른 프로토콜도 사용할 수 있다.

이렇게 하면 네트워크의 초기 구축 단계를 모두 포함한다. 이때 네트워크 계층은 서비스를 제공하는 데 만반의 준비가 돼 있다. 응용프로그램은 이제 네트워크를 관제하는 역할을 맡는다. 관제는 여러 수준에서 할 수 있다. 기능과 관련해 VNF의 상태와 설정 인자를 관제하는 것, VNF와 가상 머신들의 상태를 관제하는 것, 인프라스트럭처를 관제하는 것 등이 있다. 관제 데이터의 정보를 기반으로 자동화된 조치를 취할 수 있도록 응용프로그램을 설정할 수 있다. 이렇게 하는 것이 가져다주는 이점을 실제로 느끼기 위해 다음 예시를 살펴보라.

- 특정한 트래픽 스트림, 대역폭 수요 급증 또는 네트워크 장애 등을 처리하기 위해 트래픽 경로 변경이 필요할 수 있다. 트래픽 경로를 변경할 의사 결정은 응용프로그램 내의 처리 절차에서 이뤄진다. 의사 결정 결과는 SDN 컨트롤러를 통해 장비로 전달된다.
- VNF 자원에 과부하를 주는 수요 증가를 NFV MANO에서 탐지할 수 있다. 이 정보를 이용해 VNF 탄력성을 촉발할 수 있다. 이 역할은 MANO 기능 블록들에서 수행한다. 이러한 상황을 처리하도록 정의한 전역 정책에 기반해 이루어진 의사 결정을 구현하는 응용프로그램이 관여할 수도 있다.
- VNF(또는 호스트)의 코드에 문제가 있으면 네트워크에 대한 잠재적인 영향을 끼칠 수 있다. 문제를 식별하고 조치할 수 있는 지능을 응용프로그램에서 구현하면 문제 상황을 자동적으로 복구하고 네트워크를 복구, 보호할 수 있다.

응용프로그램은 또한 사용자와 OSS/BSS, 기타 응용프로그램이 상호작용하면서 네트워크 서비스, 규모, 토폴로지 등에 대한 변경을 요청할 수 있도록 허용한다. 이러한 입력 사항들은 응용프로그램에서 요청을 필요한 정확한 변경 사항으로 변환된다. 이 변경을 구현하기 위해 명령어들을 MANO나 SDN으로 보낸다.

앞서 언급한 단계들은 네트워크 구축 및 운영 단계에서 응용프로그램의 역할과 프로그래밍 지원의 사용에 대한 설명이다. 또한 각 단계별로 네트워크가 여러 개의 논리적인 계층으로 만드는 방법을 말한다. 그림 6-23에서는 이러한 논리적 계층화에 대해 설명한다. 또한 토폴로지 계층들과 여섯 단계들에 대해 그 관계를 강조한다. 그림 6-23에서 보는 바와 같이 물리적 인프라스트럭처는 토폴로지 뷰를 제공하고 NFV에 대한 원래의 언더레이 역할을 한다. NFV 네트워크는 이 인프라스트럭처상에서 만들어진다. 또한 서비스를 제공하기 위한 기대 토폴로지^{Desired Topology}에 따라 상호 연결된 VNF들로 이루어진 완전한 기능 네트워크에 대한 가상 네트워크 토폴로지 뷰를 제공한다. 최종 사용자에게는 VNF들 간의 상호 연결은 큰 의미가 없다. 하지만 이 서비스가 제공하는 것을 아는 것이 더 쓸모가 있다. 이는 가상화된 네트워크 서비스 뷰로 나타냈다. 최종적으로 SFC를 구현하는 경우 서비스 토폴로지는 트래픽 유형, 메타데이터 및 기타 상위 수준의 정보를 바탕으로 다양한 서비스를 트래픽에 제공하는 논리적 네트워크로 노출된다. 이는 트래픽 전달 및 처리에 대한 정책으로 구현한다. 이를 가상화된 서비스 정책 뷰^{Virtualized Service Policy View}라고 부른다.

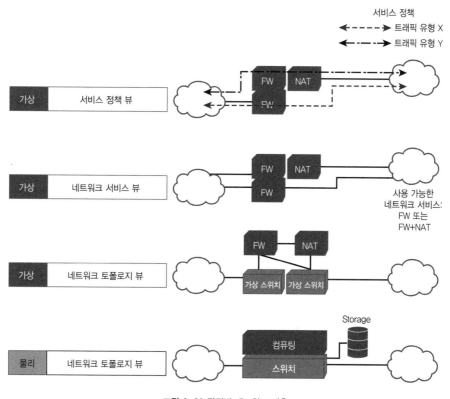

그림 6-23 관점별 네트워크 계층

요약

6장에서는 앞에서 다뤘던 개념들을 다시 살펴봤다. 또한 고도로 효율적인 네트워크로 프로그래밍이 가능하고 개방형으로 연동 가능한 NFV, SDN, 응용프로그램 등이 뒤섞인 세상의 전체 그림으로 통합했다. 6장에서는 서비스 체이닝의 상세 사항과 구현에 필요한 NSH 표준을 다뤘다. 이 책은 또한 NFV 보안 및 NFV 성능 최적화와 같은 일부 고급반 주제들의 기초를 닦을 수 있다. 이들에 대해 기본적으로 알고 있으면 NFV 네트워크상에서는 설계와 구축의 품질을 올릴 수 있다.

참고

추가 정보는 다음을 참고하기 바란다.

[1] https://tools.ietf.org/html/draft-ietf-sfc-nsh-05

[2] https://tools.ietf.org/html/draft-rijsman-sfc-metadata-considerations-00#section-3

[3] http://media15.connectedsocialmedia.com/intel/12/14088/Enabling_NFV_Deliver_its_Promise_DPDK_solutions_Brief.pdf

[4] http://www.linux-kvm.org/images/e/e8/0.11.Nahanni-CamMacdonell.pdf

[5] http://arantxa.ii.uam.es/~vmoreno/Publications/BookChapters/dorado-TMABOOK2013.pdf

[6] http://www.intel.com/content/www/us/en/communications/nfv-packetprocessing-brief.html

[7] http://www.linuxfoundation.org/news-media/announcements/2016/02/linux-foundation-forms-open-source-effort-advance-io-services

[8] http://img.lightreading.com/downloads/Cisco-Validating-NFV-Infrastructure-Pt1-and-2-SH-Edits.pdf

[9] https://access.redhat.com/documentation/en-US/Red_Hat_Enterprise_Linux/6/html/Virtualization_Tuning_and_Optimization_Guide/index.html

복습 질문

다음 질문들을 활용해 6장에서 알게 된 내용들을 복습하라. 정답은 부록 A, "복습 질문 정답"에 있다.

1. SDN과 함께 NFV를 설계할 때 보안을 고려해야 하는 영역은 어느 것인가?

   A. VNF

   B. CPU

   C. NFVI

   D. OSS/BSS

   E. MANO

2. SFC 아키텍처에서 SFC 헤더를 붙이는 책임자는 누구인가?

   A. SFF^{Service Function Forwarder}

   B. DPDK

   C. SF^{Service Function}

   D. SFC 분류기

3. NSH 메타데이터 옵션이 유형 1과 유형 2 간의 차이점은 무엇인가?

   A. 메타데이터가 있는 컨텍스트 헤더는 유형 1에서는 필수로 고정 길이이나 유형 2에서는 임의의 크기이며 선택 사항이다.

   B. 메타데이터가 있는 컨텍스트 헤더는 유형 1에서는 선택 사항으로 고정된 크기인 반면 유형 2에서는 임의의 크기로 필수 사항이다.

   C. 메타데이터가 있는 컨텍스트 헤더는 유형 1에서는 필수로 임의의 크기인 반면 유형 2에서는 고정 크기이며 선택 사항이다.

   D. 메타데이터가 있는 컨텍스트 헤더는 유형 1에서는 선택 사항으로 임의의 크기인 반면 유형 2에서는 고정 크기이며 필수 사항이다.

4. NSH에서 지원하는 내부 계층의 프로토콜은 무엇인가?

    A. IPv4, IPv6, GRE, NSH, MPLS

    B. IPv4, 이더넷, VLAN, NSH, MPLS

    C. IPv4, IPv6, 이더넷, NSH, MPLS

    D. IPv4, IPv6, 이더넷, NSH, GRE

5. SFC는 NFV 기반 네트워크에만 적용 가능하며 전통적인 물리 네트워크에는 적용할 수 없다.

    A. 참

    B. 거짓

6. 패킷 성능 기술 관점에서 VPP는 DPDK를 대체한다.

    A. 참

    B. 거짓

7. 가상 머신에 SR-IOV를 사용하는 경우 가상 머신과 호스트에서 이 기능을 지원해야만 한다.

    A. 참

    B. 거짓

8. 인터페이스 가상화에 대한 세 가지 방법은 무엇인가?

    A. 가상 스위치

    B. 가상 머신

    C. VPP

    D. DPDK

    E. 공유 메모리

    F. SR-IOV

9. 응용프로그램과 SDN 간의 통신을 위한 두 가지 공통적인 방법은 무엇인가?

    A. REST API, 오픈 API

B. REST API, NETCONF

C. 오픈플로우, NETCONF

D. 파이썬, 자바

10. 인프라스트럭처의 관리는 다음 중 어느 것의 역할인가?

A. SDN 컨트롤러

B. SFC 컨트롤러

C. MANO 기능 블록들

D. 위 모두

복습 질문 정답

1장

1. A
2. C
3. B
4. B
5. D
6. A, C, D
7. C

2장

1. A
2. B, D, F, G
3. B
4. A, C, E
5. A, B

6. C

7. D

8. C

3장

1. C

2. A, B, D

3. A, C, D, F

4. B

5. A

6. C

7. A

4장

1. A

2. C

3. B

4. B

5. B

6. D

7. A

8. B

9. C

10. C

11. A

5장

1. A
2. A
3. B
4. D
5. C
6. B
7. B
8. A
9. A

6장

1. A, C
2. D
3. A
4. C
5. B
6. B
7. A
8. A, E, F
9. A
10. C

찾아보기

에이콘출판의 기틀을 마련하신 故 정완재 선생님 (1935-2004)

네트워크 가상화의 모든 것

SDN을 만난 NFV

발 행 | 2018년 4월 19일

지은이 | 라젠드라 차야파티 · 시에드 파룩 하산 · 파레시 샤
옮긴이 | 최 성 남

펴낸이 | 권 성 준
편집장 | 황 영 주
편 집 | 조 유 나
디자인 | 박 주 란

에이콘출판주식회사
서울특별시 양천구 국회대로 287 (목동)
전화 02-2653-7600, 팩스 02-2653-0433
www.acornpub.co.kr / editor@acornpub.co.kr

한국어판 ⓒ 에이콘출판주식회사, 2018, Printed in Korea.
ISBN 979-11-6175-140-5
ISBN 978-89-6077-449-0 (세트)
http://www.acornpub.co.kr/book/nfv-touch-sdn

이 도서의 국립중앙도서관 출판시도서목록(CIP)은 서지정보유통지원시스템 홈페이지(http://seoji.nl.go.kr)와
국가자료공동목록시스템(http://www.nl.go.kr/kolisnet)에서 이용하실 수 있습니다.(CIP제어번호: CIP2018011438)

책값은 뒤표지에 있습니다.